도산서원과 지식의 탄생

국학자료 심층연구 총서 ❶

도산서원과 지식의 탄생

한국국학진흥원 국학연구실 기획

정만조
정순우
김종석
손숙경
이헌창
이수환
옥영정

글항아리

책머리에

조선시대 도산서원에서 이뤄진 지식 생산과 지적 탐구의 모습은 어떤 것이며 그것이 영남지역의 문화 형성에는 어떤 영향을 끼쳤는가?

2011년 한국국학진흥원 서원자료 연구팀이 한 해 동안 연구한 결과를 드디어 한 권의 단행본으로 묶어 세상에 내놓게 되었다. 이 책은 도산서원에서 소장해오던 각종 고서, 고문서 가운데 지식 생산과 관련된 자료를 가지고 사학, 철학, 교육학, 경제학, 서지학 등 관련 분야 전문가들이 공동연구팀을 구성해 그야말로 학제간으로 연구한 결과물이다.

이처럼 여러 분야의 전문가들로 연구팀을 구성하게 된 배경은, 무엇보다 전통사회에서 서원이 지니는 다양한 측면과 기능들을 한두 분야의 연구자로는 제대로 조명하기 어렵다는 판단 때문이었다. 또 다른 이유는, 도산서원이 갖는 상징성과 더불어 지금까지의 도산서원 연구가 대개 서원 외부 자료를 통해 이뤄졌다는 점이다. 최근까지 도산서원 광명실에 보존해오던 자료가 한국국학진흥원에 기탁됨으로써 학술적 접근이 가능해졌다. 일반 연구자들이 접근하기 어려웠던 도산서원 자료를 직접 연구할 기회가 만들어졌기에 가급적 많은 연구자가 참여할 수 있도록 했다.

이렇게 해서 구성된 연구팀은 무엇을 연구할 것인가를 둘러싸고 많은 토론을 거듭했다. 논란 끝에 연구팀이 주목한 과제는 '지식의 생산과 지역문화'였다. 도산서원을 중심으로 지식이 형성되는 과정과 그것이 어떤 절차를 거쳐 보존되고 전파되었으며, 영남의 지식문화에 어떤 방식으로 영향을 끼치는지를 밝혀 보자는 것이었다. 지금까지의 연구에서는 주로 서원이 갖는 정치적 기능에 초점을 맞췄기 때문에, 서원은 사족이라고 하는 지배계급의 이익을 대변하는 결사체로서의 기능이 부각되었다. 그러나 이제는 지식을 생산하고 확산하는 문화센터로서의 서원에 주목할 때가 되었다고 본다. 전통사회에서 여론을 형성하고 문화를 이끌어가는 것은 주로 유학적 지식인이었고, 그러한 지식인을 위한 강학講學과 장수藏修의 공간이 서원이었기 때문이다.

서원의 권위는 정치권력이 아니라 성리학적 지식과 그 실천에서 나왔다. 규율과 타성에 길들여진 관학 체제에 대한 비판 위에서 등장한 서원은, 향풍을 교화하고 관권을 견제하는 등 어떤 식으로든 지역문화의 중심에 있을 수밖에 없었다. 이와 같은 지식과 지식인이 지역사회에 끼치는 영향은 오늘날에도 중요한 관심의 대상이 아닐 수 없다.

연구팀이 구성된 후 네 차례의 연구 모임을 가지면서 개별적으로 수행한 연구 내용을 점검하고 토론하는 과정을 계속했다. 모두 일정이 바빴던 터라 1박 2일로 진행된 연구 모임을 유지해가는 것이 쉬운 일은 아니었지만, 이번 시도는 우리 학계에서 또 하나의 의미 있는 공동연구의 사례로 기록되지 않을까 생각된다. 이 책은 이러한 공동 노력의 결과물이다.

이번 연구가 가능했던 것은 개인 일정을 희생하고 열성적으로 공동연구에 참여해 촘촘하게 진행된 포럼과 개인별 과제를 소화해주신 연구진 덕분이다. 감사드린다. 그러나 무엇보다 도산서원에서 설립 당시부터 서책 관리를 위한 별도의 규정을 제정했을 뿐만 아니라 치부, 전장, 포쇄 등 각종 관리 절차를 엄격하게 지킴으로써 고서, 고문서, 책판 등 귀중한 기록자료가 오늘날까지 안전하게 보존될 수 있게 한 도산서원 선현들의 헌신적인 노력이 없었다면 연구는 이뤄질 수 없었을 것이다. 아울러 언급하지 않을 수 없는 것은, 그간에 도산서원 서고인 광명실에서 보존해오던 자료를 2003년 4월과 6월 양차에 걸쳐 한국국학진흥원에 기탁하는 용단을 내림으로써 학술적 접근이 가능하게 되었기 때문이다. 관계자 모두에게 이 자리를 빌려 감사드린다.

도산서원 자료에 대한 연구는 이번 연구로 그치지 않고 올해에도 2기 연구팀이 구성되어 연구를 계속하고 있다. 한국국학진흥원에서는 앞으로도 도산서원 자료에 대한 공동연구를 연차적으로 계속함으로써 조선시대 서원 연구의 일단을 마무리할 계획이다.

2012년 11월

한국국학진흥원 국학연구실

차례

책머리에 _005

여는 글 서원, 조선 지식의 힘 _011
도산서원과 영남의 지식문화 **정만조** 국민대 명예교수

제1장 심학과 이기, 정학을 둘러싼 논쟁들 _075
퇴계의 강학활동과 도산강회 **정순우** 한국학중앙연구원 교수

제2장 스승과 제자가 함께 지식을 빚어내다 _149
도산서원 자료를 통해 본 퇴계와 월천 **김종석** 한국국학진흥원 수석연구위원

제3장 책으로 헤게모니의 중심에 서다 _215
도산서원의 서책 간행과 지역사회의 문화 형성 **손숙경** 동아대 강사

제4장 도산서원은 어떻게 책을 만들었는가 _267
조선시대 출판문화의 특질 **이헌창** 고려대 교수 · **이수환** 영남대 교수

제5장 엄격한 서책 관리와 도서관 역할 _327
『전장기』를 통해 본 서책의 전승과 관리 **옥영정** 한국학중앙연구원 교수

주註 _395

여는 글

서원, 조선 지식의 힘

도산서원과 영남의 지식문화

정만조
국민대 명예교수

한말의 유학자 면우俛宇 곽종석郭鍾錫은 "퇴계는 우리 동방 도학의 할아버지요, 도산은 우리 동방 서원의 으뜸吾東則 退溪 道學之祖也 陶山 書院之宗也"이라고 했다. 조선시대 도학 발달에서 차지하는 퇴계의 위치야 다시 말할 것이 없지만, 한때 1000여 곳을 헤아리던 우리나라 서원과 사우 가운데 도산서원이 갖는 위상을 이처럼 단적으로 드러낸 표현은 별로 보지 못했다.

이 글은 "도산서원 소장 자료의 심층 연구"에 대한 이해를 돕기 위하여 작성되었다.

퇴계, 조선 서원의 역사를 세우다

사학으로서의 서원

전통 시대에 중국과 우리나라의 학교는 '교화를 펼치는 근원風化之源'이며, '도덕적 모범을 보이는 곳首善之地'이라는 말처럼 신민에 대해 교화를 하고 인재를 길러내는 교육기구였다.

이러한 학교는 설립과 운영 주체에 따라 크게 관학官學과 사학私學으로 나뉜다. 국가가 세우고 운영하는 관학으로는 중앙의 태학이나 국자학, 지방의 향학 등을 꼽는다. 사학에는 대체로 향촌 자제들의 초등교육을 맡는 학당이나 서당 혹은 이름 있는 학자가 제자들과 학문을 강론하는 서재書齋가 포함된다. 중국에서 발을 내디딘 뒤 1000여 동안 맥을 이어온 서원은 바로 이런 사학에 속했다.

역사적으로 보아 최초의 서원은 당나라 현종 때 세워진 여정麗正서원이라고 한다. 이후 천하에 서원의 존재가 널리 알려진 것은 북송 초기 백록白鹿·석고石

鼓·응천應天·악록嶽麓의 4대 서원이 세워지면서였다. 이어 남송에 들어서 주자朱子가 백록동서원을 중건하며 서원 제도를 확립해 이를 기반으로 활발한 강학講學활동을 벌인 뒤 널리 퍼졌다.

주자는 당나라 이후 확립된 과거제가 경전 암송과 문에 위주로 흘러가 학교가 과거 준비 기관으로 변질되었다고 비판했다. 그 결과 학문의 자유로운 토론 문화는 위축되고, 특히 정치는 물론 사회 전반을 이끌어가는 사림의 덕성을 기른다는 면이 포기되다시피 했다고 보았다. 이에 관학과는 별도의 교육기구가 필요하다고 했다. 주자의 이런 서원제 확립에 따라 과거의 구속에서 벗어나 자유로운 분위기에서 강학과 장수藏修(체득한 지식을 수기修己를 통해 실천함으로써 덕성을 기름)를 기본 성격으로 하는 이른바 이학理學서원이 송·원대를 거치면서 성행했던 것이다.

명나라에 들어서도 천하에 300여 개소의 이름난 서원이 손꼽힐 정도로 서원 제도는 성행했다. 명나라의 대학자였던 왕양명王陽明이 용강龍岡·계산稽山서원을 근거로 강학활동을 펼쳐 양명학을 성립시켰다든가, 동림東林서원 출신의 관료들이 이른바 동림당東林黨을 형성해 당시의 부패한 정치 현실을 비판하면서 바로잡으려 했던 사실 등은 자유로운 학풍과 강학 위주의 성격을 지닌 중국 서원의 한 면을 엿보게 한다.

한편 청나라가 들어서면서 사학의 자유로운 학문 풍토를 잃어버리고 국가의 완전한 통제 아래 관학 보조학교로 변한 것은 우리나라 서원과 다른 또 하나의 면모였다.[1]

퇴계, 향촌에서 이상사회를 꿈꾸다

우리나라 서원의 효시는 중종 38년(1543) 경상도 풍기군 순흥에 세워진 백운동서원白雲洞書院이다. 이 서원이 창건된 시점은 마침 사림 세력이 대두하던 때였다. 그런 까닭에 우리나라 서원 성립의 배경은 이 시기의 사림활동과 떼어놓고 볼 수 없다.

자신들의 선조가 향촌사회에 자리잡기 시작한 조선 초 이래 사림은 사창제社倉制·향음주례鄕飮酒禮 등을 통해 향촌사회의 질서를 자기들 중심으로 재편하려 했다. 그러기 위해 그들은 우선 향촌활동의 근거지를 마련하는 데 부심했다. 특히 성종 이후 중앙 정계로까지 활동 범위가 뻗어나가자 그러한 필요성은 더욱 커졌다.

이에 김종직金宗直 등의 사류는 그동안 지방 세력의 사적인 자치기구로 명을 이어오다가 수령권과 마찰을 일으키고 반란에 이용될 우려가 있다며 폐지되었던 유향소留鄕所를 되살림으로써 이를 해결하려 했다. 그런데 부활된 유향소가 도리어 훈척 세력이 지방을 장악하는 기구로 변질되자 별도로 사마소司馬所를 세워 이에 대항하려 했다. 거듭되는 사화 속에 사림의 세력 형성을 경계하던 훈척 세력의 탄압이 이어지자 이는 별다른 성과를 거두지 못했다. 이러한 과정에서 교육과 교화를 내세움으로써 유향소나 사마소와 달리 조정의 의심을 피하면서도 사림의 근거지이자 활동의 구심처가 될 서원이 나올 수 있었던 것이다.

아울러 서원이 16세기 중엽인 중종 말년에 성립된 직접적인 계기를 찾는다면 사림이 추진하던 문묘종사[2]와 학교 체제의 혁신이라고 할 것이다. 조광조趙光祖로 대표되던 사림은 도학정치를 펼 것을 주장하며 여러 구체적인 정책을 제

「주세봉 초상」, 134.0×62.5cm, 조선 중기, 보물 제717호, 소수서원. 주세붕은 중종 38년(1543) 풍기군수로 있을 때 백운동서원(뒷날의 소수서원)을 세웠는데, 이는 우리나라 서원의 효시가 되었다. 이곳에서 고려 후기에 주자학을 들여와 유학을 떨쳐 일으킨 안향을 받들어 모셨다.

시했다. 그 가운데 하나가 사림의 학통상의 연원인 정몽주鄭夢周, 김굉필金宏弼, 정여창鄭汝昌의 문묘종사 요구(이는 일반 사림의 분발을 촉구한다는 의미와 함께 훈척 세력에 대한 사림계의 도덕적 우월을 입증해 정치적 명분을 강화하는 뜻도 지녔다)였다. 그다음은 사림의 외면을 받아 쇠퇴 일로에 있던 관학을 대신할 위기지학爲己之學 위주의 새로운 학교 체제의 확립이었다. 물론 그들이 곧 실각함으로써 이런 움직임은 중단되었다. 그렇더라도 사림계 인물의 제향과 강학·장수를 겸하는 서원의 선구적 형태는 여기서 마련되었던 것이다.

우리나라 최초의 서원은 알다시피 주세붕周世鵬이 세운 백운동서원이다. 이것은 물론 후대의 서원과는 모습이 달랐다. 주세붕이 세운 것은 그 고장 출신의 고려 말 유학자이던 안향安珦을 제향하고자 건립한 문성공묘文成公廟에 부속된 '건물'로서의 서원에 불과했다. 그러므로 유생들이 모여서 과거 공부를 하는 학습 장소로서, 관학의 보조 기구였을 뿐이다.

이러한 모습은 우리나라 서원의 일반적인 형태인 강학 공간으로서의 강당, 동·서재와 존현처로서의 사묘祠廟를 기본 구조로 하되 과거 공부를 물리치고 강학·장수를 근본 기능으로 삼음으로써 사묘는 부차적인 존재로 보는 것과는 상당한 거리가 있었다. 이런 조선시대 서원의 전형을 확립한 인물이 주세붕의 뒤를 이어 풍기군수로 부임해 이를 소수서원으로 발전시켰던 퇴계 이황이었다.[3]

사림 출신이었던 퇴계 역시 조광조의 도학정치론에 뜻을 같이했다. 그리하여 유학자라면 누구나 이상으로 삼는 삼대三代의 지치至治 실현을 정치 목표로 하고 있었다. 한편 조광조 등의 선배 사림이 임금을 통해 위로부터의 지치 실현을 추구했던 데 반해 퇴계는 향촌 사림 쪽에 더 큰 기대를 걸고 있었다. 특히 그의 나이 45세에 일어났던 명종대의 을사사화는 그의 이런 자세를 더욱 굳히게 해주었다.

즉 을사사화로 인해 중종 말년에 잠시 정계로 나왔던 사림이 참화를 당하고, 그 자신마저 한때 파직되기도 했으며 바로 위의 형인 이해李瀣가 사화에 연루되어 죽임을 당하는 비운을 겪으면서 그는 당시의 유학자라면 한번은 갖기 마련인, 임금을 도와서 경륜을 펼쳐보겠다는 생각을 완전히 접었다. 대신 향촌을 단위로 자신의 이념 아래 백성들을 교화하며 사림을 길러내 그들을 중심으로 향촌을 이끌어 나가겠다고 생각했다. 비록 임금에 의하지 않는다 해도 향촌을 단위로 한 사림 중심의 이상사회를 이루겠다는 방향으로 생각을 바꾸었던 것이다.

그러기 위해서는 향촌에서의 교화를 담당할 주체로서 성리학으로 무장되고 수기修己에 힘쓰는 사림을 길러낼 기구가 있어야만 했다. 퇴계는 그것을 주자가 확립시켰던 서원에서 구했다.

그는 서원의 기원을 삼대의 학교제에서 찾았다. 향교와 같은 관학이 도회지에 설치되어 번잡한 것에 비해 그것은 한적하고 풍광 좋은 곳에 자리하고 있어 학습 여건이 훨씬 양호하다는 것이다. 또 지방관으로부터 간섭을 받지 않는 데다 과거나 출세 등 현실적인 욕망과는 거리가 먼 분위기를 지녔다. 그런 만큼 도학을 강습하고 의리를 익히며 덕성을 길러내는 장소로 이보다 더 나은 제도는 찾기 힘들다는 것이었다.

요컨대 지치를 실현시킬 전제로서 인심 순화를 위해 교화를 담당할 사림의 양성소인 서원은 꼭 필요했다. 이러한 논리적 근거 위에서 퇴계는 때마침 풍기군수에 임명되자 이를 기회로 삼았다. 자신의 학문적 기반을 십분 활용해 그의 문인들로 하여금 백운동서원의 운영권을 장악해 그 일대 사림의 학문적 근거지로 삼게 했다. 이어 서원을 공인받아 나라 안에 그 존재를 널리 알리기 위해 조정에 백운동서원에 대한 사액과 지원을 요청했다.

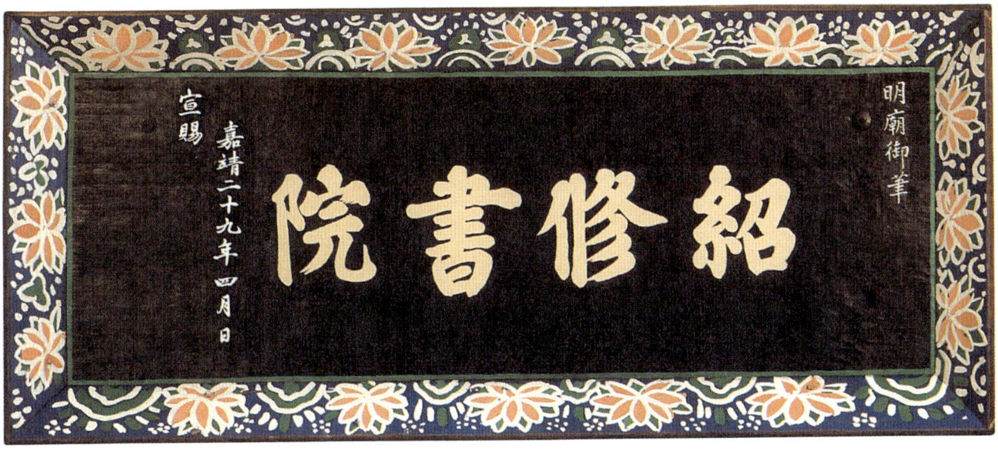

「소수서원」 현판, 56.0×130.0cm, 경상북도유형문화재 제330호, 1550, 국립대구박물관.

국가로부터 「소수서원」이라는 현판이 내려오는 시점에 퇴계는 풍기군수 벼슬을 그만두고 향리인 도산에 은거하며 성리학 연구에 본격적으로 뛰어들었다. 하지만 그런 중에도 퇴계는 영봉迎鳳·이산伊山·연경研經·역동易東 등 10여 곳의 서원 건립에 직접 참여하거나 문인을 보내 지원하는 등 그 보급에 주력했다. 명종 때까지 세워진 서원이 22개소였던 점으로 볼 때 퇴계는 그 절반 정도의 서원과 관계를 맺고 있는 것이다. 이때 그가 지은 「서원십영書院十詠」이 후대에 들어 서원에 대한 비판론이 일 때마다 이를 변호하는 근거로 거론된 것은 서원 보급에서 퇴계의 역할이 어떠했는가를 단적으로 말해준다.

이렇게 서원 보급에 힘쓸 뿐만 아니라 그는 사림의 강학과 내적 수양 공간으로서의 강당, 동·서재와 사림의 사표가 되는 인물에 대한 제향 공간으로서의 사묘를 서원 체제의 기본 구조로서 정식화했다. 또 원규院規를 지어 서원에서의 강학 및 장수와 서원 운영에 관한 제반 규정을 마련했다. 이것은 퇴계가 남긴

「도산소경도」, 심인섭, 48.0×20.0cm, 19세기, 경북대박물관.

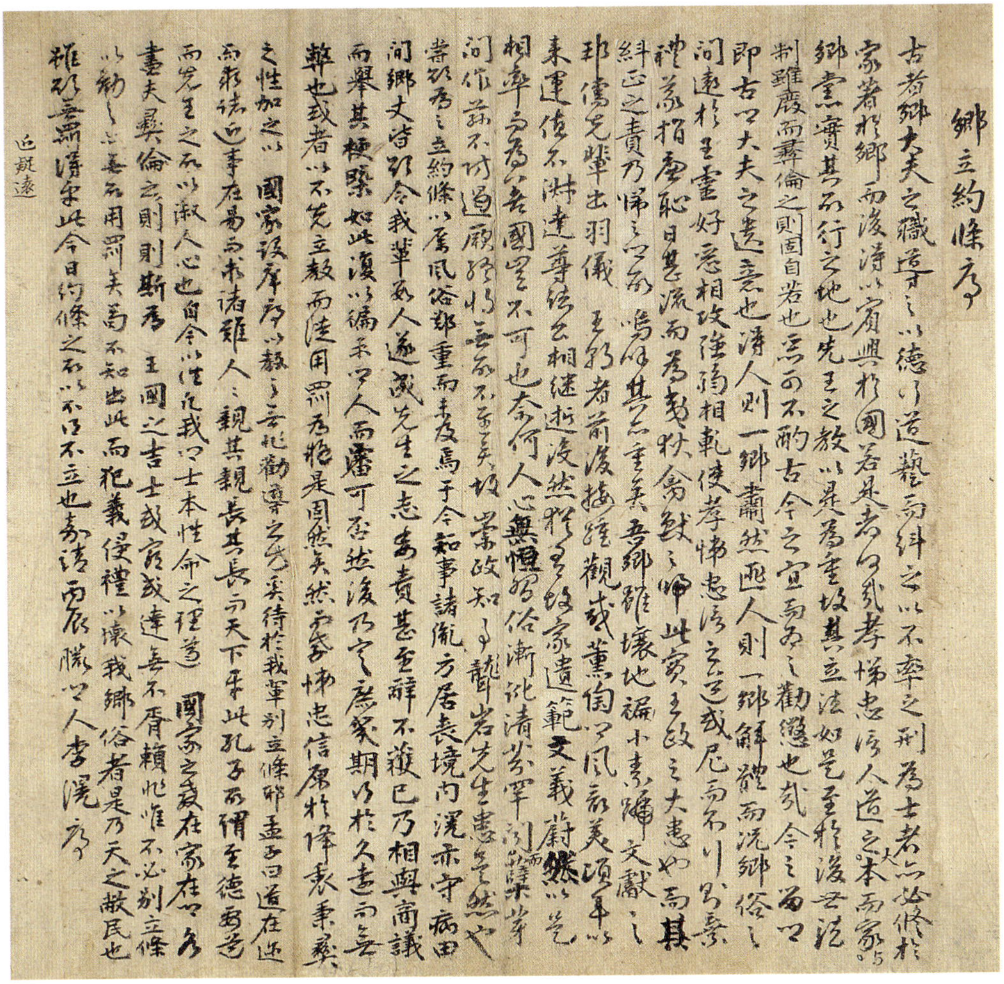

「이황이 쓴 향약의 서문李滉筆 鄕立約條序」, 30.1×31.3cm, 1556, 국립중앙박물관.
선비가 덕과 도로써 백성들을 이끌어야 한다는 향약 시행의 뜻을 밝혀둔 서문이다.

「이산·영봉서원기」나 이산서원 원규에 갖추어져 있다.

그러므로 15세기 이래 향촌에서 사림활동의 구심체적 기구를 모색해온 일은 중종대 조광조 등 신진 사류가 추진한 정몽주 등의 문묘종사 운동과 새로운 교학 체제 모색을 통해 그 타당성을 인정받고 마침내는 서원의 형태로 그 구체적인 모습을 드러낸 것이며, 조선 사림의 조종祖宗이라고 할 이황에 의해 정착, 보급되기에 이른 것이다.

사림들의 퇴계 추숭, 유학의 조종이 되다

임금조차 양보했던 산림의 존재
칠십 대현의 죽음

퇴계는 벼슬살이와 향촌에서의 학문활동을 통해 많은 관료, 명사와 교유하고 문인을 길러냈다. 고봉 기대승奇大升과의 사단칠정 논쟁을 펼쳐 당대 성리학계의 최고 수준임을 입증한 데다, 화담 서경덕의 주기설이나 양명학에 대해 주자설에 의거하여 철저히 변척해 주자성리학의 정통성을 천명함으로써 이 시기 사림의 종사宗師로 인식되었다.

뿐만 아니라 그의 문인 기대승이 군주를 보필하여 사림이 추구하는 이상정치를 실현시킬 인물로 퇴계를 높였다. 기대승은 명종비의 동생인 심의겸沈義謙과 연결되어 이량李樑, 윤원형尹元衡 등 권력을 휘두르던 척신을 몰아내고 사림의 정계 진출로를 틔운 사림의 영수였다. 그는 퇴계를 그가 구상하는 사림정치

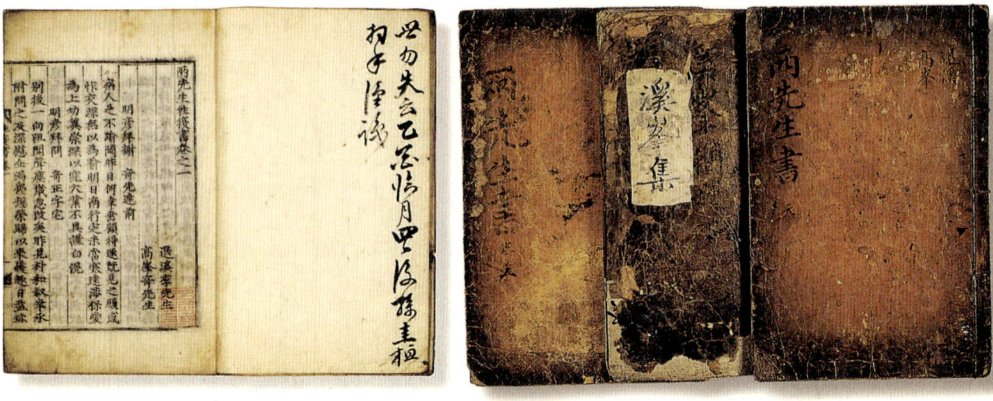

『양선생서兩先生書』, 편자 미상, 32.3×21.1cm, 조선 후기, 국립중앙박물관. 사단칠정을 둘러싸고 퇴계 이황과 고봉 기대승 사이에 오간 논쟁을 모았다.

의 이념적 표상으로 삼고자 했던 것이다.

훗날 사림정치가 본격화되었을 때 산림山林이란 존재가 정치적으로 큰 비중을 차지하고 있었다. 재야에서 학문에 종사한 학자 출신으로서 도학의 상징이자 의리의 주인이며 사림의 사표인 산림은, 임금으로부터 일반 백성에 이르기까지 모든 사람의 존경을 한 몸에 받는 인물이었다. 국가의 막중한 전례典禮나 명분 시비에 관한 산림의 한마디는 천금의 무게를 지닌 국시國是로 확정되는 권위를 지녔다. 그러므로 영의정이라는 최고의 관직도 산림 앞에서는 빛을 잃었고, 한때는 지존의 임금조차 한 걸음 양보하지 않을 수 없었다. 사림의 집권이 예상되는 시점에서 기대승의 퇴계 존봉은, 이를테면 퇴계에게 이런 산림적 위상을 설정하려는 의미를 지닌다고 할 것이다.[4]

이런 분위기를 감지해서인지 명종 임금 또한 화공을 보내 퇴계의 처소인 도산을 그려오게 하고 임금의 매부로서 시문과 필법에 일가를 이뤘던 여성위礪城

尉 송인宋寅으로 하여금 「도산기陶山記」와 「잡영雜詠」을 지어 그림 위에 쓰게 하고는 이를 병풍으로 만들어서 좌우에 두게 하는[5] 영예를 베풀었다.

퇴계에 대한 조야의 기대는 지자支子로서 사림의 지지를 받아 입승대통한 선조가 즉위해 '사림의 시대'가 시작되면서 한층 높아졌다. 하지만 이미 칠십이 다 되어 노경에 접어든 퇴계는 벼슬을 물리친 채 저 유명한 「무진육조소戊辰六條疏」와 「성학십도聖學十圖」를 올리고 은퇴하여 조정 관원의 전별 속에 동호東湖에서 뱃길로 귀향길에 올랐다. 이후 1년여 향리에 머물며 생애의 마지막을 정리했는데 명종 후반에서 선조 초 작고하기까지의 8~9년은 위로는 임금으로부터 밑으로 아동주졸兒童走卒에 이르기까지 선생으로 높일 정도로 퇴계의 성예가 최고조에 달한 시기였다.[6]

이처럼 사림의 종사로서 학계는 물론이고 정치적으로도 원로 자리에 올랐기 때문에 퇴계에 대해 기존의 사승관계를 넘어 문업하거나 사제관계를 맺으려는 열풍이 일어났다. 그리하여 박순·홍인우·남언경 등 화담 문인과 오건·김우옹 등 남명의 제자가 그 문하를 찾았다. 또한 심의겸·윤근수·이정·노수신·유희춘·정지연·이이·성혼·홍가신 같은 귀인과 달관들까지 도산을 방문해 승안하고 혹은 편지로 토론했다. 그리하여 훗날 편찬된 『도산급문제현록』에 수록된 인물만으로도 300여 명을 헤아릴 정도였고, 지역별 분포도 퇴계의 출신지인 영남은 물론 서울과 경기, 전라, 충청, 황해, 강원도에까지 미쳐 가히 전국적이라 할 만했다.[7] 명종 말 선조 초의 시점에서 퇴계는 직계 문인 외에도 당시 유학계의 여러 계파를 초월하여 이를테면 범퇴계계汎退溪系라 할 만한 문인 집단을 갖게 되었다.

퇴계는 선조 3년 말 일흔의 나이로 향리인 예안에서 작고했다. 사림의 시대가 막 시작되던 때였던 만큼 그에 대한 조상弔喪에는 사림계는 물론 조정도 나

判中樞府事。臣李滉謹再拜
上言。臣竊伏以道無形象。天無言語。自河洛圖書之出。聖人因作卦爻。而道始見
於天下矣。然而道之浩浩。何處下手。古訓千萬。何所從入。聖學有大端。心法有
至要。揭之以爲圖。指之以爲說。以示人入道之門。積德之基。斯亦後賢之所不
得已而作也。而況人主一心。萬幾所由。百責所萃。衆欲互攻。群邪迭鑽。一有怠
忽而放縱繼之。則如山之崩。如海之蕩。誰得而禦之。古之聖帝明王。有憂於此
是以兢兢業業。小心畏愼。日復一日。猶以爲未也。立師傅之官。列諫諍之職。前
有疑。後有丞。左有輔。右有弼。在輿有旅賁之規。位宁有官師之典。倚几有訓誦
之諫。居寢有暬御之箴。臨事有瞽史之導。宴居有工師之誦。以至盤盂几杖。刀
劍戶牖。凡目之所寓。身之所處。無不有銘有戒。其所以維持此心。防範此身者
若是其至矣。故德日新而業日廣。無纖過而有鴻號矣。後世人主受天命而履
天位。其責任之至重至大爲如何。而所以自治之具。一無如此之嚴也。則其惝
然自聖。傲然自肆於王公之上。億兆之戴。終歸於壞亂殄滅。亦何足怪哉。故于
斯之時。爲人臣而欲引君當道者。固無所不用其心焉。若張九齡之進金鑑錄
宋璟之陳無逸圖。李德裕之獻丹扆六箴。眞德秀之上豳風七月圖之類。其愛
君憂國拳拳之深衷。陳善納誨懇懇之至意。人君可不深念而敬服也哉。臣以
至愚極陋。辜
恩累朝。病廢田里。期與草木同腐。不意虛名誤
達。

퇴계가 68세 때 선조께 성학십도를 올리며 설명하는 차문箚文.

셨다. 부음을 접한 임금은 바로 그에게 영의정을 추증하며, 보통 예관(예조정·좌랑)을 보내는 전례와 달리 특별히 우부승지 이제민李齊閔을 보내 조문하고, 다시 우승지 유홍兪泓을 파견해 치제함으로써 대현大賢을 잃은 국가의 슬픔을 나타냈다.[8] 뒤이어 노수신, 기대승을 위시한 조정 진신은 물론이고, 평일 급문하지 않던 인물까지 조상했으며 일반 백성이나 하인들 중에서도 슬퍼해 며칠간 고기를 입에 대지 않는 자까지 있었다고 한다.

퇴계는 작고한 이듬해 3월, 만년에 거처하던 도산에서 2리 정도 떨어진 건지산搴芝山에 안장되었다. 이때 장례에 참례한 사대부와 유생이 300명이나 되었다.

장례가 끝나면 어떤 형태로든 고인을 추모하는 작업이 나오게 마련이다. 사림의 종사요 조야의 존경을 한 몸에 받았던 퇴계야 더 말할 것도 없었다. 그것은 그가 작고한 뒤 바로 시작되어 수백 년에 걸쳐 진행되었다.[9] 추숭사업은 크게 세 방향으로 이뤄졌다. 첫째는 퇴계 생전의 행적을 후세에 전하기 위해 묘도문자를 찬술하는 일이었고, 둘째는 그가 남긴 시문과 저술을 모아 정리해 그 학문과 사상의 규모 및 특색을 드러내 학풍을 계승하기 위한 문집을 편간하는 일이었으며, 셋째는 퇴계가 국가와 사림에 끼친 공덕을 기리고 이에 보답하기 위한 각종 제의祭儀를 마련하는 것이었다.

묘도문자와 문집 작업
예안과 안동 문인들의 협력과 경쟁

묘도문자를 찬술하는 일은 주로 유족과 측근 문인들이 담당했다. 퇴계는 살아 있을 때 유언으로 비석은 세우지 말며 단지 작은 돌에 '퇴도만은진성이공지묘退陶晩隱眞城李公之墓'라고 새기고 뒷면에 향리鄕里, 세계世系, 지행志行, 출처出處만 간략히 쓰되 근거 없는 일을 늘어놓아 세상 사람들에게 웃음을 사는 일은 없게 해야겠다며 스스로 묘명墓銘을 초해놓았다.

그러나 대현의 묘도문자가 이렇게 초초할 수만은 없다는 의논이 크게 일어나 묘지는 박순朴淳, 묘갈은 노수신, 행장은 기대승 같은 당대의 사림을 대표하는 인물들에게 맡기자는 방향으로 가닥이 잡혔다.[10] 또한 퇴계에 대한 시호는 선조 6년 경연에서 김성일金誠一과 노진盧禛 등의 문인이 발의하고, 시장諡狀이 찬술되기까지 기다려야 한다는 선조의 미온적인 태도에 율곡과 김우옹金宇顒 등이 대현에게는 '시장을 기다리지 않아도 된다不待諡狀'는 예를 끌어와 특별히 내려줄 것을 요청함으로써[11] 선조 9년 12월 문순文純(道德博聞曰文 中正精髓曰純)공이라는 시호를 받게 되었다.

퇴계추숭사업으로 가장 중요한 것은 평상시의 퇴계 언행을 정리하여 책으로 편찬해 발간하는 일이었다. 여기에는 학문과 사상을 말과 글로 남긴 것을 정리한 문집과 행실을 기록한 연보가 들어가며, 묘도문자를 주로 그 자질(실제로는 손자인 이안도李安道)이 주관했던 것과는 달리 퇴계 문인들이 해야 할 과제였다.

퇴계가 남긴 글을 정리하는 작업은 장례가 끝난 직후인 선조 4년

퇴계의 묘비.

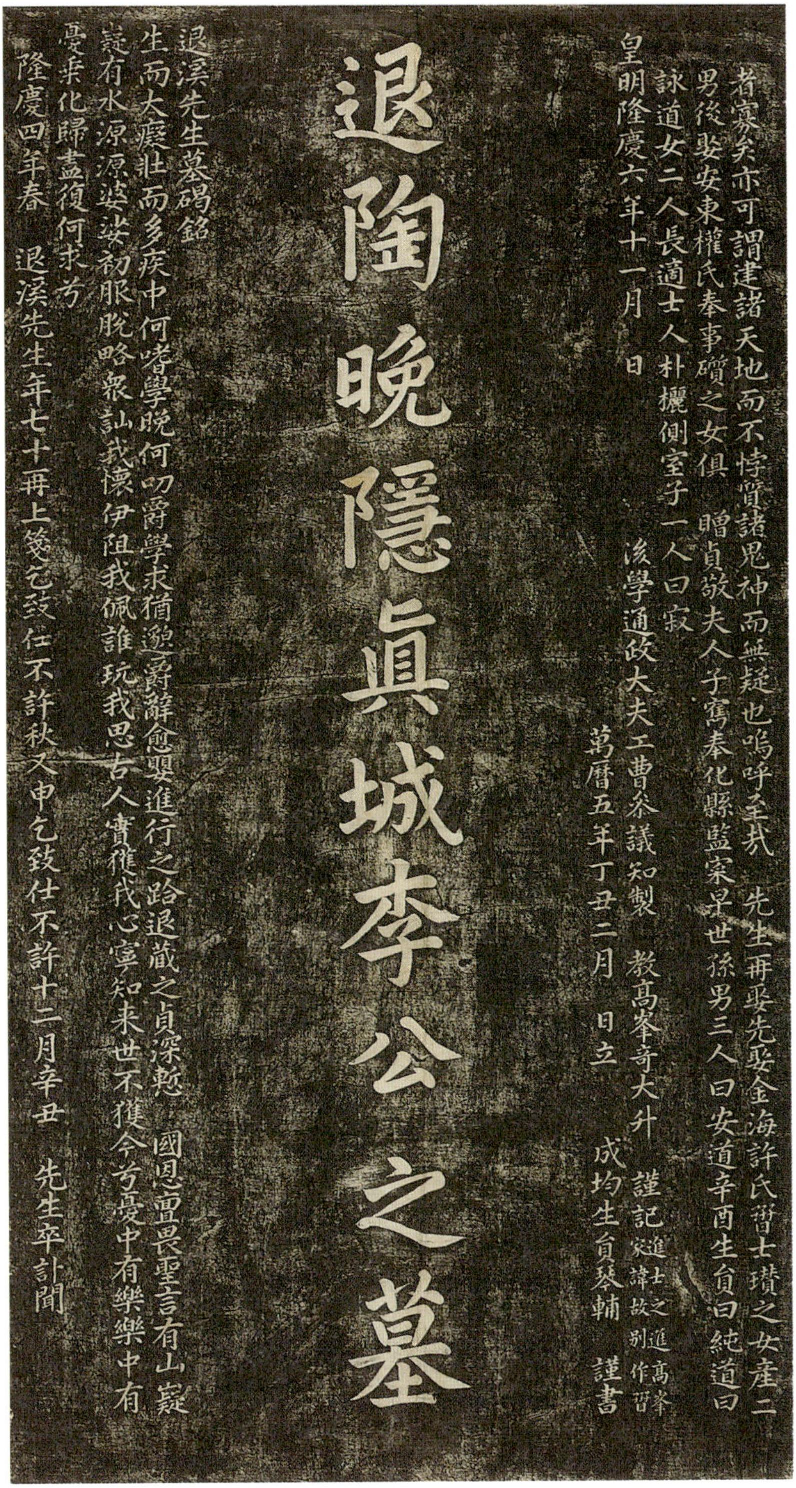
者寡矣亦可謂建諸天地而不悖質諸鬼神而無疑也嗚呼至哉 先生再娶先娶金海許氏習士瓚之女產二
男後娶安東權氏奉事礩之女俱 贈貞敬夫人子寯奉化縣監寀早世孫男三人曰安道辛酉生員曰純道曰
詠道女二人長適士人朴欐側室子一人曰寂
皇明隆慶六年十一月 日
後學通政大夫工曹參議知製 教高峯奇大升 謹記 進士之進高峯家諱故別作習
萬曆五年丁丑二月 日立 成均生員琴輔 謹書
退陶晚隱眞城李公之墓
退溪先生墓碣銘
生而大癡壯而多疾中何嗜學晚何叨爵學求猶邈爵辭愈嬰進行之跲退藏之貞深慙 國恩亶畏聖言有山嶷
嶷有水源源婆娑初服脫略衆訕我懷伊阻我佩誰玩我思古人實獲我心寧知來世不獲今兮憂中有樂樂中有
憂乘化歸盡復何求兮
隆慶四年春 退溪先生年七十再上箋乞致仕不許秋又申乞致仕不許十二月辛丑 先生卒訃聞

「이황묘지탁본」,
기대승,
115.1×62.1cm, 1572,
국립중앙박물관.
'퇴도만은진성이공지묘
退陶晚隱眞城李公之墓'
라고 쓰인 글 양옆으로
이황 자신의 묘갈명과
기대승의 기문이 있다.

惠

月十五日所裁而託鄰邑宇弟轉寄以

警我以稜角之太露又申之以時事之

可虞翎手物格無極之訓釋纖縷洪及而不

克合者竟同歸而並趨感幸之忱慰滿之

衷言固不可以喻而心亦不能以容也以爲如

此雖未得陪

杖[illegible]親

信遊[illegible]府之以滌離懸而發愚蒙也繼於是月之

望因李生咸亨之便仰修一狀以達區區之

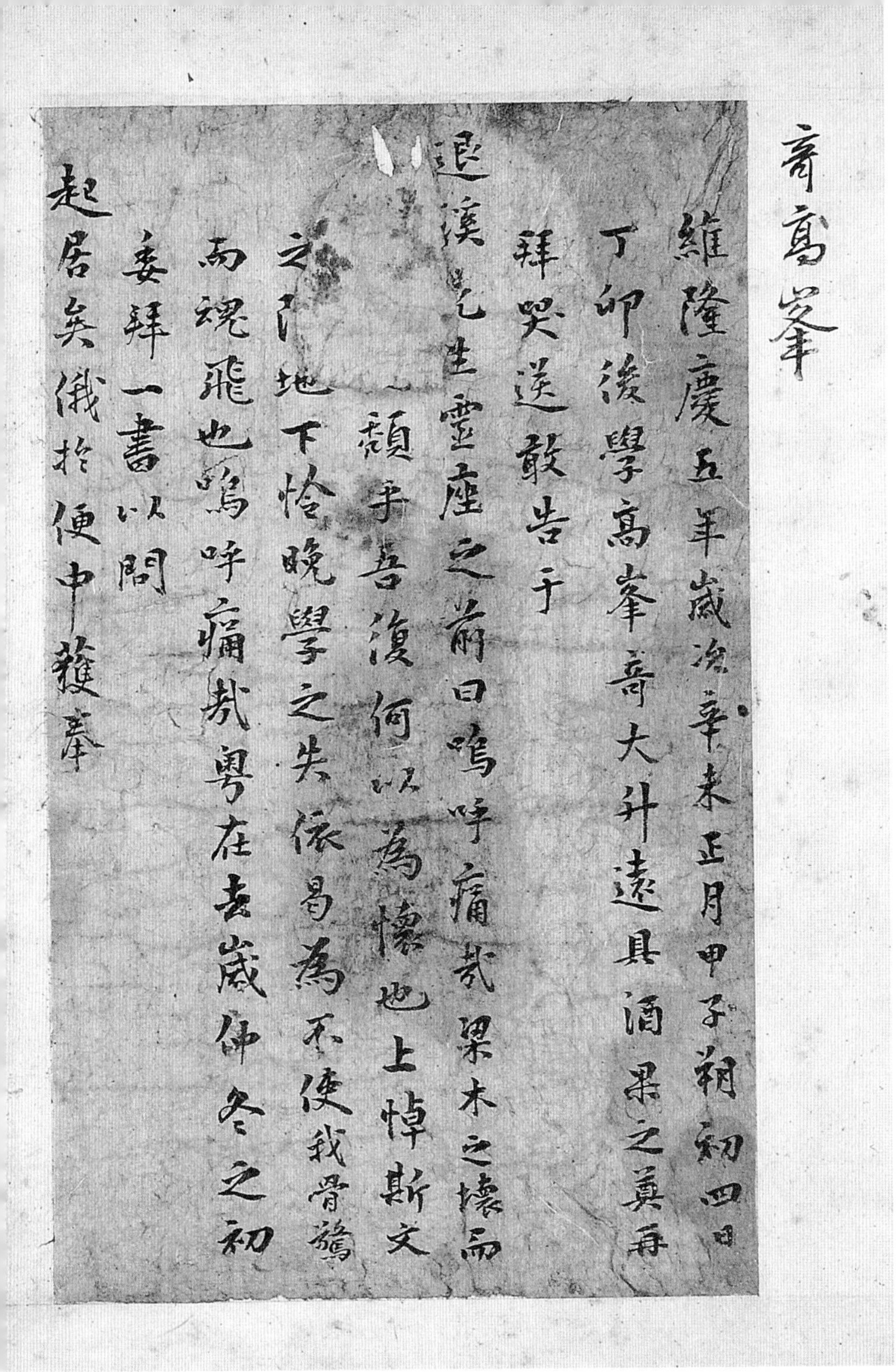
奇高峯
維隆慶五年歲次辛未正月甲子朔初四日
丁卯後學高峯奇大升遠具酒果之奠再
拜哭送敢告于
退溪先生靈座之前曰嗚呼痛哉梁木之壞而
顔乎吾復何以爲懷也上悼斯文
之亡地下恰晩學之失依易爲不使我骨驚
而魂飛也嗚呼痛哉粤在去歲仲冬之初
委拜一書以問
起居矣俄於便中獲奉

『도산제현유묵』, 진성 이씨 상계종택 기탁, 한국국학진흥원. 고봉 기대승이 퇴계의 영좌 앞에서 애통한 심정을 읊은 것으로, 퇴계 제자들의 글을 묶은 『도산제현유묵』에 실려 있다.

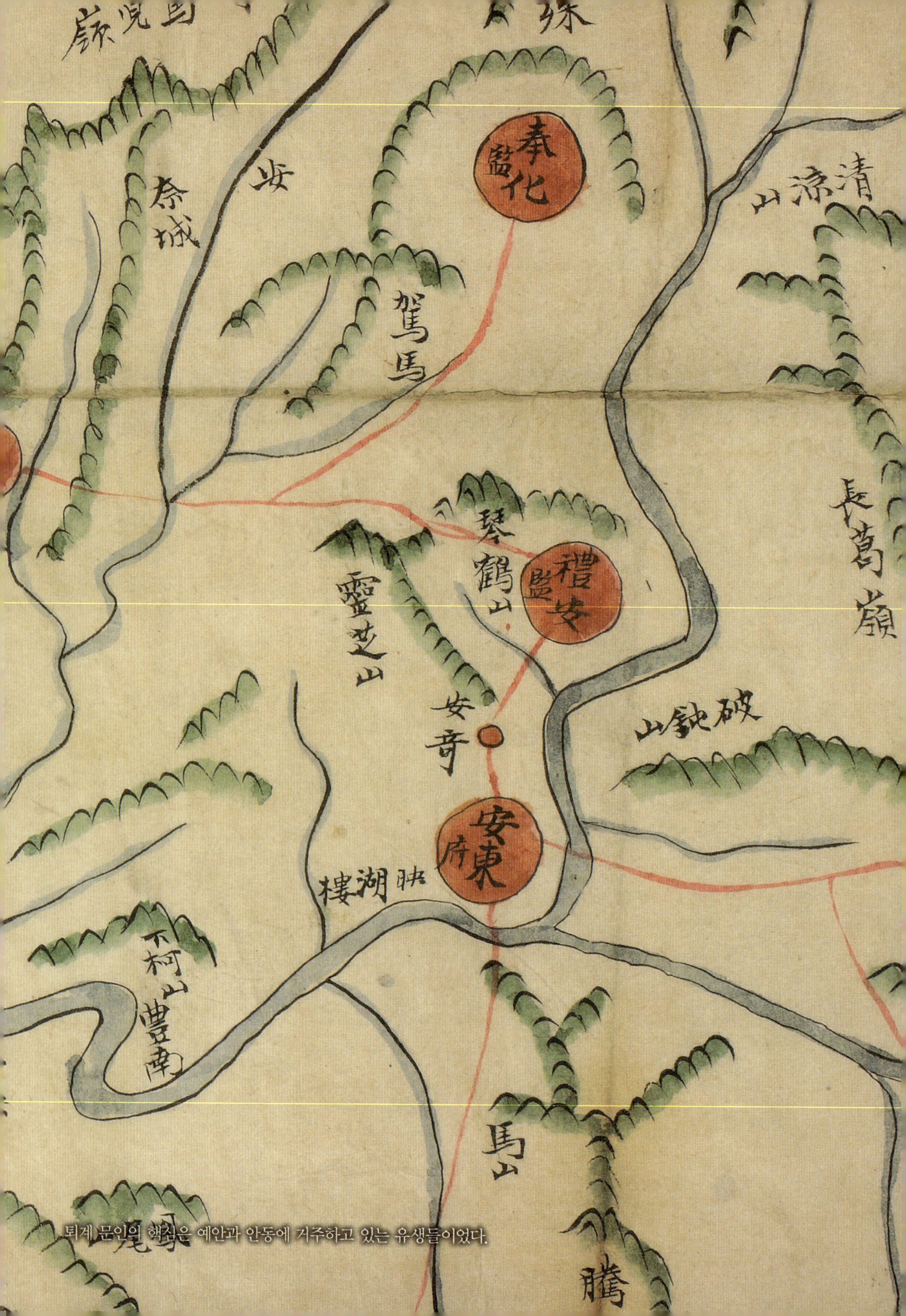

퇴계 문인의 핵심은 예안과 안동에 거주하고 있는 유생들이었다.

(1571)에 시작되었다. 집안에 건사되어온 유문遺文을 정리하는 한편 제자들이 보관하던 서간 등의 유문도 널리 수집되었다. 이러한 일련의 작업은 예안의 역동易東서원을 본거지로 했다. 퇴계가 살아 있을 때 이 서원 건립을 주관하다시피 했던 연고도 있었지만, 퇴계의 거처였던 도산과 가까워 유문 수집과 정리에 알맞은 장소였다는 점이 고려되었을 것이다. 그런데 이 문집 편찬의 근거지가 역동서원이었다는 사실은 퇴계 학통의 계승이란 면에서 큰 의미를 지닌다.

여기서 잠시 퇴계의 향리인 예안과 안동의 문인 관계를 고려할 필요가 있다. 퇴계의 높은 명성으로 인해 그의 문인들은 전국에 널리 퍼져 있었지만 그 핵심은 예안과 안동이었다. 예안은 퇴계가 태어난 곳이며 벼슬하던 기간을 빼고는 생애의 대부분을 이곳에서 보내고 특히 만년에 도산서당을 지어 문인들과 함께 의리 탐구와 담경설학談經說學을 하던 곳이었던 만큼 그의 문인 제자가 어느 고을보다도 많았다.[12] 뿐만 아니라 예안의 문인들은, 예컨대 월천月川 조목趙穆이 퇴계가 38세였을 때 15세의 나이로 문하에 들어가 문업했던 데서 볼 수 있듯 대개 조년급문자早年及門者가 많았고, 그런 만큼 많은 계문溪門 제자 가운데 연배가 높은 선배 집단을 이루었다.

이에 비해 안동은 퇴계 선대의 분묘가 자리한 곳이며 퇴계가 강변의 백련사白蓮寺(훗날 여강廬江서원이 세워진 곳)에서 때로 독서를 했던 인연이 있었다. 안동 출신의 퇴계 문인들도 예안보다는 적었다지만 계문의 주력을 이룬다는 사실에는 변함이 없었다. 다만 이들 안동 문인은 대표적 인물인 서애 류성룡이 퇴계 62세(명종 17, 1562) 때 21세의 나이로 처음 급문했던 사실에서 보듯이, 대체로 퇴계가 벼슬에서 물러나 본격적으로 학문에 침잠하며 도학자로서 이름이 드러났던 50대 후반 이후의 급문자가 대부분이었다. 그리하여 대개는 퇴계의 문인 집단에서 후배 대열에 속했다.

퇴계 문인의 주력을 이루는 예안과 안동지역 문인 사이에는 급문 시기의 선후배라는 점 외에 벼슬에서의 차이도 있었다. 안동 문인들이 대개 문과 출신으로서 관력官歷이 화려했던 데 비해, 예안에서는 급제자도 별로 찾아지지 않고 간혹 음사蔭仕나 유일遺逸의 천거에 의해 지방 관직을 역임하는 선에 머물렀다. 이것은 물론 안동부와 예안현이 지닌 읍세邑勢의 차이에서 오기도 했겠지만, 기본적으로 양쪽 지역의 학문 풍토의 차이에서 유래했다고 할 것이다. 안동지역이 거경과 궁리에 의한 수기는 물론 군주를 통한 경세를 위해 출사出仕에 적극적이었던 데 비해, 예안은 천리독실踐履篤實하다는 위기지학 위주여서 난진이퇴難進易退하며 군주보다는 향촌 단위의 사림에 의한 교화를 우선시하는 성향을 보였다.

이는 그 문인들에게는 두 측면으로 나뉘어 받아들여질 수밖에 없었을 만큼 퇴계의 학문과 행동의 폭이 넓었음을 말해준다. 그렇지만 현실에서는 두 지역 사이에 동문으로서의 협력 상마相磨와 함께 보이지 않는 경쟁관계가 생겨났다. 퇴계 졸서 후 선생을 기리고 학문을 이어받는다는 면에서는 뜻을 같이하면서도 방법을 서로 달리했고, 마침내 문집 편찬과 추숭제의追崇祭儀를 놓고는 갈등을 보이면서 결국 퇴계 학맥의 적통 문제로 갈라서는 배경이 여기에 있다.

이런 사정을 염두에 두고 보면 퇴계문집 편간을 위한 본거지가 예안의 역동서원이었다는 점이 갖는 의미를 보다 분명히 이해할 수 있다. 한마디로 문집 편간은 예안의 퇴계 문도가 주도권을 쥐고 추진했던 것이다.[13]

다음은 연보의 찬술이다. 문집이 한 인물의 마음속 생각을 표현한 언言(문자文字)을 수습했다면, 연보는 밖으로 드러난 행行(적蹟)을 기록한 것이어서, 문집과 안팎의 표리관계로 말해지며, 흔히 외사外史에 비유되기도 한다. 그런 만큼 연보는 인물을 이해하고 평가하는 데 문집만큼 중요성을 지닌다. 퇴계문집의 편간을 조목으로 대표되는 예안 쪽이 주도했다면 퇴계연보의 찬술은 안동 쪽 문인을 대표한 류성룡이 담당했다.

이미 조목이 퇴계의 전 생애를 조망하여 「언행총록言行總錄」을 찬술했음에도 불구하고 류성룡에게 연보 찬술의 중책이 주어진 것은 문집 편간과정에서 소외된 안동지역 문인에 대한 화합 차원의 배려였다고 볼 수 있다. 류성룡이 「연보발年譜跋」에서, 문집 간행에 즈음하여 도산서원으로부터 금응훈琴應壎이 찾아와서 연보 찬술을 부탁했다고 밝힌 점이 이런 추론을 뒷받침한다. 그러나 무엇보다도 문집에 버금가는 중요성을 지닌 선사先師의 '연보'를 자신의 의도대로 독자적으로 찬술할 수 있다는 면이 류성룡이 연보 찬술을 맡은 보다 직접적인 동기였을 것이다.

류성룡의 퇴계연보는 출생에서 60세까지의 60년간의 행적을 담은 제1권과, 61세부터 70세까지 10년간의 활동을 기록한 제2권으로 구성되어 있다. 분량으로 보면 제1권이 18판, 제2권이 23판이다. 만년의 10년간 기록이 그 이전 60년 동안의 것보다 더 많다. 이러한 사실은 연보가 퇴계의 출처거취出處去就와 입조언론立朝言論, 그리고 강학논도講學論道하고 논변문답論辯問答한 내용을 위주로 찬술되면서도 그 중점은 환력宦歷과 정치활동을 의미하는 전자에 두었음을 말해준다. 류성룡이 연보의 발문을 지으면서 후자는 선생의 문집을 참고할 수 있다고 한 데서도 문집과 달리 연보가 정치활동의 측면을 중심으로 엮였음을 확인할 수 있다. 분명 류성룡은 문집과 내외·표리관계에 있는 연보의 특징에 유의하여 퇴계연보를 통해 퇴계의 생애를 벼슬살이와 정치활동 중심으로 찬술했던 것이다. 그랬던 까닭에 문집이 간행되던 시점에 연보도 도산서원에서 바로 판각되어 세상에 전해질 수 있었다.

문묘종사와 종묘배향
유학의 조종으로서 자리매김하다

퇴계는 일향일읍一鄕一邑에 교화를 남긴 향현鄕賢만은 아니었다. 조선의 주자라 불릴 만큼 그 학문이 일세를 풍미했고 그 문인이 전국에 널리 퍼져 있던 사림의 종사였다. 뿐만 아니라 벼슬에서도 대신 다음가는 자리인 좌찬성에까지 올랐고, 새로 즉위한 유주幼主 선조에게 신정新政의 대강大綱을 계도한 고위 관료였다.

그런 만큼 그가 남긴 학덕學德과 공덕에 대한 사림과 국가의 보답이 없을 수 없었다. 그것이 그를 기리는 각종 제의祭儀의 형태로서 문묘종사, 묘정배향, 원향院享 등으로 나타났다.

문묘에 종향된다는 것은 정자程子나 주자 같은 유현과 나란히 공자의 도통을 계승하는 제자의 반열에 듦을 의미했다. 그것은 유학자 개인으로서 대단한 영예임은 물론 그의 학풍을 이어받은 문인이나 사림에게도 도덕적 우월성과 함께 정치적 입장을 크게 강화시켜주었다. 그런 까닭에 중종대에 도학정치를 표방했던 조광조 등의 사류는 정몽주에서 김굉필·정여창에 이르는 도통설을 내세워 이들의 문묘종사를 추진한 바 있다. 그때는 정몽주를 종향하는 데 그쳤지만 선조 초 사림이 집권하면서 조광조와 이언적李彦迪이 추가되어 4현이라 불렸다. 이때 퇴계도 두 사람의 행장을 찬술해 그 학문과 공덕을 떨쳐 보임으로써 종사운동을 뒷받침했다.

이제 퇴계가 작고한 마당에 그를 조광조와 이언적을 이은 종사 대열에 포함시키려는 논의가 나온 것은 그에 대한 사림의 존모로 보아 당연했다. 그렇다 하더라도 거기에는 공론을 모으는 과정이 있어야만 했다. 퇴계를 포함시켜 5현

「회암선생 주문공 유상」,
172.0×71.0cm, 1845,
충현서원.
5현종사를 통해 퇴계는
정자나 주자에 비견되었다.

종사론五賢從祀論이 성균관 유생 상소를 통해 처음으로 공식화된 것은 그가 졸거하고 3년이 지난 선조 6년 8월이었다.[14] 이후 수십 차례의 관학 유생 상소가 올라온 끝에 5현종사론이 나온 지 거의 40년이 된 광해 2년에 비로소 실현[15]되었다.

이렇게 오랜 기간이 걸린 것은 임금이 막중한 예전禮典을 각각의 인물에 대한 충분한 논의 없이 갑자기 시행할 수 없다고 신중론을 폈기 때문이었다. 그리하여 한때 율곡은 조광조와 이황처럼 탁월한 식견과 학문으로 이견이 나올 수 없는 유현부터 종사하자고 제안하기도 했다.[16] 특히 광해군 2년 5현의 문묘종사를 안팎에 선포하는 교서에서 4현과 달리 퇴계에 대해서만 따로 언급하여 "오직 이황은 명종·선조 두 임금의 특별한 대우를 받았으며, 그 뜻은 삼대의 지치至治를 현실에 불러오는 데 두고 그 주장과 가르침을 폈으니 실로 우리나라의 주자이며, 잘못을 바로잡고 규제를 세운 것은 정자에 비한대도 부끄러움이 없을 것이다"[17]라고 하여 성리학을 대성한 정주程朱와 같다고 했다. 5현종사를 통해 퇴계는 정몽주에서 비롯되는 조선조 도학의 정맥을 잇는 유현일 뿐 아니라, 이를 뛰어넘어 우리나라 유학의 조종으로서 그 지위를 확실히 했던 것이다.

문묘종사가 사문에 끼친 공로에 대한 보답이고 사림의 긍식矜式을 위한 것이라면, 종묘배향은 한 임금의 치세를 보필한 대표적인 신하를 종묘에 들어간 임금 옆에 배식配食케 함으로써 그 공을 기리고 일반 신료를 책려하려는 것이었다. 그러므로 묘정배향신이 된다는 것은 신하로서 최고의 명예였다.

광해군 2년 왕과 대신들이 논의한 결과 퇴계는 선조의 묘정배향신으로 영의정이었던 이준경李浚慶과 함께 선정되었다. "우리나라의 유종儒宗으로서 선왕 초기에 보필한 공로가 많았다"[18]는 것이 그 근거였다.

문묘종향과 묘정배향이 국가적 차원의 제의였다면 서원향사는 퇴계와 연고

성균관 대성전. 오른쪽 하단 끝에 퇴계 이황의 이름이 올라 있다.

가 있는 향촌지역 단위의 사림에 의한 제향의식이었다. 도산서원은 바로 이러한 선상에서 세워졌고 오늘날까지 그 맥을 잇고 있다.

도산서원을 세우다

이산서원, 퇴계를 제향한 최초의 서원

장서와 독서처로서 발을 내디딘 중국의 서원은 송대에 들어서 경전을 가르치고 배우는 학교로 발전하고, 남송대에 들어서는 성리학을 연구하며 토론하는 학술기구적 면모를 더했다. 그런데 이학에 대한 이해와 해석은 학자마다 다를 수밖에 없었다. 여기서 각 학자의 학설을 스승과 제자 사이에 상전수수相傳授受하는 학파의 형성이 이뤄진다. 주희朱熹의 고정考亭학파, 육구연陸九淵의 상산象山학파, 호안국胡安國의 호상湖湘학파가 대표적이다.

이러한 학파의 분기는 필연적으로 선사의 학설을 계승하고 발전시킬 거점으로서 서원 건립을 촉발시켰다. 이런 경우 서원이 아무리 강학하는 기구라고 해도 학파의 특색을 드러내는 상징적인 존재로 그 학파의 개조開祖를 내세워 현양해야 했다. 현양은 선사를 제향하는 사묘를 서원 경내에 부설하는 형태로 나타났다. 이에 이르러 지금까지 강학처로서의 서원과 제향처로서의 사당 또는 사묘로서 별개의 것으로 여겨지곤 했던 것이 통합되어 강학 공간(강당, 동·서재), 제향 공간(사묘)으로 구성되는 서원 제도가 확립되었다(퇴계의 서원제에 관한 견해는 여기에 근거했다). 따라서 선사의 학설을 이어받기 위해 세우는 서원의 장소로 선사가 평상시에 강론했거나 연고가 있었던 곳을 찾게 되며, 어떤 때에는 문인이나 제자가 자신이 강학하기 위해 세운 서원에 선사의 위패를 봉안하기도 했다.

이러한 추세는 일반적인 서원을 세울 때에도 영향을 미쳤다. 지방에 따라서는 자신들의 향리와 연관 있는 학자를 제향하는 서원을 세우고 그 학자의 학통을 밝히기 위해 학파의 개조를 주향으로, 그 문인들을 배향·종향하는 양상이 나타난 것이다.[19] 남송 후반에서 원나라에 이르는 200여 년 사이에 800개소가 넘는 서원이 새로 지어졌고 그 대부분이 송오자宋五子라 일컬어지는 주돈이周敦頤·정호程顥·정이程頤·장재張載·주희朱熹의 이학가理學家나 육구연, 호안국 등의 학자를 제향하는 사묘를 가졌던 것은 주로 이러한 사정 때문이었다.

남송대 서원의 이러한 변화는 퇴계와 그 문인들에게도 그대로 받아들여졌다. 서원이 강학과 장수를 위한 기구임을 그렇게 강조한 퇴계 역시 현실에서 서원을 세울 때는 계기를 사림계가 존봉하는 인물의 연고지에서 구했다. 성주에 고려 말의 학자 이조년李兆年을 위해 영봉迎鳳서원을 건립하려 할 때 김굉필의 처향妻鄕이어서 왕래했다는 연고를 들어 함께 제향할 것을 제안한 것이라든가, 특히 예안 출신의 인물인 역동易東 우탁禹倬에 대해 그를 제향하는 서원이 없다는 것은 예안 사림의 수치라고 하면서 제자들에게 역동서원의 건립을 독려했던 것이 좋은 예다. 퇴계가 그러했기 때문에 문인들 역시 이를 따랐을 것이다. 특히 주자 사후 그의 문인들이 주자를 제향하는 서원을 도처에 세웠던 예는,[20]

퇴계의 위패를 가장 먼저 봉안한 영천의 이산서원.

퇴계를 동방의 주자에 비유하는 그 문인들로 하여금 퇴계를 제향하는 서원 건립에 열성적으로 나서게 했다.

조선시대에 전국적으로 퇴계가 제향된 서원은 31개소다([표 1] 퇴계 제향서원의 봉향 시기별 내역 참조). 이 가운데는 처음부터 퇴계를 제향하기 위해 세운 곳도 있고 이미 세워진 서원에 추향한 예도 있다. 어느 것이나 문인과 후학에 의한 존모 열기가 서원 건립으로 나타났음을 말해준다.

이러한 퇴계 제향의 서원 중 으뜸가는 지위를 지닌 수원首院은 말할 것도 없이 도산서원이다. 그렇지만 가장 먼저 퇴계 위패를 봉안한 서원이라는 점에서는 영천榮川(오늘날의 영주榮州)의 이산伊山서원이 앞선다. 이산서원은 퇴계 생전인 명종 13년에 군수 안상安瑺과 영천 인사들이 협력해서 세웠다. 영천에 처가가 있어 일찍이 그곳을 오가며 독서하는 여가에 읍내 사람들과 사귀었던 인연이 있었기에 퇴계 역시 서원기와 서원 원규를 찬술해 보내는 등 협조를 아끼지 않았다. 이때의 「이산서원기伊山書院記」는 조선에서 서원이 건립되고 정착되어야 할 이론적 근거를 제시한 글이었고, 「이산서원원규伊山書院院規」에서는 서원에서의 강학과 장수 및 서원 운영에 관한 규정을 제시했는데 이는 이후 조선 서원 원규의 모범이 되었다.

그런데 처음에 서원 건물이 완성되었을 때는 이곳과 연고가 있는 제향 인물을 정하지 못해서 사묘를 두지 않았다. 그리하여 이곳 사람들이 퇴계에게 서재로 이름짓는 것이 어떻겠느냐고 문의했는데, 퇴계는 서원 규모를 지녔다면 사묘가 없어도 서원이라 부를 수 있는 예를 중국 서원에서 찾아 제시하면서 이산서원으로 명명했다.

퇴계가 이처럼 영천과 연고가 있는 데다 창건에 관계했으며 또 도산에서 길러낸 문인들이 원장을 지내는 등 사실상 서원을 운영해왔기 때문에 퇴계 사후 그를 가장 먼저 제향하는 영예를 얻은 것이었다. 현재 남아 있는 문집에서 찾은 자료에 의하면 선조 5년에 김륵을 앞세운 영천 사림들이 군수 허충길에게 퇴계를 위한 사묘 건립이 진행되고 있음을 알리는 것으로 보아,[21] 장례 후 바로 입향 논의가 있었던 듯하다. 사묘가 완성되어 퇴계 위판을 봉안한 것은 선조 6년 11월이었다. 그리고 그다음 해 조정으로부터 바로 사액이 내려왔다. 퇴계를 제향한 최초의 서원으로서 조정의 공식 인정을 받은 것이다.

한 고을 두 서원이란 문제점

이처럼 이산서원이 퇴계 제향에서 기선을 잡았지만, 퇴계가 벼슬할 때를 제외하고는 평생을 머물렀고 특히 만년 10년 동안 많은 저술 문자를 남기면서 문인들과 더불어 강학하던 향리인 도산에 서원이 없을 수는 없었다. 도산에 서원을 세우자는 여론이 일어나기는 퇴계의 장례가 끝난 선조 4년 봄, 아마도 문집 편찬을 위한 논의가 시작되었던 역동서원의 모임에서였을 것이다. 이후 서원을 세우기 위한 움직임이 공식화된 것은 이듬해인 선조 5년 4월에 열린 도산서당 문도들 모임에서였다. 이 기록은 서원 건립에 관여했던 몇몇 문인의 연보에 공통되게 나오고 있다.[22] 이때의 모임에서 '선사를 제향하는 사묘尙德祠'를 도산서당 뒤에 세우기로 합의했다고 한다. 하지만 공사는 2년여가 지난 선조 7년에야 비로소 시작되었다. 사묘뿐만 아니라 강당과 동·서재 등을 갖춘 서원 규모로 건축하는 것이었다. 시작이 미뤄지고 지체되었던 데 비해 공사는 빨리 진척돼 이듬해인 선조 8년 여름에 이미 서원의 모습을 갖췄다. 이에 조정으로부터 도산서원으로 사액을 받게 되었으나, 막상 상덕사로 이름지어진 사묘에 퇴계 위판을 봉안하기까지는 또다시 반년을 기다려야 했다. 따라서 도산서원의 공식적인 발족은 위판을 봉안하고 석채례釋菜禮를 행한 선조 9년 2월 13일(정축)이었다.

도산서원의 영건과정을 알려주는 자료는 의외로 많지 않다. 위의 서술은 퇴계연보 및 그 문인 몇 사람의 연보에 나온 기사에 의거한 것이다. 이외에 필자가 찾을 수 있었던 자료는 조목의 「도산서원봉안문陶山書院奉安文」「도산서원춘추향사봉안축문陶山書院春秋享祀常用祝文」 및 김성일과 김부필의 편지[23]에서 약간 언급된 정도였다. 『도산서원지陶山書院誌』가 간행되었다고는 하나[24] 현재 확인되지 않으며, 서원이라면 응당 갖추어야 할 「서원기」나 「서원영건사실」 등의 문건도 전혀 보이지 않는다. 앞서 역동서원이 건립될 때 그 창건과정을 밝힌 「역동서원사실」을 지었고 퇴계 사후 선사의 추숭사업을 총괄하다시피 하며 도산서원과 관련해 봉안문과 축문을 짓기까지 했던 조목이, 막상 그 창건 논의에서부터 위판 봉안에 이르기까지의 과정에 대한 어떤 문자도 남기지 않았다는 점은 이해하기 어렵다.

아마도 이 문제는 퇴계 사후 그를 추숭하는 사업으로서 문집 편간이 범문인 차원에서 진행되었던 것과 달리, 원향院享만은 영천, 예안, 안동의 세 고을 문인들이 같은 시기에 따로 따로 추진했던 점과 관련해 고려되어야 할 것이다. 세 고을이 모두 퇴계와 연고가 깊고(예안은 고향, 영천은 처향妻鄕, 안동은 선향先鄕) 문인들이 분포해 있었던 만큼 선사를 위해 사묘를 가진 서원을 세우는 것은 문인의 도리로서는 당연한 것이었다. 그러므로 퇴계 장례 후 1년이 지난 선조 5년부터 선사를 제향하기 위한 사묘 건립 논의가 본격화되었다. 그러나 지역을 초월해 문인 전체가 호응하는 문집과 달리 원향은 제향하는 지역 문인들의 관심과 참여에 국한되어 추진되는 것이 보통이다. 서로 붙어 있는 세 개 고을의 퇴계 문인들 역시 의논 교환은 있었지만, 저마다 별도로 사묘와 서원 건립을 진행했다. 그 과정에서 선의의 경쟁의식에 따른 얼마간의 불협화음이 일어났다 해도 피할 수 없는 일이었다.

서원 건립에는 막대한 재원과 인력이 들어간다. 그러므로 사림이 힘을 모은다 해도 결국은 그 지역 지방관의 지원이 없으면 추진하기 힘들었다. 이산서원이 사묘를 지을 당시 군수 허충길에게, 그리고 여강서원 건립 논의를 시작하면서 안동 문인을 대표해 구봉령具鳳齡이 안동부사로 온 동문인 권문해權文海에게 협조를 구하는 정문呈文을 올렸던 것은 이런 이유에서였다. 영천은 물론 특히

퇴계의 신위를 모시고 있는 사묘 상덕사의 정문인 내삼문.

안동에 비해 예안은 비교가 안 될 정도로 읍세가 약하고 영세한 고을이었다.[25] 현감에게 협조를 구했는지는 확인되지 않지만, 큰 기대를 하기는 어려웠을 것이다. 더욱이 예안에는 이미 역동서원이 자리잡고 있었다. 역동서원은 퇴계가 명종 13년에 건립에 대한 이야기를 꺼냈지만 인력과 물력이 부족해 10여 년간 착수조차 못 하다가 명종 말기에 와서야 현감의 지원을 받아 선조 초에 완공되었다. 예안 사림으로서는 큰 경사였지만, 예안의 사족이 총동원되다시피 했던 탓에 물력이 거의 바닥난 터였다.[26]

이처럼 영세한 읍세에 역동서원을 짓는 데 소진된 사족의 힘이 미처 회복되지도 않은 터에 새롭게 사원을 건립한다는 것은 현실적으로 어려운 일이었다. 그런 까닭에 이산서원의 사묘 건립에 자극을 받아 예안 쪽에서도 우선 도산에 사묘(뒤의 상덕사尙德祠)를 세우기로 결정했다(선조 5년 4월). 그렇지만 공사를 벌일 여건이 갖춰지지 않은 탓에 시일만 늦춰지고 있던 차, 어느 정도 성고成稿에 이른 퇴계문집의 교정을 위해 역동서원을 찾은 권호문權好文으로부터 안동지역 문인들이 새로운 서원(여강廬江서원) 건립을 계획하고 있음을 듣게 되었다. 권호문은 류성룡과 김성일이 서울에서 벼슬 중이라 사실상 안동 문인을 대표했고, 따라서 말은 의논한다고 했지만 공식적인 통고나 다름없었다.

이에 대한 예안 문인들의 반응이 어떠했는가는 알려져 있지 않다. 다만 안동 쪽에서 마침 동문인 권문해가 부사로 부임하는 것을 호기로 삼아 관의 도움을 받아서[27] 선조 6년 3월에 여강의 백련사 자리에 터를 닦고 공사를 벌이자 결국 안동, 영천지역 문인들의 협조를 구하지 않을 수 없었다. 그것은 당시 예안지역 문인의 최연장자였던 후조당後凋堂 김부필金富弼[28]이 정유일鄭惟一, 구봉령具鳳齡, 정탁鄭琢, 우성전禹性傳, 김성일 등 벼슬하던 안동 문인들에게 보낸, 도산서당의 수호에 무심한 데 대한 섭섭함을 토로하면서 협조를 호소했던 편지[29]에서 확인된다.

이 편지에서 김부필은 우선 도산서당의 관리가 단지 승도 몇 명의 손에 맡겨진 실정을 들어 "(이러고서야) 선생의 뜻과 도를 능히 계승할 만한 사람이 나오지 못하는 것은 당연하다손 치더라도, 선생께서 평소에 거처하고 노닐던 장소가 갑자기 나무 하고 꼴 먹이는 곳이 된다면 이를 어찌 차마 볼 수 있겠소"라고 하여 존폐의 위기에 처했음을 알렸다. 그리고 그 해결 방안으로 주자와 그 문인 양원범楊元範(대법大法)이 했던 예를 들었다.

주자는 그 선친이 자양산紫陽山에서 독서하던 뜻을 추모해 자신이 거처하는 곳에 자양정사紫陽精舍(서실書室)를 세웠고, 양원범은 선생의 명을 받아 백록동서원을 정비하면서 염계濂溪사당을 세워 주돈이周敦頤와 이정二程을 향사하고 다시 오현사五賢祠를 세워 선현 존봉의 모범을 보였다. 말하자면 김부필은 후손과 문인들에게 주자와 양원범이 한 것처럼 도산서당을 선사의 향화를 받들며 강학하는 서원으로 부활시킬 것을 제안했던 것이다.

그러나 도산서당을 서원으로 되살려내는 데 이쪽의 붕우들은 아무런 힘이 없어 어찌 해볼 도리가 없다고 예안 쪽의 실정을 말하면서, 그대들이 선사가 장수하던 곳을 위해 한 가지 계획이나 대책을 내지 않는 것이 과연 옳으냐고 따졌다. 이어서 김부필은 도산서당의 수호에는 몇 명의 노비와 얼마간의 토지가 필요하다는 취지의 말을 덧붙였다. 그 뜻이 물력의 도움을 청하는 데 있었음은 말할 것도 없었다.

그런데 김부필의 글에서는 언급되지 않았지만 안동을 중심으로 한 문인들 일각에서 예안의 서원 건립에 다소 회의적인 시각이 있었다. 그것은 김성일이 도산서원의 공사가 곧 시작된다(선조 7년 봄)는 말을 듣고 조목에게 보낸 편지에서 찾아진다. 김성일은 도산서원의 건립이 기쁜 일이기는 하나 "예안의 고을이 잔약한 데 비해 서원을 세우는 일은 커서縣殘役巨" 감당하기 어렵지 않을까 하는 우려를 표명했다.

보다 근본적인 문제점으로는 도산서원이 설립되었을 때 생기는 '한 고을 두 서원一縣兩院'으로 인해 일어날 사태를 지적했다. 예안 같은 작은 고을에 두 개의 서원은 결단코 보존될 수 없는데, 만약 새로운 서원으로 도산이 선다면 먼저 세운 역동서원은 쇠퇴하여 없어질 것이라고 예측했다. 특히 역동서원은 선사께서 평소에 깊은 관심을 가지고 세운 것이니만큼 의미가 범상치 않은데, 문인이 세운 도산서원으로 인해 버려진다면 선사에 대한 도리가 아니지 않느냐고 하여 서원 건립에 대한 유보적인 입장을 확연히 드러냈다.

김성일이 조목에게 보낸 이 편지가 앞서 소개한 김부필의 협조 요청에 대한 답신의 성격이었는지는 선후관계를 알 수 없어 확실치 않다. 하지만 예안 문인의 도산서원 건립에 대한 동문 내부의 우려를 대변한 것임은 분명하다. 선사를 위해 서원을 세운다는 것이 도리어 선사가 주도해 세운 서원을 피폐하게 하여 결국 없어진다면, 선사를 위한다는 뜻이 어디에 있느냐는 주장은 확실히 설득력이 있었다(이런 우려는 훗날 역동서원과 도산서원의 관계에서 현실로 나타난다).

이제 문제는 부족한 인력과 물자의 확보보다는 선사를 위한 도산서원 건립이 과연 타당한가 하는 것으로 모아졌다. 이 문제의 논란과정을 전해주는 더 이상의 자료는 찾지 못했다. 그렇지만 선조 5년 4월에 도산서당 회의에서 사묘 건립이 합의된 뒤 선조 7년 봄에야 일에 착수한 것을 보면 적어도 2년에 걸쳐 상당한 논란이 있었을 것이다. 그리고 이런 논의 중에 안동의 여강서원이 착공되어 거의 준공 단계에까지 이른 것(선조 6년 2월)을 보면 한편으로는 '한 고을 두 서원'이라는 문제점이 오히려 안동 측의 여강서원 건립 명분을 뒷받침해주었다고도 생각할 수 있다.

도산서원 건립을 둘러싼 논란은 선조 7년 봄에 착공하면서 결론을 낸 듯하다. 바로 직전인 2월에 여강서원의 묘우廟宇·재齋·당堂 등 80여 칸에 이르는 건물이 거의 준공되어 마무리 단계에 들어간 것[30]이 그런 결론이 나게 하는 데 어떤 영향을 주었는지는 확인하기 어렵다. 하지만 도산서원을 짓기로 결정된 이상 안동을 비롯한 타 지역 동문들도 힘을 보탰을 것이다. 그리하여 논의하는 데 2년이 걸리던 것이 건립은 불과 1년 만에 끝났다.

도산서원이 완성되자 그 위상은 먼저 이뤄진 여강서원을 능가했다. 역시 퇴계의 본거지로서 도산서당이, 명종이 그림을 그려오라고 했을 정도로 서울, 시골 할 것 없이 널리 알려졌기 때문이었을 것이다. 그래서인지 모르나 미처 퇴계 위판位版의 봉안이 이루어지지도 않았는데 조정으로부터 사액이 내려왔다. 일반적인 사액은 유생이 청액소請額疏를 올리면 예조가 이에 대한 의견을 내고 대신의 수의收議를 거쳐 임금이 결정하는 절차를 밟는다. 한편 백운동서원의 사액에서처럼 풍기군수였던 퇴계의 부탁을 받은 경상도 관찰사의 계문啓聞으로 조정에서 바로 결정하는 경우도 있다. 아마도 초창기였던 만큼 도산서원도 이러한 예에 속하지 않았을까 추정되지만 이를 뒷받침하는 자료는 찾기 어렵다.

뿐만 아니라 여강서원에는 사액이 없었다(여강서원에 대한 사액은 훨씬 후대인 숙종 2년(1676)에 이뤄졌다. 이때는 서원이 1576년에 창건된 지 꼭 100년이 지난 해였다). 시기를 같이하여 앞뒤로 세워진 이산·도산·여강의 서원 가운데 왜 규모가 가장 크다는 여강서원만 사액에서 제외되었는지를 설명하는 자료는 전해지지 않는다.[31] 도산서원의 창건과정을 밝혀주는 자료가 영성한 것과 더불어 이처럼 사액에 대한 자료가, 전란으로 사초史草가 불타버려 기록이 부실해진 실록은 그렇다 치더라도, 퇴계연보에 결과만 적어놓은 것 외에는 다른 문집이나 고문서에서조차 찾을 수 없다는 것은 잘 이해되지 않는 부분이다.

준공과 봉안

이제 건물이 준공되고 사액이 내려온 마당에 퇴계의 위판을 봉안하는 절차만 남았다. 우선 김성일이 새로 지어진 도산서원을 찾아보고 제기祭器를 갖추어 보내 봉안에 대비하게 도왔다.[32] 하지만 막상 봉안 행사는 반년을 기다려 해가 바뀐 선조 9년 2월 13일에 거행되었다. 왜 이렇게 반년을 보냈는지를 설명해주는 기록은 없다. 다만 선조 9년 정월에 여강서원에서 도산과 여강의 위판 봉안에 따른 의례 절차를 논의해 결정했다는 말이 있고,[33] 도산에서 퇴계의 위판을 봉안하는 날 동시에 여강에서도 봉안 행사가 치러졌던 것으로 미루어, 두 서원

陶山書院

「도산서원」, 정선, 종이에 담채, 56.3×21.2cm, 1734, 간송미술관.

사이에 봉안 의절[34]과 날짜에 대해 논의하고 이를 조정하는 데 시일이 걸렸던 것으로 판단된다.

논의과정에서 조정이 잘 되지 않았던 듯 선사의 위판 봉안 행사를 같은 날 서로 다른 두 곳에서 거행하기로 한 결정은 양쪽은 물론이고 일반 사림들에게도 불만이었을 것이다. 행사 참석 인원이 두 쪽으로 갈려 문인과 사림의 성대한 축제에 손색이 갈 것이기 때문이었다.

도산서원의 봉안 행사에 몇 명이 참석했고 행사가 어떻게 진행되었는지를 밝혀놓은 기록은 찾아지지 않는다. 다만 현존하는 도산서원 고문서 중 『심원록尋院錄』에 일부 명단이 전한다. 여기에 보면 병자년(선조 9) 2월 13일의 향사헌관享祀獻官 및 집사執事라는 명목 아래 78명의 이름이 나온다. 그 안에는 군수 배삼익裵三益과 예안현감 유몽양柳夢陽 같은 이 지역 지방관과 김복일金復一(정자正字), 김부필(생원), 이숙량李叔樑(진사), 조목(생원), 이준李寯(현감, 퇴계의 아들), 조종도趙宗道(찰방), 권춘란權春蘭(정자), 김천일金千鎰(도사都事) 등 알 만한 인물도 있다.

거주지를 보면 예안이 50명(예안에 거주하기에 거주지 표시가 없는 인물임), 안동·영천 각 6명, 서울 3명, 풍기·안음·전주 각 2명, 영해·함안·경주·봉화·나주 각 1명, 그리고 지역이 명확치 않은 이가 2명이다. 퇴계의 위판을 도산서원에 봉안하는 사문의 큰 행사에 위의 78명 정도만 참석했다고는 생각되지 않는다. 『심원록』의 기록대로 헌관 집사가 78명이었다면 여기에 포함되지 못한 참여 인물이 더 있었을 것이다. 따라서 위의 거주지 분포는 참고만 될 뿐 그 이상의 의미를 갖지는 못한다. 이런 점을 감안하고서 살펴보면 예안이 절대 다수이고 안동과 영천이 각각 6명씩으로 되어 있다. 그 인물들을 보면 안동은 김복일과 권춘란, 영천은 김륵을 대표로 보냈던 것 같다. 특이한 예는 퇴계의 영향권 밖에 있던 전주와 나주의 인사가 있었다는 사실이다. 전주의 2명은 그렇게 드러난 인물 같지 않으나, 나주의 김천일은 일재一齋 이항李恒의 문인으로서 훗날 의병장으로 순국한 건재健齋였다. 김천일은 이때 경상도 도사 직임에 있었다.[35] 따라서 관찰사를 대신했다고도 볼 수 있으나 일재의 수제자가 참석했다는 사실이 지니는 의미는 결코 적지 않다. 그것은 함안의 조종도도 마찬가지다. 아마 인근의 찰방으로 있다가 참석한 것으로 보이는데 남명南冥 조식曺植의 영향권에 속하는 학자였다.

흥미로운 것은 퇴계의 직계 가족으로 아들 이준과 손자인 순도純道·영도詠道는 명단에 있으나, 장손으로 사실상 퇴계 집안을 대표해 문집 관계를 막후에서 주선했던 이안도李安道의 이름은 보이지 않는다는 사실이다. 말할 것도 없이 같은 날 치러진 안동 여강서원 행사에 참석한 것이다. 안동 쪽의 대표적인 문신들이 벼슬에 있었기 때문인지는 모르겠으나 명단에 보이지 않는 것도 같은 이유에서라고 생각된다.

이상에서 살핀 도산서원의 건립과정은 같은 시기에 세워진 조광조를 제향한 도봉道峯서원과는 여러 면에서 대비된다.

도봉서원은 선조 6년 화담花潭 문인이면서 퇴계 문하에도 출입했던 남언경南彦經이 양주목사가 되어 서원 건립을 위한 통문을 경외의 사람들에게 발송하면서 시작되었다. 조정의 관인들과는 이미 논의가 되었던 듯 정암의 수제자로 이 시기 정계의 원로였던 우참찬 백인걸白仁傑이 지휘하고 부제학 허엽許曄, 이조참판 박소립朴素立이 공역을 책임졌으며 전국의 사림이 호응했다. 이듬해 건물이 갖추어지자 정암 위판이 봉안되면서 김우옹·유희춘·윤현 등 옥당의 건의로 바로 사액되었다. 도봉서원의 건립과 정암 봉안은 조정 진신과 경외 사림의 일사불란한 협조 속에 이루어졌던 것이다.[36]

이 시기의 사림종사로서 정퇴靜退라고 병칭되던 두 분을 제향하는 대표적인

「도봉서원도」, 작자미상, 비단에 담채, 28.7×29.5cm, 18세기, 건국대박물관.

서원의 건립과정이 이렇게 차이나는 이유는 우선 정암과 퇴계의 활동 영역이 달랐던 데서 찾을 수 있다. 도학정치를 표방했던 정암은 바로 '사림의 시대'가 도래했음을 알리는 상징이었다. 그에 비해 퇴계는 조선주자학을 대성한 학문인이었다. 사림정치의 파급은 신속하지만 주자학의 보급은 지역 간 편차가 클 수밖에 없었다.

또 다른 이유는 학파의 형성과 관련해서다. 정암에게는 종유하거나 배운 문인이 적지 않았지만 일정한 학설을 잇는 학파로는 나아가지 못했다. 그에 비해 퇴계에게는 학문을 잇는 수백 명의 문도가 있었다. 조선에서 학문으로 사승관계를 형성한 학파는 퇴계 문인으로부터 시작된다. 주자 사후 그 학설을 계승한 문인 사이에 채원정蔡元定·진순陳淳·황간黃幹 등을 앞세운 분파가 나오고 복건계福建系, 절강계浙江系, 강서계江西系 등 지역 명칭으로 분기하듯이[37] 퇴계 문하에서도 예안과 안동, 영천 등 지역별로 사설 계승을 내세우면서 서원 건립을 추진했기에 고을 단위로 진행될 수밖에 없었다.

같은 시기에 세워진 도봉서원이 태학에 버금가는 전국 서원 중 수원首院의 자리에 위치했다면, 발족 당시의 도산서원은 훨씬 낮은 쪽에서 출발했던 것이다. 그러나 수백 년이 흐른 뒤 도봉이 침체하여 그늘 속에 처했던 것에 비해 도산은 조선 성리학의 태산북두 자리에 우뚝 솟아 있었다. 역사를 통해 도산은 성장했던 것이다.

도산서원이 걸어온 길

고난 속의 성장

퇴계 봉안 후 도산서원은 춘추향사春秋享祀를 지내며 당분간 서원의 시설을 갖추는 데 힘쓴 듯하다. 그러다가 그동안 역동서원에서 해오던 문집 편찬과 관련한 일이 도산으로 넘어온 선조 13년 9월, 동문들의 회합을 기회로 제생諸生을 위한 강회講會를 열었다. 「월천연보」에 따르면 조목이 주관한 이 강회를 계기로 매달 삭망에 동문과 유생들이 모여 상덕사에 알묘謁廟한 뒤 강회를 갖기로 약속하고 이를 원규로 삼았다고 한다.[38] 이때 이후 설강設講되었을 강회의 구체적인 내용이 어떠했는지는 알 수 없다. 어쨌든 제생을 불러 모은 강학이었던 것으로 보아 당시의 관행이던 서당을 통한 강학, 예컨대 조목의 월천서당이나 권호문의 경광鏡光서당 등에서 이루어진 강학과 별다를 바 없었을 것으로 추측된다. 주자나 육상산이 수행했던 것과 같은 학술활동적 측면은 아직 나타나지 않은 듯하다. 이 시기 도산서원의 가장 주된 기능은 퇴계 문인의 결속을 다지는 향사에 있었다. 선조 33년 도산서원에서 『퇴계집』을 간행한 것은 도산서원이 지식 생산을 위한 출판문화의 기능을 수행하게 되었음을 말해주지만, 한편으로는 그동안 선생의 학통 계승이란 면에서 병렬관계에 있던 도산과 이산·여강서원 사이에서 도산이 우위에 서는 효과를 가져왔다. 그것은 또한 퇴계 사후 점차 깊어진 적통 계승을 둘러싼 보이지 않는 경쟁에서 도산의 건립과 운영을 주도해왔던 월천계의 입장을 크게 강화시켜주기도 했다. 광해조에 들어서 조목을 도산서원에 종향하게 된 원천은 여기에 있다.

광해 2년 사림의 숙원이던 5현의 문묘종사가 실현되면서 조선 도학에서 퇴계는 정맥으로서의 위상을 확립했다. [표 1]에서 보듯이 광해 연간 9개소의 서원에 퇴계가 제향되었던 것은 문묘종사로 촉발된 퇴계 존모의 열기를 말해주는 지표다. 이에 이르러 지금까지 수면 아래의 움직임에 그쳤던 퇴계 적통의 계승 문제가 표면화되기 시작했다.[39] 조목의 문인들이 먼저 움직였다. 그들 스승인 조목의 상덕사 입향을 주장하고 나온 것이다. 당장 안동 쪽 문인들이 반발하고 나섰다. 그리하여 한동안 명분을 쌓기 위한 논란이 계속되다가 결국 집권세력인 대북大北의 후원을 얻어 조목이 종향되었다. 임금은 특별히 조목 종향에 예조좌랑 임성지를 보내 치제하는 은례를 더했다. 이에 맞서 안동 쪽도 여강서원에 류성룡, 김성일을 입향했다. 선사의 학통 계승을 놓고 벌어지는 이런 분기는 학파 전개상 불가피한 현상이었다. 사설을 이어받음에 있어 학설상의 차이에서 나온 것이라면 그것은 학파 전개의 발전을 의미한다고 볼 수 있다.

그러나 유감스럽게도 이때의 분기는 그런 학설이나 학문상의 견해차로 인한 것이 아니었다. 예안 오천烏川 출신의 명사 김령金坽은 예안과 안동에서 벌어지는 월천과 서애·학봉 문인 사이의 이러한 스승 추향 경쟁을 비판적인 시각으로 바라보았다. 그는 월천의 도산서원 종향에 대해 "스승을 높이면 제자 또한 높아진다. 이 무리(월천 종향을 추진한 이강李莊·이립李苙 등의 초두草頭 형제)의 본래 의도는 그 스승을 위하는 데 있지 않고 자기들의 사사로운 이익을 얻으려는 데 있었다. 하물며 이 이립의 무리는 우리 선생(퇴계)의 도통이 월천에게 전해졌고 월천이 다시 김중청金中淸(이립 등의 선생)에게 전했다고 하니 (…) 심하다, 소인의 어리석음이여"라고 적절히 지적했듯이 그 제자들의 현실적인 이해가 주된 요인이었다. 광해군대의 집권 세력인 대북大北은 폐모론과 같은 주요 정책을 추진함에 있어 이른바 초야공론草野公論이라는 유생상소를 자신들에게 유리한 여론을 조성하는 정치술로 활용해왔다. 유소儒疏를 발의하기 위해서는 일정한 거점이 필요했다. 이전에는 향교와 서당이 주로 그 역할을 했다. 월천의 종향을 추진한 무리의 현실적인 목적이, 퇴계－월천－김중청으로 이어진다는 도통을 들어 도산서원을 장악하고, 이를 통해 예안은 물론 영남좌도의 유생 여론을 조종해 대북정권에 유리한 방향으로 이끌려고 한다는 것이 김령의 설명이다. 이를테면 도산서원을 그 무리의 정치적 목적에 이용하려 한다는 것이었다.

학문적 내용이 아닌 현실적 목적을 둘러싼 적통 분쟁은 결과적으로 서원 자체의 품격을 떨어뜨리는 일이었다. 그 부작용은 바로 나타났다. 감사 권반權盼이 도산서원을 교생고강처校生考講處로 지정한 것이다. 김령은 "서원이 어찌 감사가 고강하라고 세워졌겠느냐. 우리 선생(퇴계)께서 이를 아시게 되면 어떻게 할까"라며 탄식했다.

앞에서 보았듯이 퇴계는 장수하는 유생을 이록利祿 추구에 물들게 할 수 없다 하여 원내에서의 과거 공부를 금지하기까지 했는데, 과거 공부도 못 되는 단순히 군역軍役 면제와 관련된 초보적인 경전시험을 보게 한다는 것은, 도산서원은 물론 퇴계에 대한 모욕일 수밖에 없었다. 도산서원이 관官으로부터 당한 모욕은 인조대에 들어서면 더욱 심각해진다. 도산서원 원장으로 있던 이유도李有道가 감사 원탁元鐸으로부터 형신刑訊을 당하다가 그 자리에서 운명하는 사건이 일어난 것이다.[40] 이유야 어떻든 현직 원장 자리에 있는 인물이 옥에 갇혀 장형을 당해 죽었다는 것은 예안은 물론 영남좌도 일대에 큰 충격을 안겼다. 이에 이유도의 아들을 비롯한 일족이 도산서원의 이름으로 도내 사림에게 통문을 보내 원정冤情을 알리고 감사를 배척하고자 했다.

임금을 대신하는 관찰사를 구축하려 한 행위를 국가에 대한 도전으로 받아들인 조정이 수창자를 적발해 서울로 압송하라고 판정한 것은 기강 확립 차원에서 혹 그럴 만도 했다. 문제는 도산서원의 이름으로 발송된 통문에 대한 각 고을의 반응이 냉담한 데 있었다. 상주의 답통答通은 부정적인 의사를 보였고 함창咸昌과 안동은 통문을 되돌려 보내왔다. 뿐만 아니라 원장과 재임齋任을 교체하려 해도 해당 인물이 사피辭避하고 나오지 않아 "원중院中이 텅 빈 지 이미 여러 달 되어서 온갖 일이 꼴이 아니라"고 김령이 통탄[41]한 대로 도산서원으로서는 내우외환을 겪고 있었다.

더욱이 때마침 감시監試가 예안에서 설행되었는데 작은 고을에 응거자가 몰리다보니 혼란이 극심했고 이런 와중에 도산서원 완락재玩樂齋에 보관되어오던 향동香童과 옥서진玉書鎭, 옥도서玉圖署 등 퇴계가 평소 가까이했던 유품들이 분실[42]되는 불상사를 당했다.

이외에도 김령의 『계암일록』에는 예안현감과 같은 말단 관리로부터 수모를 당하는 도산서원의 모습[43]을 기록하고 있다. 그중에서 인조 18년 정월 25일자에 실린 기사를 보면, 도산서원에서 올린 원의院議에 대한 불만으로 현감이 도산서원 원장을 비롯한 몇 사람을 불러와 서로 힐문하게 한 일을 놓고는 "산장山長의 이름이 이로부터 땅에 떨어져버렸다. 만력 병자년(선조 9)에 퇴계 선생을 봉안한 이래 어찌 이 같은 변고가 있단 말인가"라고 개탄했다.

물론 지방 수령의 이러한 무례를 확대해석할 필요는 없을지 모른다. 그러나 관찰사는 고사하고라도 일개 현감에게 이런 모욕을 당했다는 것은 이 지역에서조차 도산서원의 위상이 흔들리고 있음을 반증해주는 하나의 신호로 볼 수 있다.

사실 도산서원의 위상이 이렇게 떨어진 이면에는 앞서 언급했던 대로 광해군대 월천 종향을 통해 주도권을 쥔 세력이 북인들과 결탁한 이래, 예안은 그렇지 않았다 해도 가장 많은 사림을 보유해온 안동을 중심으로 한 좌도사림의 외면을 받았던 데 원인이 있었다. 인조반정으로 그들은 축출되었지만 도산서원은 퇴계의 향화를 받드는 사묘로만 여겨졌고 좌도 사림 활동의 중심은 안동의 여강서원이었다.

이러한 상황은 효종과 현종대에도 이어졌다. 효종 초 이이李珥와 성혼成渾을 문묘에 종사하려는 문제로 성균관 유생 사이에 논쟁이 크게 벌어지고 서인 정권이 이를 밀어붙이려 할 때, 영남에서 유직柳稷을 소두疏頭로 950여 명이 연명한 「이혼승무반대유생상소珥渾陞廡反對儒生上疏」를 올려 이를 저지했다. 1000명에 가까운 유생의 이름을 올리기 위해서는 사전에 향교·서원을 통해 유소의 취지를 설명하는 통문을 돌려야 했다. 이때는 '안동사림통문'이 각 고을을 돌았다. 다시 말해 발의가 안동 사림에서부터 출발한 것이었다. 안동 무실 출신인 백졸암百拙庵 유직이 소두가 된 것도 이런 사정에서였다.

안동부에 속했던 삼계三溪서원(권벌權橃 제향, 오늘의 봉화군 닭실 소재)이 조정에 청액소를 올리려는 움직임을 보이자 유직이 그 생질 김계광金啓光에게 보낸 글에서 "안동부의 학궁學宮으로 말할 것 같으면 여강서원이 수원이 아니냐. (…) 청액을 요구한다면 마땅히 여강으로 먼저 해야 함은 분명하다"[44]라고 한 데서 보듯이 안동부의 수원首院은 여강서원이었다. 따라서 승무반대유소를 발론하고 주도한 곳은 바로 여강서원이었다고 할 것이다. 그것은 현종 때 사림의 현안이었던 예송 문제에서도 마찬가지였다. 이처럼 다수의 사림을 포용한 여강의 활동에 가려 도산은 뒷전에 자리할 수밖에 없었다.

그렇다고 하여 퇴계를 봉안한 서원 중의 수원으로서 도산의 위상이 무너져 내린 것은 아니었다. 지란芝蘭은 깊은 숲속에서 자라지만 사람이 없다고 향기를 뿜지 않는 것은 아니라고 했다. 퇴계를 흠모하여 그 유향遺香을 찾아 도산으로 향하는 선비들의 발길이 끊길 리는 없었다.

영남감사는 부임길이나 순행할 때에 반드시 도산을 찾아 상덕사를 배알했다. 또 경차관으로 영남을 찾은 관리도 대개 도산에서 예를 갖추었다. 뿐만 아니라 평양의 선비 선우협鮮于浹이 천릿길을 마다 않고 이곳을 찾아 묘정에 배알하고 몇 달간 머물며 선생의 유화遺化에 젖고 제생과 더불어 강습하다가 돌아갔다고 하며, 오늘날에는 실학의 개조開祖로 더 잘 알려진 성호 이익 역시 29세(숙종 35)에 도산서원을 찾아보고 "사모하기를 상서로운 구름과 태양처럼 하고 우러르기를 태산북두처럼 하여慕之如祥雲瑞日 仰之如泰山北斗"라고 성문聖門에 종사하기를 맹서했다는[45] 예에서 보듯이 도산은 은거구지隱居求志하려는 선비의 이상향이었다. 그리하여 전국의 뜻 있는 선비들이 끊임없이 도산을 찾아 퇴계의 묘우 앞에서 도학에 전념할 것을 다짐했다.[46] 현재 도산서원 고문서로 들어가 있는 방대한 양의 『심원록』을 자세히 분석해보면 그 명단과 구체적인 모습을 밝혀낼 수 있으리라 본다.

그리고 그들이 도산에 머물며 원유·제생과 더불어 가졌던 강회나 강학의 기록을 찾게 된다면, 병론屛論·호론虎論으로 갈리면서 전날의 성세盛勢를 잃어가는 여강을 대신해 영조 이후 영남의 학풍을 대표하는 수원으로서, 나아가 도봉서원을 넘어 전국 도학의 본산으로서 그 위상을 확립할 수 있었던 도산서원의 토대가 여기에 있음을 알게 될 것이다.

영남 지식문화의 산실

도산서원의 성망聲望은 비단 국내에만 그치지 않았다. 숙종 45년(1719) 통신사通信使 홍치중洪致中의 제술관으로 일본을 다녀온 신유한申維翰이 남긴 『해유록海遊錄』에 보면 왜인이 『퇴계집』을 그야말로 신명같이 높이 받들며 도산서원이 어느 땅에 속해 있고 퇴계 후손이 몇이며 무슨 벼슬을 하느냐고 물어왔다는 기록이 나온다. 18세기 초라면 전국에 이미 퇴계 제향 서원이 적어도 30개소 이상 될 때인데 그 가운데 유독 도산서원이, 그것도 수륙 수천 리 떨어진 일본의 오사카 사람들 입에 오르내릴 정도로 널리 알려져 있었다는 것이니, 여기서도 퇴계의 수궁壽宮을 지키며 내실을 다져온 도산의 명성이 해외로까지 퍼져 있음을 확인할 수 있다. 퇴계의 상자지향桑梓之鄕이며 평소의 체취가 그대로 남아 전하는 곳에 세워진 연고로 퇴계 제향이란 면에서 수원의 이름을 지켜오던 도산서원은, 영·정조대에 들어서면서 마침내 오랜 정태靜態에서 벗어나 조정의 은례가 거듭되는 속에 나라 안의 으뜸가는 서원으로 부상했다.

죽은 신하에게 임금이 내려주는 제사를 치제라고 한다. 고위 관료나 특별한 공이 있는 신하의 부음을 접하면 조정의 건의에 따라 부의賻儀와 함께 제사를 내리는 것이 보통이었다. 한편 국가와 운명을 같이할 만한 큰 공을 세운 인물이거나, 학행과 덕망을 만인이 우러러보는 유현이라면 돌아간 연조年條에 관계없이 특별히 치제되기도 했다.

치제는 나라의 상징인 임금이 제사를 지내주는 의미를 지니므로 고인과 그 후손에게는 무한한 영광이며 집안의 사회적인 격을 높여주는 은전恩典이었다. 그중에서도 학자에게 내려지는 치제는 그의 유현적 위상에 대해 국가가 공인했다는 의미를 지님으로써, 후손에게는 물론이고 그의 문도와 학통을 이은 학파의 정통성과 권위를 뒷받침해주는 결정적인 요소가 되었다.

그런데 선조 이후 생겨난 붕당 정국에서 그 토대가 되는 붕당은 대체로 학파를 따라 형성되었다. 퇴계 문인들은 거의 남인에 속했고 율곡의 문인은 대개 서인이었다. 광해군대는 북인 세상이었으며 인조 이후는 서인이 집권 세력의 자리에 있었다. 그렇기 때문에 퇴계는 당색에 관계없이 다 같이 높이면서도 남인의 도학적 정통성을 인정하는 의미를 지닌 퇴계에 대한 국가적 은례에는 인색할 수밖에 없었다. 여강서원에 대한 사액은 끝내 이루어지지 않았다(훗날 숙종 초 남인 정권 아래에서 이뤄졌다). 선조 초 퇴계가 작고했을 때 승지와 예관을 거푸 내려 보내고 종묘배향과 문묘종향 때 가묘家廟에 치제한 이후 100년이 넘도록 치제한 기록이 보이지 않는 이유는 바로 여기에 있었다. 이이·성혼의 문묘종사를 집요하게 반대하는 남인 학통을, 서인 정권으로서는 강화시켜줄 의사가 없었던 것이다.

퇴계에 대한 가묘와 서원 치제致祭는 영조 9년에 재개된 뒤 헌종 때까지 100여 년간 여덟 차례(서원 치제는 영조 9년, 영조 32년, 정조 5년, 정조 16년, 순조 16년, 헌종 5년, 가묘 치제는 정조 9년, 정조 20년) 이뤄진다. 이때도 정권이 비록 노·소론으로 갈리기는 했지만 서인의 손에 있었다. 그렇다면 어떤 상황의 변화로 치제가 내려졌을까? 그것은 바로 임금이 강력하게 추진했던 탕평책 때문이었다.

노론·소론 사이의 정쟁의 격화로 일어난 신임옥사와 무신란戊申亂을 겪으면

퇴계 신위를 모시고 향사를 지내는 사당 상덕사.

서 한 당파만의 정권 구성이 가져온 정치적 위기와 특히 왕권의 약화를 경험했던 영조로서는, 노·소론을 주축으로 하고 남·북인을 참여시키는 탕평정권의 구축으로 정치적 안정을 도모하고자 했다. 소북이야 지리멸렬하여 붕당으로서의 명맥만 있을 뿐이었던 반면 남인은 달랐다. 서울과 그 인근의 근기에 뿌리를 단단히 내려 능히 붕당 형세를 갖추고 노·소론에 대항할 만했다. 더구나 그들은 영남과 연결되어 있었다.

영남은 이미 몇 차례의 유소를 통해 1000여 명에서 때로는 3000~ 4000명에 이르는 유생을 동원[47]해 여론 형성에 막강한 힘을 과시해왔다. 대부분 남인의 당론을 지녔지만 근기남인과 정치적 이해가 반드시 일치하지는 않았다. 양자의 유대를 연결시켜주는 고리는 퇴계 학통을 같이 계승한 학파라는 데 있었다. 근기남인이 숙종 이후 그 산림인 허목許穆을 한강寒岡 정구鄭逑에 접목시키고 다시 한강을 퇴계의 적통 제자로 확정한 것은 취약한 학적 기반을 퇴계를 통해 강화하려 한 의도에서였다. 영조 연간 근기남인의 산림적 위상을 지녔던 성호 이익이 퇴계 언행을 정리한 「이자수어李子粹語」와 예설을 묶은 「이선생예설李先生禮說」을 지어 상재한 주된 목적도, 탕평으로 인해 노·소론의 틈을 비집고 정계의 일각을 차지할 수 있게 된 근기남인의 학문적 배경이 퇴계에 있음을 드러내고자 함이었다.[48]

노·소론의 경우 남인에 대응한다는 측면도 있지만, 실은 가장 많은 유림이 있는 영남을 배제하고 정국을 운영할 수는 없었다. 그리하여 그들은 임금의 탕평을 좇아 영인조용론嶺人調用論을 폈다. 즉 소론의 조현명趙顯命이나 노론의 김재로金在魯가 영남감사로 있으면서 영남 내의 영향력 있는 명사로서 이재李栽나 이광정李光庭, 김성탁金聖鐸 등을 조정에 추천했던 것이다.

이처럼 영남 사림을 자신들의 정치적 지지 세력으로 삼고자 노·소론, 남인이 경쟁하는 마당에 조용책 외에 가장 효과적인 방법이 영남 사림의 절대적 존모를 받고 있는 퇴계에 대한 포숭褒崇을 하는 일이었다. 영조 이후 치제가 매우 잦았던 이유를 정치적 배경에서 찾는다면 여기에 있다고 할 것이다.

이럴 경우 그 치제는 어느 쪽으로 갔을까? 고인에 대한 제사이므로 우선 가묘가 있는 봉사손 집으로 향할 것이다. 그렇지만 애초에 유학에 대한 퇴계의 공로를 기림으로써 사림을 고무하고 흥기시키며, 이를 통해 그들의 지지를 유도하자는 의도를 지녔던 만큼 보다 효과적인 방법은 서원에 대한 치제일 것이다. 그렇다면 31개소에 이른다는 서원 중 어디일까? 임금이 내리는 막중한 전례이니 당연히 으뜸가는 서원이어야 함은 말할 것도 없다. 전후 여섯 차례에 걸친 국왕의 서원 치제는 모두 도산서원에 내려졌다. 이는 조정이 도산을 퇴계 제향 서원의 대표적 존재로 인식하고 있음을 단적으로 말해준다.

여기서 잠시 영조 9년에 있었던 도산서원 치제과정을 보자. 치제를 하게 된 계기는 태백산 사고의 실록 포쇄관曝曬官으로 영남을 다녀온 사관 김한철金漢喆이 11월 19일 주강晝講하는 자리에서 앞서 이이에게 치제한 은례가 이황에게도 미치기를 영남 사람들이 간절히 바란다는 뜻을 말한 데서 주어졌다. 이에 윤득화尹得和, 오원吳瑗, 이광보李匡輔 등이 영남 사림의 용동聳動흥기를 위해 치제가 필요하다고 주장했다. 특히 오원은 도산을 거론하며 명종 때 그림을 그려오게 한 고사를 들었다. 이광보는 소론이었지만 나머지 세 사람은 노론의 주장을 앞세우는 신진기예한 문신이었으며, 이 시기는 영남을 놓고 노·소론 사이에 한창 조용론이 벌어지고 있었다. 이에 임금은 수찬 정형복鄭亨復을 사제관으로 삼아 도산으로 파견했다.

이때의 도산서원 치제 모습은 당시 도산서원 원장으로 있던 권상일權相一이 남긴 『청대일기淸臺日記』에 자세히 나와 있다. 이에 따르면 사제관 정형복은 12월 16일 도착해 집사로 참석한 예안군수와 청하현감 정선鄭敾(화사畫師 겸재謙齋를 말하며 퇴계의 외예外裔임)과 함께 이튿날 오전에 원장 이하 800여 명의 선비가 배열한 가운데서 제사를 지냈다고 한다. 이때 도산서원의 물력은 추수로 거둔 곡식이 불과 100여 석이고 노비 신공이 1000냥 정도였지만, 어디서 빌리지 않고도 원중에 저축해놓은 비용으로 능히 800명을 지공했다고 한다.[49]

치제가 결정되고 한 달도 안 되어 제사가 치러졌던 까닭에 영남 각 고을에 미처 소식이 닿지 않아 사림의 참여 범위는 그리 넓지 않았다. 그러나 800명이 제사에 참여한 예는 전례 없는 일이었다. 그야말로 유림의 일대 성사盛事였다. 그동안 예안현감으로부터도 때에 따라 냉대와 수모를 당하기까지 했던 도산의

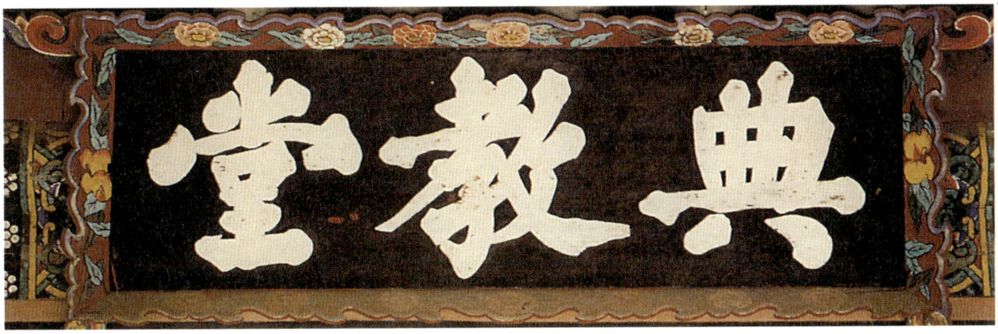

도산서원 강학의 중심인 전교당의 현판.

불우는 한 번에 불식되었다. 도산은 단숨에 영남 안에서 수원의 자리에 우뚝 선 것이다.

도산이 이렇게 수원의 자리를 되찾을 수 있었던 데에는 퇴계 후손을 주축으로 한 예안 사림의 성장도 고려되어야 할 것이다. 작은 고을임에도 문과급제자가 자주 나오는가 하면, 이 시기에 들어 퇴계의 학문을 발현하는 학자가 배출되어 그동안 압도적 우세를 자랑하던 안동에 맞설 만큼 그 역량은 커졌다. 이를 여실히 보여주는 예가 『퇴계선생언행록』의 간행[50]이다.

퇴계의 언행록은 계문의 제자들에 의해 부분적으로 정리되기는 했으나 완전한 책으로 엮인 것은 창설재蒼雪齋 권두경權斗經에 의해서였다. 이것은 영조 8년(1732) 안동에서 8권 5책으로 간행되었다(화산본花山本). 그러나 여기에 오류가 적지 않아 이수연李守淵 등이 도산서원에 보관 중인 진본에 의거해 대략 수정하여 도산서원에서 다시 간행했다(도산본陶山本). 이때 마침 조정으로부터 도산서원에 치제가 있자 예안 사림들은 치제관으로 온 정형복에게 정문呈文을 내어 임금께 말씀드려 '화산본'을 불태워 없애도록 요구했다.[51]

도산본의 『퇴도선생언행록』 편간을 주도한 이수연은 퇴계의 6대손이고 이안도의 현손이었다. 그는 퇴계집에 수록되지 않은 유문遺文을 모아 『속집續集』으

陶山書院
典敎堂

로 엮고 역시 권두경이 엮은 『계문제자록溪門諸子錄』을 대폭 보완해 『도산급문제현록陶山及門諸賢錄』으로 이름했다. 오늘날 전하는 퇴계문인록의 책자는 이로부터 유래했다. 영조 초에 들어서 도산서원을 근거로 퇴계의 학문을 다시 천명하는 학문활동을 벌인 중심인물은 바로 그였다. 이수연 외에도 이 시기 이후는 이수항李守恒, 이야순李野淳 등의 학문종사자와 이수겸李守謙, 이세택李世澤·세사世師·세덕世德 등이 문과를 거쳐 관직에 나가 있었다. 이제 도산서원은 국가의 치제가 내려지는 으뜸가는 퇴계 제향처로서뿐만 아니라 '퇴계학'의 본산이며 출판을 통해 그 문화를 확산시켜 나가는 명실상부한 기지가 된 것이다. 훗날 한말에 한주寒洲 이진상李震相이 '심즉리心卽理' 설을 펴자 도산서원이 선두에서서 퇴계의 '심합리기心合理氣'를 변호했던 사실[52]은 퇴계학 본산의 면모를 생생히 보여준 것이었다.

18세기의 영조 이후 높아진 도산서원의 위상을 가장 극적으로 보여주는 사례는 정조 16년의 도산서원 치제였다. 이때 정조는 규장각 각신인 이만수李晩秀에게 경주에 가서 신라 시조 묘와 옥산서원에 치제하고 돌아오는 길에 도산서원에도 치제하게 했다. 그러나 이때는 단순한 치제로만 그치지 않았다. 영남의 선비들에게 도산에서 과거를 보게 한 것이다. 미리 열읍에 고지되었던 터라 도산서원 앞에 개설된 시험장에 등록한 유생 수는 7000명을 넘었고 수행 인원까지 합하면 1만 명이 운집했다고 한다. 임금이 미리 정한 제목을 전교당典敎堂 앞에 내걸고 응제應製하게 하여 여기서 거둔 시권만 3632장이었으며, 이를 서울로 가져와 임금이 친히 고열해서 두 명을 급제시켰다.

서원에 과장을 개설하는 것은 본래의 뜻에는 어긋나는 일이었다. 더구나 이때의 과거 설행은 정조 임금의 계산된 정치 행위의 일환이었다. 그것은 노론에 포위되다시피 한 왕권의 지지 세력을 최대의 사림을 보유한 영남에서 확보하기 위한 특별 배려였다. 도산의 과거 설행이 있은 지 불과 한 달 지난 시점에 사도세자 신원을 위한 영남 만인소가 나온 것이 이런 추론을 뒷받침한다.[53] 그렇다고 이 과거 설행이 지니는 의미를 과소평가할 수는 없다. 비록 과거와 관련되기는 했지만 그것은 오랫동안 강학과 장수라는 원칙에 얽매여온 서원의 기능을 확장하게 했다. 출세를 위한 과거 공부도 서원에서의 수기와 병행될 수 있다는 가능성을 열어놓음으로써, 그동안 침체되었던 영남의 문풍을 다시 일으키는 촉진제 역할을 했다.

임금의 치제와 과거 설행을 통해 도산서원이 확실히 으뜸가는 서원으로서 위상을 굳히고 나아가 새로운 변화를 모색하는 선구적 존재로서 영남의 지식문화를 보급하는 산실로 자리잡은 것이다.

*

지금까지 도산서원은 퇴계의 체취가 가장 많이 남아 있는, 주로 제사지내는 서원으로 알려져왔다. 그렇지만 도산에서는 퇴계가 생전에 수행해왔던 대로 스승과 제자 사이에 의리변석義理辨析을 위한 강론이 펼쳐지고 강회가 열려 영남 각 지역의 유교문화 파급을 이끌었다. 또 국가로부터 내려오거나 문중과 개인에게서 기증받은 서적 관리가 체계적으로 이루어져 지적 수요를 감당하고 생산하는 역할을 해냈다. 특히 도산서원을 짓고 퇴계집을 간행한 뒤 적지 않은 서적이 침자鋟梓되어 필요한 곳에 보급됨으로써 유교문화의 지적 확산에 기여했다. 이처럼 도산서원은 영남 지식문화의 산실로서 새롭게 조명될 필요가 있다.

그 기초적인 작업이 도산서원에서 소장해온 고문서의 분석과 정리며 연구라 할 수 있다. 이런 각도에서 연구된 첫 성과물이 이 책에 실린 다섯 편의 글이다.

[표 1] 퇴계 제향 서원의 봉안 시기별 내역

봉안 시기	봉안 형식	서원 명	소재지	건립(사액) 연도	비고
선조 6(1573)	始享 獨享	伊山	경상 영천	1553(1574)	처음 사묘 없이 세웠다가 퇴계 사후 奉安
9(1576)	始享 獨享	陶山	경상 예안	1575(1575)	광해 7년(1615)에 조목 追加로 從享
9(1576)	始享 獨享	廬江	경상 안동	1576(1676)	광해 12년(1620)에 류성룡·김성일 追配
10(1577)	始享 配享	紹賢	황해 해주	1577(1610)	朱子 主享, 靜退 配享
13(1580)	始享 獨享	南塘	충청 제천	1580(-)	
16(1583)	始享 並享	景賢	전라 나주	1583(1607)	從祀五賢 並享
21(1588)	始享 配享	正源	황해 신주	1588(1710)	朱子 主享, 靜退 配享
35(1602)	始享 獨享	鳳覽	경상 진보	1602(1690)	
38(1605)	始享 配享	道東	황해 송화	1605(1698)	朱子 主享, 靜退 配享
39(1606)	始享 並享	道南	경상 상주	1606(1677)	정몽주 및 從祀五賢 並享
광해 2(1610)	始享 並享	仁山	충청 아산	1610(-)	從祀五賢 並享
2(1610)	始享 並享	文巖	강원 춘천	1610(-)	金澍와 병향
3(1611)	始享 並享	龜溪	경상 사천	1611(1676)	李楨과 병향
3(1611)	始享 主享	文巖	경상 봉화	1611(1694)	趙穆 배향
4(1612)	始享 獨享	鼎山	경상 예천	1612(1677)	광해 7년(1615)에 趙穆 추배
5(1613)	始享 獨享	研經	경상 대구	1564(1660)	처음 명종 19년(1564)에 사묘 없이 세웠다가 1613년에 퇴계위판 봉안
10(1618)	始享 主享	白鶴	경상 신령	1618(-)	黃後良 배향
12(1620)	追享 並享	南江	경상 영덕	1605(-)	선조 38년(1605)에 이언적 위해 건립 광해 12년에 퇴계 추향
14(1622)	始享 主享	花巖	충청 괴산	1622(-)	李文健·盧守愼·金悌甲 같은 시기 배향
인조 12(1634)	始享 並享	靜退	충청 온양	1634(-)	조광조와 병향
21(1643)	始享 並享	三江	경상 용궁	1643(-)	정몽주와 병향, 류성룡 배향
효종 6(1655)	始享 主享	英山	경상 영양	1655(1694)	같은 시기 金誠一 배향
7(1656)	始享 獨享	德谷	경상 의령	1656(1660)	
7(1656)	始享 配享	鳳崗	황해 문화	1656(1675)	朱子 주향 靜退栗 배향
현종 3(1662)	始享 並享	丹巖	충청 단양	1662(1692)	禹倬과 병향
3(1662)	始享 主享	郁陽	경상 풍기	1662(-)	같은 시기 黃俊良 배향
6(1665)	追享 並享	竹林	전라 여산	1626(1665)	인조 4년 李珥·成渾을 제향하는 黃山祠로 출발, 현종 6년 靜退를 追享하며 죽림서원으로 승격 사액됨
8(1667)	始享 並享	雲田	함경 함흥	1667(1727)	정몽주·조광조·이황·이이·성혼 병향
13(1672)	始享 主享	淸溪	평안 강동	1672(-)	같은 시기 曺好益·金堉 배향
숙종 20(1694)	始享 主享	孤山	경상 경산	1694(-)	같은 시기 鄭經世 배향
28(1702)	始享 主享	松鶴	경상 청송	1702(-)	같은 시기 김성일·張顯光 배향

제1장

심학과 이기, 정학을 둘러싼 논쟁들

퇴계의 강학활동과 도산강회

정순우

한국학중앙연구원 교수

퇴계의 강학활동은 조선조 교육에서 한 전범으로 자리했다. 그가 평소 제자들에게 행한 다양한 형식의 강학활동은 제자들의 각종 기문록記聞錄이나 언행록 등에 남아 있어 이에 관한 적잖은 연구가 이미 이뤄졌다. 반면 서책을 중심으로 그의 강학활동을 조망한 연구는 많지 않다. 애초에 이 책에서는 광명실 고문서를 통해 퇴계의 서적관과 독서관 그리고 강학활동에 관한 자료를 살펴보고자 했다. 하지만 현재 광명실에 남아 있는 기록으로 이러한 기대를 충족시키기에는 근본적으로 어려움이 있다. 우선 광명실 고문서에는 퇴계 당대나 16~17세기 자료가 매우 희소하다. 따라서 우선 일차적으로 퇴계나 그의 제자들의 문집을 중심으로 그들의 교육활동에 어떤 유의 서책이 어떤 방식으로 쓰였는지 살펴보았다. 이를 통해 퇴계의 독서과정과 독서관, 강론 교재, 서책의 유통 방식, 간행 경위 등을 살펴보고, 이것이 교육에 어떤 영향을 미쳤는지 등을 개략적으로 파악할 수 있으리라 본다.

다음으로 이 글에서 가장 중점적으로 다룰 내용은 퇴계 사후 도산서원에서 행해졌던 여러 차례의 강회활동이다. 도산서원에서는 내부에서 자파 학설에 대한 중요한 합의점을 도출할 필요가 있을 때나, 또는 조정이나 다른 사림 집단으로부터 퇴계 학설에 대한 중요한 질문이나 이견이 나올 때 이에 답하기 위해 강회를 열어 퇴계 학단 내부의 공론을 이끌어냈다. 강회에서는 자신들 학파의 학설을 넘나드는 다양한 의견이 제출되었고, 심도 있는 토론이 이어졌다. 강장講長으로는 당대의 퇴계 학단을 이끌어가던 인물이 뽑혔고, 강생들도 대부분 주요 가문을 대표하는 신진기예의 학인이었다. 도산서원은 강회를 통해서 비로소 살아 움직이는 서원, 학문하는 서원의 기능을 유지할 수 있었다.

지금까지 도산서원의 강학활동에 대해 구체적인 사례를 중심으로 논의한 연

도산서원 광명실.

구는 없었다. 따라서 이 글에서 소개하는 강회 자료들은, 아직 그 전모를 알기에는 부족한 면이 있지만 도산서원에서 행해진 교육활동의 한 측면을 이해하는 데 매우 중요한 사료적 가치를 지니고 있다. 이 글에서는 우선 광명실 자료로 남아 있는 역동강회(1787), 을묘강회(1795), 갑인강회(1854), 청량강회(1850) 등 네 차례의 강회와 퇴계 문도의 문집에 기록이 남아 있는 오천강회(1892) 등에 대해 논의해보려 한다. 이 강회들이 비록 장소를 달리해서 이뤄졌지만 모두 도산서원에서 주관하거나 혹은 도산서원 원장이나 재임 등이 주도했다는 점에서 '도산강회陶山講會'라는 이름으로 불러도 지나치지 않을 것이다.

서책으로 본 퇴계의 강학 방법

책을 어떻게 읽고 어떤 책을 볼 것인가

퇴계는 독서할 때 정독精讀을 강조했다. 제자들에게 강학할 때도 책의 종류는 매우 제한되어 있고, 언제나 숙독을 요구했다. 그런 점에서 퇴계의 독서법은 주자의 독서법과 굉장히 유사했다. 당시 책의 유통이 극히 제한되었던 시대적 상황과도 무관치 않았을 것이나, 기본적으로는 마음의 수양을 강조하는 심학적 공부론에 근거한 그의 철학이 자연히 독서론에도 영향을 미쳤을 것으로 보인다. 퇴계는 학봉 김성일에게 독서 방법에 관하여 다음과 같은 가르침을 주었다.

글을 읽는 요결要訣은 반드시 성현의 언행을 마음에 체득하고 침잠沈潛하여 말없이 탐구한 다음이라야 비로소 함양되어 학문이 진보하는 성과가 있다는 것이다. 만약 빨리빨리 말해 넘어가고 대충대충 외워버리고 만다면, 이것은 말마디나 외우고 듣는 말습末習에 불과한 것이다. 비록1000편의 글을 외우고 머리가 희도록 경전을 이야기한들 도대체 무슨 보탬이 있겠는가?[1]

퇴계는 책을 통해 성현의 마음과 일치를 이룰 것을 당부했다. 책이 함양 공부의 가장 중요한 수단이므로 절대 대충대충 읽거나 빨리빨리 넘어가지 않도록 경계하며 정독과 숙독의 공부를 강조했다. 그의 이러한 독서법은 어린 시절부터 체득한 경험에서 우러난 것이었다. 퇴계는 6세에 이웃에 사는 노인에게 『천자문』을 배웠다. 당시 노인의 집에 이르러 울타리 밖에서 전날 배운 것을 두어 번 암송한 뒤에 들어가 가르침을 받았다는 일화가 전한다.[2]

체인하는 공부의 중요성을 어린 시절부터 익힌 것이다. 그는 넷째 형 해瀣와 함께 숙부 우堣에게서 가학을 익혔다. 이를 통해 책의 정독과 숙독의 중요성을 다시금 확인했다. 『논어』를 12세에 시작하여 13세에 마쳤는데, 숙부는 학습과정을 매우 엄격히 했다. 새로운 것을 배우면 반드시 지난 것을 되새겼다. 1권을 마치면 반드시 1권을 외도록 했고, 2권을 마치면 반드시 2권을 외도록 했다.[3]

퇴계가 도학이 있다는 사실을 처음 알게 된 것은 17세 무렵으로, 이때 공부의 지향점을 확실히 했다.[4] 젊은 시절 퇴계는 어떤 공부를 어떻게 할 것인가에 골몰한 나머지 마음의 병에 걸린 적이 있었음을 자주 술회했다. 그가 제자들에게 "내가 어릴 때 비록 학문에 뜻을 두었으나 입두처入頭處를 몰라 마음 쓰는 것을 쓸데없이 허비했다. 탐색하는 것을 그치지 않아 혹 밤을 새워 정좌하고

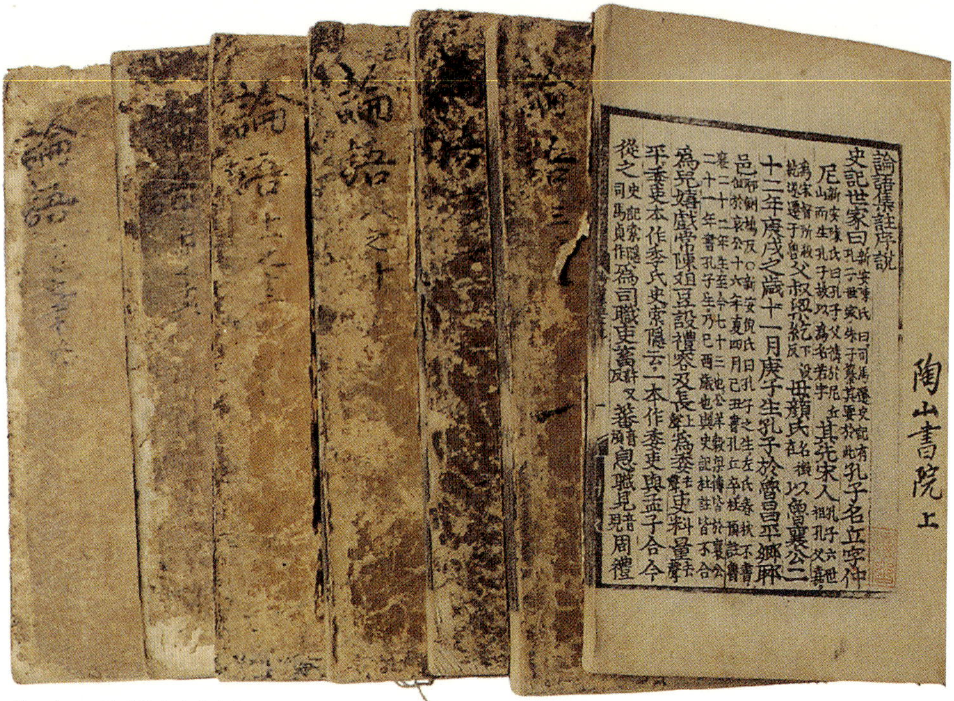

『논어』, 도산서원운영위원회 기탁, 한국국학진흥원.

잠자리에 들지 않았다. 이에 마음의 병心恙이 생겨 몇 년간 공부를 할 수 없었다. 만약 사우가 있어 바른길을 가르쳐줬다면 어찌 심력을 그릇되게 써서 늙어서도 얻음이 없는 지경에까지 이르렀겠는가?"라고 토로한 것은 잘 알려진 사실이다.[5]

퇴계의 학문활동 가운데 가장 극적인 순간은 19세에 처음으로 『성리대전』을 접했던 때다. 그는 이때 『성리대전』을 보고 자연스레 마음으로부터 기쁨이 넘쳐나고 크게 감복했다. 젊은 그는 이 책을 깊이 탐색하고 몸으로 체인하여 길을 구할 수 있었다. 그리고 이때부터 의리학義理學으로서의 성리학이 단지 높고 고원한 학문이 아니라 삶의 일상사와 맞닿아 있음을 알게 되었다. 술회한 글로 보아, 퇴계는 이 책을 통해 거의 존재의 전회轉回를 경험한 것으로 보인다.[6] 이 시절 퇴계는 한편으로는 도연명陶淵明의 시를 좋아했고 또 그 사람됨을 흠모했다.[7]

젊은 시절 퇴계는 산사에서 자주 독서했다. 15세가 되던 1515년에는 청량산에 올라 청량암에서 여러 형제와 함께 독서했다. 이후 수시로 책을 지고 이 산에 올라 독서했다. 뒤에서 다루겠지만, 이런 인연으로 훗날 도산서원 강회는 종종 청량정사에서 열렸다. 1516년에는 종제인 수령壽苓, 공생 권민희權敏義, 강한姜翰과 함께 봉정사에서 독서했다.[8] 아직 예안지역의 서원이 자리를 잡기 전이라 절을 공부 장소로 자주 이용한 것이다. 영주에 있는 의원榮川醫院에서 여러 친구와 함께 공부한 적도 있다.[9]

1520년 약관의 퇴계는 『주역』에 빠져들었다. 그는 『주역』의 뜻을 헤아리기 위해 거의 침식을 잊다시피 하여 이때부터 몸이 마르고 쇠약해지는 병에 걸리곤 했다.[10] 23세에는 처음으로 성균관에 유학했다. 이때 『심경부주』를 보고 몹시 마음에 들어 종이를 주고 구하여 얻었다. 오랜 사색을 통해서 자연히 심회心會하여 통연하게 깨달았다. 『심경』을 읽은 이후에 비로소 심학의 연원을 알고 심법이 정미해졌다고 술회했다.[11] 퇴계가 또 깊이 애중하고 탐독한 책은 『주자전서』다. 그가 조정에 있을 때인 1543년, 직접 『주자전서』를 교정할 것을 계청했다. 교서관에서 이 책을 인간하려 하는데 원본이 깎이고 빠진 곳이 많았다. 그리하여 홍문관에서 원본을 교정한 뒤에 인간할 것을 계청했다. 여름이 다 가도록 문을 닫고 고요히 이 책을 읽으면서 그 깊은 맛을 음미했다. 퇴계는 "이 책을 읽으면 문득 가슴이 생량生凉하여 더위를 깨닫지 못했으니 어찌 병이 나겠는가?"라고 토로할 정도로 이 책에 대한 애정은 남달랐다.[12] 퇴계가 거상居喪 중에도 「무술일과戊戌日課」라는 독서록을 지었던 것으로 보아, 평소에도 독서록

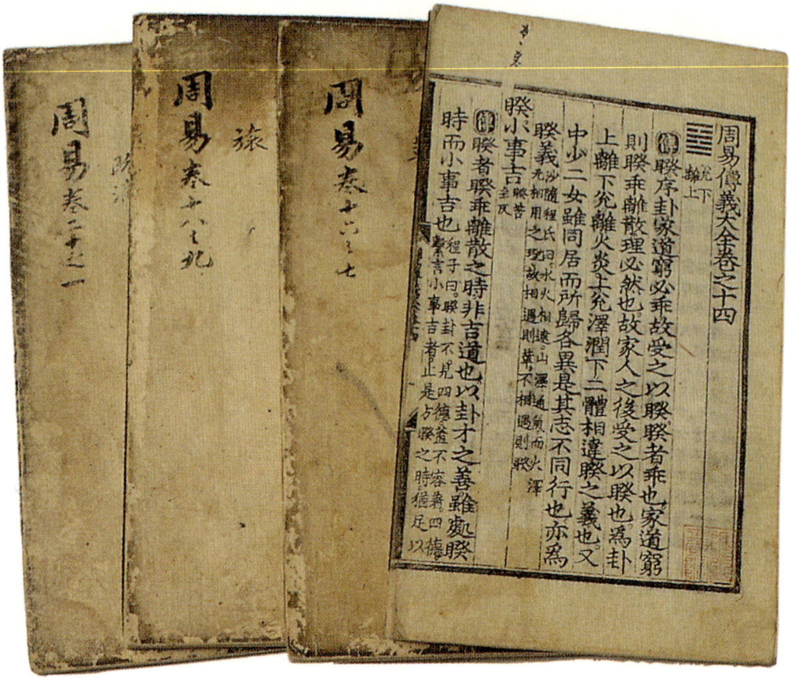

『주역』, 도산서원운영위원회 기탁, 한국국학진흥원.

을 작성했을 것으로 짐작된다.[13]

퇴계는 독서란 철저히 수양을 위한 방편이 되어야 할 것을 강조했다. 이러한 이유로 학생들로부터 오활하다는 비난을 받기도 했다. 풍기군수로 재직할 때, 백운동서원에서 강학하면서 가장 강조한 것은 자기 자신을 찾아가는 위기지학爲己之學이었다.[14] 퇴계는 성균관 대사성에 임명되자 사학四學의 학생들에게 책문을 통해 우리나라에서 도학이 일어나지 않는 이유가 무엇인가에 관한 근본적인 질문을 던졌다. 이에 학생들은 다들 오활한 것으로 치부하고 한 사람도 책문에 응하는 이 없이 오히려 학궁 내에서 비난하는 여론이 떠들썩하게 일었다.[15] 도학을 향한 퇴계의 열망을 학생들이 외면한 것이다.

그럼에도 조선의 심학을 완성하고자 하는 퇴계의 열망은 이 분야 서책에 대한 탐독으로 이어지고 있다. 1553년 6월 기록에는, 저녁에 홍인우와 남언경이 찾아와서 밤늦도록 학문에 대해 토론하고 홍인우에게 왕수인의『전습록』을 빌려준 내용이 있다.[16] 그해 11월에는 서울에 와서 박민헌朴民獻에게서 얻어 보던『연평답문』의 사상 내용에 깊은 감동을 받아 손수 전사傳寫하면서 원문의 오자를 바로잡은 다음 짤막한 발문을 붙였다.[17] 또『의려선생집醫閭先生集』을 초해서 진헌장陳憲章(1428~1500)과 왕수인(1472~1529)의 글을 초한 것 뒤에 붙이고, 정좌의 학문이 자칫하면 선학으로 흐를 수 있음을 경고하는 글을 남기기도 했다.[18]

중년 이후로 퇴계는 여력이 생기자 책을 직접 편찬하거나 개수하고, 관인으로 나간 제자들의 출판사업을 지원하기도 했다. 퇴계가 성리서 간행에 끼친 영향은 결코 적지 않다. 1554년 9월에는 청주목사로 재직하고 있던 이정李楨이 간행하려던『연평답문』에 부칠 발문을 지었다.[19] 제자 황준량이 성주목사로 있으면서 영천 임고서원臨皐書院의 목활자를 가져다가 15권 8책의『회암서절요晦菴書節要』를 간행할 때는 자세하게 그 방법을 자문했다. 1555년 7월에는 제자 구봉령具鳳齡이 빌려주기를 청한『성리군서性理群書』10책 완질을 보내면서, 이 책은 인쇄 상태가 좋지 않은 청주본이므로, 임고서원에 소장된 내사본과 대조해서 볼 것을 권유했다.[20] 1555년 고향에 돌아온 다음에는『천명도설』을 개수했다.[21] 또한『계몽전의』편찬에 착수하고,[22]『사서삼경집의』를 수정 보완했으며,『주자서절요』를 편찬하기 위한 기초 작업으로 골라낸 주자서를 조목, 금난수 등 제자와 자질들로 하여금 나누어 베끼게 했다.[23]

퇴계는 서원에서 서책을 관리하는 방법과 독서법에 대해서도 세심한 관심을 기울였다. 퇴계가 작성한「이산서원원규伊山書院院規」에는 서책에 관한 몇 조문이

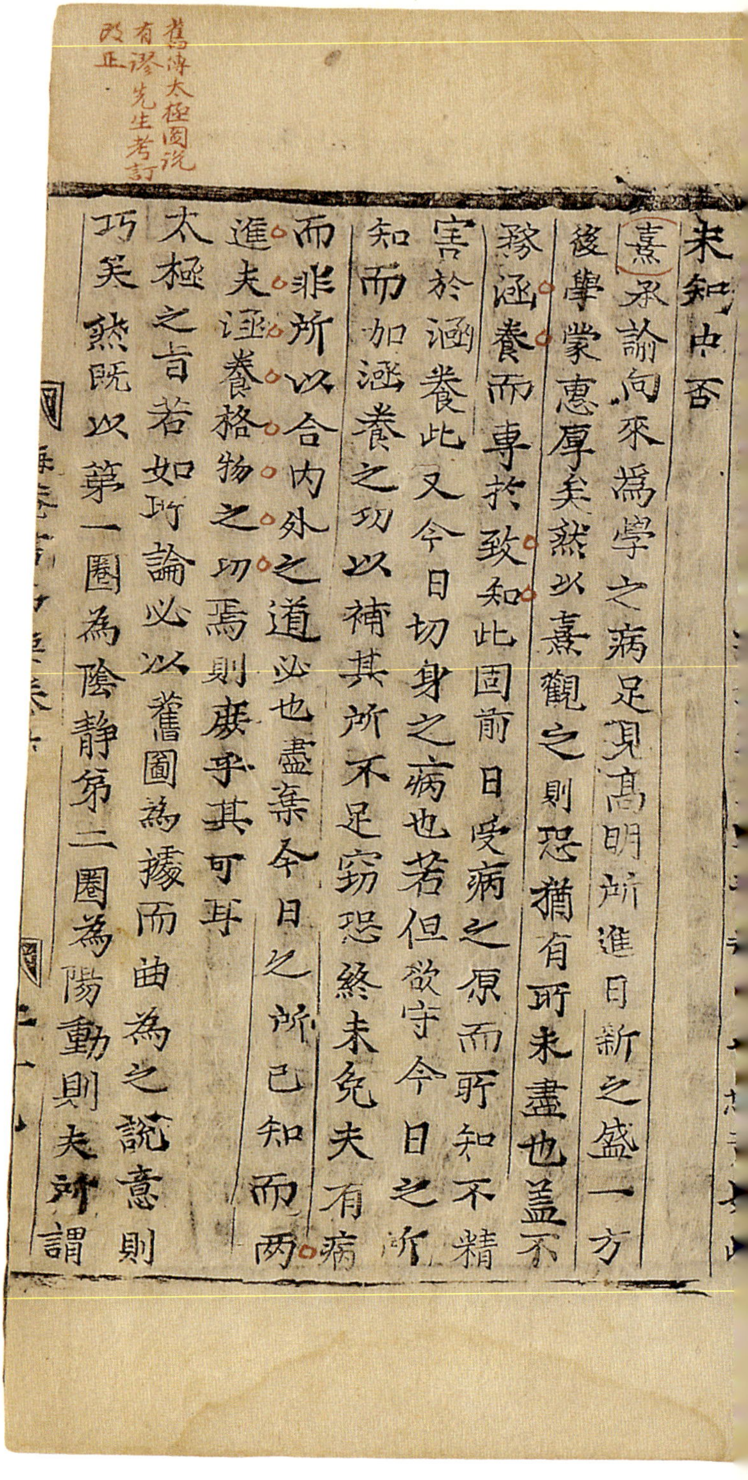

舊傳太極圖說
有謬先生考訂
改正

熹承諭向來爲學之病足見高明所進日新之盛一方
後學蒙惠厚矣然以熹觀之則恐猶有所未盡也蓋不
務涵養而專於致知此固前日受病之原而所知不精
害於涵養此又今日切身之病也若但欲守今日之所
知而加涵養之功以補其所不足竊恐終未免夫有病
而非所以合內外之道必也盡棄今日之所已知而兩
進夫涵養格物之功焉則庶乎其可耳
太極之旨若如所論必以舊圖爲據而曲爲之說意則
巧矣然既以第一圈爲陰靜第二圈爲陽動則夫所謂

『회암서절요』,
도산서원운영위원회 기탁,
한국국학진흥원.
퇴계가 주자의 서간문 가운데
학문적으로 중요한 내용을 가려
뽑아 책으로 만든 것이다.

此段所論先生
以爲尚有商量
後答辭見七十五
卷記論性答藁

真妄特決於有節與無節中節與不中節之間耳來教所謂正要此處識得真妄是也然須是平日有涵養之功臨事方能識得若茫然都無主宰事至然後安排則已緩而不及於事矣至謂靜字所以形容天性之妙不可以動靜真妄言則熹却有疑焉蓋性無不該動靜之理具焉若專以靜字形容則反偏却性字矣記以靜為天性只謂未感物之前私欲未萌渾是天理耳不必以靜字為性之妙也真妄又與動靜不同性之為性天下莫不具焉但無妄耳今乃欲并與其真而無之此韓公道無真假之言所以見譏於明道也伊川所謂其本真而靜者真靜兩字亦自不同蓋真則指本體而言靜則但言其初未感物耳明道先生云人生而靜之上不容

「계상정거도」, 『퇴우이선생진적첩』, 정선, 종이에 먹, 25.3×39.8cm, 개인.
서안을 앞에 두고 정좌한 퇴계의 모습에서 독서하는 자세를 엿볼 수 있다.

실려 있다.

제생諸生들은 독서하는 데 사서四書·오경五經을 본원으로 삼고 『소학小學』과 『가례家禮』를 문호門戶로 삼으며, 국가의 인재를 진작시키고 양성하는 방법을 따르고 성현의 친절한 교훈을 지켜서 온갖 선善이 본래 내게 갖추어진 것을 알고 옛 도道를 오늘날에도 실천할 수 있는 것을 믿어서, 모두 몸으로 행하고 마음으로 체득하며 체體를 밝히고 용用을 적합하게 하는 학문에 힘쓰도록 한다. 여러 사서史書와 자서子書와 문집, 문장과 과거 공부 또한 널리 힘쓰고 두루 통달하지 않으면 안 된다. 그러나 마땅히 내외內外·본말本末의 경중輕重과 완급緩急의 차례를 알아서 항상 스스로 격려하여 타락하지 않게 하고, 그 나머지 사특하고 요망하고 음탕한 글은 모두 원내院內에 들여 눈에 가까이해서 도道를 어지럽히고 뜻을 미혹하지 못하게 한다.[24]

제생들은 항상 각자 서재에서 조용히 있으면서 오로지 독서에 정진하고, 의심나고 어려운 것을 강론하는 일이 아니면 부질없이 다른 방에 가서 쓸데없는 얘기로 시간을 보내 피차간에 생각을 거칠게 하거나 학업을 폐해서는 안 된다.[25]

책은 문밖에 내갈 수 없고 여색女色은 문 안에 들여올 수 없으며, 술은 빚어서는 안 되고 형벌은 써서는 안 된다. 책은 내가면 잃기 쉽고 여색은 들여오면 더럽혀지기 쉽다.[26]

원규에는 비록 짧은 내용이지만, 서적 관리에 대한 퇴계의 관심이 잘 드러나

투호와 혼천의, 도산서원 옥진각.

있다. 선현의 서책을 신명神命처럼 존중한 도산서원의 전통은 퇴계의 이러한 독서관과 서책관으로부터 잇게 된 문화적 전통이었다. 물론 퇴계가 모든 교육을 오직 서책에만 의존했던 것은 결코 아니다. 문위세文偉世가 도산서당에서 가르침을 받을 때, 퇴계는 제자들에게 투호를 하도록 하여 덕행을 기르는 데 도움을 주고자 했다. 그리고 이덕홍에게 선기옥형璇璣玉衡(혼천의)을 제작하도록 해 천상天象을 살피도록 한 일은 교육이 오직 서책에만 매몰되지 않도록 한 퇴계의 배려였다.[27]

도산서당에서 펼쳐진
강학, 저술, 출판활동

퇴계의 첫 제자는 5세의 어린 촌동이었다. 그가 영천榮川 초곡에서 장가들 때, 장수희張壽禧(1517~1587)가 5세의 어린 나이로 책을 가지고 찾아와 가르침을 받았던 것이 첫 출발이었다.[28] 그 후 처남 허사겸이 와서 『상서尙書』를 정정訂正하거나,[29] 맏손자 안도에게 『천자문』을 손수 써서 가르치는 등 친족들에게 때때로 교육한 기록들이 나타난다.[30] 그러던 중 그가 본격적으로 후학들을 가르치기 시작한 것은 40대 중반에 이르러 조정에서 차츰 물러나 퇴거한 이후다.

그는 1546년 예빈시정에 임명되었으나 부임하지 않고, 11월 퇴계 동암에 양진당養眞堂을 짓기 시작했고, 1547년부터 본격적으로 제자들을 받아들였다. 설월당 김부륜(1531~1598), 송암 권호문(1532~1587), 호남의 인물 문위세(1534~1600) 등을 제자로 맞아들이고, 주자서를 강했다.

퇴계가 도산서당을 건립하고자 마음먹은 시점은 가르침을 구하는 제자들의 요청과 일치한다. 병진년(1556) 봄부터 문인들이 서재를 지을 것을 요청했다.[31] 퇴계가 거절했으나 오천의 금응훈琴應壎 등이 서당 터를 잡아놓고 간청했다.[32] 정사년(1557) 3월, 퇴계는 마침내 그 경계의 그윽한 아름다움에 그만 마음이 끌려 서당을 세우기로 했다.[33] 퇴계는 출사 중에도 계속 서당을 짓는 데 상당한 공력을 들였고 이는 마침내 1560년 11월에 완성되었다.[34]

이에 따라 제자들에 대한 교육도 본격화되었다. 1560년 봄, 배삼익(1534~1588)이 입문하여 『심경』과 『시전』에 대하여 가르침을 받았다.[35] 11월에는 김취려金就礪(1527~?, 자는 이정而精)가 한 후생과 함께 서울에서 가르침을 받기 위해 찾아왔다. 그는 12월 내내 퇴계남재에서 머물면서 가르침을 받았다.[36] 간재 이덕홍에게는 다른 사람에게 기대지 말고 자득의 공부를 하라고 독려하면서, 『대학』에 관해 집중적으로 가르침을 준 것도 이 시기의 일이다.[37] 김성일은 도산으로 와서 『주자서절요』를 읽으면서 교정하는 것 외에 『대학』과 『태극도설』 등을 함께 읽었다. 이때 스승 퇴계는 김성일이 『회암서절요』를 읽으면서 교정을 보고 있는데 진도가 대단히 느리며, 『송계원명이학통록宋季元明理學通錄』의 편찬을 거의 마쳐가는데 손이 부족하여 정사하기 어렵다는 고충을 토로하고 있다.[38] 김성일은 스승 퇴계의 일과를 주의 깊게 살펴보면서, 퇴계는 닭이 울면 일어나서 『심경부주』를 한 번씩 읽었다고 전하고 있다.[39] 김성일은 성리학 외에도 산학과 율학 등으로도 공부의 폭을 넓혀갔다. 그는 처음에는 『서경』 요전의 기삼백 산법算法을 공부하다가 율서, 역서와 여러 산서 가운데 없어지고 잊힌 것들을 공부했다.[40]

퇴계는 이 시기에도 변함없이 정독과 숙독을 강조했다. 그리고 차례를 뛰어넘는 엽등獵等의 공부를 경계했다. 퇴계는 정사성鄭士誠에게 『역학계몽』을 다 읽었느냐고 물은 다음, 독서는 범범汎汎하게 지나쳐서는 절대로 안 된다고 훈계했다.[41] 『근사록』은 내용을 많이 인용하여 의리가 정심한 까닭에 초학자들이 이해하기 어려우므로 학자들에게 먼저 가르치지 않고, 그 재주에 따라서 가르칠 것을 당부했다.[42] 그러는 한편 퇴계는 당시의 부형들이 『심경』과 『근사록』 읽는 것을 그릇되게 생각하여 책망하는 현상에 대해 개탄하면서, "배우는 사람들도 시무時務에 겁을 먹고 있어 이 책을 배우는 이가 적다. 내가 『심경』을 강하는 데 미안한 마음이 없지 않지만, 이 책을 놓아두고 다른 책을 강의할 수는 없다"며 심학 공부에 대한 강한 의지를 드러냈다.[43] 당시 여러 번의 사화로 인해 수많은 도학자가 죽임을 당하거나 고초를 겪어, 이를 본 부형들이 『심경』류의 도학서를 멀리했던 저간의 사정을 알 수 있다.

도산서당 시기에도 퇴계는 출판사업에 상당한 열의를 보였다. 퇴계는 황준량黃俊良의 관직생활 틈틈이 출판사업에 대한 조력을 구하고 있다. 그에게 보낸 서신을 보면 『심경』과 『근사록』의 문목에 대한 답변과 『송계원명이학통록』 중초본中草本 편집을 완료하기 위한 논의들을 볼 수 있다. 예컨대 원명元明 이하는 조목趙穆에게 맡겨서 베껴 쓰게 했으며, 종이가 떨어졌으니 다음번에 종이를 보내줄 것을 요청하는 등 출판 건에 대한 세심한 상의가 자주 눈에 띈다.[44] 퇴계는 배삼익에게도 그가 밀양부 교수로 재직하던 시기, 당시 통행되던 오착이 심한 「주자연보」를 개간하도록 권유했다.[45]

퇴계는 저술활동을 위한 책을 입수하고 구입하는 것도 게을리 하지 않았다. 생원시에 응시하기 위해 서울로 올라가는 손자 안도 편에 김취려에게 편지를 보내, 그가 두고 간 『성리군서性理群書』 7책, 『성리대전性理大全』 『가례』 『계몽啓蒙』 2책, 『율려신서보주律呂新書補註』 1책을 보낸다 하고, 나머지 『성리제가해性理諸家解』 2책, 『율려신서해律呂新書解』 2책, 『추강냉화秋江冷話』 1책, 『역석의易釋義』 1책은 추후에 보낸다는 서신을 동봉했다.[46] 1567년 2월에 퇴계는 책에 관한 매우 색다른 편지를 기대승에게 보낸다. 퇴계는 기대승에게 관서에 가게 되면, 중화군에서 퇴계 자신이 지은 것이라고 하여 간행된 『용학석의庸學釋義』의 책판을 불태워버리라고 부탁했다.[47] 이에 고봉은 다음과 같은 시를 남기고 있다.

속학은 문에 끌려 참을 연구하지 않고	俗學牽文不究眞
입과 귀로 서로 이으니 도는 더욱 묻히네	相承口耳道彌湮
유전하는 차기는 더욱 의심이 많은데	流傳箚記尤滋惑
스승의 핑계 대어 다시 사람을 그르치네	假託師門更誤人
태워버려 완악한 자들 경계하라 공은 내게 명했지만	焚棄警頑公命我

연마하여 학업함을 뉘 몸소 구할 건가 研磨居業孰求身
빈 뜰에 태워버리고 세 번 탄식하노니 空庭掃爐還三嘆
뜬세상 분분하게 괴이쩍다 성내리라 浮世紛紛足怪嗔

퇴계는 조정에 있을 때에도 계상서당의 서책 보관에 각별한 관심을 기울일 정도로 책에 대한 애정이 남달랐다. 1552년 9월에는 준에게 편지를 보내 계상서당의 책은 포쇄하고, 이현보에게서 빌려온 『회록당집懷錄堂集』은 돌려주라고 지시했다. 퇴계 사후 도산서원은 퇴계의 서적 출간에 대한 열의를 잇고자 다양한 노력을 기울였다. 도산서원은 경상도 일원은 물론 기호 지방의 교육기관과도 활발한 교류를 했다. 특히 인근에 있는 예안교원禮安校院과는 상호 강회 등을 공동으로 주관하고 경서를 교환했던 것으로 보인다.[48] 청송향교青松鄉校에서 보낸 통문에는 도산서원에서 행하는『심경』 판본 간행사업에 적극적인 지지 의사가 드러나 있기도 하고,[49] 1899년 상주향교에서는 계당溪堂 류주목의『전례류집全禮類輯』의 판각을 위한 도회道會에 도산서원의 참석을 요청하는 통문을 발송한 것을 볼 수 있다.[50] 또한 1901년에는 삼계서원三溪書院 회중 명의로 회중에서 진행 중인 간행사업에 도산서원이 동참해줄 것을 요청하는 통문도 있다.[51] 서적 출판과 간행과정에 도산서원의 학문적, 사회적 권위가 절실히 필요했기 때문이다.

도산서원의 강회

연보에 따르면 퇴계는 1518년 안동 향교의 강학회에 처음 참가했다. 이때 퇴계는 농암 이현보 선생을 모시고 참석했다. 강학회에 관한 자세한 기록이 없어 성격을 정확히 알기는 어렵지만, 향교에서 석전례와 향음례를 행한 이후 제생들을 모아 강학회를 했다는 기록으로 보아 통상적인 서원의 강회와는 구별된다. 서원의 강회는 3~4일간 집중적으로 특정 경전과 주제를 두고 선생과 학생 간에 문답, 토론하는 것이 일반적인 형식이다. 여하튼 이때 퇴계는 총각으로 참가했으나 행동이 의젓해 함부로 대할 수 없었다고 한다.[52]

퇴계도 거접居接이나 강회 등 집단적인 학술활동을 매우 효과적인 공부 방법으로 인식했던 듯하다. 1551년 4월에는 영천榮川의 접接으로 떠나는 아들 준에게 편지를 보내 접에 가서 열심히 공부할 것을 당부하고, 필요한 양식은 초곡草谷의 것을 쓰도록 했다.[53] 퇴계는 영천 하과소夏課所에 있는 준에게 편지를 보내 접에서 학업에 충실할 것과 유익한 벗들을 따라 더욱 매진할 것, 그리고 안동

도회에 참석하는지 등을 질문하는 자상한 모습을 보였다.[54] 6월 27일에는 아직도 과거시험까지 시일이 많이 남았는데 지나치게 일찍 파접한 것을 나무랐다.[55] 8월 3일에는 준에게 편지를 보내 비가 많이 불어 과거시험 일자에 맞추어 서울에 가기 어려우니 이곳에서 소과 초시에 응시할 방안을 강구하라고 당부했다. 1552년 7월의 편지에서는 조정에서 만약 업유業儒가 되지 않는다면 조관朝官의 자제들이라도 군역에 종사시킨다는 논의가 있으므로 학업에 특히 유의하도록 당부했다.[56] 퇴계도 과거 공부를 위해서는 거접과 집단적인 학습활동이 매우 효과적임을 잘 알고 있었고, 가까운 친족들에게는 이 방법을 적극 권했다.

광명실에서 찾아낸 강회와 거접 기록

광명실 고문서에는 퇴계 사후 도산서원에서 행했던 수차례의 거접과 강회를 기록하고 있다. 그렇지만 몇몇은 개최 사실만 기록하고 구체적으로 운영이 어떻게 되었는지에 대한 내용이 없어 실체를 파악하는 데 어려움이 있다. 이 글에서는 우선 광명실 자료로 남아 있는 역동강회, 을묘강회, 갑인강회, 청량강회 등 네 차례의 강회와 퇴계 문도의 문집에 기록이 남아 있는 오천강회 등에 대해 논의해보고자 한다. 지금까지 도산서원이 주최한 강회에 대해서는 선행 연구가 없었으므로 이 주제는 도산서원 교육의 구체적인 실상을 알려주는 의미가 있으리라 본다.

이번에 다루는 자료 외에도 광명실에는 도산서원에서 몇 차례 더 거접과 강회가 있었음을 알려주는 단편적인 자료들이 있다. 우선 선조 29년(1596) 1월에 작성한 문서에는 거접을 행할 때의 용하기用下記 관련 내용이 있다. 이때 목면

3필로 『예설』 7권을, 목면 5필로 『시서언해詩書諺解』 12권을, 목면 3필로 『여문정선儷文程選』 6권을 사들였다고 한다.[57] 대개 거접은 과거 준비를 위해 춘말하초春末夏初나 하말추초夏末秋初에 설행되며 비용은 별도의 양사전養士田에서 충당되는 것이 관례였다. 당시 도산서원의 거접은 어떤 목적으로 얼마 동안의 기간을 거쳐 시행되었는지 구체적인 자료가 없어 아쉬움이 있다. 어쨌든 지금 전하는 「역동서원학규」 원본에는 세필로 "천곡서원川谷書院과 도동서원원규의 예에 따라 거접과 향교 거접에 대한 지원은 불허한다"[58]는 문장이 보이는데, 언제부터 왜 거접을 불허했는지 좀 더 검토되어야 할 것이다. 이 시기 역동서원은 사실상 도산서원 측에 의해 운영되었음을 감안할 때 도산서원도 같은 규제를 했다고 봐야 할 것이다. 추측건대 도산서원 안에서 다수의 원생이 거접을 행하는 것은 서원의 품격을 떨어뜨린다는 우려에서 비롯된 것이 아닌가 한다. 지금 전하는 강회에 관한 기록도 도산서원 경내에서보다는 외부 시설들을 이용한 적이 더 많다는 것이 이러한 추측을 가능케 한다.

또한 강회에 관한 단편적인 기록은 순조 32년(1832) 1월 15일자에도 있는데, 청량산에 강학소를 개설했다는 내용이다.[59] 아마 오산당吾山堂에서 강회가 열린 것으로 추정된다. 이 강회보다 18년 뒤인 1850년 청량정사淸凉精舍에서 열린 청량강회에서는 상당히 자세한 기록을 남긴 반면 이때는 별다른 기록을 남기지 않았다.[60]

역동강회, 『심경』을 읽고 시회를 열다

정조 11년(1787)[61] 12월 1일 역동서원에서 거행된 강회에 관한 기록이다. 고

문서로 보관되어 전하는데, 『심경心經』 강회를 여니 참석해달라는 통보다. 이어 모임에 참석한 사람 8명과 강회에 참석한 36명의 명단을 적어두었다. 이와 함께 참석한 이들이 남긴 7언 절구를 기록했으며 이러한 전통이 지속되어왔다고 했다. 이는 후학들이 선배들의 학문과 유업을 이어받도록 하는 좋은 계기가 된다고 했다. 선배들이 남긴 시를 읽으면서는 다시금 유교적 유풍을 깨닫고 회고와 추모의 정을 일으키게 된다고 했다. 모임에 참석한 이로는 이수정李守貞, 이세원李世源 등과 강회에 참석한 사람들의 이름이 함께 작성되어 있다. 이어 25명이 화운한 시를 싣고 말미에 시를 남긴 이들의 명단을 기록해두었다. 역동서원에서는 『심경』 강회를 열면서 다음과 같은 회문을 유림들에게 보냈다.

> 본원은 설립 초부터 선현들이 누차 사문의 제현들에게 『심경』과 『계몽서』 등을 강하도록 요청했습니다. 또 현판에 있는 4운韻자에 대해 읊조리게 했으니 지금 100년의 세월이 지났어도 가히 상상할 만한 일입니다. 「서원기書院記」 후기에서 재삼 후학들의 학문에 대한 면려의 당위성을 말했거니와, 이는 선현들이 후생들을 위해 말한 바를 환기하고 각성시키는 것이라 봅니다. 더 미루어 이야기하자면 후생들의 무궁한 발전을 간절히 기대한 바일 것입니다. 그러나 안타깝게도 근래 우리 향내의 유풍은 아득하게 멀어지고, 문장의 전아함은 텅 빈 채 사라질 지경입니다. 간혹 삼동三冬에 거재居齋를 시행하기도 하나 회원들은 각자의 책을 읽고 과거에 응시하려고만 하지 강론하고 토론하는 것은 없이 이익만을 구하고자 하니 큰 흠결이라 할 것입니다. 오늘날의 후학과 후생들이 어찌 감히 당시 융성한 활동을 발치라도 따를 수 있겠습니까마는, 남긴 시편들과 후학들을 불러들이는 뜻, 서원의 기문에 실린 학문에 대한 면려함 등을 낮게 읊조리며 몇 번

이나 되풀이해서 읽어보니 감개함이 이어지고 척연하지 않음이 없으니 묵묵히 생각하건대 두려울 따름입니다.
요즘 세상에 비록 예스럽지 않다고 말하나, 옛일을 거론하여 좇고 선현의 가르침을 따르며 오늘날에 실천할 만한 행실을 밝히려는 이가 있으면 거의 옛 예의와 관습을 버리지 않고 보존하려는 의로움이 있다고 여깁니다.
이로써 이제 초열흘에 서당과 재실을 깨끗이 쓸고 고을의 옛 학문을 좋아하는 여러 군자를 맞이하여, 함께 그 강론을 듣고 남은 논지를 토론하고자 합니다. 여러분께서 왕림해주신다면 다행이겠습니다.[62]

명단은 참례參禮한 인물과 참강參講한 인물들로 구분되어 있다. 참례한 인물은 진성 이씨 족인들이거나 그들의 외손으로서 예안에 세거하고 있는 자들이다. 참례인으로는 8명의 명단이 남아 있는데 도산서원의 재임이거나 향론을 주도하던 원로들이다. 이들 가운데 상유사 이세원李世源[63]은 도산서원과 관련한 간행사업에 적극적으로 관여한 인물이다. 그는 이수연李守淵(1693~1748)[64]을 도와 『도산지陶山誌』[65]를 발간했으며, 영조 47년(1771) 가을에는 계암溪巖 김령金坽(1577~1641)의 문집을 승지 이세택李世澤 등 예안 사림들과 함께 도산서원에서 펴내기도 했다. 이수정李守貞(1709~1795)[66]은 청대 권상하의 제자로서 도산서원을 중심으로 향내에서 여론을 주도했던 인물이고, 또 다른 재임인 이사우李師愚, 이급李級 등도 모두 예안을 배경으로 활동했던 인물이다.

강회에 참석한 자는 36명의 명단으로 남아 있다. 비교적 소수인데, 대체로 예안을 중심으로 활동하던 진성 이씨와 봉화 금씨, 광산 김씨 등 그들의 외손으로 구성되었다. 눈에 띄는 인물로는 한말 순국절의한 향산 이만도의 조부, 하계霞溪 이가순李家淳(1768~1844)을 들 수 있다. 그는 강회 당시에는 약관이었으나 퇴계의 후손으로서 정조의 각별한 총애를 받았던 인물이다. 훗날 증광시에 급제하여 사헌부 장령, 응교, 교리 등의 요직을 역임했다. 이수정은 강회에 참석한 사람들에게 그 강회를 시로 남겨줄 것을 당부했다.

> 어제 저녁 우리 모임은 실로 100년 만의 성사입니다. 비록 정나라 사람이 그 화려하게 꾸민 궤만을 사고 정작 사야 할 구슬은 초인에게 도로 돌려주더라는 '매독환주買櫝還珠'의 잘못을 면하지 못한 것일지라도 이는 모두 예를 사랑하고 옛 문물을 존중하는 뜻에서 나온 것이라 봅니다. 이제부터 별도로 수십 석을 비치하여 해마다 혹 봄이나 가을에 향중의 우수한 인재들을 수일간 불러 모으는 일을 오랜 기간 그만두지 않는다면 인재들이 울흥하게 나타남을 거의 기약할 수 있을 것입니다. 원컨대 각자가 유의하여 도모해주시길 절실하게 바랍니다. 당일에 감회를 이기지 못하여 공경스럽게 벽상의 선조의 운자를 차운하고자 했으나 빽빽하게 앉은 좌중이 대구를 맞추는 것이 원만하지 못하고 또한 박절하며 돌아가야 하는 것이 몹시 급하여 좌중에서 미처 정단을 제출받지 못했습니다. 이제 추록하여 보내니 각자 답신을 보내주시기 바랍니다. 작은 책자로 만들어 원중에서 보관하여 고적古蹟으로 삼고자 하니 또한 한 가지 사업이라 할 만합니다.[67]

이 글에서 우리는 몇 가지 정보를 확인할 수 있다. 우선 강회가 거의 100년 만에 이루어졌다. 이 말이 도산서원이 주최하는 강회를 말하는지 혹은 역동서원이 있는 예안지역의 강회를 뜻하는지는 정확히 알 수 없다. 다만 참가한 인물들의 면면을 고려할 때 예안의 것일 가능성이 높다. 다음으로 학름學廩을 비치해 강회를 정례화할 구상이 있었다는 점이다. 이수정은 이어 벽에 걸린 선조의 운에 차운한 다음과 같은 시를 남기고 있다.

이곳에서 선사께서 몇 번이나 강론하여 밝혔는가?	此地先師幾講明
지금에 와서 꽃다운 자취 감회가 그윽하다.	至今芳躅感幽情
백 년 만에 다시 거행하여 사문이 모이니	百年復擧斯文會
사흘 동안 기쁘게 시 외우는 소리 듣는다.	三日欣聽誦詩聲
풍경은 오히려 당일의 색에 머물러 있는데	風景尙留當日色
서당은 옛날의 청아함을 고치지 않았네.	齋堂不改舊時淸
은근히 여러 군자에게 고하니	殷勤爲告諸君子
정녕코 후생을 경계하신 가르침을 저버리지 말게나.	莫負丁寧戒後生[68]

역동서원에서 퇴계가 직접 강론하던 때를 추념하면서 그 유지를 잊지 말자고 다짐했다. 이에 대해 이급李級은 『심경』을 강론하는 의미를 밝히고, 「심통성정도心統性情圖」를 어떻게 볼 것인가를 다음과 같이 차운했다. 천 년을 계승한 심법心法을 밝히는 것이 강회의 목적임을 밝히고 있다.

천 년을 계승한 마음의 법 누가 밝을까?	千秊心法問誰朙
한 원 안의 남은 그림 성정을 거느렸네.	一圈遺圖統性情
중도를 잡으니 치우치지도 기울지도 않으니	中執不偏還不倚
상천의 일은 냄새도 없고 소리도 없다네.	上天無臭亦無聲
그윽이 자리 펴고 강론하고 토론한 지 몇 해 만의 일인가?	幽筵講討何年事
가을 달빛 내려 비추니 이 밤이 청아하다.	梧月依俙此夜淸
유서 깊은 경전 안고 와서 성대한 강회 참여하니	來抱遺經參盛會

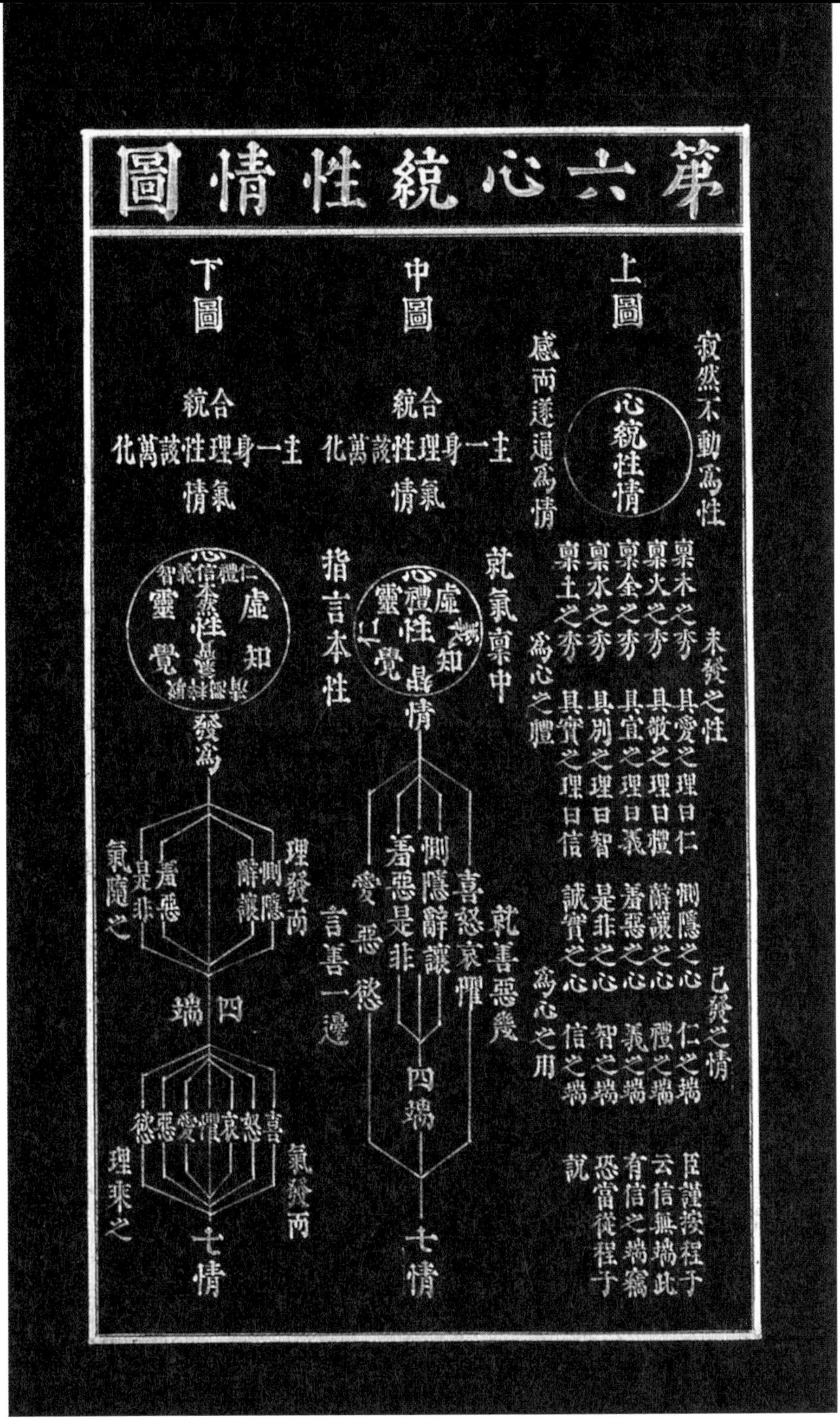

「심통성정도心統性情圖」, 『성학십도』, 이황, 조선시대, 국립중앙박물관.

어두운 길 반평생 미혹한 삶을 탄식하노라. 冥行半世歎迷生

서산 선생의 진결은 나날이 밝고 西山眞訣日星晭
이기理氣는 서로 성정을 아우르네. 理氣相須竝性情
책대冊帒 위의 아름다운 말씀 단서를 두어 전하니 帒上淑言傳有緒
책 속의 깊은 가르침 소리 없어도 듣네. 券中深誨聽無聲
어두운 밤 촛불 밝혀 책을 비추니 광휘가 형연하고 燭幽寶鑑光輝炯
대낮에 불 피워 향로에 지피니 기미가 청아하다. 薰晝鑪香氣味清
동지들과 함께 얘기하며 강론하고 토론함에 힘입어 說與同人資講討
그윽이 자리 펴고 우리 선생님을 마주하네. 幽筵對越我先生

그는 『심경』을 강론하니 마치 '대월상제對越上帝' 하듯이 '대월선생越我先生' 하여 퇴계를 마주 본 듯한 심정임을 털어놓고 있다. 그가 시에서 "가을 달빛 내려 비추니 이 밤이 청아하다. 유서 깊은 경전 안고 와서 성대한 강회 참여하니, 어두운 길 반평생 미혹한 삶을 탄식하노라"라고 읊은 대목에서 강회의 격조를 짐작케 한다. 퇴계 심학을 이어받고자 하는 강생들의 의지는 김영로金永老의 시에서도 그대로 묻어난다.

숙연히 열린 자리 담담하게 밝으니 肅然開處湛然晭
누런 책 푸른 촛불은 이 밤의 정경일세. 黃券青燭此夜情
이 마음 이끌면 마치 솟는 해와 같이 밝기를 기약할 수 있고 提掇可期如日皦
이 마음을 잡아 보존하면 종소리 증험하기를 기다릴 게 없다네. 操存不待驗鍾聲

「심학도心學圖」, 『성학십도』, 이황, 조선시대, 국립중앙박물관.

정신과 마음 분명하여 남은 풍속이 있고 神襟了了遺風在
가을 달빛 내려 비추니 옛 모습 그대로 청아하네. 梧月依依古色淸
예를 사랑하여 마치 양을 아직 제물로 바치기를 잊지 아니함 같으니 愛禮如今羊未去
지남거의 인도에 어찌 길을 잃어버리겠는가? 指南車導幾迷生

이에 이구손李龜孫[69]은 다음과 같이 차운했다. 수산秀山 김병종金秉宗이 쓴 묘갈명에 따르면, 그는 엄정한 학풍과 소슬한 풍류로 평생을 보낸 인물로 기록되어 있다.

재의 이름은 정일재요 실의 이름은 광명실이니 齋名精一室光明
스승 얻음을 생각함에 가르침을 주신 정이라. 想得師門詔後情
오동잎 지는 뜰의 달그림자엔 마음의 둥근 울타리가 있고 月印梧庭心有圈
비자나무 책상에 경전을 펴니 소리 없어도 듣네. 經留棐几聽無聲
자리를 펴고 함께 절하니 규모가 있고 虛筵共拜規模在
옛 책을 거듭 펴니 기미가 청아하다. 古卷重開氣味淸
다소의 학도들이 오히려 위엄이 있으니 多小靑衿猶濟濟
이 가르침이 선생으로부터인 줄을 누가 알겠나? 誰知斯敎自先生

이어서 아직 젊은 청년인 이가순李家淳은 자신의 마음을 이렇게 표현하고 있다. 그는 강회에 강생으로 참가한 인물이다.

재의 이름을 정일재라 했으니 학문의 근원이 분명하고 齋名精一學源明

만고의 스승께서 창문 너머로 남기신 정 같아라.	萬古師門牖後情
가을 달빛은 오히려 차가운 물에 그림자 잠기고	梧月尙留寒水影
거문고 노래 소리는 부질없이 오래된 안뜰을 울리다 멎네.	絃歌空寢舊壇聲
성암의 법이 떨어지는 때에 누가 환기시키겠나?	惺巖法墜時誰喚
밝은 방에 책을 펴는 낮은 더욱 청아하다네.	光室篇開書更淸
보배로운 거울 보듯 그윽한 촛불 긴 밤 새벽까지 밝히니	寶鑑燭幽長夜曙
어찌 꿈에 취한 채 평생 지냄을 근심할 것인가?	寧憂醉夢過平生

그의 시에서는 강회의 하루 일과가 그림을 그린 듯 나타나 있다. 가을 달빛 속의 거문고 소리, 밝고 청아한 한낮의 독서, 그윽한 촛불 밝힌 긴 밤, 새벽까지 이어지는 강독 등이 강회의 분위기였음을 알 수 있다. 이어서 신정의申正義와 이구유李龜裕는 이 강회를 통해 퇴계학파의 도맥이 이어지고, 스스로 공자의 후예임을 확인하는 계기가 되어야 할 것을 각각 다음과 같이 차운했다.

어두움을 밝히는 거울은 신명으로부터이니	燭幽之鑑自神明
스승님과 이해에 애틋한 정을 나누었네.	夫子當年愛玩情
천지의 이치는 무궁하나 옛 자취를 남기고	天地無窮留古蹟
거문고 노래 소리는 절조가 있어 싱그러운 소리가 울리네.	絃歌有節動新聲
어진 이를 숭상하는 사당 아래는 뜰의 오동이 푸르고	尙賢祠下庭梧碧
도에 드는 문 앞에는 물에 비친 달빛이 청아하네.	入道門前水月淸
이 강회가 백년토록 이제 비로소 거행되니	此會百秊今始擧
제생들이여 공업에 힘써 날로 새롭게 하라.	日新工業勉諸生

현묘하고 맑은 역의 도가 어디로부터 밝았는가? 玄淑易道自何明
곰곰이 생각하니 선현들이 후배를 위한 정이 있었네. 粤在先賢爲後情
꽃다운 자취 어느 누가 거울을 밝게 닦았는가? 芳躅誰人磨鏡面
거문고 뜯는 많은 선비 패옥 소리 들리네. 瑤絃多士聽璜聲
실추된 실마리 멀리 이어가자니 사흘 밤도 짧고 遠紹墜緖三宵短
남겨진 시들을 엎드려 외우니 그 의미가 청아하다. 俯誦遺詩一味淸
만세의 연원의 의뢰함이 여기에 있으니 萬世淵源賴有此
와서 보라. 우리는 공자의 후예일세. 來看吾黨魯諸生

역동서원에서의 강회는 예안 유림들을 중심으로 하여 100여 년 만에 모임이 성사되어 『심경』을 강론한 기록이다. 비교적 소규모로 퇴계의 정신을 잇기 위해 3일간 『심경』을 강론하는 것으로 이루어졌다. 특이한 점은 서원에 있는 퇴계의 시에 차운하면서 선비로서의 학문 자세와 퇴계학의 정신을 잇고자 한 시회詩會 형식을 함께 갖췄다는 사실이다.

을묘강회, 정조의 정학론 속에서 펼쳐지다

지금 광명실에 남아 있는 강회록은 정조의 책 반사에 대한 기념으로 이루어졌던 것이다. 이 기록은 정조 18년 갑인년(1794)과 그 이듬해인 을묘년(1795)에 관한 것이다. 정조는 집권 초기부터 이미 영남지역의 큰 서원들에 대해 각별한 관심을 기울이고 있었다. 정조 5년(1781)에 그는 승지 이양정李養鼎을 영남의 서원에 치제致祭하러 보내 선현을 높이고 도를 중시하는 조정의 뜻을 선비들에게 선유宣諭하도록 했다. 승지에게 두 서원에 치제할 때 사방에서 참석한 유생들이 얼마나 되었으며, 서원의 재력은 어떠했는지 등을 자세히 물었다. 이에 대해 이정양은 "옥산서원은 제향에 참석한 선비들이 수백 명에 이르렀고, 예수禮數와 의절 등도 성대하여 볼만했으며, 많은 인원에 대한 조석의 지공支供도 모두 서원에서 마련했습니다. 도산서원은 제향에 참석한 유생이 옥산서원보다는 조금 줄었지만 공궤 등의 절차는 역시 본원에서 준비했습니다"[70]라며 서원의 사정을 보고했다. 정조의 영남지역에 대한 관심은 탕평 정국에 대한 그의 구상과 깊은 관련이 있었던 것으로 보인다.

강회가 설행된 을묘년 전후는 정조의 정국 구상에서 매우 중요한 사건들이 일어난 시기였다. 이때 윤지충의 진산사건(1791)이 일어나 서학 문제가 정치 전면에 떠올랐다. 또한 문체반정에 관한 새로운 지침(1792)을 내린 직후였다. 그리하여 정조로서는 사상적 혼란을 막고 중앙 정부의 정치력을 강화할 필요가 절실했다. 정조는 권일신權日身을 유배시키는 것으로 사태를 미봉하려 했지만 서학은 유림으로부터 무부무군한 사상으로 매도되어 뒷날 신유박해의 불씨로 남았다.

또한 사회 경제적으로는 시전들의 금난전권을 폐지하고 영세 상인들의 자유로운 상업활동을 승인한 신해통공이 발표된 직후였다. 신해통공은 도시를 중심으로 새로운 변화가 현실화되고 있음을 보여주었다. 통공발매 정책의 성공 요인은 도시 상공업의 발달, 영세 사상인층의 성장, 도가권의 직접적 피해자인 일반 백성들의 각성 등이었다. 정조에게는 이처럼 갖은 갈등 양상이 분출하는 시대에 국가 전체의 안정을 기할 수 있는 보수적인 정책 대안이 필요했다.

정조는 신유년(1791)에 초계문신과 반유泮儒를 대상으로 '속학俗學'에 관한 응제應製 책문을 출제했다. 정조는 "주자를 존경하는 것이 바로 국왕을 높이는 것"[71]이라고 할 정도로 주자를 존신한 인물이었다. 그는 청유淸儒의 경학 연구에 일정한 성과가 있다고 인정했지만 그 대상은 고염무顧炎武, 이광지李光地와 같이 주자학에 관심을 가진 청초의 학자들에 국한되었다. 그는 청조의 고증학에 대해서 지엽적인 명물, 훈고의 천착에 빠져 경전의 본뜻을 도외시한다며 비판적인 태도를 견지했다.[72] 그가 속학으로 규정한 대상은 비단 패관소품류만이 아닌 명말청초의 다양한 학문적 유파를 아울렀다. 그는 명말청초의 경의학經義學, 박물고증학을 뜻하는 '엄박淹博'의 학, 문장학 모두가 정학正學인 주자학을 어지럽히는 '속학'이라고 비판했다.

이러한 시대적 상황에서 정조는 정학인 주자학을 확고하게 유지하는 거점으로 도산서원을 주목했다. 도산서원을 중심으로 제1차 영남만인소嶺南萬人疏가 만들어진 것이 바로 1792년이다. 조선 후기에 재야 유림들의 기개와 결집된 뜻을 가장 극명하게 드러낸 사건이 바로 만인소다. 특히 영남의 모든 선비가 뜻을 모아 첨예한 시국 문제에 대해 자신들의 합치된 의견을 조정에 개진한 영남만인소는 그 사회적 파장이 매우 컸다. 현존하는 영남만인소로는 전후 두 차례의 것이 있다. 첫 번째는 사도세자의 무고를 탄원하는 내용이었다. 동시에 군주의 권한을 강화하고 강력한 개혁을 해야 한다는 것이었다. 정조 16년(1792)에 영남 지방에서 올라온 상소에는 퇴계 학단을 중심으로 1만 명의 유림이 참여했다.

정조는 임자년(1792, 정조 16) 3월 각신 이만수李晩秀를 도산서원과 옥산서원에 보내 치제하게 했다. 정조는 이만수가 출발할 때에 하유하기를, "영남은 우리나라의 추로鄒魯와 같은 고을이다. 내가 들으니 이 지역은 제생諸生이 정도正道를 지켜서 사설邪說에 물들지 않았다 하므로 내가 매우 아름답게 생각한다. 이제 어제御題 2통을 내리니 도산서원에 치제하는 날에 참가한 유생儒生에게 시험을 보이고 그 시권試券을 가지고 와서 바치도록 하라" 하고서, 부賦의 제목 1통

「정조대왕어진」, 수원화성박물관.

과 시의詩義 1통을 내렸다. 시사단에서 행해진 별과에는 수천 권의 답안이 제출되었고, 입격한 이들의 방목榜目과 과문科文을 모아서 『교남빈흥록嶠南賓興錄』을 편찬했다.[73]

도산서원에 대한 정조의 각별한 예우는 갑인년(1794)에도 이어졌다. 이해 2월의 『일성록』에는 "새로 인출한 삼경과 사서 중에서 백지로 만든 것 3건은 도산서원, 석담서원石潭書院과 대로사大老祠에 각각 1건씩 사급하라"[74]는 정조의 명이 보인다. 또한 3월에는 "각신 이만수가 퇴계의 『사문수간』과 이언적의 『대학속혹문大學續或問』을 가지고 왔는데, 이때가 되어 어제를 권수卷首에 각각 쓰고, 이익운에게 명하여 도산서원과 옥산서원에 봉안하게 했다"[75]는 기록이 보인다. 이때 정조와 검교직각 서영보徐榮輔 사이에 있었던 대화는 당시 노론계가 지배하고 있던 조정의 분위기와 이에 대한 정조의 대응을 흥미롭게 보여준다.

> 천신에게 하교하기를, "퇴계와 율곡 두 선정의 사단칠정설은 각각 차이점이 있는데 어느 쪽의 설이 옳은가?" 하므로 대답하기를, "신은 일찍부터 문성공文成公의 설이 바뀔 수 없는 정론이라고 생각해왔습니다. 지금 그 문집에 실려 있는 내용이 명백하고 통쾌하여 알기 쉬우나, 다만 온 세상이 쏠리듯이 따르게 하지는 못했습니다. 그리하여 김창흡처럼 문장과 안목을 갖춘 사람도 오히려 퇴계의 설을 취하는 바가 있었으니, 신은 적이 의심스럽게 생각합니다" 하였다. 하교하기를, "문성공의 설을 누가 옳지 않다고 하겠는가. 그러나 문순공文純公이 논한 바도 주장처가 있으므로 쉽게 말할 수 없다" 하였다.[76]

퇴계 학설에 대한 정조의 각별한 관심을 볼 수 있다. 그는 퇴계와 율곡의 학

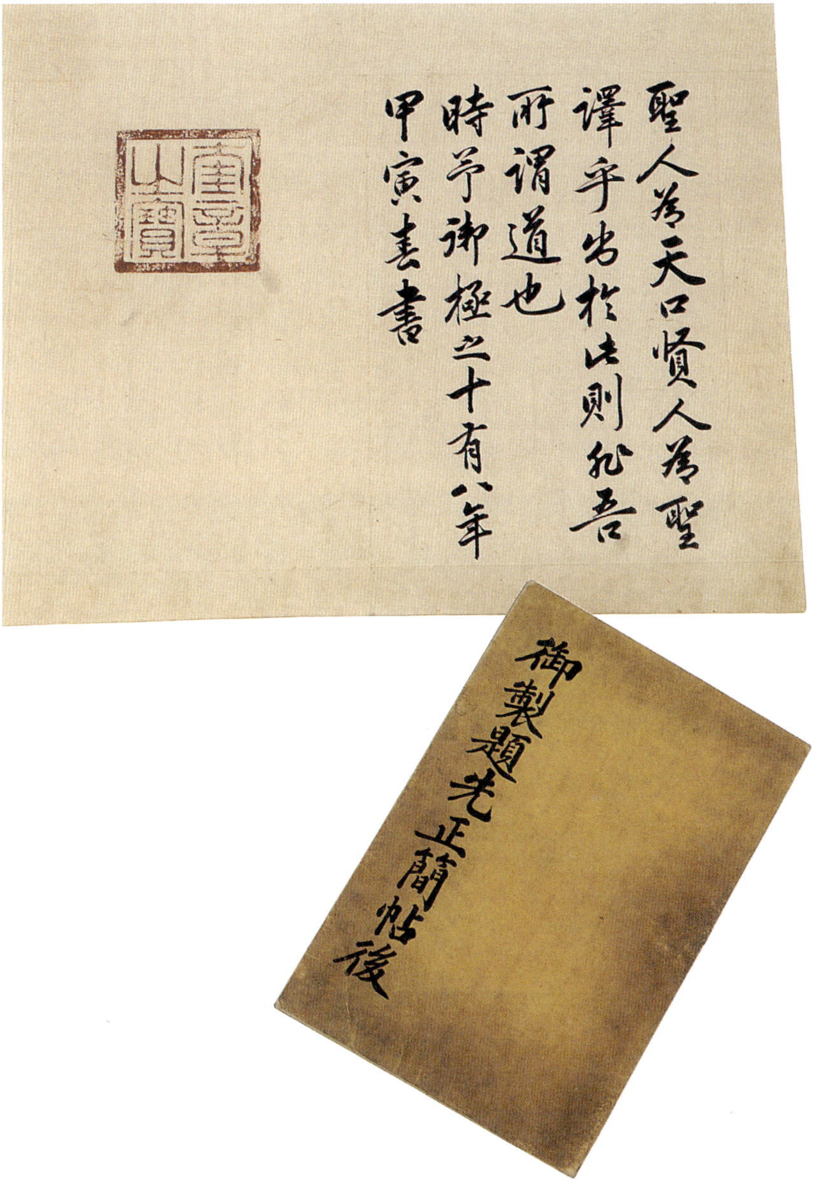

『어제발문』, 도산서원운영위원회 기탁, 한국국학진흥원.
평소 퇴계를 흠모하던 정조가 1974년 『사문수간』을 열람하고서
이에 대해 발문을 지어 하사한 것이다.

설이 각기 주장하는 세계관이 다르다는 사실을 명백하게 이해하고 있었다. 정조가 사단칠정론에 담긴 퇴계의 학문적 고유성을 높이 평가하고 있다는 사실은 도산서원과 퇴계 학단으로서도 매우 고무적이고 반가운 일이 아닐 수 없었다. 정조와 도산서원은 이러한 일련의 흐름으로 강한 연대성을 지킬 수 있었다. 따라서 을묘년의 강회는 조정이나 도산서원의 입장에서도 매우 깊은 정치적 의미와 문화사적 의미가 내포되어 있는 것이다.

정조가 도산서원에 대해 취한 일련의 행위는 퇴계에 대한 개인적인 존경심도 큰 몫을 담당했지만 그 정치, 문화사적 의미도 간과할 수 없다. 이 강회는 앞서 언급한 대로 갑인년 봄에 『사문수간師門手簡』 발문을 옮긴 어제御製 1책 및 경서經書 1질을 도산서원에 하사하고, 다음 해 2월에는 사관 유태좌에게 명하여 『어정주서백선御定朱書百選』을 하사한 것을 기념하기 위해 개최된 강회에 관한 기록이다. 『사문수간』 발문에 실린 정조의 글은 그가 왜 이 시기 퇴계를 찾고 있었는지를 명확하게 알려준다. 정조는 그 제발에서 주자가 채군모蔡君謨의 첩에 실린 글자 한 자 한 자에서 정인正人, 단사端士의 모습을 본 것처럼 그 자신도 선생의 첩에서 조존操存하는 세밀함과 강학의 절실함과 처기, 접물의 방법과 사수辭受, 취여取與의 절차를 볼 수 있다고 술회했다.[77] 이어서 그는 이 책을 주목하는 이유를 이렇게 설명했다.

> 근년 이래로 이단 곡학이 잡스럽게 다퉈 일어나 유교의 가르침을 쓸모없는 것으로 보고, 삼강三綱과 사유四維를 심지어 불필요한 군더더기로 본다. 방탄放誕하고 이상한 것을 신기하다고 하고, 심지어는 이른바 서양의 설로 백성들과 세상을 혹세무민하는 것이 매우 많다. 다행스럽게 교남의 한 모서리는 선유의 교화를 입어 추로의 유풍이 남아 있어 더불어 위좌危坐하

여 함께 일컬으며 옷매무새를 바로 하여 오로지 경전이나 성현들의 가르침만을 외우니 내가 이에 흥감한 바다.[78]

정조의 발문을 보면 그가 도산서원을 주목한 것은 서학을 비롯한 이른바 이단 잡설에 대한 위기감에서 비롯되었음을 알 수 있다. 서학에 대한 정면 대응보다는 도산서원의 상징적인 의미를 재확인하여 문풍을 쇄신하겠다는 뜻이다. 이러한 정조의 의지는 신유년(1791)에 초계문신과 반유泮儒를 대상으로 '속학'에 관한 응제 책문을 출제하면서 서학과 이단학에 대한 국가적 위기감을 확인한 것과 맥을 같이한다. 정조는 발문을 쓴 갑인년(1794)에 김근순金近淳, 이존수李存秀, 유태좌柳台佐, 김희락金熙洛, 홍석주洪奭周 등을 새로 선발하여 이들과 더불어 경연 강의를 한층 강화했다. 이때 정조는 도산서원에 『주서백선』을 전달한 유태좌에게는 『대학』의 「혈구지도」 장을 함께 강론하면서, "사람들은 가르침을 따르지 않고 신하들이 인군의 뜻을 잘 받들어 행하지 않는 것은, 그 병통이 어디에 근원하는가? 나의 마음이 곧 너희의 마음이고 너희의 마음이 곧 일국一國의 마음이고 일국의 마음이 곧 만고의 마음이니, 실심實心으로 실학實學을 강론하고 실학으로 실사實事를 실행하는 것이 곧 오늘날의 급선무이며, 내가 너희에게 도움을 구하는 것이다"라고 소회의 일단을 피력했다.[79] 또한 김희락과의 문답에서는 퇴계가 도산서당에서 「팔진도八陣圖」를 꺼내 김명원金命元에게 보이며 말하기를, "이 또한 알지 못해서는 안 된다" 했던 고사를 거론하면서 진법陣法과 병학兵學도 치용致用을 위해 필요한 것임을 논의했다.[80]

도산서원은 이러한 정조의 각별한 관심에 부응하여 1795년 2월 당시 산장山長 이구서李龜書 주도로 석채釋菜 파재일罷齋日에 맞추어 강회를 개설했다. 강회록에는 당시의 분위기를 이렇게 기술하고 있다.

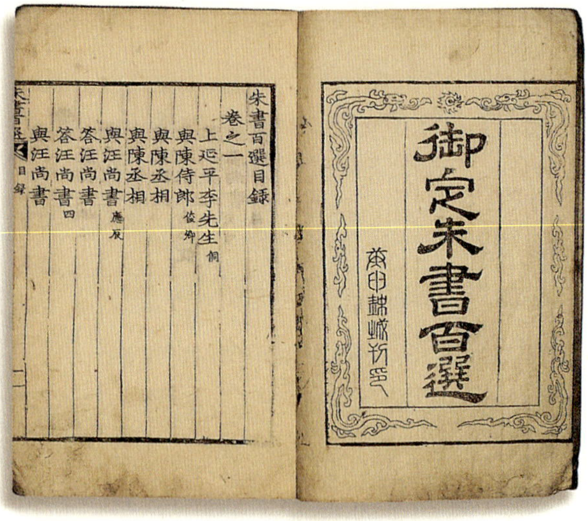

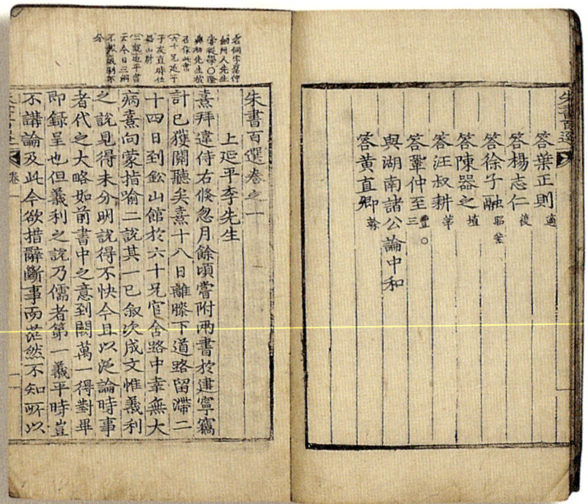

『주서백선』, 정조 편, 33.0×21.2cm, 1794, 국립중앙박물관.

전후로 내린 성은의 빛남이 천고에 없는 것이니 본원의 사림들로서 돌아보건대 무엇으로써 임금의 베풂에 보답할 수 있겠는가. 안타깝도다! 서원을 건립하는 것은 진실로 강학을 하고자 함에 있는데 이 일을 하지 못한지가 이미 오래되었다. 이번에 다행히 성상의 문교를 장려하심과 책의 반질에 즈음하여 감히 한 번 취회하여 강회를 열어 임금님의 뜻을 널리 알라는 것에 조금이라도 도움이 되어야 하지 않겠는가?[81]

이 기록에 따르면 도산서원에서도 오랜 기간 강회가 열리지 않았던 사실을 알 수 있다. 정조의 특별한 관심을 계기로 서원 강학활동을 강화하려는 의지도 함께 읽을 수 있다. 서원 강회를 주도한 인물들은 당시 퇴계학파에서 상당한 영향력을 지녔던 이들이다. 산장 이구서는 하계파 15세손으로 이세사李世師의 장남이다.[82] 그의 아들인 이가순에 이어 증손자인 순국 절의의 인물 향산 이만도로 가학이 이어지면서 가문은 퇴계 도통의 가장 중심으로 자리했다. 조선 후기의 거유 광뢰 이야순李野淳은 종숙부 되는 이구서에 대한 제문에서, 음성이 웅장하고 언론이 확고한 인물로 추앙하였다. 강장講長인 생원 김태익은 광산 김씨 문중을 대표하여 강회를 이끌었던 인물이다. 그는 정조의 거듭된 부름에도 출사하지 않고 면학에 힘을 기울였다.[83] 서계 박세당의 후손으로 당시 고을 수령으로 재직하고 있던 박헌원朴獻源[84]이 청강聽講으로 참석했고, 수찬 이구운李龜雲,[85] 김부륜金富倫의 7세손으로 정조 16년(1792) 사도세자의 전례에 관한 일로 영남 유생들과 함께 소를 올린 김시찬金是瓚 등도 청강으로 참가했다.[86] 강생講生으로는 풍산 김씨, 봉화 금씨, 의성 김씨, 진성 이씨 등을 중심으로 60여 명이 참여했다. 강의는 정조에게 하사받은 『주서백선朱書百選』과 『대학大學』을 윤독하는 형식을 취하여 3일 만에 파했다.

더 자세한 내용은 자료가 결락되어 알 수 없다. 그렇더라도 앞서의 사실을 종합해볼 때 '을묘강회'는 그 의미를 단순하게 도산서원이나 퇴계학파 차원에서 찾을 것이 아니라, 정조의 정학론이나 탕평론 혹은 신해년 '속학' 대책 등과 같은 정국 구상과 맞물린 정치·문화사적 맥락에서 구해야 할 것이다. 이 강회가 사도세자의 신원과 왕권 강화를 요구한 1792년 영남만인소 운동 직후에 이루어진 것은 결코 우연이 아니다. 이 시기 서원에서 이루어졌던 대규모 강회는 서원 외부의 정치적 변동이나 사회사적 변화와 긴밀한 관련성이 있음을 암시하는 대목이다.

청량강회, 퇴계 학단의 결속을 다지다

청량강회清凉講會는 도산서원 원장이었던 이한응李漢膺(1778~1864)을 훈장으로 초빙하여 1850년 청량정사清凉精舍에서 시행되었다. 이한응은 퇴계의 숙부인 송재 이우의 후손이다. 그는 기사환국 때 인현왕후의 퇴출을 극력 저지했던 이동표의 현손이다. 학계에서는 그동안 이 강회가 '영남의 영향력 있는 인물들을 총망라하고 있어 이상정, 유치명의 직계 문인들이 주도했던 19세기 고산강회나 호계강회와는 차이가 있으며, 당시 병호 시비로 분열된 영남 유림을 도산서원 원장이 중심이 되어 통합하고자 했던 상징적 성격을 띤 것'[87]으로 파악해왔다. 일리가 있는 해석이다. 그렇지만 이한응의 학문활동을 종합해보면 이 강회는 좀 더 넓은 범위의 사상적 흐름과도 관련이 있는 것으로 파악된다.

이한응의 『경암집敬庵集』은 기본적으로 가학인 퇴계 학설에 기초하고 있다. 그의 이기론이나 사단칠정론은 모두 율곡 학설의 맹점을 지적하고 퇴계 학설

「청량정사」 현판, 43.5×111.6cm, 도산서원운영위원회 기탁, 한국국학진흥원.

의 정당성을 밝히는 것에 주안점을 두고 있다. 특히 그는 이단학에 대한 변석과 대응에 많은 관심을 기울였다. 그의 『속근사록』은 퇴계 학설을 통해 이단학에 대한 사상적인 응전을 시도한 것으로 이해되고 있다. 그의 학설은 뒷날의 위정척사론과 맞닿아 있는 것으로 설명된다.[88] 1840년 영국의 아편전쟁 승리로 조선의 식자들은 중국 체제의 허약성을 목도했고, 서학과 외부세계에 대한 위기의식이 광범위하게 퍼졌다. 이한응이 이단학에 대하여 민감한 반응을 보였던 것도 이러한 외부적 환경 변화와 무관하지 않았던 것으로 이해된다.

청량강회에서는 『오산당강록吾山堂講錄』이라는 강의안을 남겨두고 있다. 『오산당강록』은 한국국학진흥원[89]과 규장각 소장 두 본이 전한다.[90] 오산당은 청량정사의 당호堂號다. 청량정사는 퇴계가 어린 시절 자주 공부하던 청량산에 건립된 정사다. 퇴계는 청량산에서 공부하고 강도하던 경험을 시로 표현하곤 했다. 「강도講道」라는 시에서 퇴계는 공부의 의미를 이렇게 읊고 있다.

성현의 말씀이 있으니 아무리 미묘한들 캄캄하지 않으리라
연원이 흘러내려 나온 곳이 뚜렷하니 털끝처럼 가늘어도 다투어 따지련다
진리를 강론하여 무엇을 하려는고
도학에 뜻 두어서 편안한 곳 찾으련다[91]

이렇듯 퇴계는 청량산을 구도의 공간으로 여겼다. 퇴계의 이러한 뜻을 따라 청량정사는 강회 장소가 되었다. 이광정李光庭은 퇴계가 머물던 백운암을 도산서당을 본떠 다시 짓고 '청량정사'라는 편액을 정했다.[92] 1832년에는 청량정사를 오산당이라는 이름으로 다시 지었다. 퇴계가 청량산을 '오가산吾家山'이라고 명명한 뒤[93] 진성 이씨 가문은 이 산을 오가산이라고 했는데, '오산당'이라는 당호는 여기서 연유했다. 퇴계는『계몽전의啓蒙傳疑』도 이 산에서 엮어냈다.

내 일찍이 읽는 글이 옛사람의 계몽서라
현묘한 좁은 틈을 좁은 깔때기로 훔쳐보네
전의傳疑라 했으나 잊힐까 두려웠고
마의麻衣의 간특한 위작에 의지하지 않으리라
고요한 이 속에서 애오라지 닦으려니
내가 자리한 곳은 속세가 아니었네[94]

퇴계의 학문적 자취가 서려 있는 청량정사에서의 강회는 1850년 3월 26일부터 28일까지 3일 동안 이루어졌다. 이때 총 600여 명이 참여해 성황을 이루었다. 강의 교재로는『대학』이 채택되었고, 한 장 한 장 읽어가면서 각 장의 중심 개념에 대하여 논변했다. 이때 참여한 주요 인물을 살펴보면 훈장으로는 도산

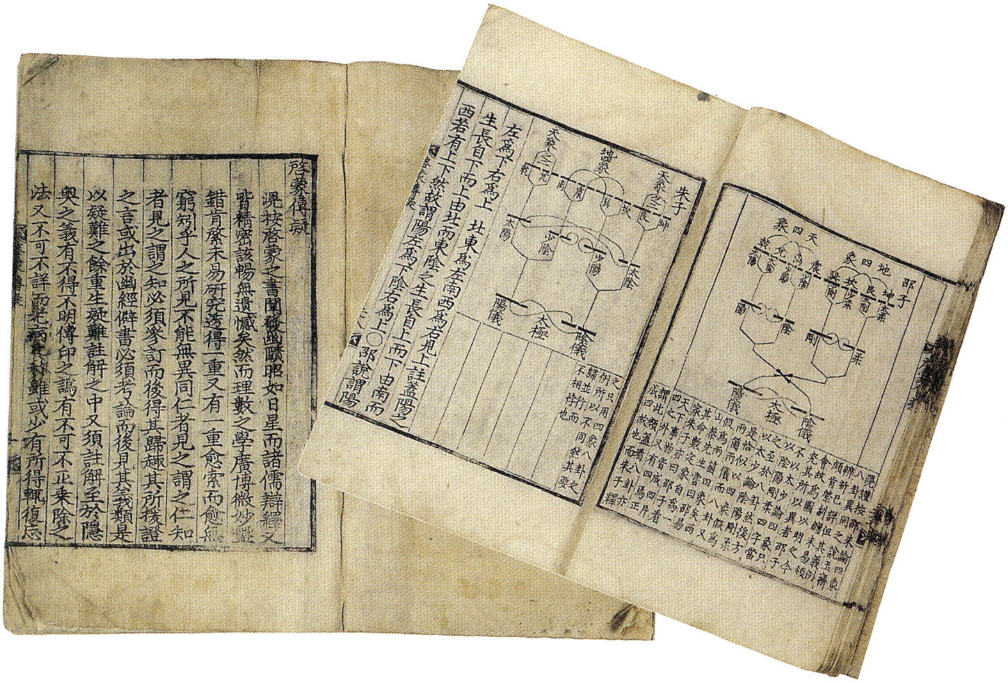

『계몽전의』, 도산서원운영위원회 기탁, 한국국학진흥원.
퇴계가 주자의 『역학계몽』에 대한 의문을 중심으로 『주역』을 논구한 연구서인데,
퇴계는 이를 오가산에서 작업했다.

서원 원장인 이한응이 추대되었고, 집례執禮로는 유학幼學 이재은李在闇이 선발되었다. 이재은은 여강驪江 이씨로 철종 4년(1853) 경주 동강서원東江書院에서 도산서원으로 보낸 고문서에 이름이 실려 있다. 이 통문은 동강서원 대들보에 적힌 퇴계의 시를 훼손한 사건에 대해 처리해줄 것을 계상溪上의 이씨 문중에 요청한 것이다. 이 통문은 병호 시비의 다툼이 계속될 때 도산서원이 중립을 지키고 있다는 불만이 내재된 것으로 이해된다. 경주 양동의 인물들까지 이 강회에 참석했던 사실에서 당시 강회의 성격을 짐작해볼 수 있다. 사정司正으로는 생원 채주욱蔡周郁이 뽑혔다.[95] 그는 입재 정종로鄭宗魯의 문인으로 상주 근암서원을 중심으로 활동한 인물이었다. 순조 32년(1832) 9월 생원生員 성재규成在奎, 정

언正言 황찬희黃贊熙 등과 함께 『상산지商山誌』를 수정·증보하는 데 앞장서기도 했으며, 계미년(1823) 9월 근암서원에서 병산서원에 보낸 번암 채제공의 신원을 축하하고 사우를 영건하고자 하는 통문에도 그의 행적이 나타난다.[96] 그는 이 시기 상주와 문경지역에서 향론을 주도했던 인물이다. 동반수東班首로는 유학 남유운南有橒(1794~1872)이 임명되었다.[97] 그는 영덕을 기반으로 활동했던 이로서 정미년(1831)에 도산서원을 방문했던 일이 『심원록』에 기록되어 있다. 서반수西班首는 유학 조언강趙彦綱으로, 영양 주실의 한양 조씨로서 옥천玉川 조덕린趙德鄰(1658~1737)의 후손이었다. 그의 행적이 도산서원의 『심원록』에 자주 등장하는 것으로 미루어 한양 조씨 문중을 대표했던 인물인 듯하다.

직일直日의 직임으로 몇 명의 인물이 선출되었다. 진사 안행준安行準[98]은 향산 이만도의 조부인 하계 이가순의 문인으로 제2차 영남만인소 청원에 참가했던 인물이다. 또 다른 직일로 주목을 끄는 이는 녹리甪里 고성겸高聖謙[99]이다. 문경이 고향인 그는 어린 시절부터 운산雲山 이휘재李彙載(1795~1875)와 정재定齋 유치명柳致明(1777~1861)으로부터 주목을 받았지만, 학자로서 높이 평가받게 된 것은 바로 청량정사에서의 강회를 통해서였다. 고성겸의 문집에는 앞서 양인과의 문답 외에도 낙파洛坡 유후조柳厚祚, 돈와遯窩 이만손李晩孫, 계당溪堂 류주목柳疇睦 등 당대의 뛰어난 유림들과 교류한 서간이 다수 실려 있다. 또 다른 인물인 해초海樵 허희許禧는 선산군 구미면을 지역 기반으로 하여 뒷날 수많은 독립운동가를 배출한 명족이다. 독립운동가였던 범산凡山 허형許蘅, 허필許苾이 그의 아들이며, 방산 허훈 형제가 조카다. 손자인 항일무장투쟁가 허형식許亨植, 외손자인 육사 이원록에 이르기까지 퇴계학파에서 그의 독특한 학맥은 계승되고 있다. 이러한 주요 참여 인물들을 고려할 때, 이 청량강회는 사실상 영남권의 유력 가문이 거의 망라된 대규모의 학술 행사였음을 알 수 있다. 이 강회를 통

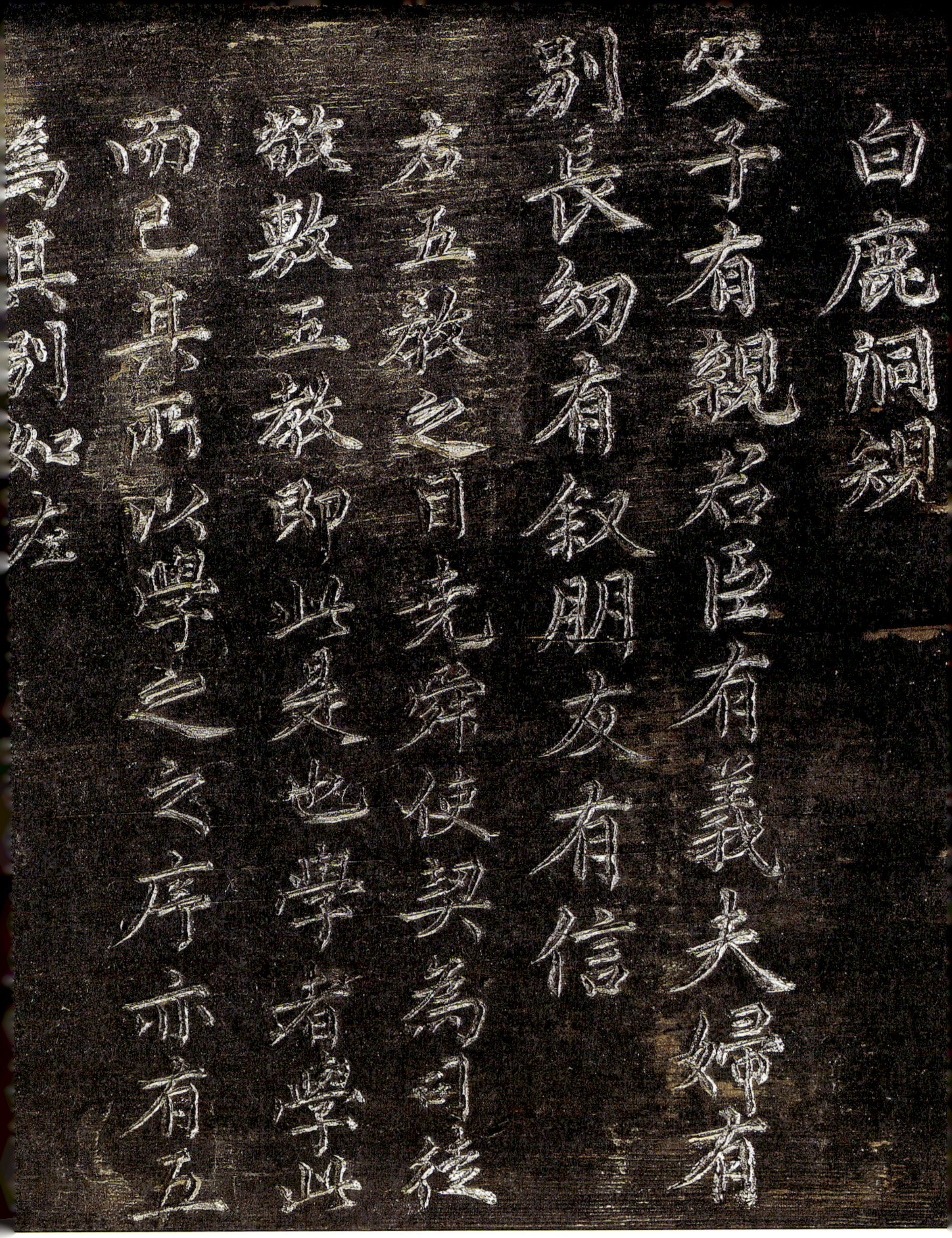

「백록동서원규」, 430×1890cm, 조선 후기, 충재박물관. 「백록동서원규」는 주희가 남강군 지사知事로 부임하여 서원을 중건하면서 만든 것으로, 조선시대 서원들은 대개 이 서원규를 기초로 하였다.

해 퇴계 학단의 결속을 다지고, 논란이 되는 주요 쟁점들에 대해 의견을 모으고자 한 것이다. 강회 첫날은 추천을 받아 앞서 거론된 집사들을 선출했다. 이어 뽑힌 집사들을 중심으로 강회가 공식적으로 시작됨을 알리는 의례, 즉 정읍례庭揖禮를 행했다. 잠시 정읍례의 광경을 살펴보자.

> 훈장이 강당 가운데 서고, 집사와 사정은 가운데 계단에 선다. 집례가 홀을 창하자 동·서반수가 제생을 인솔하여 뜰아래에 차례로 선다. 사정이 백록동규를 창한 뒤, 정읍례를 행하다. 동·서반수가 각각 제생을 인도하여 예법에 맞게 인사를 나눈 뒤, 강당 가운데 장석丈席을 마련하다. 진사 김헌운金憲運,[100] 판사 이휘령, 참판 이효순, 진사 이은순李殷淳[101] 등이 자리에 참석하다.

정읍례는 생도들끼리, 또 사제 간에 하는 인사 의례였다. 이 강회의 정읍례에서 주목되는 인물들이 또 있는데, 바로 장석과 자리를 함께한 원로들이다. 특히 고계古溪 이휘령李彙寧(1788~1861)과 참판 이효순李孝淳(1789~1878)이 주목을 끈다. 이들은 당시 현직에 있었던 이들로서 직접 강회를 지원하고 독려하고자 참가한 듯하다. 이들은 이후 4년 뒤 갑인년 강회에서도 주도적인 역할을 맡았다. 이휘령은 퇴계 종손으로 관료와 학자로서 조야의 중망을 받았던 인물이다. 그의 생부는 이승순李承淳이나 상계 종가의 종손인 군수 이지순李志淳에게 입양되어 퇴계의 10대 종손이 되었다.[102] 특히 서연에서 동궁에게 행한 강의록을 남겨둬 궁중에서 어떤 교육이 이뤄졌는가를 알려주는 자료를 제공했다. 그는 여러 내직을 거친 뒤 말년 대부분의 시간은 퇴거해 성리학 연구에 전념했다. 이효순도 4년 후 직접 훈장의 자격으로 갑인년 강회에 참가했다. 그는

1822년 전시 문과에서 장원을 한 인물이었다.[103] 더욱이 홍문관 교리와 경연관으로 참여할 정도로 학문적으로 상당한 평가를 받았다. 강회가 있었던 1850년에는 좌승지左承旨로 특진관特進官을 겸하여 자주 경연에 입시할 정도로 영향력을 지니기도 했다.

강회는 첫날부터 논쟁적으로 시작되었다.『대학』서문에 대한 해석을 두고 서로 다른 견해들이 충돌했다. 당시의 분위기를 파악하기 위해 전문을 살펴보자.

> 또 물었다. "총명하고 예지가 있어 그 본성을 다한다는 것을 신안 진씨陳氏는 지知와 행行으로 분속했는데 지나친 해석인 듯합니다." 이판사가 일렀다. "꼭 분속할 필요는 없다." 장석이 일렀다. "진씨의 설이 옳다. 주자는 「중용」에서 그 본성을 다한다는 '진기성盡其性'을 행行의 측면에서 말한 것이라 일렀다.『대학』서문의 '진기성'은 이러한 의미로 쓴 것이다. 총명예지는 자연히 지知가 되니 지행으로 분속한 것은 매우 근거가 있다."

이 부분은『대학장구』서문 가운데 잘 알려진 구절인 "하늘이 생민生民을 내림으로부터 이미 인의예지의 성을 부여하지 않음이 없건마는, 그 기질을 품부받은 것이 혹 같지 못하다. 이 때문에 모든 사람이 그 본성의 고유한 바를 알아 온전하게 할 수 없게 된 것이다. 한 사람이라도 총명하고 예지하여 능히 '그 본성을 다한 자盡其性者'가 그 사이에 나오면 하늘이 반드시 그에게 명하시어 억조 만백성의 군주와 스승으로 삼아, 그로 하여금 백성을 다스리고 가르쳐서 그들의 본성을 회복하게 하신다"[104]에 관한 논의다. 강회에서 문제 삼는 부분은 신안 진씨가 총명예지는 지知로, 진기성盡其性은 행위의 영역으로 구분한 것에 대한 정당성 여부였다. 이에 대해 장석인 이한응은 긍정의 입장을 취하고, 고계 이휘령은 반대 의견을 제시했다. 이 문제는 본성을 회복한다는 것이 단순한 앎의 차원에 머무르는 것인지, 아니면 행위와 실천의 영역까지 포괄하는 것인지에 관한 매우 중요한 해석상의 차이를 드러내는 것이었다. 이 문제는 퇴계의 공부론과 율곡의 공부론 사이의 경계를 가르는 지점이기도 하여 두 장석 사이에서 해석상의 팽팽한 긴장이 이어지고 있다. 논의의 진전과정을 좀 더 따라가 보자.

> 이제 "인의예지의 성을 부여하지 않음이 없건마는, 그 기질을 품부받은 것이 혹 같지 못하다. 이 때문에 모든 사람이 그 본성의 고유한 바를 알아 온전하게 할 수 없게 된 것이다" 했습니다. 그렇다면 기질을 다스리고 가르쳐서 그 본성을 회복하는 것은 다만 기질을 변화시키는 것에 달려 있고, 본성의 선함을 성찰하거나 잘못을 바로잡을 필요는 없는 것인가요? 이판사가 일렀다. "이理는 선하지 않는 것이 없으니 순수와 잡박을 가지고 논할 수 없다. 더욱이 잘못을 바로잡을 수도 없는 것이다." 장석이 일렀다. "대체로 사람이 그 본성을 온전히 할 수 없는 것은 모두 기질로 인해 가려졌기 때문이다. 만일 그 기질을 변화시킨다면 본래 선한 성품이 고유하게 존재한다. 다만 그것을 길러줄 뿐이요, 잘못을 바로잡는다고 하는 것은 옳지 않다. 이에 대해 잡박하다고 하는 것은 더욱 잘못되었다."

두 원로의 공부법 사이에는 상당한 차이점이 자리잡고 있다. 고계 이휘령이 본성의 회복復其性이라는 퇴계학의 한 본령을 확고하게 지키고 있다면, 훈장 이한응은 기질의 변화를 강조하는 율곡식의 '교기질矯氣質'에도 커다란 의미를 부여하고 있다. 이러한 차이는 본성의 회복과 체인을 위한 존양 공부에 중점을 둘 것인가, 아니면 적극적인 교육을 통해 기질과 행동의 교정에 주안점을 둘 것인가의 분기점이 될 수 있는 것이다. 물론 두 사람은 이理의 순수성과 부잡성不雜性을 강조하는 퇴계학의 본뜻에 모두 동의하면서 더 이상의 논쟁은 나타나지 않고 있으나, 생도들은 아마 양자 간의 이견을 충분히 확인했을 것이다.

이러한 학설상의 이견은 '명덕明德'과 같은 좀 더 예민한 철학적 주제들에서 다양한 의견으로 개진되었다. 강회에서의 논쟁은 상당히 활발하고 자유스러운 분위기에서 이루어졌다. 한 생도가 제기한 '명덕明德이 심心에 속하느냐, 성性에 속하느냐'라는 오랜 논쟁적인 질문에 대해 이한응은 "선유들은 심이라 하기도 하고, 성이라 하기도 하고, 심성정心性情을 통칭한다고도 했으나 나는 본심本心으로 이해하고 있다"[105]며 자신의 의견을 피력했다. 이에 대해 이만호李晩浩는 반대 의견을 명확하게 피력했다. 그는 명덕은 "기와 관련해서 논할 수는 없고 마땅히 이의 입장에서 봐야 한다"[106]고 강조했다. 그의 주장은 사실상 퇴계학이 유리론적唯理論的인 해석으로 나아갈 조짐을 안고 있음을 보여준 것이었다. 이러한 논란에 대해 안행준은 "'허령虛靈' 두 글자에는 이미 적감寂感과 표리表裏의 구분이 있는 듯하니, 오로지 성을 위주로 하지는 않는다. 또한 마음을 떠나 덕을 구할 수 없으니 밝고 환한 덕은 내 마음의 고유한 것인 듯하며, 본심이라 하신 말씀이 맞는 것 같다"며 이한응의 의견에 동의를 표했다.

장석인 이한응은 이 청량강회를 통해 퇴계학파 안에서 경전 해석을 좀 더 현실적이고 실천적인 차원으로 전환시키려 했던 것으로 보인다. 지지知止에 관한 그의 해석을 들어보자.

> 장석이 일렀다. "그렇다. 지지知止는 수기, 치인의 도를 아는 것이고, (이 전문의 마지막 단계인) 능득能得은 수기, 치인의 일을 행하는 것이다. 명덕明德·

신민新民·지지선止至善의 효과가 나타나는 것이 바로 지지인 것이다. 덕을 밝히고 백성을 새롭게 하여 모두 지선至善의 경지에 이를 수 있다면 얻은 것能得이 안정되고 고요하여 편안하다. 지지에서부터 능득에 이르는 문맥은 모두 공효로써 말한 것이다."

내성內聖의 중요성을 결코 간과하는 것은 아니나 이처럼 그는『대학』을 외왕外王을 위한 치평의 경전으로 읽고자 했다.

장석이 일렀다. "스스로 만족한다는 자겸自慊은 무엇을 뜻하는가?" 대답했다. "이것은 공효의 측면에서 살펴야 합니다." 일렀다. "이전 학자들이 이미 공부와 공효의 논의를 폈다. 나는 공부의 측면에서 살펴야 한다고 생각한다." 이재윤이 일렀다. "실심으로 행하면 만족스런 효험이 있거니와 공효로서 보는 것이 마땅할 듯하다." 이 판사가 일렀다. "이곳의 겸慊자에 대하여 선배들은 공부로 보기도 하고, 공효로 보기도 하고, 혹은 공부와 공효의 중간 정도로 보았다. 그러나 스스로 만족한다는 것은 자신을 속이지 않는 극처인즉 무게가 공부에 있는 것 같다." 이 진사가 일렀다. "뜻을 성실하게 하여 스스로 만족하는 경계에 이르면 아마 공효를 성취하는 것일 뿐이다." 장석이 일렀다. "자겸이란 자신을 속이는 것과 상대된다. 자신을 속이지 않는 극처가 바로 자겸이라면 그 사이에 거짓 공부란 없다."

이들은 학인이란 공부과정 자체에서 스스로 만족하는 존재인지, 아니면 극도의 성실성을 통해 얻게 되는 구체적인 결과와 실현에서 행복감을 느끼는 존재인지를 진지하게 토론하고 있다. 이들 퇴계 학인은 이 토론과정에서 정답은 없다는 사실을 잘 알고 있었을 것이다. 다만 각자 나름의 세계관을 곡진하게 펼쳐 발전시켜나갈 뿐이었다. 이러한 모습이 조선조 강회가 지닌 독특한 형식이라고 할 수 있다.

그런데 이러한 자유로운 분위기에서도 이한응이 청량강회를 통해 강조하고자 한 것은 선비의 사회적 책무에 대한 것이었다. 그는 유학의 서恕 덕목인 혈구지도絜矩之道를 좀 더 적극적으로 해석하고자 노력했다. 그는 "혈구의 도는 바로 천하를 평정하는 도"[107]라고 정의했다. 백성과 군주가 서로를 배려하고 사랑하는 마음이 유학의 가장 중요한 덕목이라는 사실을 강회를 통해 말하고자 한 것이었다. 그 문답의 한 부분을 살펴보자.

> 김장수가 일렀다. "혈구의 도를 지녔다는 군자는 지위가 있는 자를 지칭하는가?" (…) 장석이 일렀다. "이 장은 오로지 호오와 의리를 거론하여 혈구의 여부를 밝혔다. 이른바 근본을 외면하고 말단을 중시하거나 재물이 모여 백성들이 흩어지거나 몸으로써 재물을 일으킨 것은 모두 위에 있는 자를 말한 것이다. 그래서 『장구』에서는 '그 이익을 독차지하지 않는다'는 것으로 끝을 맺었다. 또한 맹자가 말한 '위아래가 함께 이익을 취한다'라는 뜻이다. 그렇다면 이른바 다투고 탈취하는 것은 군주와 백성을 통칭한 것으로 보아야 한다."

군주와 치자, 그리고 백성들을 향해 모두 사랑과 배려의 '혈구지도'를 요구하고 있다. 특히 치자들의 도덕적 각성을 엄하게 요청하고 있다는 점에서 이 청량강회는 퇴계 학인들에게 엄중한 사회적 책무를 지우고 있는 것이다. 이러한 가르침이 밑바탕되어 1896년, 이곳을 근거로 청량의진清凉義陣이 조직되어 의병

투쟁의 기치를 세울 수 있었다.

갑인강회, 유림을 조직하다

광명실에는 두 건의 강회 기록이 남아 있다. 두 문서가 모두 갑인년의 자료로 소개되어 있어 자칫 동일한 문건으로 오해될 소지가 있다. 그러나 한쪽 자료는 정조 갑인년(1794)과 을묘년에 관한 기록이고, 나머지 하나는 또 다른 갑인년인 철종 5년(1854)의 강회 기록이다. 남아 있는 『강회일기講會日記』에는 강회가 시행된 경과를 다음과 같이 간략히 소개하고 있다.

> 본원의 강회는 대개 주자의 백록동구규白鹿洞舊規에 근거해 시행된 지 이미 오래되었다. 그러나 근자에 이르러 여러 폐해가 쌓이고 시행되지 못했으니 진실로 안타까운 일이다. 갑인년 10월 초에 죽서竹栖 공과 여러 고을의 장로들이 함께 서원에 모여 회의한 결과, 문서를 발송하여 각 마을의 유생들에게 알리도록 했으니 동몽부터 40세에 이르는 사람들로 하여금 매월 삭망에 사숙에서 강하도록 하고, 연말에 우수한 자를 택하여 본원에서 대동 회강한다는 뜻을 먼저 돌아가면서 알리도록 한다.[108]

위의 기록을 보면 적어도 18세기에는 도산서원에서 상당 기간 강회가 이루어지지 않았음을 알 수 있다. 한편 서원의 장로들은 이 강회를 2단계로 나누어 시행하려 했음을 볼 수 있다. 우선은 각 마을의 유생들을 대상으로 매월 삭망에 강회를 운영하고, 2단계로 그중에서 우수한 사람들만 대상으로 도산서원에서 대동 회강을 하도록 한다는 구상이다. 이러한 계획에 따라 강회는 실제로 다음과 같이 시행되었다.

12월 15일에 본원에서 강회할 것을 정했다. 훈장은 동주洞主 이희순李希淳, 전 승지 이휘령李彙寧, 전 참판 이효순李孝淳, 전 목사 이휘재李彙載로 한다.

12월 14일에는 동주 이희순과 이석貳席 최운황崔雲璜이 들어와서 광명실에 소장된 사자육경四子六經과 『심경』『근사록』, 주자서, 퇴계서 등 여러 질을 꺼내와 응강應講의 교재로 한다.

15일에는 이른 아침에 훈장 죽서공竹栖公과 운산장雲山丈 등이 들어오고, 전임 이구발李龜發과 여러 장로가 차례로 들어와 시도유사時到有司로 이만설李晩卨, 이만욱李晩郁 2인을 선출하고, 직일直日로 이휘경李彙暻, 이휘철李彙徹을 추천하여 뽑았다. 식후에 의인, 하계, 원촌에서 도착한 사람이 모두 30여 인이 되어 전교당典敎堂 뜰에서 정읍례를 행했다. 정읍례는 제생이 전교당 뜰에 서립序立하면 동반수와 서반수가 제생을 이끌고 동편 층계에 서서 백록동규를 경독敬讀한 뒤 읍례를 행함으로써 끝났다. 정읍례를 마친 후 한존재閑存齋에 강석을 설치하고 제생이 각자 독서한 책을 가지고 나와 한 편씩 진강하고 문의文義를 강하다가 날이 저물면 파했다.

16일에는 훈장 원촌 대감과 장로 여러 사람이 아침 일찍 서원에 도착했다. 식후에 부포 유생 8인이 도착하여 상읍례를 시행했다. 동반수 유학 금성술琴誠述과 서반수 유학 이휘필李彙柲이 창을 하여 전례와 같이 예를 마

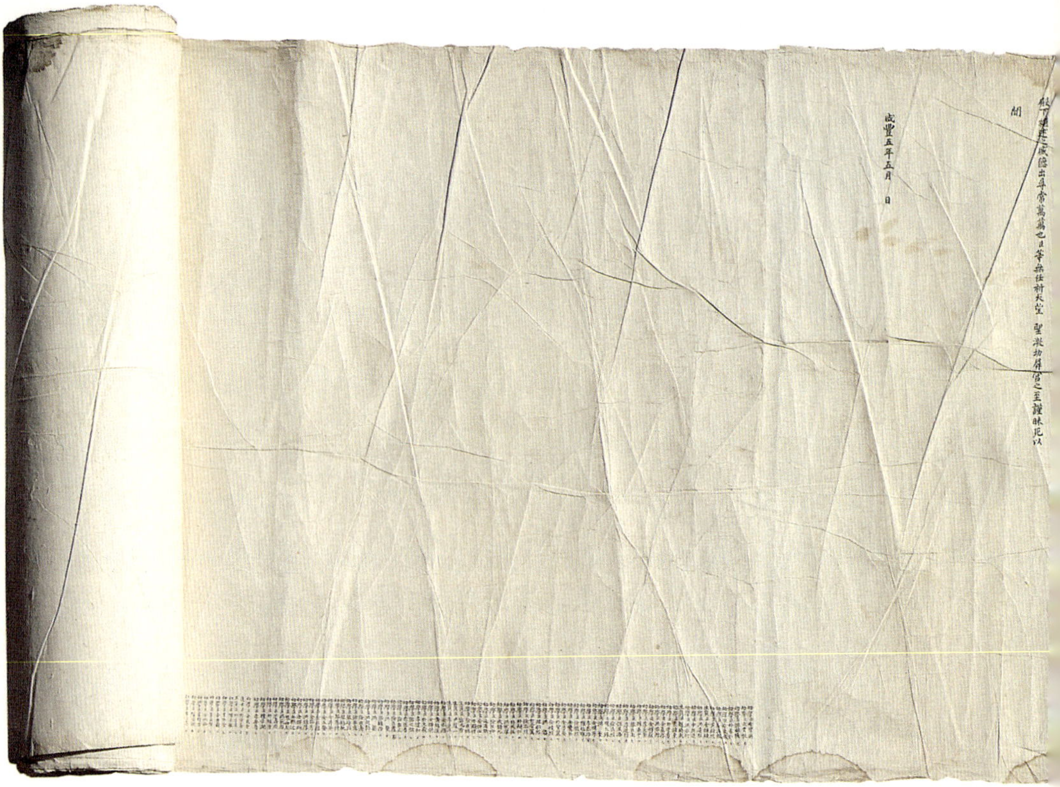
聞
咸豐五年五月 日

「사도세자 추존 만인소」, 이휘병, 111.0×9650.0cm, 1855, 도산서원운영위원회 기탁, 한국국학진흥원.
갑인강회가 끝난 직후 유림들의 공론이 표면화되어 영남만인소가 작성되었다.

친 후 진강했다. 오후에는 온혜 유생 8인이 도착하여 강을 미처 마치지 못하고 날이 어두워 파했다.

17일 아침에 온혜의 새로운 유생 4인과 서북면 유생 10여 인이 차례로 도착하여 상읍례를 행했다. 동반수와 서반수의 창에 따라 앞서와 같이 예를 마친 후 진강하도록 했다. 앞서 병으로 들어오지 못한 유생들을 참여시킨 후 강을 마치도록 했다. 날이 어두워지매 진강을 모두 마치고 훈장과 장로들이 먼저 나간 뒤 제생이 뒤이어 퇴귀했다.

앞의 일기에서 특히 주목을 요하는 몇 가지 사실이 있다. 우선 훈장으로 임명된 인물들이다. 이들 훈장은 당대 유림사회의 가장 중핵을 이루는 인물들이었다. 이휘령은 청량강회에도 참가했던 인물이다. 그가 강회에 훈장으로 참가한 것은 퇴거해서 성리서에 전념할 때의 일이다. 훈장 이효순도 앞서 있었던 청량강회에 원로로 참여하여 생도들의 강학을 면려한 인물이다. 이러한 것에서 갑인강회의 성가를 짐작할 수 있다.

다음으로 우리는 이 『강회일기』를 통해서 좀 더 체계적인 유생 선발과 강회 의식에 대해 확인해볼 수 있다는 점이다. 강회의 내용보다는 오히려 강회를 통해 유림들을 조직하고 장악하는 제도적 틀이 더욱 두드러진다. 강회가 끝난 직후, 철종 6년(1855)에 이휘병을 소두疏頭로 해서, 죽은 지 100년이 다 되가도록 신원되지 않는 사도세자 추존을 청원하는 제2차 '영남만인소'[109]가 작성된 것도 이렇게 강회를 통해 결집된 유림들의 공론이 표면화된 것이라고 볼 수 있다.

오천강회, 심즉리와 심즉기설을 둘러싼 논쟁

• 강회의 시대적 배경

오천강회는 1892년 용산龍山 이만인李晩寅(1834~1897)[110]이 주도하여 예천에 있는 오천의 향사당에서 시행되었다. 유사遺事에는 『대학』을 강론했다는 기록이 나타난다.[111] 족인이자 제자인 봉강鳳岡 이만여李晩輿(1861~1904)의 기록을 보면 영남 일원에서 대규모 인원이 참가했던 것을 알 수 있다. 「강록講錄」을 남겼다는 기록은 보이나 지금은 전하지 않는다. 다만 그의 문집과 이만여의 『봉강집』에서는 당시의 실상을 알려주는 자료들을 찾아볼 수 있다. 동전東田 이중균李中均이 쓴 이만여의 묘갈명은 당시 강회의 분위기를 이렇게 전하고 있다.

> 임진년에 용산공을 배행하여 오천강회에 나아갔다. 강좌 강우의 많은 선비가 즉석에서 묻고 논변했다. 공은 한편에 자리하여 문변問辨에 따라 조리 있게 밝고 환하게 답하니 사람들의 모든 이목을 집중시켰다. 이때에 한주寒洲 이진상李震相이 책을 써서 심즉리心卽理설을 주장했는데 공이 그 가장 핵심되는 근원처를 부숴버리니, 그 책의 옳지 않은 바를 드러냈다. 또한 일찍이 『한강속고寒江續稿』의 9조 변답辨答에 관해 논했는데 『대학』 「정심正心」 장은 전적으로 '성찰'에 주안점을 뒀다는 점을 도산서원의 본지에 근거하여 밝혔다.[112]

이 기록에서 우리는 오천강회가 한주 이진상의 심즉리설에 대한 도산서원 측의 공론을 모으기 위한 자리였음을 알 수 있다. 이 자리에는 강좌의 인물뿐만 아니라 강우의 학자들도 참여했다는 것으로 보아 성주와 합천, 산청 등의 퇴계학파 인물이 다수 참여한 것으로 짐작된다. 이 시기 도산서원은 한강 정구와 여헌 장현광 같은 이른바 강안학파의 새로운 학문적 분기分岐 양상에도 상당한 위기감을 가졌다. 인용문에 실린 『한강속집』의 9조는 여헌이 존양성찰에 관한 퇴계의 해석에 의문을 표한 부분이다. 이만인은 존양성찰설에 대한 여헌과 한강의 견해에 반박하면서, 양인의 해석이 자칫 존양과 성찰 공부를 함께 중시하는 퇴계의 학설을 흔들 수 있음을 경계했다. 도산서원 측에서는 영남 퇴계학파 내부에서 진행되던 이러한 분화 현상을 『대학』에 관한 새로운 해석을 통해 극복하고자 했다. 이만인의 「오천강회운浯川講會韻」에는 다음과 같은 시구가 보인다.[113]

길게 연이어진 선비들의 걸음이 한곳을 향하니	蟬聯襟珮步趨同
봄기운 무르익은 한낮이 되었네.	春意方濃日正中
공기는 맑고 먼지는 자니 지나는 비에 더욱 싱그럽고	氣埃淨盡新經雨
조용히 절하고 읍함에 고풍을 보겠구나.	拜揖從容見古風
난쟁이 등 위에 천 근의 무게를 지우듯 힘겨운 것은	僬僥背上千斤重
성현이 엮어 펴신 팔조목에 통하는 것이라네.	賢聖編端八目通
원컨대 제군들은 함께 강회의 뜻을 살려	願藉諸君相講意
미친 서양의 물결이 동쪽으로 옴을 막을진저.	狂瀾西倒障還東

강장講長인 이만인은 퇴계 학단에서 중망을 받던 인물이다. 그는 갑인강회를 주도했던 할아버지 이효순으로부터 가학을 전수받아 퇴계학의 종지를 이었다. 1850년 도산서원의 고강考講에서는 『서경書經』을 강해 고계 이휘령 등으로부터 깊은 학문적 신임을 얻었다. 위의 시에서 "난쟁이 등 위에 천 근의 무게를 지우

네"라고 술회할 정도로 사림의 신망을 받고 있었다. 그는 강장으로 이 시기 이미 흔들리고 있던 퇴계학의 위상을 높일 책임이 있었다.

그가 『대학』을 강회의 교재로 삼고 이를 통해 일방 서양학에 대응하고 일방 한주학파의 도전에 응전하고자 했다는 점은 주목할 만한 사실이다. 이 강회는 학파의 존립에 영향을 줄 수 있는 외부의 도전에 학문적으로 대응하고자 했던 의도가 깔려 있다. 그가 1881년 이만손 등과 함께 영남만인소의 소본疏本을 기초했던 사실에서 이러한 위기의식을 읽을 수 있다. 이 만인소의 발단은 1880년 김홍집이 일본에서 가져온 황준헌의 『조선책략』에서 비롯되었다. 이 책에는 러시아의 위협을 막는 방안으로 중국, 일본, 미국과 연합하여 자강을 도모할 것을 조선 정부에 건의하는 내용이 담겨 있었다. 이에 당시 국왕 고종과 관료들은 미국과의 수교에 관심을 가졌다. 이러한 움직임에 반대하여 1881년 이휘병의 아들인 이만손이 소두가 되어 정부의 개화정책에 반대하는 만인소 운동을 주도했다. 앞 시의 마지막 구에 있는 "미친 서양의 물결이 동쪽으로 옴을 막을 진저"라는 글귀는 이러한 척사 사상을 드러낸 것이다. 이만인은 이만손, 이만운李晩運 등과 함께 1만여 명의 유림을 규합하여 위정척사를 주장했다. 이들은 『조선책략』이 세간에 돌아다니는 것을 보고 "저절로 머리카락이 곤두서고 간담이 흔들리며 통곡하고 눈물을 뿌렸다"고 말할 정도로 당시 조정의 개화 정책에 강한 위기감을 토로했다. 또한 그들은 서학에 의지하여 치재致財·권농勸農·통공通工 등 개혁 정책을 시행하는 것에 대해서도 부정적인 입장을 피력했다. 만인소에서는 "우리에게는 고래로 양법良法 선규善規가 있으므로 서학에 종사할 필요가 없다"면서 외세 의존적인 정부 정책에 강한 불만을 토로했다.

이만인의 오천강회는 서학에 대한 대응이라는 의미 외에도, 한주 이진상의 심즉리설에 대한 퇴계학파의 응전이라는 성격이 더욱 짙었다. 한주 이진상의

[illegible]
荒誕甚焉直一禽獸耳犬羊耳閩我無人患易天下莫盛中
土浸淫東國而周孔迫矣程朱亡矣羊波之時還不常好下
民老麻疵則倒嬈風掃之責其不在於吾君吾相乎肆我
先王正宗純祖以及憲廟先朝後反博其式廓于化者必殺無
赦詿誤者斷不容貸軒鏡高懸魑魅潛蹤重妖腰亂領
咸就顯戮逮我 聖上新莅適追 先王之志事實由先
之典憲而寓沁都之度彼自送死我乃致討天怒赫斯
醜類遁已膏之鈇鑕而在已明之日星未沫而曾不才年三言
醜說狼藉旁午前之潛相誑誘潛相訛謊者今乃肆然筆
之書前之私自傳習私自付受者今乃顯然投之於我勝我國
孔之說猶吾朱陸之旬何等誣聖侮賢何等辱國而有
進而奏御之者有登對而傳布之者豈獨上之人怪然不以爲怪下之
人康然不以爲恥視若尋常帰之薄物細故者亦必皆小過而無一
人忠臣義士明目張膽沫血碎首爲周孔爲程朱而伸其誣爲
先王爲 殿下而盡其節者僅有一畢微潛郎劉元植而旋
四方随之 殿下試觀自古以來衣君之衣食君之食冠儒之冠
服儒之服應專對之任居具瞻之地而膺朿序國之書違之天陛
莊奔誣聖之說播之洶若張皇魁賊之勢恐動君心凴藉白鹹
之任[illegible]制衆口者果皆何如人哉 先王則亦如此其嚴而在 殿下
則容而納之在而實則討之如此其正而在今日則優而接之臣不敢
殿下將何以報於 先王而有辭於後世也履霜堅冰之漸[illegible]乙夜
遠瘁而桃之無療以 殿下之明反而思之亦必惕然有悟之感而嘆然
有解終之悔矣孔子曰自古皆有死民無信不立孟子曰死亦所惡之
有甚於死臣愚死罪寧以爲國體決不可使 先王典章至於 殿
之身破壞之 先王禮樂至於 殿下之身弁髦之 先王疆土至於 殿
身損棄之 先王臣庶至於 殿下之身淪胥之也此則義理既然亡而猶
若利害之說至巧且滑狂者無形影俄美難起不保閭之美國日本
强悍爲其極閩脈絡於中間聽者疑懼於是謗者助動於是爲
建德報仇者托重於患而從其怨爲劉氏左袒者假忌於畏

用物之工恒勤矣庚漢之時也屋將封成周之世居者積行者裹而
漢之紅腐貫朽由之有用何當含先王之道而從事於別樣妖術
使奇技淫巧攫拏網利妖鬼幻術鈎錐引貨天地之間無有也
殿寓雖可以神運而鬼輸以溥而海浴也抑有痛者彼逆憲
者自稱以中國之産而爲日本說客爲邪慝善神甘作亂賊
之萬矣自帰禽獸周科莫今天下寧有此理耶無奈
渠魁之潘稠者憤於沁都之敗而知其不可以無力取勝乃於
東俗之已而知其不可以邪說兜要以甘言餂之危辭脅之是
其侏儒稍食之态售其轉轅之蓍策之好乎如其不然則
美之言誘說之已極矣危怖之辭恐嚇之亦極矣又何以傳教無
異之說盈之於後也其心所在不難知也其人之是真是假且不可知
而後使真而非假不過邪徒以是欺寧相而寧相以是欺 殿下
耳伏乞 殿下闊然深思之廓揮乾斷深追死陸之先痛含
將來之禍其人之益爲萬遺其書之投之水火明示好惡布
告中外使一國含生曉然知 聖意之所在則家必咸誠師直爲
壯不惟鴨江以東馬島以北醜類邪種之無所容其奸佞或肆
萬無一毒不足其蠢之可使製梃而撻之堅甲利兵矣臣等益土
縫掖之列均被燒務之澤不忍負先師不忍負 聖上百舍重繭
來伏闕下而顧今大小沁世不能出一謀發一言以紓國家之憂而
徒慕其然此侮聖僭天之夷倭以苟延目前之無事一有建
白又復篩刑以威之臣等殊此何意泄源之莫原燒之勿祇
非不知炭海全木乃分宜而爲周孔而死爲孔子而死爲朱子而
死爲 先王而死爲 殿下而死得與其亡之相銓錢俱游於地無榮
匕極矣惟我 殿下以包荒之度推好生之德不以狂妄爲罪而恕
之臣等寧蹈東海而死耳不欲與禽獸犬羊雜處而活也
人鬼判於今日華戎決於此行憂憤弸中擬任大辟疾聲言
不知裁伏乞 殿下哀怜賜死而採納之則不稀一國之幸實天
下之幸不稀一時之幸實萬世之幸

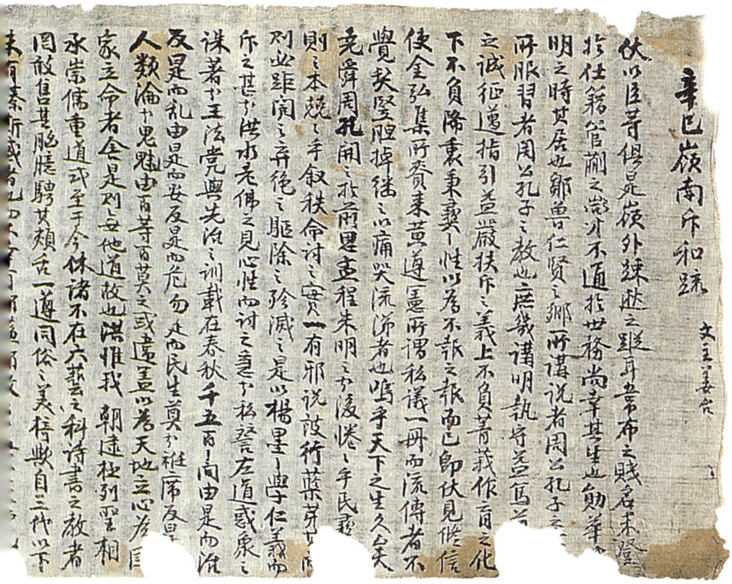

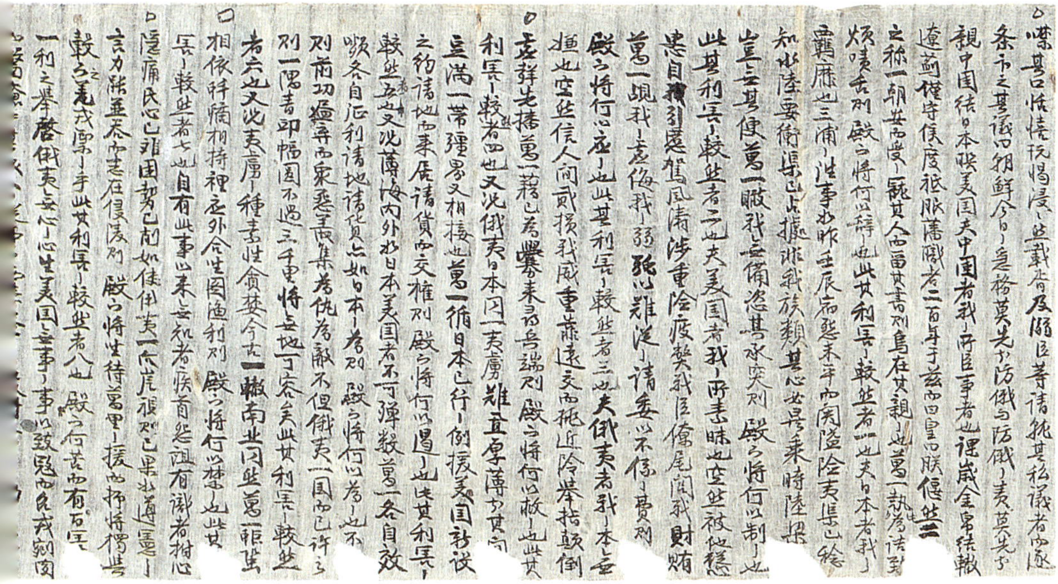

「이만손 위정척사 만인소」, 19.2×208.2cm, 고성 이씨 우와 주손가 기탁, 한국국학진흥원.
이만손을 소두로 한 영남만인소 필사본. 제소는 강진규다.

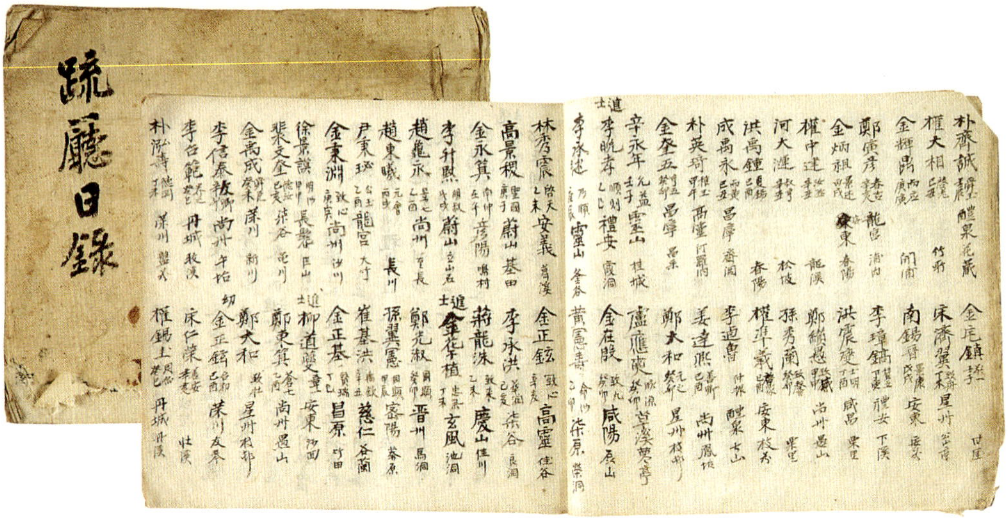

『소청일록』, 19.0×22.0cm, 1881, 한국국학진흥원.
김홍집의 주장에 대해 안동 유림들이 반대 상소를 낸 일이 날짜별로 기록되어 있다.

심즉리설은 퇴계학의 본격적인 분화를 알리는 신호탄 역할을 했다. 그는 40세에 안동 유림을 대표하는 정재定齋 유치명을 찾아가서 그의 심즉리설에 대해 동의를 구하면서 날카로운 학문적 대립을 이미 보이고 있었다. 당시 이진상이 '심즉리설'을 강조한 반면, 유치명은 퇴계학의 정론인 '심합리기心合理氣'의 견해를 굽히지 않았던 것이다.

한주의 심즉리설은 당대의 학자들로부터 엄청난 비판과 갈등을 불러일으켰다. 그들의 학설이 퇴계의 심통성정설을 그 뿌리부터 흔들어놓을 수 있다는 불만에서 연유한 것이다. 특히 그들의 학설이 양명학의 심즉리설과 무엇이 다른 것인가 하는 점이 의구심을 증폭시켰다. 한주의 심즉리설은 기호학파의 심즉기心卽氣설에 대항하여 나타난 학설이다. 두 학설은 마음과 본성의 관계를 어떻게 규정할 것인가 하는 점에서 서로 다른 길을 걷게 된 것이다. 조선조의 가장 첨예한 이론적 다툼이었던 사단칠정론이나 인심도심설도 본성과 마음의 관계를 어떻게 규정할 것인가의 문제에서 비롯되었다. 기호학파의 심즉기설은 율곡의 심시기心是氣설에 근거한 것으로, 우암과 남당 한원진 등을 거치면서 퇴계 학설에 대항하는 가장 강력한 학설로 등장했다. 마음이 기라는 이들의 주장은 주자학의 근본 명제인 '심통성정心統性情'의 교설을 위협하는 것이었고, 본성의 도덕적 우위를 강조하는 퇴계학파에게는 쉽게 동의할 수 없는 이론적 간극을 남겼다.

율곡은 '본성이란 이와 기의 결합性者理氣之合也'이라고 주장했다. 이것은 성은 순선純善한 것이고 사단이자 곧 이理일 뿐이며, 정情은 선악을 겸하고 기氣라고 하는 퇴계학파의 견해를 사실상 부정하는 것이다. 퇴계학파에서는 사단은 이발理發로 칠정은 기발氣發이라는 호발互發의 입장을 지니고 있었으나 율곡의 문도들은 사단도 칠정에 포함된 기발로 이해했다. 그들의 이러한 견해는 공부론에서도 엄청난 차이를 가져왔다. 퇴계의 문도들은 정이 아직 드러나기 전의 순선한 상태인 미발未發의 공부를 강조했다. 그들은 이 미발의 상태에서 성의 본체를 체인함으로써 마음에서 발출되는 정을 주재할 능력을 가질 수 있는 함양공부를 강조했다. 그것이 곧 거경居敬 공부다. 따라서 그들의 공부론은 분수分殊로서의 현실 세계에 관심을 가지기보다는 이일理一로서의 본원의 세계에 더욱 주목하는 경향이 있었다. 이에 관해 한주의 제자인 후산 허유는 이렇게 이야기했다.[114] 한주학파가 왜 도산서원에 맞서 심즉리설을 주장하고 있는지 잘 보여주므로 살펴보자.

> 주자가 일찍이 말하되, 태극은 동정을 스스로 아우른다고 했다. 우리 퇴계 선생께서도 가로되, "태극의 동정動靜은 스스로의 동정일 뿐이고, 천명의 유행은 천명 스스로의 유행일 뿐이다"라고 했으니, 선현의 정론이 예로

부터 이와 같았다. 이것은 실로 도리의 원두처源頭處에서 어찌 감히 기가 그 사이에 끼어들어서 태극의 참됨을 어지럽힐 수 있겠는가? 이분理分의 분分이 이기에 함께 분속한다는 것은 내가 일찍이 들어보지 못한 바다. 무릇 이라고 하는 것은 분수分殊의 혼연渾然함이고, 분分은 이의 찬연燦然함일 뿐이다. 그 조리에서부터 일러 말할 때는 이라 하고, 그 등분에서부터 일러 말할 때는 분이라 하니, 이외에 처음부터 분이 있었던 것은 아니며, 판연히 양물兩物이 아닌 것이다. 태극통체는 이일理一일 뿐이다.[115]

이렇게 이일理一의 세계를 극단적으로 강조하고, 분수分殊의 세계를 일방적으로 약화시키는 것은 육왕학이 지니는 일반적인 특성이다. 양명학은 극단적으로 말해 이일의 세계에 분수의 세계를 포섭할 수 있다는 믿음을 지니고 있다. 후산이 보여주는 위의 논설은 거의 그러한 양명학적인 믿음에 근접해 있다. 그는 이일에 대한 깨달음은 자연스레 분수에 대한 이해로 연결된다고 보았다. 퇴계의 만년 철학이 비록 도남학 쪽으로 기울어 이일의 세계에 강렬한 호감을 지녔으나, 결코 분수의 세계에 대한 끈을 놓지 않고 있었다. 반면 율곡학파의 경우 인간의 마음은 기본적으로 외부 사물과의 접촉에 의해 발한다는 믿음이 있었다. 오히려 분수의 세계에 더욱 근접해 있었던 것이다. 그들은 본성이든 혹은 선한 정의로서의 사단四端이든 모두 외부 사물의 자각에 의해 발한다는 믿음을 지녔다. 따라서 이들은 미발의 상태보다는 이발 상태에서의 공부를 중시했고, 지각설에 근거한 공부론을 발전시켰다.[116]

그러나 한주는 이러한 율곡학파의 공부론은 지나치게 분수의 세계에 매몰되어 이 세계의 본질을 제대로 이해하지 못하는 한계를 노정한다고 보았다. 이러한 한계를 극복할 가장 확실한 대안은 곧 심이 이라는 사실을 투철하게 아는 것이라고 생각했다. 그들은 우선 그 이론적인 근거를 퇴계에게서 찾고 있다. 한주는 말하기를, "퇴계 이 선생은 심을 논하여 통성정統性情 합리기合理氣라고 했다. 그러나 중도中圖에서는 이理만 가리켜 심이라 하고, 하도下圖에서는 기氣를 겸하여 가리켜 심이라 했다. 여기서 말하는 합리기는 곧 옥과 돌이 함께 있는 것을 말하고, 이만 가리켜 말한 것은 그 소용이 옥에 있음을 드러낸 것이며, 기를 겸하여 가리킨 것은 그것을 감싸고 있는 것이 실로 돌이라는 사실을 드러낸 것이다"라고 하여 심의 본체는 궁극적으로 이라는 것을 강조하고 있다.[117]

이들이 심즉리설을 주장하는 근거는 이理의 주재성主宰性에 있다. 심이 비록 이기의 결합으로 구성되어 있으나, 기는 언제나 이의 명령을 따르고 추종하는 종속적인 성질을 지닐 뿐이라는 것이다. 또한 이들이 이렇게 이일을 주장하는 것은 분수를 기의 영역으로 놓고, 이도 종국적으로는 기의 작용에 국한되고 종속된다는 주장에 대한 반발에서 비롯된 것이다.[118] 즉 분수도 기의 작용이 아니라 개별적인 이의 한 발현일 뿐이다. 후산은 말하기를, "사람의 마음이 감응하고 움직이면 희로애락이 각각 분재分劑하게 되나, 하나의 인仁이 모든 덕의 온갖 변화를 주재한다"고 하고 있다. 즉 희로애락 중에도 인仁이 온전히 들어 있다는 것이다.[119] 이러한 한주학파의 태도는 이미 퇴계류의 주리론과는 상당한 거리가 있음을 말해주고 있다. 바로 여기서 그들의 철학이 양명학으로 전화될 수 있는 커다란 가능성이 잠복하고 있는 것이다.

따라서 한주학파의 심즉리설은 심통성정론을 견지하는 퇴계학파로서는 받아들이기 매우 어려운 주장이었다. 이만인은 바로 한주의 이러한 부분을 집중적으로 공격했다. 그는 한주가 성性만이 아니라 칠정도 이발이라는 '이발일도론理發一途論'을 주장하는 것에 대해 이것은 율곡 이이의 '기발일도론氣發一途論'을 부정하려다가 스스로 오류를 범한 것이라고 공박했다. 이에 대해 이승희는 이진상이 말한 이발일도론이 퇴계 이황과 대산大山 이상정李象靖에 연원이 있음을 밝힘으로써 비판의 표적을 벗어났다. 곧 일찍이 퇴계는 성과 정이 하나의 이라고 말했고, 그것을 대산 이상정은 성은 미발의 이고 정은 이발의 이로 이어받았는데, 이진상은 대산의 설을 그대로 따랐을 따름이라고 말했다.[120] 이승희의 이러한 말은 사실 퇴계의 도통은 한주에게로 전해졌다는 것과 마찬가지의 주장이었다. 이에 이만인은 이승희에게 면우 곽종석과 객의 일화를 들어, 이 설은 양명학으로 오인될 위험성이 많으며 양명학은 불교의 선학으로부터 유래된 것임을 강조했다.[121]

• 강회의 내용

이만인의 유사遺事에 따르면, 원래 오천강회에 대해 기록한 강록이 있었다고 한다. 그러나 안타깝게도 이 강록의 원본은 지금 남아 있지 않다. 다만 이때 가장 중요한 역할을 맡았던 이만인과 이만여의 문집에는 당시 강론한 『대학』에 관한 문답이 실려 있어 강회의 흐름을 짐작해볼 수 있다. 이만인은 이만여의 글이 아직은 문장이 덜 익고 떫은맛이 나며, 글의 맥락이 자주 끊기거나 촉급한 부분이 많다는 점을 지적했다. 그러면서 그는 독서에서 가장 중요한 것은 몸소 실천하는 체행體行임을 환기시키며 행문行文은 부차적이라는 사실을 강조했다. 강회가 지향하는 바의 일단을 알 수 있다.

> 진실로 그 근본을 강구한다면 이른바 행문行文이라든지 강토講討는 독서의 급무가 아니다. 급한 일은 몸소 실천하는 체행에 있다. 아우께서 이미 『대학』을 설하고 『대학』을 밝게 해달라고 청하는바, 가령 '명명덕明明德'을 읽으면 내 몸에 되돌려 가로되 "내가 명덕을 구함에 구애되고 은폐됨은 없

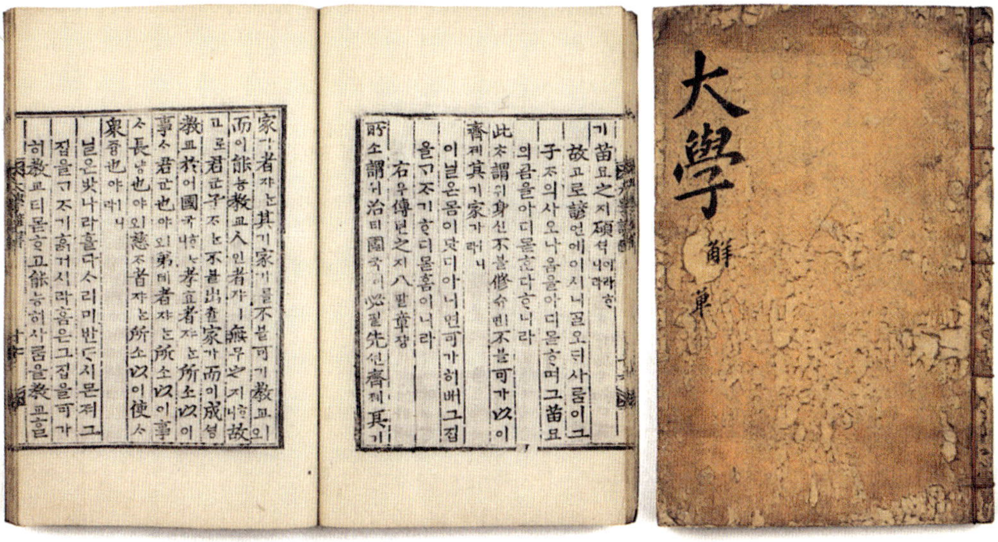

『대학』, 35.0×25.0cm.

는가?" 하고 반성한다면 '밝게 됨明'의 뜻을 알게 된 것이다. '신민新民'을 읽게 되면 내 몸에 되돌려 반성하면서, "우리 백성들의 얻음이 혹 오염되고 더러운 것은 없는가?"라고 생각한다면 '새롭게 함新'의 뜻을 알게 된 것이다(신민은 필부의 일이 아니며, 처나 노비 비복 등이 모두 민이다). '지선에 그칠 것을 안다止至善'를 읽은즉 내 몸에 스스로 되돌아보며, "나의 선을 구함이 당연한 경지에 이르지 않음이 있는가?"라고 한다면 '지선'의 의미를 마음속에 갖게 된 것이다. 팔조목을 읽고 조목을 따라서 이 법을 사용해보면 독서의 도는 이와 같을 뿐이고 고인들이 책을 써서 후세에 보이는 뜻 또한 이와 같을 뿐인 것이다. 이와 같은 연후에야 강토를 하고 행문을 하더라도 패연沛然하여 누가 능히 막을 것인가?[122]

강학하고 토론하는 학문활동보다 우선시되어야 할 것은 경전에 있는 각 조목을 스스로 체행하려는 의지라는 것이다. 그는 이어진 별지에서 이만여의 의목疑目을 중심으로 『대학』의 핵심 쟁점들에 대한 자신의 견해를 피력했다. 우선 퇴계 학단에서 미처 통일된 견해를 이끌어내지 못했던 『대학』에서의 핵심 개념들을 정리하고자 했다. 한 예로 '기氣와 질質은 어떤 의미론적 차이를 보이는가' 하는 점을 「대학서문」의 주소註疏와 「대학혹문」 등을 통해 살펴본 다음, 이것이 퇴계 학설에서는 어떻게 수렴되고 있는지를 검토하는 작업이 양자 사이에 이루어졌다. 이와 함께 '대학지도大學之道'의 '대학'은 '대인지학大人之學'을 의미하는지 아니면 제왕의 학을 뜻하는 '학궁지학學宮之學'인지 등을 토론의 주제로 삼았다. 다음으로 율곡설과 퇴계학설의 차이점을 분명하게 하고, 이를 통해 한주학설의 맹점을 드러내곤 했다. 「심성명덕心性明德」 조에서는 이들 각 개념이 퇴계와 율곡의 사상에서 어떤 차이를 보이고 있는지 논의하고, 「이여기합理與氣合」 조에서는 율곡의 학설이 '이기불상리理氣不相離'만 알고 '이기불상잡理氣不相雜'을 알지 못해 나정암의 선학禪學의 폐단으로 흘러들었다고 공격했다. 「성발위정심발위의性發爲情心發爲意」 조에서는 율곡의 학설이 심과 성을 혼합함으로 인해 양자가 따로 발한다는 명백한 사실을 오도하고 있다고 비판했다. 이러한 사실들을 종합해볼 때 오천강회에서는 한주 이진상의 '심즉리'설뿐만 아니라, 율곡의 '심즉기'설이 강회의 주요 쟁점이었음을 알 수 있다.

책과 강회의 사회사적 맥락

이 글에서는 먼저 퇴계가 살아 있을 때 강론과정에서 서책을 어떻게 다루었고 구입했으며, 간행사업은 어떻게 해나갔는지를 검토해보았다. 다만 기대했던 광명실 고문서만으로는 체계적인 검토가 이뤄지기 어려운 실정이다. 이에 퇴계와 그의 문도들의 연보를 중심으로 그들의 서적관, 유통과정, 교육에서의 구체적인 활용법들을 논의해보았다. 이 문제는 서원이 향촌사회에서 어떻게 도서관 역할과 지식의 거점으로 기능했는지를 가장 명시적으로 알려줄 수 있는 귀중한 연구 주제 중 하나다. 이 시기 지식에 관한 계보학적 이해를 위해서는 단순한 사승관계의 복원에만 논의를 한정시킬 것이 아니라, 책의 전승과 해석과정에 대한 치밀한 접근이 요청된다. 앞으로 좀 더 광범위한 자료를 수집함으로써 서적을 통한 도산서원의 교육 실태를 재구성할 수 있는 단계로 발전되어야 할 것이다. 퇴계가 몸소 읽고 가르침을 준 책들의 실태, 그리고 그 책을 완전히 육화하여 퇴계 특유의 경敬 철학으로 변환시키는 과정을 좀 더 세밀하게 추적할 필요가 있다. 이 과정이 바로 주자학이 한국 철학으로 내면화하는 함양과 성찰의 단계라고 할 수 있다.

그런 점에서 이 글에서 처음 시도한 강회에 관한 분석 작업은 중요한 연구 주제 중 하나로 여겨진다. 즉 도산서원에서 거행된 교육의 한 측면을 오롯이 복원할 가능성이 있다. 또한 강회의 사회사적 의미를 확인하는 중요한 정보가 될 수 있다. 1787년 12월에 역동서원에서 거행된 『심경』 강회는 그 형식이 매우 독특했다. 역동서원에서의 강회는 예안 유림들을 중심으로 하여 100여 년 만에 모임이 이뤄진 비교적 소규모 강회였으나 시회 형식을 함께 갖추었다는 사실이 주목된다. 퇴계학을 이어가고자 하는 학문적 고민이 함께 실린 시편들은 당시 강회에 관한 풍속지적인 정보를 제공해준다.

한편 1795년에 시행된 을묘강회는 강회의 정치적 성격을 보여주는 대표적인 사례다. 정조는 집권 초기부터 도산서원에 각별한 관심을 기울였다. 정조의 영남지역에 대한 관심은 탕평 정국에 대한 정국 구상과 깊은 관련이 있었다. 을묘년 전후는 매우 중요한 정치·문화적 사건들이 일어난 시기였다. 진산사건(1791)과 문체반정에 관한 새로운 지침(1792)을 내린 직후의 상황이었다. 정조로서는 사상적 혼란을 막고 중앙 정부의 정치력을 강화할 필요성이 절실했던 때다. 정조가 도산서원을 주목한 것은 서학을 비롯한 이른바 이단 잡설에 대한 위기감에서 비롯된 것이고, 을묘강회는 이러한 정국의 흐름에 도산서원이 기민하게 대응한 강회였다.

다음으로 1850년의 청량강회는 가장 철학적이고 학문적인 성격을 띤 강회였다. 이한응을 훈장으로 한 이 강회는 사실상 영남권의 유력 가문들이 거의 망라된 대규모 학술 행사였다. 이 강회를 통하여 퇴계 학단의 결속을 다지고, 논란이 되는 주요 쟁점들에 대해 통일된 의견을 수렴하려 한 것이었다. 당시 참가한 원로의 한 사람인 고계 이휘령이 본성의 회복復其性이라는 퇴계학의 한 본령을 확고하게 지키면서 『대학』을 해석했다면, 훈장 이한응은 기질의 변화를 강조하는 율곡식의 '교기질矯氣質'에도 커다란 의미를 부여하고 있다. 또한 이한응은 '혈구지도' 등의 해석을 통해 군주와 치자 그리고 백성을 향해 모두 사랑과 배려를 뜻하는 의미로 혈구지도를 해석하고 있다는 점에서 이 강회의 목적이 퇴계 학인들에게 엄중한 사회적 책무를 요청하는 것이었음을 알 수 있다.

철종 5년(1854)의 강회 기록인 갑인년의 『강회일기』는 이 강회에 당대 유림사회의 가장 중핵적인 인물들이 참가했음을 보여준다. 고계 이휘령, 훈장 이효순은 앞서 있었던 청량강회에 원로로 참여하여 생도들의 강학을 면려한 인물이다. 우리는 이 일기를 통해 좀 더 체계적인 유생 선발과 강회 의식을 확인해볼 수 있다. 강회의 내용보다는 오히려 강회를 통해 유림들을 조직하고 장악하는 제도적 틀이 더욱 두드러진다. 강회가 끝난 직후, 철종 6년(1855) 이휘병을 소두로 해서, 죽은 지 100년이 다 되도록 신원되지 않은 사도세자 추존을 청원하는 제2차 영남만인소가 작성된 것과 이 강회의 상관성을 좀 더 면밀하게 살펴볼 필요가 있다.

한편 1892년 용산 이만인이 주도한 오천강회는 한주 이진상의 심즉리설에 대한 도산서원 측의 공론을 모으기 위한 자리였다. 여기에는 강좌의 인물뿐만 아니라 강우의 학자들도 참여했다. 이 시기 도산서원은 한강 정구와 여헌 장현광 같은 이른바 강안학파의 새로운 학문적 분기 양상에도 상당한 위기감을 가졌고, 도산서원 측에서는 영남 퇴계학파 내부에서 진행되던 이러한 분화 현상을 『대학』에 관한 새로운 해석을 통해 극복하고자 했던 것이다. 오천강회는 19세기 말 도산서원이 처했던 학문적 위기감과 새로운 대안 모색을 반영하고 있었다. 요컨대 '도산강회'는 당대의 사림 집단이나 국가 등에서 제기한 여러 형태의 중요하고 첨예한 물음에 대해 퇴계 학단 내부에서 학문적 공의公義를 모으고 응답하기 위해 기획된 학술 모임이었다. 우리는 도산서원에서 행해졌던 이러한 강회활동을 통해 도산서원이 사림 사회에서 차지했던 그 문화적 혹은 사회사적 의미를 다시 한번 음미해볼 수 있다.

제2장

스승과 제자가 함께 지식을 빚어내다

도산서원 자료를 통해 본 퇴계와 월천

김종석
한국국학진흥원 수석연구위원

월천 조목
퇴계를 가장 잘 알았던 제자

월천月川 조목趙穆(1524~1606)이 퇴계 문하에 입문한 것은 중종 33년(1538)으로, 당시 퇴계는 38세였으며 월천은 15세였다. 이로부터 1570년 퇴계가 사거死去할 때까지 30년 이상 지근거리에서 스승을 모시고 가르침을 받았다. 『퇴계집』에는 퇴계가 제자들에게 보낸 수많은 간찰이 수록되어 있는데, 퇴계가 100통 이상의 편지를 보낸 사람은 이정李楨(138통), 정유일鄭惟一(176통), 조목(150통) 등 세 사람이었다.[1] 편지를 많이 받았다는 것은 보기에 따라서 여러 의미를 부여할 수 있겠지만, 자신의 생각을 전달할 수 있는 유일한 수단이 편지였던 전통사회에서 이들은 퇴계에게 특별한 관심과 대화 상대였음을 말해준다. 그중에서도 이정은 경남 사천 사람이고 정유일은 안동 사람이었던 반면, 향리인 예안에서 일상으로 모시면서 가르침을 받았던 사람은 월천이었다. 도산서원에서 간행한 퇴계 문인록인 『도산급문제현록陶山及門諸賢錄』은 월천에 대해 다음과 같이 기록하고 있다.

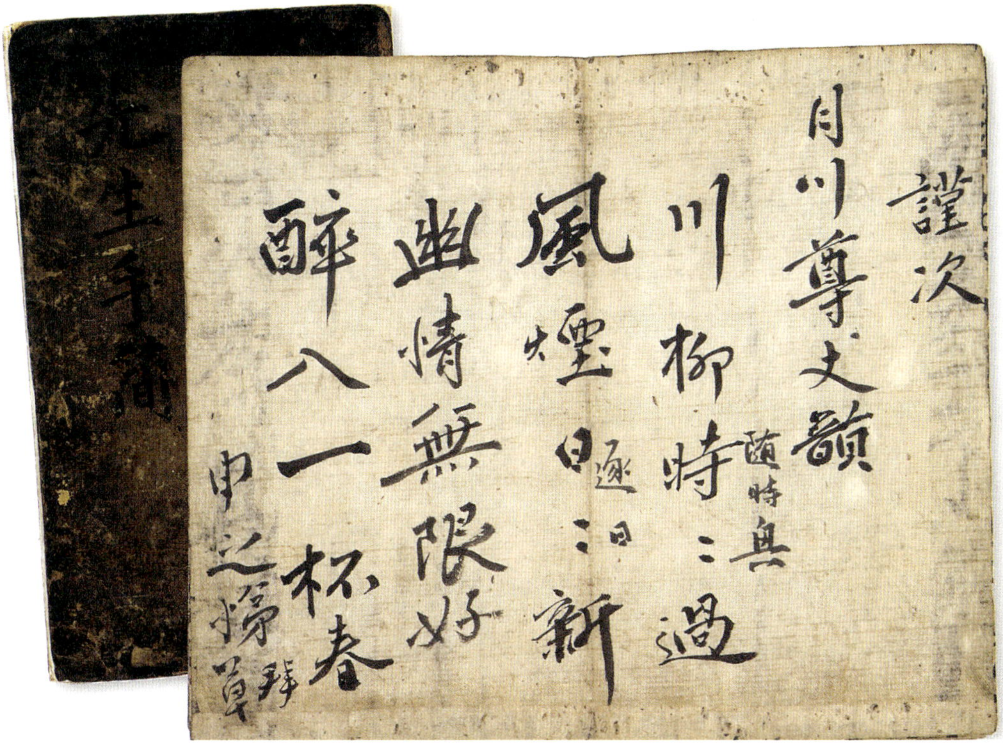

『선생수간』, 34.5×20.0cm, 횡성 조씨 월천종택 기탁, 한국국학진흥원.

자는 사경士敬이고 호는 월천月川이며 본관은 횡성橫城으로 예안禮安에서 살았다. 가정 갑신년(중종 19, 1524)에 태어나 15세에 선생의 문하에서 수학했다. 언제나 모시고 지냈으므로 가르침을 가장 많이 받았다. 말을 하거나 일을 함에 있어 오직 스승을 본받았다. 성품이 근엄하여 스스로를 예로 다스렸다. 거처하던 정사를 월천서당月川書堂이라 부르고, 선생께서 쓴 네 개의 큰 글자로 편액을 만들었다. 또 협실을 시재是齋라 불렀는데, 대개 나날이 바르게 산다는 뜻을 취한 것이다.

사마시에 합격했을 때 선비들의 의견이 분열되어 있었는데, 어떤 관리가 와서 시사時事에 관해 말했다. 공은 대꾸하지 않고 있다가 천천히 말하기를 '산림에 있으면 산림에 관한 이야기를 해야지 시사에 어찌 관여하겠습니까?' 했다. 일찍이 배우는 사람들에게 '『소학』은 여러 경전의 관건이 되는 책이니 이 책에 통할 수 있어야 한다. 성인이 되는 뿌리와 바탕도 여기에 있다'고 했다. 밤이 되면 반드시 촛불을 밝히고 향을 피우고서 『근사록近思錄』 『주자대전朱子大全』 그리고 성리에 관한 여러 책을 읽었다. 선생께서 일찍이 말씀하시기를, '독실하기로는 조 아무개만 한 사람이 없다' 했다. 선생께서 돌아가신 뒤에는 1년 동안 소식素食했고 3년 동안 안방에 들어가지 않았으며 연회에 참석하지도 않았다.

선조 때 조정의 인사 담당 부서에서 학행學行이 뛰어난 사람 5명을 공동으로 천거했는데, 공이 으뜸이었으므로 단계를 뛰어넘어 주부主簿의 벼슬을 제수했다. 장악원정掌樂院正으로서 임금의 부름을 받았는데, 다음과 같은 말씀이 있었다. '지금 경연에서 진강進講을 하는데, 『주역』은 이치가 정밀하면서도 은미하여 잘 아는 사람이 드물다. 듣건대 그대는 조용히 산림에 거처하면서 『주역』 연구에 종사하여 공부가 가장 많았다고 하는구나…….'

또한 경서교정청 당상으로서 임금의 부름을 여러 번 받았다. 벼슬이 공조참판에 이르렀고, 졸년은 83세였다. 「퇴계선생언행총록退溪先生言行總錄」 「도산서원상향축문陶山書院常享祝文」 및 「도산서원봉안문陶山書院奉安文」 「고퇴계선생매지문告退溪先生埋誌文」 「퇴계선생문집고성문退溪先生文集告成文」 「각천연대고문刻天淵臺告文」을 지었다. 도산서원에 종향從享되었다.

위의 기록은 도산서원 입장에서 퇴계와 월천 사이의 학문적 수수관계만을 기록하고 있어서 16세기 말 긴박하게 펼쳐졌던 국내외 상황과 이에 대응하는

다래마을. 월천은 이곳에서 태어났고 여기서 생을 마쳤다.

월천의 자세 및 사상의 다양한 측면을 충분히 담지 못하고 있다. 사실 월천을 둘러싼 시대 상황과 그의 학문세계는 그처럼 단순하지 않았다. 따라서 이러한 측면은 여러 사료를 통해 보완하지 않으면 안 되는데, 이 글에서는 특히 『월천집』을 간행하기 위해 작성한 각종 필사 자료를 중심으로 월천의 퇴계학 계승 양상과 영남 유학계에서 그의 위상을 살펴본다.

월천은 아버지 대춘大椿과 어머니 안동 권씨 사이에서 태어났다. 15세에 퇴계 문하에 입문했을 때 그의 능력을 시험해본 퇴계가 "조모趙某는 훌륭한 아들을 두었구나"라고 했을 정도로 이미 기초가 다져져 있었다. 29세가 되던 해(1552)에 생원시에 합격했지만 과거시험은 이것으로 끝이었다. 이후로 성균관에도 유학하고 과거시험을 나름대로 준비했지만 여의치 않았고 더욱이 여비를 마련하기도 어려워 10여 년 뒤에는 과거를 단념하고 도학에 침잠한 듯하다. 그가 청년 시절에 절차탁마한 동학들은 권대기權大器, 김팔원金八元, 구봉령具鳳齡, 금난수琴蘭秀와 같은 사람들이었다.

월천은 퇴계와 한 고을에 살았기에 그를 자주 찾아뵙고 여러 분야에 걸쳐 가르침을 받았는데, 기록에 가장 많이 등장하는 것은 『심경부주心經附註』에 관한 질문이다. 『심경부주』는 송대 진덕수가 지은 『심경』에 명대 정민정이 주석을 붙인 것으로, 퇴계가 스스로 신명과 같이 공경하고 부모와 같이 높인다고 했던 책이다. 퇴계가 이 책을 중시했으므로 월천도 자연히 이 책에 주목하게 된 것으로 보인다. 월천은 『심경부주』의 내용과 정민정에 관련된 여러 문제점에 대해 적극적으로 문제를 제기했다. 퇴계는 월천의 의견을 겸허히 받아들여 「심경후론心經後論」을 지었는데, 이 글은 『심경부주』에 대한 퇴계의 최종적 입장이 되었으며 조선시대 성리학자들에게 하나의 지침이 되었다.

43세 되던 해에 이조의 천거로 공릉참봉에 제수되었으나 나아가지 않았고, 45세 되던 해(선조 1)에 성균관의 천거를 받아 처음으로 관직에 나아갔는데 경주에 있던 집경전 참봉직이었다. 그러나 해를 넘기지 않고 귀향했고 이후로는 대체로 벼슬을 물리치고 나아가지 않았다.

월천이 47세 되던 해에 퇴계는 세상을 떴고, 이듬해에는 동문들을 모아 도산서원 건립을 논의하는 한편 퇴계의 「연보」와 「언행총록」을 지었다. 이해가 선조 4년(1571)으로 현재 『퇴계집』에 수록되어 있는 서애본[2]보다 약 30년 앞선 것이었다. 퇴계 사후 적지 않은 제자가 개인적인 기록을 바탕으로 퇴계언행록을 저술했는데, 월천이 지은 「언행총록」은 퇴계의 학문세계를 누구보다도 정확하게 정리한 것으로 평가되고 있다. 한편 퇴계가 작고한 2년 후 경상 우도의 사림을 이끌던 남명 조식이 세상을 떠났다. 월천은 남명의 부고를 듣고 "일찍이 들으니 남쪽에는 지리산이 높다더니, 100리를 서로 바라보며 용을 새긴 종처럼 앉아 있네. 근자 하늘을 떠받친 기둥이 꺾였다는 소식에 홀연히 놀라니, 이 한을 평생토록 어찌 다함이 있으리오"[3]라고 애도했다. 이처럼 그는 조식에 대해서도 존경심을 갖고 있었던 것이다.

57세가 되던 해에는 어려서부터 탐독해온 『주자대전』과 『근사록』 및 각종 성리서 내용을 발췌하여 『주서초朱書抄』와 『곤지잡록困知雜錄』을 묶었다. 그는 『주자대전』과 『근사록』을 특히 애호하여 하루 종일 그치지 않아 밤이 되면 등을 밝히고 읽었고 등불이 없으면 암송하기를 새벽까지 계속했다. 또 설문청의 『독서록』도 중시하여 가까이 두고 애호했다. 반면 왕안석王安石, 소식蘇軾, 왕양명王陽明의 글을 읽는 사람이 있으면 준엄하게 질책해 마지않았다. 이러한 학문 경향으로 인해 『심경부주』에 관심을 보이면서도 그 내용 체계와 편자인 정민정에 대해서 그토록 집요하게 문제 제기를 했던 듯하다.

舌。不直秋風一砌蛩。

金彥遇愼仲見招川南敦叙繼至鄒莒之會也

立馬沙汀雪半消。東風吹柳弄柔條。茶烟隱出菰蒲岸。知有漁樵對野橋。

獨處寒齋午睡初覺山雨廉纖無聊中偶閱先師遺稿得所寄子中詩不一而足其平居推許期待之意如是子中雖欲不念烏可得乎俯仰存沒便懷多少感慨因爲書之

離索山中歲月深。幾番回首憶同心。至人珍重平生語。爲問中宵不愧衾。

鄭銓郎子精自溪上歷訪用故李相國浚慶月

之西村柳美叔溫溪李輔卿及思擧及孝章浮
浦琴聞遠皆至是日雪作通宵不得玩月明日
雪霽士任首成近體一首在座者咸屬而和之
仍次其韻
松檜祇園碧嶺傍親朋半是丈人行情談款曲無忻
慼詩韻鏗鏘雜徵商月殿暗愁收桂影雪樓晴喜動
春陽此遊儘有風流在添得溪山一倍光

聞書南賓訃

南服曾聞智異崇相望百里坐龍鍾忽驚天柱新摧
折此恨平生詎有窮
寥廓滇鵬九萬風海邦雲物慘無容啾啾百鳥謾饒

월천의 「문조남명부」

61세가 되던 해(1584) 퇴계문집을 수습하기 시작해 3년 뒤(1587)에는 여강서원에서 동문들과 함께 이를 교정했다. 초간본인 경자본이 간행되기 15년 전부터 문집 정리에 착수했던 것이다.

66세가 되던 해(1589), 조선의 조정은 남쪽에서 노략질을 일삼던 왜와 강화를 추진하고 있었다. 강화론을 주도한 인물은 당시 영의정 이산해李山海였는데, 이산해의 사위이면서 강화를 위해 선위사로 파견된 한음 이덕형이 월천에게 편지를 보내 강화의 당부當否를 물었다. 이에 대해 월천은 강한 어조로 강화를 비판하는 답서를 보냈다.[4] 이 사실은 중요한 의미를 담고 있다. 우선 진작부터 이산해 등 북인 세력과 교류가 있었다는 것, 그리고 강화론에 대한 적극적인 반대 입장이 본래부터 지녔던 소신이었음을 보여준다.

67세 되던 해(1590)에는 협천군수 직을 버리고 귀향했다. 협천군수 자리는 2년 전에 부임해 비교적 오래 머물렀고 거듭된 사직 요청도 받아들여지지 않자 허락을 기다리지 않고 돌아와버린 것이다. 73세(1596)에는 체찰사 이원익이 내방했고, 이듬해에는 동문인 영의정 류성룡에게 왜와의 화의는 불가하다는 편지를 보냈다.

그리고 77세가 되던 경자년(1600)에는 『퇴계집』 간행을 주도했고, 「퇴계선생문집고성문退溪先生文集告成文」을 지어 퇴계의 위패를 모신 사당에 문집 간행 사실을 고했다. 월천은 83세가 되던 선조 39년(1606)에 숨을 거두었는데, 집안이 가난하여 이웃에서 물자를 빌려서 겨우 장례를 치를 수 있었다. 그로부터 8년이 지난 광해군 6년(1614)에 월천은 퇴계 문인 가운데 유일하게 도산서원 상덕사에 종향되었다. 도산서원에 종향되고 난 뒤 이어서 퇴계를 모신 예천의 정산서원鼎山書院과 봉화의 문암서원文巖書院에도 종향되었다.

이처럼 퇴계와의 사제관계를 중심으로 살펴볼 때, 월천은 퇴계 사후 『퇴계

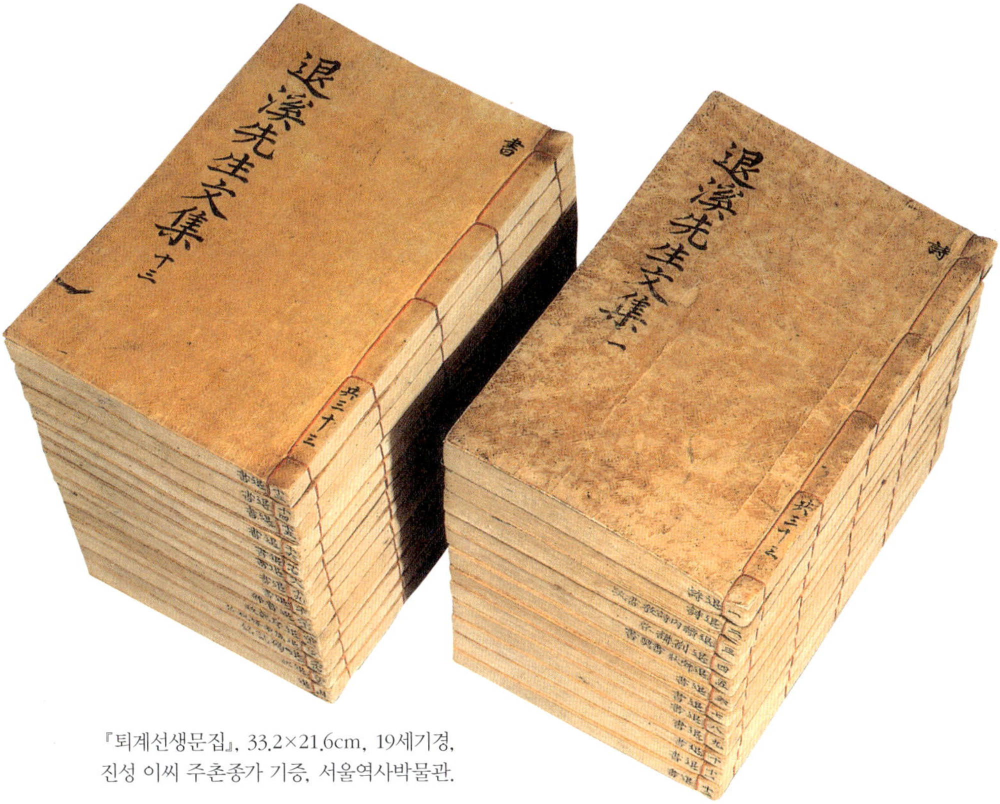

『퇴계선생문집』, 33.2×21.6cm, 19세기경, 진성 이씨 주촌종가 기증, 서울역사박물관.

집』 간행과 도산서원 설립을 주도하는 등 실질적으로 퇴계학파를 이끌었으며, 퇴계학이 예안에서 하나의 지역문화로서 뿌리내리는 데 중심적인 역할을 했다. 그가 퇴계 급문제자 가운데 유일하게 도산서원 상덕사에 종향될 수 있었던 것은 기본적으로 그의 학문적 공적과 당시 유림의 종장으로서의 그의 위상에 근거한 것이었다.

그럼에도 퇴계학파 내에서 월천의 학맥은 뻗어나가지 못했고 그와 관련된 문적 역시 많은 부분 자취도 없이 사라지고 말았다. 이러한 배경에는 월천 및 월천 학맥의 정치적 기반이 퇴계 문인이 주축이 된 남인에게 있었던 것이 아니라 이산해를 비롯한 북인 정권에 있었기 때문이라고 보는 것이 일반적인 시각이다.[5] 당시에도 월천이 북인의 정치적 지원을 받았고, 심지어 남명의 고제인 정인홍과 가까웠던 관계로 도산서원에 종향될 수 있었다는 말까지 있었다. 이 말이 어느 정도까지 사실인지는 알 수 없으나 북인이 주도한 광해군 정권이 월천에 대해 우호적이었음은 왕조실록의 기록을 참고할 때 대체로 인정되던 바였던 듯하다.

그러나 월천과 북인의 관계에 대한 논란과는 별개로, 그의 학문과 산림으로서의 위상에 대해서는 부인할 수 없는 평가가 있었다. 가령 왕조실록에 나오는 아래와 같은 기록이다.

> 고故 참판 조목趙穆은 이황과 동향 사람으로 어릴 적부터 스승으로 섬겨 머리가 세어서도 게을리 하지 않아 마침내 그의 도를 터득하여 강좌江左의 영수가 되었습니다. 이 사람이 죽자 이황의 학문이 전하지 않아 선비된 사람이 본받을 곳이 없어서 배우는 것이라고는 글 짓는 것과 외우는 것에 지나지 않으니 다시는 옛날의 강좌가 아닙니다. 지난번 조정이 본도 유생의 요청에 따라 조목을 이황의 사당에 종사從祀하게 했으니, 사제문賜祭文을 내려 어진 이를 존경하고 도학을 중시하는 뜻을 보여야겠습니다. 해조該曹로 하여금 상세히 살펴서 거행하도록 하소서.[6]

이 기록은 북인 정권이 월천을 지원한 사례로 볼 수도 있지만, 당시 그의 학문적 위상이 어느 정도로 평가되었는지를 파악할 수 있는 단서가 되기도 한다. 월천이 죽고 난 뒤 퇴계의 학문이 전하지 않게 되었다는 말에서 당시 월천에 대한 조야의 인식을 가늠할 수 있다. 실록에서 말하는 본도의 유생은 바로 간재艮齋 이덕홍李德弘의 아들 이강李茳이었다. 강茳뿐만 아니라 입苙, 모慕, 점蒧, 시蒔 등 그의 형제는 모두 월천의 종향을 적극 지지했던 것으로 알려져 있다. 이 사실은 월천이 간재 계열을 포함하여 예안지역에서 폭넓은 지지를 받았음을 뜻한다.

그러나 월천의 도산서원 종향을 주도했던 인물로는 그의 제자 조성당操省堂 김택룡金澤龍(1547~1627)을 들 수 있다. 김택룡은 학문적으로 월천의 수제자였을 뿐만 아니라 월천의 후배後配 의성 김씨는 김택룡에게는 6촌 누이가 되었다.

처음에는 여강서원과 이산서원 등 지역 유림들의 의견을 결집하여 종향을 마무리짓고자 했으나 도산서원이 사액서원이라는 이유로 예조에 정문呈文을 올려 조정의 허락을 받는 것으로 방향이 바뀌었다. 종향을 요청하는 장계가 본도 감사를 거쳐 예조에 이르렀을 때, 임금에게 이를 윤허할 것을 상주한 이정구李廷龜, 이덕형李德馨, 심희수沈喜壽, 기자헌奇自獻, 이원익李元翼 등은 북인 쪽이거나 중립적인 인사들이었다. 그들은 월천을 주자 문하의 황간黃幹에 비유했다. 황간은 주자의 행장을 쓴 제자로서 '주문황간朱門黃幹'이라는 말에는 주자를 가장 잘 아는 제자라는 의미가 담겨 있다. 월천이야말로 퇴계를 가장 잘 아는 제자라고 본 것이다. 따라서 월천 계열이 인조반정과 더불어 종언을 고하게 된 것도 어찌 보면 자연스러운 일이었다. 물론 종향을 지지하는 세력이 있는가 하면, 종향 자체를 비판하던 세력도 있었다.[7]

한편 월천이 도산서원에 유일하게 종향된 것을 두고 오로지 정치적인 시각에서 접근하다보니 퇴계학파 안에서 월천의 역할과 위상에 대한 올바른 이해가 어려워진 면도 있다. 이 부분에 대해서는 다른 각도에서 살펴볼 필요가 있다.

다행히 도산서원에는 월천과 관련된 핵심적인 자료가 남아 있다. 우선 퇴계와 월천의 관계를 단적으로 보여주는 『사문수간』 및 그와 관련된 사문수간전장안을 비롯한 각종 서책치부기 등 많은 고문서가 있으며, 필사본 『월천선생문집』과 도산서원에서 목판으로 간행한 『월천선생문집』 초간본 및 중간본이 있다. 그 외에도 월천 종손가에서 보관하고 있던 『월천선생연보』와 『월천선생언행록초기』가 있어 중요한 참고가 된다.[8] 이 글에서는 이들 초본 자료를 검토함으로써 퇴계와 월천의 학문적 수수관계 및 내용, 당시 퇴계 문하에서 월천의 실제적인 위상과 역할, 나아가 월천이 퇴계학을 계승하는 시각과 관점 등에 대해 살펴보고자 한다.

20년간 주고받은 편지, 『사문수간』

전통적으로 도산서원에서 가장 중요하게 지켜온 것은 화려한 건물이 아니라 서책이었다. 그리고 서책을 지키기 위해 "광명실(도산서원 서고)을 열고 닫을 때는 반드시 삼임三任(상유사, 재유사, 별유사)이 모여야 한다"[9]는 별도의 규정을 만들고 엄격히 지켜왔기 때문에 귀중한 도산서원 소장 자료들이 오늘날까지 보존될 수 있었다.

이렇게 지켜온 서책 가운데는 도산서원의 보물이라는 의미의 '원보院寶'로 일컬어져온 것이 있다. 그것이 바로 퇴계가 월천에게 보낸 친필 편지를 묶은 『사문수간師門手簡』이라는 편지첩이다. 『사문수간』에는 1550년(퇴계 50세, 월천 27세)부터 1570년(퇴계 70세, 월천 47세)까지 20년 동안 퇴계가 월천에게 보낸 113통의 친필 편지가 8책으로 첩장되어 있다. 이 첩장은 월천이 65세 때 손수 묶은 것으로 후에 월천 후손에 의해 도산서원에 헌정되었다고 한다.

이렇게 해서 탄생한 『사문수간』이 왜 원보로까지 인식되었을까? 첫째는 겉

屋纔聽吾家買屋(圖寫之)于大
成及 君願之指(草之)精按廣武而
成池而寫池不意改職以甫上來至
歸若載未及畢甚可恨未爲(草之)
計也然 君須進大成書圖及吾
書所云之議書又及米新曆一
部(己)上得此間事(書文未爲之)而把

戊午念五 滉

不遂得
一之我
刺人
在仍
有有
其從
說而
見去
未否
不
爲耳

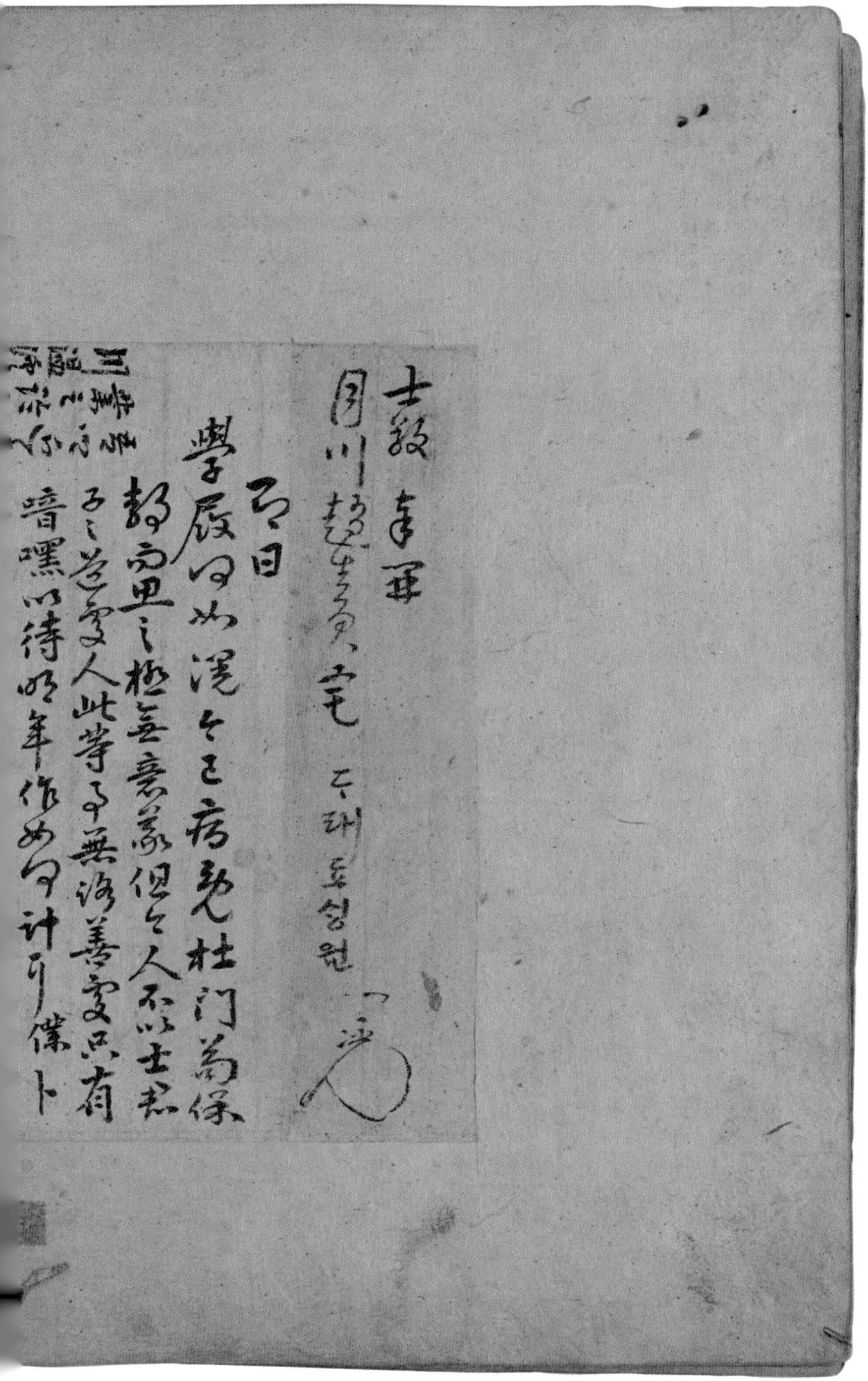

『사문수간』, 도산서원운영위원회 기탁, 한국국학진흥원.

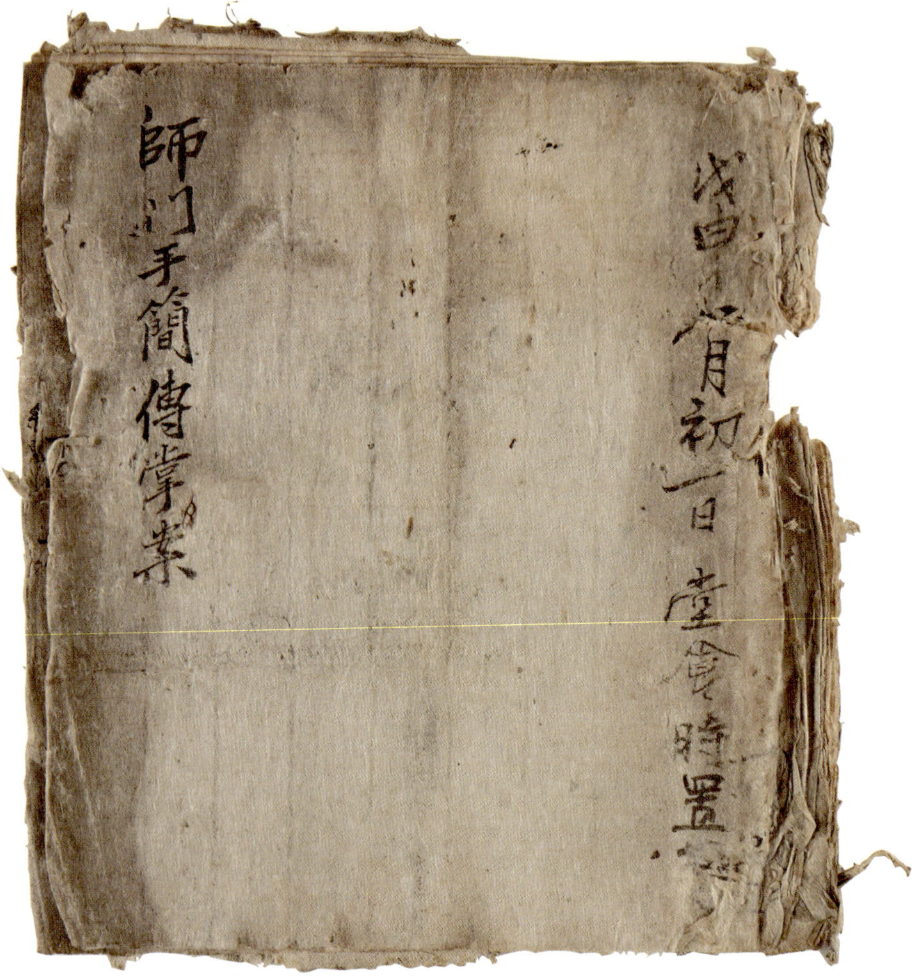

「사문수간전장안」, 도산서원운영위원회 기탁, 한국국학진흥원.

으로 드러나는 외적 조건이고, 둘째는 보이지 않는 내용상의 중요성이다. 우선 외적인 측면에서 본다면, 『사문수간』은 퇴계가 수제자라 할 수 있는 월천에게 보낸 친필 편지 대부분을 원형 그대로 유지하고 있다. 이 점만으로도 값으로 따질 수 없는 가치를 지닌다. 거기다가 정조 임금의 어제御製 발문이 첨부되어 있다. 전통사회에서 개인 사이에 주고받은 서신에 임금의 발문이 붙는다는 것은 모든 것을 초월하는 의미를 지녔다. 퇴계의 수택이 서린 100통이 넘는 편지 원본을 월천이 손수 첩으로 만들었고 거기에 조선의 임금이 발문을 붙인 이러한 사례는 그 유례를 찾기 어려울 만큼 희귀한 보물임에 분명하다.

정조 16년(1792) 도산별시를 시행하기 위해 내려온 각신 이만수李晩秀가 광명실에서 보관하고 있던 『사문수간』을 가지고 상경하여 임금에게 올렸다. 정조가 그 내용을 보고 큰 감동을 받은 나머지 직접 발문을 지었고 2년 뒤인 1794년 도산서원에 돌려주게 했다. 이때부터 『사문수간』은 도산서원에서 특별 관리를 받게 되었고, 광명실 소장 문헌을 관리하기 위해 정기적으로 작성하던 서책 치부기置簿記에서 『사문수간』은 언제나 수위에 기록되었다. 또한 서원의 유사가 바뀔 때면 전후임 유사 간에 『사문수간』을 별도로 확인하는 절차를 거쳤던 것으로 보인다. 현재 남아 있는 도산서원 고문서 가운데는 「사문수간전장안傳掌案」이라는 것이 있다. 이 문서는 정확히 어느 해인지는 알 수 없으나 무신년 8월 1일 전후임 유사가 당회를 하면서 『사문수간』을 한 장 한 장 확인하고 작성한 인수인계 문서다. 이 문서에는 8책에 이르는 『사문수간』을 권별, 면별로 상면과 하면, 그리고 상단의 여백에 있는 글의 행수를 일일이 기록했다. 이 전장안은 『사문수간』 을 위해 별도로 전장안을 작성했다는 점에서 의미가 크다.

그러나 『사문수간』의 보다 중요한 의미는, 퇴계와 월천 사이에 이루어진 진지하면서도 아름다운 진리 탐구의 여정과 퇴계 문하에 이뤄진 학문 수수 현장의 모습이 100통이 넘는 편지 속에 감동적으로 표현되어 있기 때문이다. 『사문수간』에는 사제 간에 이루어졌던 주요한 학문적 논의, 서원 건립과 같은 유림 사회의 중요 사안, 생활 가운데 일어나는 예법의 해석 문제, 선비로서 출처出處와 과거 응시 등 처신에 관한 문제, 그리고 양식이 떨어졌을 때 곡식을 보내준다든지 취직 자리를 알아봐주는 등 지극히 사적인 사안도 묘사되어 있다.

우선 가난한 제자를 위해 양식이나 서책을 보내줬다는 부분이 눈에 띈다. 월천은 평생 매우 가난한 생활을 했던 듯하다. 그야말로 '한 그릇의 밥과 한 바가지의 물도 없는' 날이 많았던 것으로 보인다. 퇴계는 제자의 이러한 형편을 잘 알았고 수시로 물품을 보내줬다. 쌀 한 말, 백지 한 묶음, 부채 한 개 등 생활에 필요한 물품을 보내줬고, 한번은 다른 제자가 보낸 청어 가운데 한 마리를 보내면서 부모님 밥상에 올리라고도 했다.[10] 또 제자를 위해 취직자리를 알아보았다는 부분도 눈에 띈다. 월천이 31세 되던 무렵에 문경 향교에 훈도 자리가 비어 있었는데, 퇴계는 가난한 제자를 위해 이 자리를 주선해주겠다고 했지만 당사자인 월천이 끝내 마음을 내지 않아 무산되고 말았다.[11] 또 몇 차례 과거에 실패한 월천이 더 이상의 응시를 포기하겠다고 했을 때, 퇴계는 시험장으로 가는 여비를 주선하면서 응시를 권한 적도 있었다.[12] 이때 퇴계는 노부모가 살아 계신다는 것과 집이 가난하다는 것을 응시의 이유로 제시했는데, 과거와 벼슬에 대한 퇴계의 철학을 엿볼 수 있는 부분이다.

월천의 성격적 결함에 대한 기탄없는 지적도 있었다. 이러한 지적은 제자에 대한 비판으로 볼 수도 있겠으나, 성품에 대한 지적까지 할 수 있다는 사실 자체가 두 사람 사이의 허물없는 관계를 보여주는 증거일 수도 있다. 퇴계가 월천을 묘사할 때 곧잘 썼던 표현은 '굳셈'이었다. 퇴계는 월천에게 '굳셈剛'과 '부드러움柔'에서 치우침을 바로잡고 중용을 지키는 것이 귀중함을 강조했다.[13] 또 향촌사회에서 원만하지 못한 대인관계로 물의를 일으킨 월천에게 "강한 것이 비록 군자의 덕이기는 하지만 지나치면 포한강분暴悍强忿에 이를" 소지가 있음을 지적하고 있다.[14] 이런 경우 시는 상대의 마음을 자극하지 않으면서 친근하게 충고하는 수단이 되었다.

일상생활에서도 애정어린 충고를 아끼지 않았다. 제자 가운데 접빈객을 위해 지나친 지출을 하는 이가 있으면 나중에 닥칠 경제적 부담에 대해 충고함으로써 분수 있고 소박한 사풍을 유도했고, 제자들 사이에 오해가 일어날 때에는 조정자 역할을 하기도 했다.[15] 제자에 대한 깊은 관심과 예리한 지적, 진심에서 나온 걱정이라고 할 수 있다. 두 사람의 관계가 깊은 신뢰를 바탕으로 하고 있었기 때문에 이러한 지적을 기탄없이 하면서도 지속될 수 있었다.

서원 건립과 같은 중대한 문제를 월천과 논의했다는 것은, 퇴계가 일상적으로 중대사를 의논하는 대상이 누구였는지를 알려준다고 볼 수 있다. 『사문수간』에서 언급되는 서원은 역동서원과 도산서당이다. 역동서원은 퇴계가 58세 되던 무오년에 보낸 편지에서, 학교를 세우고 어진 이를 제사지내는 일은 세상에서 다 하고 있는데 우리 고을은 우탁禹倬과 같은 현인이 있음에도 지금까지 방치하고 있었다면서 강한 의지를 나타냈다.[16] 또 같은 해에 도산서당 짓는 일에 대해서도 월천과 의논하고 있는데, 흥미로운 점은 퇴계가 직접 설계도를 그려 보내면서 건축을 맡은 승려 일련一蓮에게 전달하라고 지시하는 부분이다.[17] 도산서당의 설계도를 퇴계가 직접 그렸다는 이야기가 사실로 확인되는 대목이기 때문이다.

월천은 학문에 있어서 퇴계의 가르침을 충실히 따르고 퇴계학을 학문의 모범으로 여겼지만, 그렇다고 결코 비판 없이 조술祖述하거나 수동적으로 받아들이기만 한 것은 아니었다. 『사문수간』을 검토해보면, 비교적 자주 등장하는 학문적 주제가 예론과 『심경부주』에 관한 것이다. 예론을 자주 말한 것은 조선시대 사대부들에게는 행례 자체가 일상생활이었기에 자연스러운 현상이라고 할 수 있다. 특이한 점은 『심경부주』에 대한 언급이 많다는 점이다. 퇴계는 제자들을 교육하는 데 『심경부주』를 중시했기 때문에 이 점도 어떻게 보면 자연스럽다. 그럼에도 일부에서 언급하고 있는 것처럼, 『심경부주』에 관한 빈번한 언급이 퇴계의 『심경부주』를 중시하는 입장이 월천에게 그대로 계승되었다는 증거로 볼 것인가에 대해서는 신중하게 따져볼 필요가 있다. 왜냐하면 그 내용이 대개 문제점을 지적하고 있는 것이기 때문이다. 즉 정복심程復心과 왕백王柏의 도설, 부주에 인용된 정민정程敏政, 오징吳澄, 육상산陸象山의 학문 경향 등이 특히 문제가 되었다.[18]

월천이 42세 되던 을축년(1565)에는 『심경부주』에 관해 집중적인 토론이 이루어졌다. 이해에 보낸 장문의 편지에서는 오히려 월천이 정통 주자학자로서의 입장을 고수하려는 경향이 두드러진다. 퇴계는 월천의 지적이 일리가 있음을 인정하면서도, "사람이 학문을 하는 데 그 과실은 스스로의 주장을 지나치게 하는 데 있다"는 정자의 말을 인용하면서 크게 보면 『심경부주』가 정주학적 논리에서 벗어나지 않았음을 말하고 있다.[19] 마지막으로 퇴계는 월천에게 "문자상의 흠을 찾아내는 데 힘쓰지 말고 모름지기 마음을 비우고 뜻을 공손히 하여 한결같이 그 책을 높이고 숭상하기를 허노재가 『소학』에 대해 한 것처럼 한다면, 그 가운데 한 마디 한 구절이 스승과 법으로 삼아 받들기에도 겨를이 없을 것"이라고 결론지었다.[20]

두 사람은 편지와 논변으로도 견해 차이를 좁히지 못했는지, 시로 여운을 승화시키면서 마무리지었다. 『월천집』에는 같은 해에 지은 두 사람의 시가 실려 있다.

(월천)

낙강 북쪽 도산 남쪽에서 큰 스승 뵈었네 水北山南謁大師
여러 벗 한방에서 온갖 의문 따졌건만 群朋一室析千疑
돌아가리라 십 리를 뻗은 강마을 길 따라 歸來十里江村路
잠잘 새 숲으로 듦은 단지 스스로 아는 것 宿鳥趁林只自知[21]

(퇴계)

학문이 남들보다 월등하면 스승은 왜 있나 學絕今人豈有師
마음 비우고 이치 보면 의문 거의 밝혀지니 虛心看理庶明疑
풍문 듣고 위로하노라 숲으로 드는 새여 因風寄謝趁林鳥
스스로 알더라도 억지로 알려 하지 말기를 只自知時莫强知[22]

이처럼 둘 사이에 입장 차가 있음에도 월천이 『심경부주』에 관심을 둔 것은, 그 책이 기본적으로 과거시험에 대비하기 위함이 아닌 도학을 하는 책이었기 때문이다. 즉 월천이 관심을 갖고 있던 학문은 과거 공부가 아니라 도학이었다는 의미다. 또한 이러한 토론을 통해 월천은 퇴계가 자신의 입장을 재정리하고 「심경후론」을 발표하도록 했다. 이러한 문제 제기는 『심경부주』에 대한 전적인 신뢰가 자칫 오징 등이 말하는 소위 "주자와 육상산의 학문이 초년에는 달랐지만 만년에는 같아졌다朱陸早異晩同"는 주장까지 용인하게 될 위험성을 사전에 지적했다는 점에서 상당한 의미가 있다.[23] 그 외에도 퇴계가 특별히 심혈을 기울인 『주서절요』에 대해서도 세밀하게 검토하고 사소한 오류나 오자까지 지적하여 수정하도록 했다. 어떤 때에는 퇴계 쪽에서 검토를 요청해오기도 했다. 삼경 및 사서에 대한 석의釋義 작업을 할 당시에는 월천에게 초고를 보내면서 혹시

有方而
何處言之
處此於之
望之不
擬不處
而處藏
之云哉
不以
已也設
如為
此之

人當初甚好不知何故如此想緣
窮囊營生不知不覺剔致汩沒而
然之此亦志不篤之故苟志之誠篤
一窮字果難奪之古人因窮而堅
心忍性故業進今人因窮而壞志遂
抛故業頗此正吾輩之至戒甚之
懼也稍俟新秋涼霽
云歟中央
六月廿六 澋草

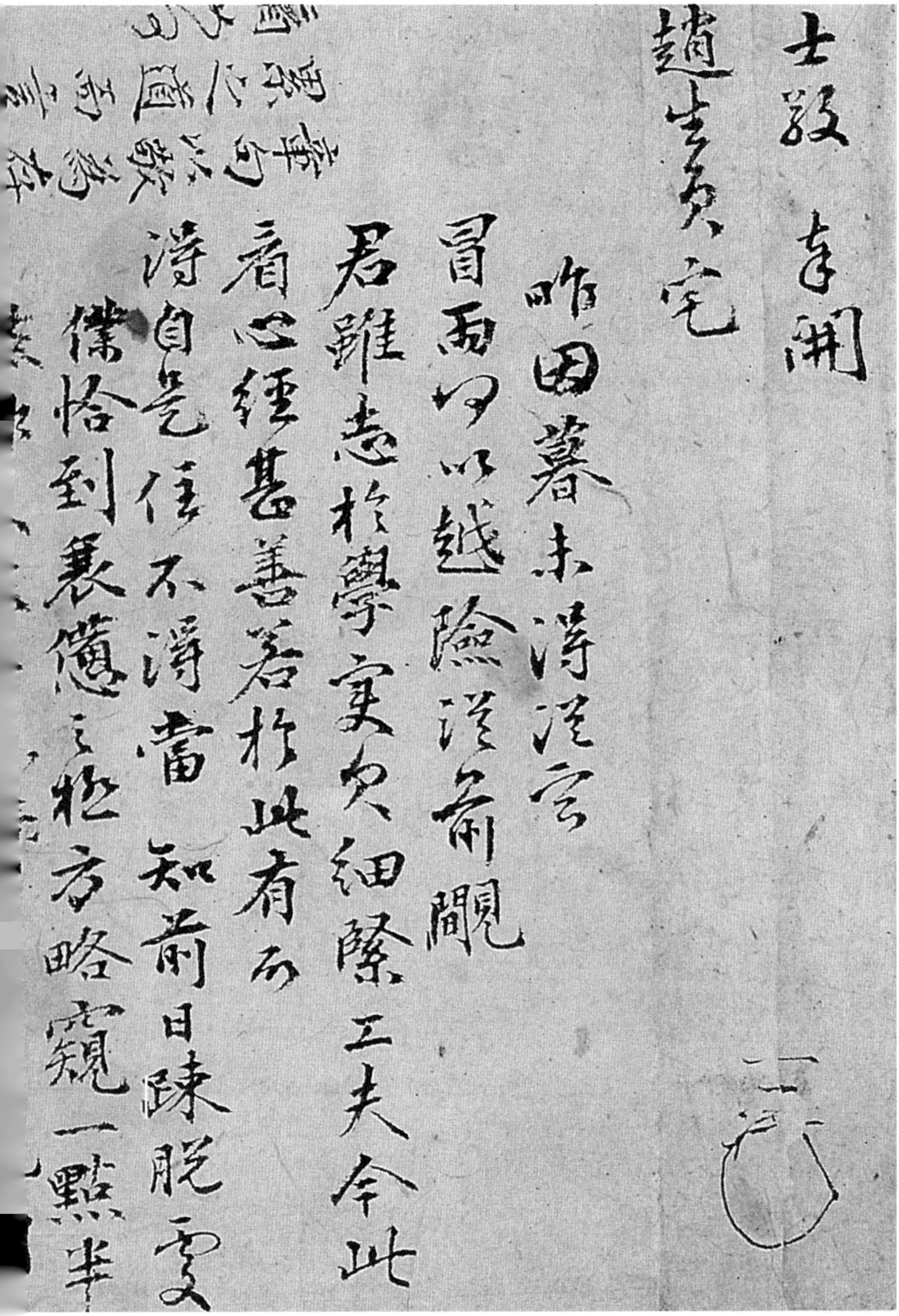

퇴계가 제자 조목에게 보낸 편지로, 『심경』 공부를 잘하고 있는 것을 칭찬하는 내용 등이 실려 있다.
『사문수간』, 도산서원운영위원회 기탁, 한국국학진흥원.

수정할 부분이 없는지 세밀한 검토를 해줄 것을 부탁했다.[24]

그 외 『사문수간』은 퇴계와 월천 사이에 편지뿐만 아니라 각종 서책의 교류가 자주 이루어지고 있었음을 보여준다. 『주자대전』 『성리대전』 『심경』 등 각종 성리서와 경전뿐만 아니라 이들을 해설한 글에 이르기까지 그들은 독서와 집필 상황을 공유하고 있었다. 월천은 이처럼 퇴계를 오랫동안 측근에서 모시면서 중요한 문제에 대해서는 자신의 의견을 적극적으로 개진함으로써 퇴계학 형성에 기여했다.

『월천집』 간행을 둘러싼 갈등

『사문수간』을 통해 살펴본 것처럼 월천은 퇴계 문인 가운데 누구보다도 긴밀한 관계를 가지면서 가르침을 받았던 인물이다. 따라서 월천은 퇴계학이 일정한 지역을 중심으로 확산되고 전개된 과정을 살필 수 있는 가장 적절한 연구 대상이라고 할 수 있다. 그러나 월천 학맥의 정치적 부침과 이로 인한 관련 자료의 왜곡은 퇴계학파 내에서 월천의 실상을 파악하는 데 커다란 장애가 되고 있다.

이러한 문제점을 가장 잘 보여주는 사례가 바로 『월천집』 간행과정과 이를 둘러싼 갈등 양상이다. 『월천집』 간행과정은 정치적 입장이 문집 간행에 끼치는 영향뿐만 아니라 그의 성품과 학풍까지 짐작할 수 있는 단서를 제공한다. 『월천집』 간행과 관련해서 지금까지 남아 있는 자료는 필사 초고본과 도산서원에서 간행한 초간본, 중간본 그리고 언행록 등 일련의 자료다. 우선 초고본, 초간본, 중간본의 외형적 특징을 비교해서 살펴보면 다음과 같이 정리할 수 있다.

도산서원 소장 월천문집 비교

초고본草稿本	초간본初刊本	중간본重刊本
·	1666년 간행	·
12권 7책	6권 4책	6권 4책
	문집 체제	
		月川先生文集序(許穆)
		世系之圖
	月川先生文集序(許穆)	연보
목록	목록	목록
권1 (詩 70)	권1 (詩 124)	권1 (詩 124)
권2 (詩 118)	권2 (疏 6)	권2 (疏 6)
권3 (詩 46)	권3 (書 21)	권3 (書 21)
권4 (詩 119)	권4 (問目 4)	권4 (問目 4)
권5 (詩 128)	권5 (雜著 4)	권5 (雜著 4)
권6 (詩 121)	권6 (跋·祝文·祭文·墓碣·墓誌·論 22)	권6 (跋·祝文·祭文·墓碣·墓誌·論 22)
권7 (詩 38)	附錄 (神道碑銘·世系之圖·年譜·祭文)	附錄 (神道碑銘·祭文)
권8 (疏 6)	跋 (金應祖)	跋 (金應祖)
권9 (書 35)		
권10 (問目·雜著 11)		
권11 (雜著·跋·祝文·祭文·墓碣·墓誌 43)		
권12 (論 5)		

※心經稟質·朱書節要稟質·尙書疑義·家禮疑義에 대해서는 문집에서 따로 분류명을 정하지 않았기 때문에 편의상 問目으로 표시함.

우선 초고본과 초간본을 비교해보면, 표에서 12권 7책의 방대한 초고본이 6권 4책으로 대폭 정리되었음을 알 수 있다. 본집의 체제가 필사본 단계부터 시詩, 소疏, 서書, 변의辨疑, 잡저雜著, 발跋, 축문祝文, 제문祭文, 묘갈墓碣, 묘지墓

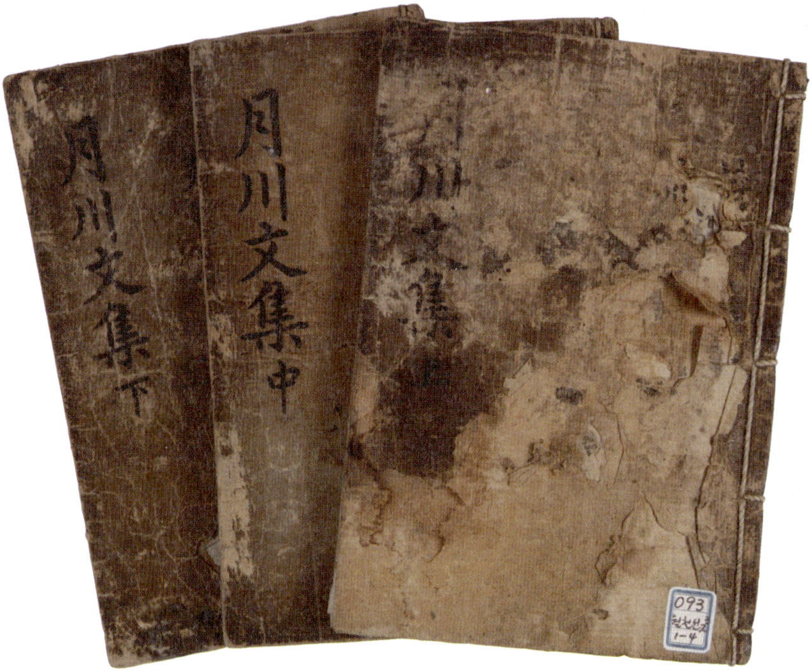

『월천문집』, 도산서원운영위원회 기탁, 한국국학진흥원.

誌, 논論의 순서로 편차되어『퇴계집』을 모범으로 했음을 알 수 있다. 초간본 권1의 시 가운데는 퇴계 및 그 문도들과의 수창시가 많으며, 권2의 상소는 대부분 사직소인데 이 가운데「갑오진정소甲午陳情疏」는 일본과의 강화에 극력 반대하는 상소문이다.

한 가지 중요한 사실은 당초 문집에 수록하기 위해 준비했던 초고 외에도「월천언행록」이 있었다는 점이다. 이를 말해주는 것이 미수眉叟 허목許穆의 서문이다. 간행본『월천선생문집』에 수록되어 있는「월천선생문집서月川先生文集序」와 허목의『미수기언眉叟記言』에 수록되어 있는「월천문집서(계묘)」를 비교해보면,「월천선생문집서」에는 "又以言行記神道碑文附焉"이라는 열한 글자가 빠져 있음을 알 수 있다.[25] 이 말은 필사본을 정리해서 간행을 앞두고 미수에게 서문을 부탁할 당시에는 월천언행록과 신도비명을 포함하여 간행하는 것으로 되어 있었음을 뜻한다. 그러나 초간본에는 동계桐溪 정온鄭蘊이 쓴 신도비명은 수록되었지만 조성당操省堂 김택룡金澤龍이 지은 월천언행록은 끝내 실리지 못했다. 그 이유는 명확히 알기 어렵다.[26]

최근 문중에서 영인한『월천문집』에는 중간본까지 없던 생질 금업琴㦕이 지은 「행장」이 추가되어 있다. 즉 지금까지의 판본에서 없었던 「행장」이 처음으로 등장한 것이다. 금업의 생몰 연대(1557~1638)를 감안할 때 후대에 지어진 것이 아니라 문집 간행 당시에 이미 작성되어 있었던 글이다. 그럼에도 「행장」 역시 실리지 못했다.

또 초고본에는 「월천선생종향사적」이 별도로 있는데, 여기에는 계축년에 종향을 청원할 당시의 정문呈文을 비롯하여 조정에서의 계문啓聞과 종향이 결정된 이후 치제문致祭文으로 구성되어 있다. 이것이 초간본에는 제문만 수록되고, 정문과 계문 등은 제외되었다. 이러한 글들이 제외된 배경을 정확히 알 수는 없으나, 글 속에 등장하는 인물들 가운데 북인 계열의 인사가 많았던 것이 중요하게 작용하지 않았나 생각된다. 이 부분은 나중에 문중에서 간행한 삼간본의 연보 속에 인명이 등장하지 않는 압축된 형태로 추록된다.

다음으로 초간본과 중간본을 비교해보면, 초간본에서 부록으로 편제되었던 세계도 및 연보가 중간본에는 권수의 서序 다음으로 이동하고 본집의 편차는 그대로 유지되고 있다. 서書는 모두 21편인데, 스승인 퇴계에게 보낸 편지가 5편에 불과한 것을 보면 월천이 평생 지은 간찰 가운데 대부분이 전란으로 유실되고 지금까지 전하는 21편은 극히 일부임을 알 수 있다. 또 권6의 축문 가운데 특히 「도산서원봉안문陶山書院奉安文」「퇴계집고성문退溪集告成文」「고퇴계매지문告

退溪埋誌文」 등은 당시 퇴계 문하에서 월천의 위상을 보여주는 부분이다. 왜냐하면 도산서원에 퇴계 위패를 봉안하거나 퇴계 문집을 간행하는 것과 같은 주요 사안에서 축문 작성을 맡았다는 것은 그 의미가 크기 때문이다.

또 한 가지 다른 점은, 연보의 내용 가운데 계축년 종향을 조정에 청원하는 부분이 추가된 점이다. 이것은 당초 초본에 「월천선생종향사적」에 포함되었던 내용인데, 초간본과 중간본에서 누락되었고, 삼간본을 내면서 「연보」 끝부분에 추록하는 형태로 들어갔다. 이렇게 된 배경은 이미 언급한 것처럼, 등장하는 인물들이 월천의 종향을 지지하고 있는데 그들이 대개 북인 계열의 인물들이기 때문이다. 이렇게 볼 때 삼간본은 이러한 문제에 대한 정치적 부담이 해소된 후대에 발간된 듯하다.

그러나 월천언행록은 중간본에도 수록되지 못했다. 언행록은 문집에 실린 저자의 의도적 저술과 달리 일상의 모습을 제3자의 시각에서 기록한 자료이기 때문에 인물을 평가하는 데 매우 중요하다. 다행히 누락된 월천언행록은 인멸되지 않고 종가의 노력에 의해 초고 형태로 보존되어 오늘날에 이르는데, 그것이 바로 『월천선생언행초기月川先生言行草記』다.

『월천선생언행초기』, 주자학적 정통주의와 정학의 표본

월천언행록, 즉『월천선생언행초기』는 지금까지 학계에서 본격적으로 다뤄진 적이 없는 자료다. 따라서 월천언행록을 분석해보면 그동안 자료 부족으로 제대로 조명되지 못했던 월천의 생애를 밝히는 데 도움이 될 것이다. 특히 학문이나 사상과 관련된 언행에서 그가 퇴계학 가운데 어떤 측면을 이어받고 있는지, 그 모습은 어떠했는지도 어느 정도 드러날 것으로 보인다.

언행록은 그 성격상 단편적인 언행들을 담고 있으므로 그 가운데 우리가 특별히 주목하는 퇴계학의 계승이라는 점에 초점을 맞추어 고찰할 것이다. 나아가 단순히 일화를 소개하는 것이 아니라 퇴계학의 수용과 관계 양상을 밝히는 '단서'를 중심으로 전체 맥락을 재구성해야 한다. 이렇게 볼 때 월천언행록에서 두드러지게 나타나는 특징은 원칙주의, 정통주의, 난진이퇴의 출처관, 비타협적 척화 이념 등이다.

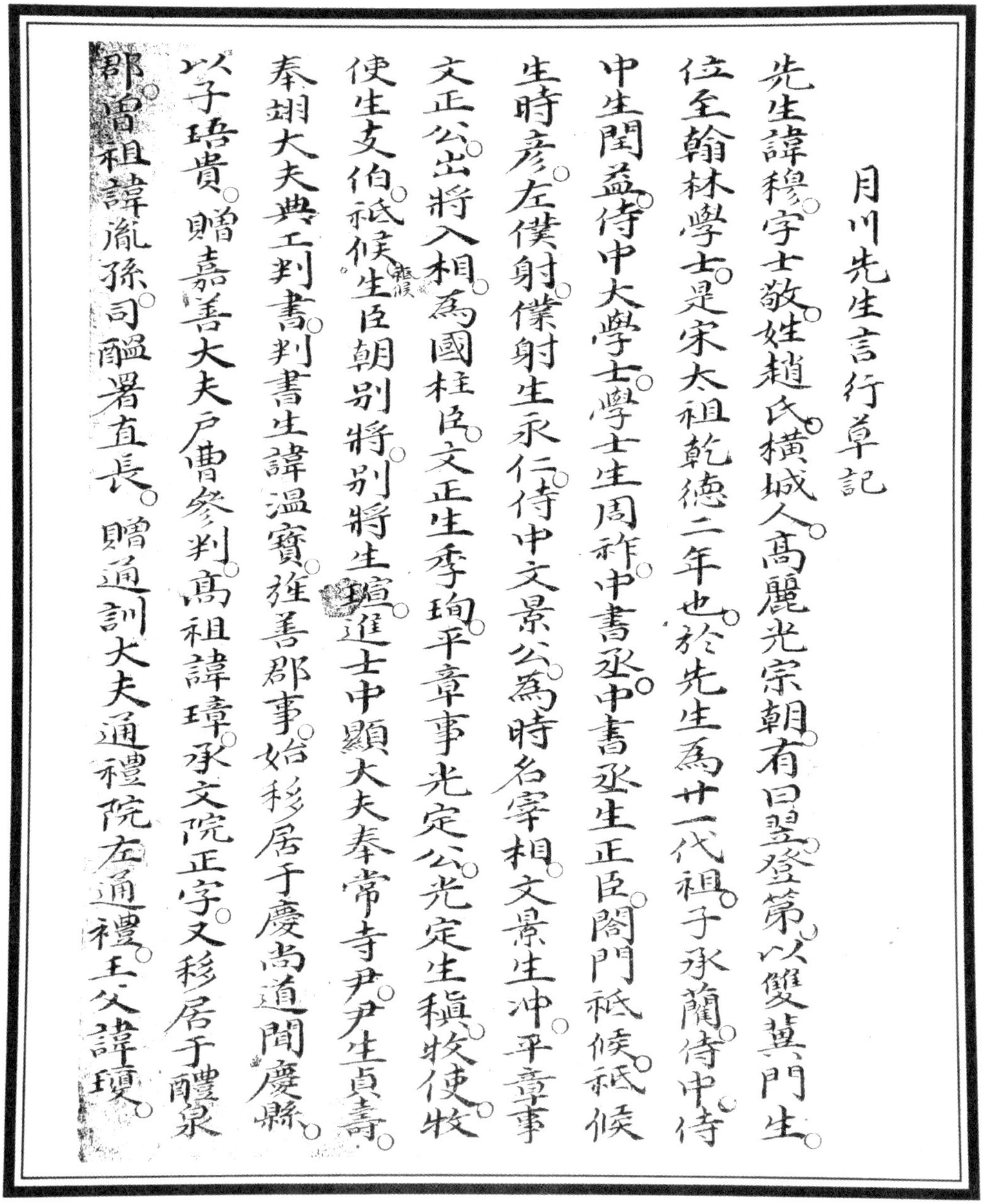

月川先生言行草記

先生諱穆字士敬姓趙氏橫城人高麗光宗朝有曰翌登第以雙冀門生位至翰林學士是宋太祖乾德二年也於先生爲廿一代祖子承蘭侍中侍中生閏益侍中大學士學士生周祚中書丞中書丞生正臣閤門祗候祗候生時彦左僕射僕射生永仁侍中文景公爲時名宰相文景生冲平章事文正公出將入相爲國柱臣文正生季珣平章事光定公光定生稹牧使牧使生文伯祗候祗候生臣朝別將別將生瑄進士中顯大夫奉常寺尹尹生貞壽奉翊大夫典工判書判書生諱溫寶稚善郡事始移居于慶尚道閭慶縣以子琣貴贈嘉善大夫戶曹參判高祖諱璋承文院正字又移居于醴泉郡曾祖諱胤孫司醞署直長贈通訓大夫通禮院左通禮王父諱瓔

『월천선생언행초기』, 횡성 조씨 월천종택 기탁, 한국국학진흥원.

근본과 원칙을 중시하다

월천은 천성이 매우 진지하고 독실한 사람이었다. 이른 나이에 퇴계의 문하에 입문하여 평생 스승으로 모셨다. 힘써 노력하여 밤낮으로 쉬지 않았으며 말보다는 실천을 중시했고 드러나지 않게 수양했다. 그 결과 심신을 바로 하고 의리를 중시하는 인품을 갖췄으며, 이 점에서 스승인 퇴계도 크게 허여하여 언제나 제자들 앞에서 "독실하기로는 조사경만 한 사람이 없다"[27]고 할 정도였다. 본래 진지한 성품을 갖춘 위에 퇴계 문하에서 독실한 수련을 쌓은 결과, 근본과 원칙을 중시하는 인격을 갖췄던 것으로 보인다.

근본과 원칙을 중시하는 자세는 자신을 규율하고 남을 대함에 있어서 상당히 엄격한 면모를 보여주기도 했다. 한번은 제자 가운데 한 명이 고을 사람에게 사소한 실례를 범했다. 그러자 월천은 그를 준엄하게 꾸짖고 『소학』 가운데 「안씨가훈」 편을 펴서 보여주면서 말하기를, "수십 권의 책을 읽고 나면 스스로 대단한 사람처럼 생각하여 나이 많은 이를 깔보거나 동년배를 업신여기기 일쑤인데, 나는 그런 사람을 원수처럼 미워하고 올빼미처럼 싫어한다. 이렇게 되면 학문으로 이익을 구하는 것이 되어 오히려 자신에게 손해가 되니 공부하지 않는 것만 못하다"[28]라고 했다. 그 제자는 자신의 과오를 인정하고 그러한 행동을 고쳤으며, 그런 뒤에 비로소 다시 그를 받아들였다. 제자를 대함에 있어 퇴계가 매우 온화하고 수용적이었던 것으로 평가되는 반면, 월천은 절도 있고 엄격한 면모가 상대적으로 두드러진다.

월천은 제자 교육에 있어 내용에 대한 올바른 이해 없이 많은 글을 읽고 많은 지식을 섭취하는 데만 열중하는 태도博覽强記와 정해진 순서 및 능력을 뛰어넘는 공부獵等를 매우 경계했다. 그는 제자들에게 글의 내용을 깊이 이해할 것을 강조했고, 순서에 따라 차근차근 공부할 것을 권했다.

> 제자들에게는 '독서에 있어서 널리 보고 많이 기억하는 것이 중요하지 않다. 다만 한 구절이라도 한 글자 한 글자 이해하고 한 구절 한 구절을 풀어내어 그것이 융회관통하기를 기다린 연후에 다시 한 절을 보면 자연히 책 내용에 통하지 않음이 없게 되니, 이것이 독서하는 요령이다'라고 가르쳤고 (…) 자제들을 가르칠 때는 먼저 『소학』『대학』을 주고 그다음에 『논어』『맹자』를 줬고 그러고 나서 삼경三經을 공부하게 했는데, '이것이 학문에 들어가는 순서이니 뛰어넘는 것은 불가하다'고 했다.[29]

월천의 이러한 교육관은 주자학 외의 학설을 이단으로 배척하는 철저한 정통주의적 학문 경향으로 발전한다. 학문뿐만 아니라 현실 문제에 있어서도 이러한 특징을 엿볼 수 있다. 즉 실용보다는 근본을 중시하는 태도다. 선조 18년(1584) 영덕현령에 제수되었을 때, 월천은 풍기까지 갔다가 소를 올리고 부임하지 않았다. 그는 이때 올린 상소문에서 다음과 같이 말하고 있다.

> 전하께서는 (북쪽 오랑캐의 침략에 대한 대응책으로) 단지 '변방을 충실히實邊' 하도록 지시하셨는데, 신은 이 일이 오늘날의 급무라는 것은 압니다만, 제 생각으로는 마땅히 '근본을 굳게固本' 하는 것을 먼저 한 뒤에 변방을 충실히 하는 것이 옳다고 봅니다. 천하의 이치가 그 근원이 말랐는데 물길이 멀리까지 흐르기를 바라거나 그 뿌리를 자르고서 잎이 무성하기를 기대할 수는 없는 것입니다. (…) 그리하여 조정이 바르게 되면 모든 일이 바르게 되지 않는 것이 없고 민생이 편안하면 원근이 모두 기뻐하게 되는 것이니,

그렇게 되면 북쪽 오랑캐들이 날뛰는 변은 걱정할 것도 없고 태평을 이룰 희망도 기대할 수 있을 것입니다.[30]

당장 정책에 반영할 수 있는 대안이라기보다는 장기적이고 근본적인 처방을 제시했다고 할 수 있다. 이 처방이 얼마나 현실성을 갖는가는 별개로 근본을 우선 고려하는 월천의 생각을 엿볼 수 있는 대목이다. 이러한 그의 생각은 학문관, 인생관, 정치사상 등 모든 분야에 반영되었다.

주자학적 정통주의

공부와 학문이라는 측면에서 월천언행록에 나타나는 가장 큰 특징은 그가 속학俗學을 배격하고 정법正法을 추구했다는 점이다. 이 점에서 월천은 매우 엄격한 기준을 지녔던 것으로 보인다. 언행록의 다음과 같은 기록에서 잘 나타나 있다.

> 시속과 편의를 따르지 않았으며, 글을 읽음에는 반드시 정음正音을 썼고, 글씨를 쓸 때는 반드시 해서체로 반듯하게 썼다. 한 글자 한 획도 모두 법도가 있었으며 속학을 배격했으므로 구차한 와전이나 비난도 있었다. 퇴계 선생의 문집을 간행할 때는, 글씨를 쓰는 것이 혹시 고법古法에 어긋나지 않을까 하여 선생께서 일일이 점검하여 모두 해서체로 고친 후에 인쇄하여 반포했다. 시문을 짓는 것은 말단의 일이지만, 선생께서 반드시 정법正法을 좋아함이 이와 같았다.[31]

「사무사思無邪」, 이황, 95.0×28.0cm, 도산서원운영위원회 기탁, 한국국학진흥원.
엄정단아한 퇴계의 글씨체를 엿볼 수 있는 작품으로, 월천 역시 이러한 정신을 이어받았다.

정법을 추구하는 것은 퇴계학파의 일반적인 경향이었다. 퇴계도 평생 해서체를 즐겨 썼으며 손자 안도가 초서로 편지를 쓴 것을 보고는 크게 나무란 적이 있다.[32] 현재 남아 있는 퇴계 글씨 가운데 초서가 거의 없는 것도 이러한 까닭에서다. 월천도 퇴계의 이러한 정신을 계승한 것으로 보인다. 그러는 한편 시속과 편의를 배격한 점에서는 그 강경함의 정도가 퇴계를 넘어서고 있다.

학문에 있어서 시속과 편의는 예학의 영역에서 문제가 될 때가 많다. 퇴계는 『주자가례』를 기본으로 하면서도 시속을 인정하는 편이었다.[33] 반면 월천은 일체의 편의와 변법에 반대하는 경향이 엿보인다. 그가 『퇴계집』을 간행할 때 일부 동문들과 심각한 마찰을 빚어가면서도 전고수록의 원칙을 끝까지 고수한 것도 이러한 시각에서 이해할 수 있다. 그가 보기에는 퇴계의 글 가운데 편언척자片言隻字(한 마디 한 글자의 짧은 글)라도 빼고 문집을 간행하는 것은 편법으로 여겨졌던 것이다.

월천의 학문 경향을 파악하려면 먼저 그가 평소 중요하게 읽었던 책이 무엇이었는지 확인할 필요가 있다. 월천을 잘 아는 주변 인물들은 그가 『소학』 『대학』 『주서절요』 『심경』을 특히 중시했다는 데 대해 대체로 이견이 없는 듯하다.[34] 그중에서도 그가 특히 가까이한 책은 『소학』과 『심경』이었다. 월천의 학문 경향에는 일상생활에서의 사소한 실천을 중시하고 마음 수양을 중시하는 특징이 두드러지기 때문이다. 그는 배우는 사람에게 『소학』의 중요성을 이렇게 설명했다.

> 『소학』 한 책은 모든 경전의 관건이다. 세상의 배우는 사람들이 이 책을 싫어하는 것은 그 제목에 있는 소자小字 때문이다. 아래로 인사人事를 공부하여 위로 천리天理에 이르는 것은, 비유컨대 멀리 갈 때는 가까이에서 시

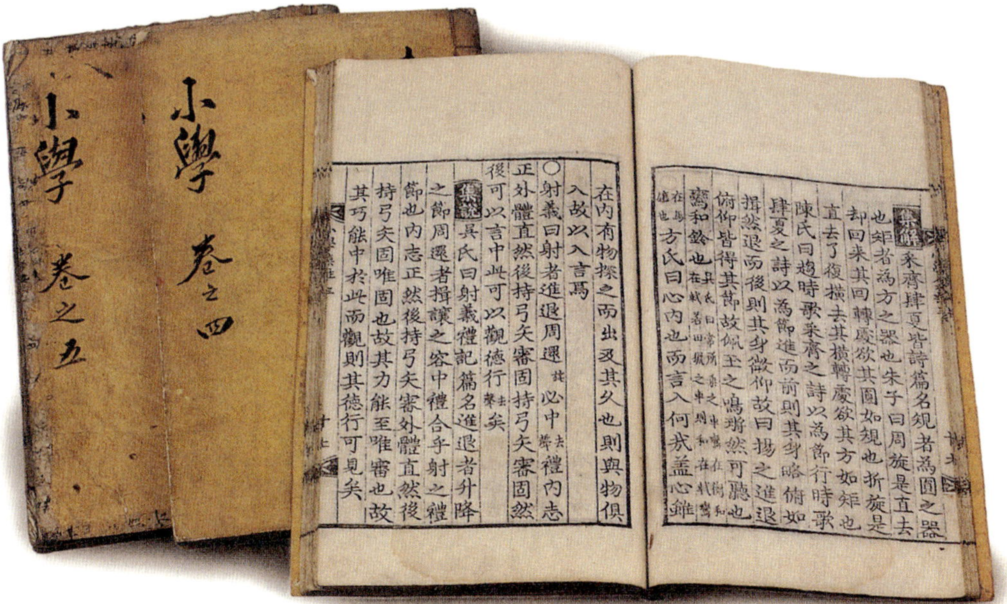

『소학』

작하고 높이 갈 때는 낮은 데서 시작하는 이치와 같다. 이렇게 하지 않으면, 이것은 머리가 없는 학문인 것이다.[35]

월천은 동시에 『심경』을 매우 중시했다. 이 점은 일정 부분 스승인 퇴계의 영향을 받은 것이라고 볼 수도 있는데, 그러나 일상적인 실천과 마음의 수양은 실상 서로 통하는 부분이 있다. 마음의 확신 없이 실천이 지속적으로 이루어질 수 없고, 꾸준한 실천을 통해서 마음은 더욱 굳건하게 함양되기 때문이다.

다만 한 가지 중요한 것은 여기서 말하는 『심경』은 『심경부주』와 구분해야 한다는 점이다. 본래 퇴계가 중시했던 것은 송대 진덕수眞德秀의 『심경』에 명대 정민정程敏政이 부주한 『심경부주』인데, 월천은 『심경』에 대해서는 퇴계와 마찬

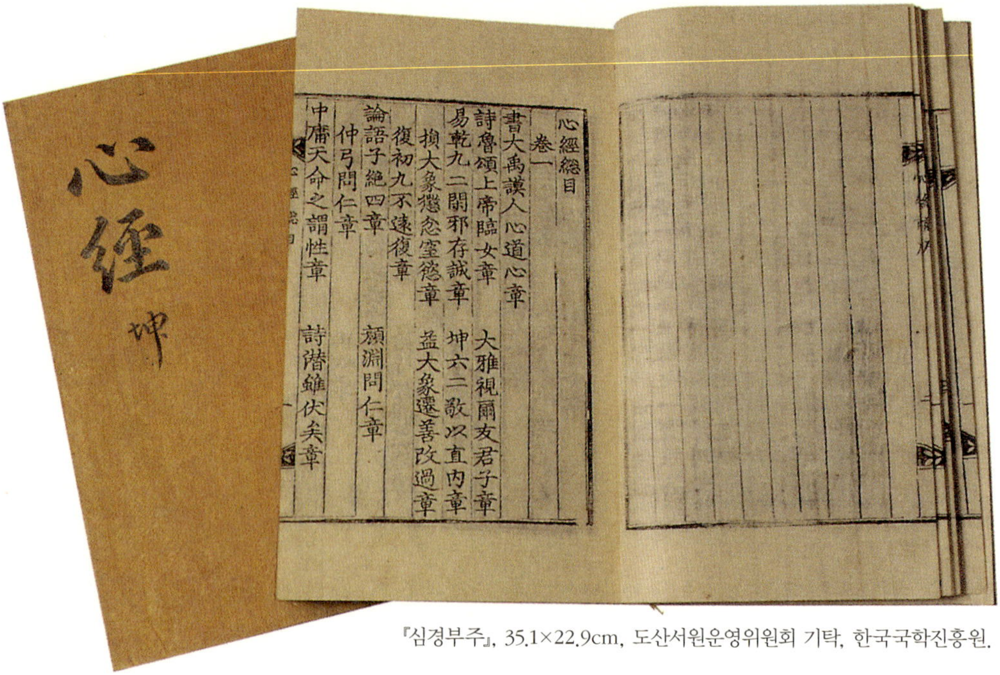

『심경부주』, 35.1×22.9cm, 도산서원운영위원회 기탁, 한국국학진흥원.

가지로 매우 중시하여 신명과 같이 믿고 엄격한 스승과 같이 공경했다.[36] 반면 『심경부주』에 대해서는 내용과 체제 전반에 대해 의문을 제기했다. 문제 제기의 핵심은 『심경부주』에 소개된 학설들이 주자의 정론이 아니라 여타 의심스러운 학설들과 뒤섞여 있다는 점과 특히 마지막 장에서 존덕성尊德性에 치중하여 도문학道問學을 소홀히 다루고 있다는 점이었다.[37] 퇴계는 이러한 문제점 자체를 부정하진 않았지만 『심경부주』에 대한 전반적인 평가에서는 둘 사이에 분명한 차이가 있다. 이 부분에 대해서 월천언행록은 다음과 같이 기록하고 있다.

『심경』을 즐겨 읽어서 평생토록 학문 연구의 바탕으로 삼았다. 거기에 수록된 경전과 송대 학자들의 학설에 대해서, 신명과 같이 믿었고 엄한 스승과 같이 공경했다. 밤낮으로 외우고 읽었으며 마음으로 이해하고 힘써 실천했다. 그리고 정황돈程篁墩(황돈은 정민정의 호)이 작업한 부주附註에 대해서는 더욱 심혈을 기울였는데, 그 조리와 절목 그리고 복잡하게 엉킨 핵심을 거친 데로부터 정밀한 데로 분석해 들어갔으며, 겉에서부터 속속들이 파악하여 상세하게 논하고 끝까지 분석했다. 일찍이 황돈이 사서四書의 학설을 설명하면서 주자의 본주만을 쓰지 않고 다른 학설을 가지고 와서 부주한 데 대해 괴이하게 여겼다. 선생은 읽고 또 읽고 의심하고 또 의심했지만 끝내 그 연유를 알 수 없었는데, 『황명통기皇明通紀』[38]에서 황돈이 과제課題를 팔아먹었고 영리를 추구했다는 비난과 『도일편道一編』을 저술했다는 설을 보게 되었다. 그 후 그의 사람 됨됨이 및 학문하는 자세가 명예와 영리를 떨쳐내지 못했고 강서 지방의 선학의 폐단에 빠져 있음을 알게 되었다. 이에 퇴계 선생께 거듭 질의하자, (퇴계 선생은) 답하기를 "황돈에 대해서는 내가 과거에 높이고 우러러보기를 태산북두와 같이 했고 신명과 같이 했는데, 그대가 밝혀서 보여준 것을 보고 난 후 낙심하고 실망하여 의아하고 괴이했지만 스스로 풀리지가 않아 이로 인하여 「심경후론」을 지었다"고 했다. 배우는 사람으로 하여금 명확히 납득할 수 있게 했으니, 마치 남쪽을 가리키는 지남철이나 어둠을 밝히는 거울과 같았다.[39]

월천은 정민정이 명리名利에서 벗어나지 못했으며 선적禪寂의 폐단에 빠졌다고 비판했다. 그것은 정민정이 기본적으로 주자학의 정통에서 벗어났다고 보았기 때문이다. 실제로 진덕수의 『심경』과 정민정의 『심경부주』는 철학적으로 분석해보면 약간의 차이가 발견된다. 다 같이 주자를 비롯한 송대 유학자의 학설을 인용하고 있지만, 『심경』에서는 인심과 도심을 다분히 이분법적인 시각에서 접근하는 성격이 강하며 인심을 판단의 주체로 보는 것이 아니라 도심에 대한 대립 개념으로 보는 경향이 있다. 반면 『심경부주』에서는 우선 인심과 도심을 이분법적으로 대칭시키지 않을 뿐만 아니라, 인심은 극복의 대상이 아니라 도리에만 맞으면 천리天理가 될 수 있다는 시각을 담고 있다.[40]

그의 집요한 문제 제기는 결국 퇴계로 하여금 「심경후론」을 발표하게 했다. 퇴계는 「심경후론」에서, 정민정이 비리에 관련된 것은 분명히 잘못된 것이지만 그의 개인적 비리와 그가 『심경부주』에서 인용한 정주의 학설은 구분되어야 한다는 원칙론을 제시했다. 그러나 이러한 해명은 월천이 제기한 문제에 대해 충분한 답변이 되었다고 보기는 어렵고, 근본적으로 『심경부주』의 해석을 둘러싸고 두 사람이 사상적 차이를 노출했다고 볼 수 있다.[41] 어쨌든 이후로 조정에서는 교서관에서 간행하는 모든 『심경부주』에 「심경후론」을 첨부하게 함으로써 「심경후론」은 조선조 유학자들이 『심경부주』를 읽는 지침이 되었다.

그는 또한 문장을 꾸미는 데 치중하는 소위 기송사장記誦詞章의 학문이나 육상산, 진백사, 왕양명 같은 학자들을 이단으로 배격했고, 철저히 정학正學과 도학道學을 추구했다. 퇴계는 송·원·명대 학자들 가운데 도학자들을 모아서 『송계원명이학통록宋季元明理學通錄』을 저술했는데, 월천은 그 발문을 쓰면서 나정암의 병폐와 그가 저술한 『곤지기困知記』가 정주의 학설에 대해 겉으로는 높이고 속으로는 흠을 내며 밖으로는 지지하고 속으로는 반대한다고 하여 가열하게 비판했다.[42]

이 점에서 본다면 퇴계학파의 학문적 방향을 설정하고 조선조 성리학의 체질을 형성함에 있어 월천의 역할이 결코 적다고 할 수 없다. 그는 정학을 위해 설문청薛文淸의 『독서록』을 지침으로 삼았으며, 『주서절요』는 모든 문장 가운데 정화를 모은 것으로 만세 도학의 모범이라고 하여 그 가운데 핵심적인 부분을 다시 추려서 한 권의 별책으로 만들어 가지고 다니면서 열람할 정도였다. 그는 학문에 있어 주자학의 정통을 계승하고자 했던 것이다.

난진이퇴의 출처관

월천은 43세 되던 해에 천거로 공릉참봉에 제수된 이후 81세에 공조참판에 이르기까지 평생 40여 관직에 제수되었는데 그 가운데 실제 부임한 것은 봉화현감, 공조좌랑, 현천군수 등 몇 차례에 불과했다. 그의 출처관은 특히 그가 광해군 시대를 살면서 정치적 논쟁의 중심에 있었으므로 상당히 흥미로운 문제가 된다. 즉 그가 북인 정권 아래에서 어떤 생각을 가지고 어떤 처신을 했는지의 문제는 그의 생애에 대한 평가와 직결되기 때문이다.

그가 처음 벼슬을 받았을 때 마침 퇴계도 공조판서에 제수되어 상경하고 있던 차였다. 월천은 벼슬을 받아 가는 퇴계에게 다음과 같은 시를 써서 보냈다.

어질고 덕 있는 이 다 불러 모으니 예법이 그물이고	蒐賢獵德禮爲羅
흙탕길에 넘어진 꼴이 뭇 사람의 웃음거리 되었네	潦倒其如衆所呵
가소롭구나 뱁새를 봉황새에 비할 수는 없을 것이니	可笑鷦鷯難比鳥
끝내 한 번 더 만나 뵌들 또한 무슨 소용 있으리오	終加一目亦無何[43]

스스로를 뱁새에 비유하기는 했지만, 월천은 퇴계의 벼슬길을 두고 자못 걱정스러움을 떨치지 못하는 모습을 내비쳤다. 전통사회의 재지 사족들에게 벼슬길은 고행길이었지만 한편으로 불가피한 것이기도 했다. 녹봉이 가계에 보탬

437-7

월천서당.

「월천서당」 현판, 59.0×164.0cm, 횡성 조씨 월천종택 기탁, 한국국학진흥원.

이 되기도 했고, 무엇보다 향촌에서 사족으로서의 지위를 유지하는 데 벼슬은 필수 요소였기 때문이다. 그러니 피할 수는 없지만 사람에 따라 벼슬에 대한 태도는 다를 수밖에 없었다. 위의 시를 통해 벼슬에 대한 월천의 자세는 그리 적극적이지 않았음을 읽을 수 있다. 월천에게 결코 적지 않은 벼슬이 제수되었지만 거의 출사하지 않았던 것은 기본적으로 벼슬에 적극적이지 않았던 출처관에 기인한 것으로 보인다.

제자로부터 걱정과 기롱이 반반쯤 섞인 시를 받은 퇴계가 월천에게 벼슬이 제수되었다는 소식을 들은 것은 서울로 올라가는 풍기豐基 객관에서였다. 66세가 된 퇴계에게 이미 벼슬은 전혀 호감의 대상이 아니었고 임금의 간곡한 부름에 대한 인간적인 의리의 발로였을 뿐이었다. 고단한 여정 중에 월천에게 벼슬이 내려졌다는 말을 듣고 장난기가 발동한 퇴계는 반대로 축하와 기롱이 섞인 다음의 시를 지어 보냈다.

어떤 새가 숲을 떠나더니 그물에 걸렸네 　有鳥辭林被網羅
숲속에 있던 한 마리 새가 깔깔대며 웃네 　林中一鳥笑呵呵

어찌 알리오 그물 가진 사람이 또 있을지	那知更有持羅者
제 둥지는 숨기려 해도 어쩔 수 없네	就掩渠巢不奈何[44]

일반적으로 예안지역 퇴계 문인들은 퇴계의 학문과 사상을 원형 그대로 계승하는 경향이 강했다고 보는 견해가 지배적이다. 이러한 견해는 반드시 정확하다고 할 수는 없지만, 적어도 출처관에 있어서는 공통점이 있으며 그 대표적인 인물이 월천이 아닌가 생각된다. 실제로 그가 부임한 벼슬이 극히 제한적이었으며 벼슬 자리에 오래 머무르지 않았다는 점은 부인할 수 없다. 이러한 사실에 비추어볼 때 적어도 월천은 벼슬살이가 자신에게 맞는 일이 아니라고 판단한 듯하다. 그는 벼슬살이에 대한 집착이 없었고 물러나는 과정에서도 고민하거나 누구하고 상의하는 법이 없었다. 이와 같은 월천의 출처관에 대해서 언행록에서는 다음과 같이 기록하고 있다.

> 아, 선생께서는 벼슬살이를 하면서 몇 번이나 제수되었고 몇 번이나 사퇴했던가? 옛날 군자들이 '나아가기를 어렵게 여기고 물러나기를 쉽게 여긴 난진이퇴難進易退의 의리에 대해 잘 알지는 못하지만 틀림없이 이와 같았을 것이다.[45]

즉 난진이퇴가 출처관에 있어서 월천의 특징이라는 것이다. 흔히 퇴계의 출처관에 대해 난진이퇴라는 말로 표현하곤 하는데, 월천은 자신의 후학들에 의해 같은 평가를 받고 있었다는 점을 주목할 필요가 있다.

월천은 출처의 문제가 나올 때마다 중국 송나라 학자 호안국胡安國의 말을 즐겨 인용했다. 즉 출처의 문제는 "호문정공이 말한 것처럼 '춥고 덥거나 배고프고 배부른 것과 같아서 스스로 알아서 판단할 일일 뿐'이라는 것이다. 그런 까닭에 세상에 나아가 행한 것도 남이 권해서가 아니었고 재능을 숨기고 드러내지 않은 것도 남이 만류했기 때문이 아니었다. 나아가기를 어렵게 여기는 의리에 힘써 여러 번 불렀으나 모두 사양했고, 쉽게 물러나는 절조를 굳게 지켜 벼슬에 미련을 두지 않았다"[46]고 기록하고 있다.

그런데 출처의 문제는 스스로 판단할 일이라는 호안국의 말을 기준으로 삼은 태도는 사실상 퇴계로부터 이어받은 것이었다. 월천은 퇴계의 언행을 총정리하는 글을 쓰면서, 퇴계가 일찍이 출처의 의리를 묻는 질문에 대해 호안국의 말로 답변했음을 분명하게 밝혀놓고 있기 때문이다. 즉 "사람이 벼슬길에 나아갈지 물러날지, 말을 할지 침묵할지의 문제는 마치 추위와 더위, 배고픔과 배부름과 같아서 스스로 알아서 짐작할 일이지 남에게 결정해달라고 할 수도 없고 남이 결정해줄 수도 없는 것"[47]이라는 말이다.

이 말은 월천만 사용한 것은 아니지만, 특히 월천이 출처와 관련하여 중요한 지침으로 받아들였다. 월천은 출사는 자신과 맞지 않고 산림을 지키면서 학문에 전념하는 것이 그 자신의 길이라고 여겼다. 그리고 이러한 출처관은 난진이퇴라는 말 속에 함축되었다.

타협을 모르는 척화 이념

월천은 임진왜란을 전후한 시기를 살았다. 장성한 이후로 늘 왜구의 노략질과 이로 인한 백성들의 고통을 목격했다. 왜란이 일어났던 임진년에는 그의 나이 69세로 직접 전투에 참여하지는 않았지만, 의병에 힘을 보태기도 했고 수령이 고을을 포기하지 않도록 압력을 넣기도 했다. 연보에는 당시 상황을 다음과 같이 기록하고 있다.

> 4월, 왜적이 상륙하여 여러 고을을 연달아 함락시켰다는 소식을 들었다. 당시 군사들은 갑옷을 버렸고 수령은 도망가서 고을 백성들은 모두 쥐처럼 숨어버렸다. 그러나 선생은 홀로 꼼짝하지 않고 서당을 지키고 앉아 현의 향리를 불러서는, 성을 비우고 도망가서는 안 된다는 뜻을 깨우쳐주고 고을 원에게 전달하게 했다.
>
> 5월, 왜적이 도성을 위협하고 양궁兩宮은 피난을 떠났다. 군사와 군량 모집을 상의했다. 향중의 사람들과 군량 및 군사를 모아 적을 토벌할 방법을 상의한 결과, 김해金垓로 하여금 대장을 맡도록 했다.[48]

이 당시의 상황은 『임진왜변일기』라는 이름으로 그 일부가 기록으로 전하는데, 월천은 당시 군량을 조달하는 납미納米 역할을 맡았던 것으로 되어 있다.[49] 이처럼 그는 본래 화의보다는 토벌을 주장하는 쪽이었다. 흔히 강화론에 대한 월천의 절대 반대는 동문인 류성룡과의 갈등에서 나온 것처럼 언급되기도 하지만, 임진왜란이 일어나기 전부터 그는 척화적 입장을 견지하고 있었던 것이다.

임진왜란이 일어나기 전인 1589년, 조정에서는 일본과 강화를 추진하기로 하고 황윤길黃允吉, 김성일金誠一, 허성許筬 등을 통신사로 일본에 파견했다. 이때 선위사로 파견된 이덕형이 편지로 일본과의 화의에 대해 월천의 의견을 묻자 월천은 "이여수李汝受(여수는 이산해의 자字)가 재상 자리에 앉아 하는 일이 또한 이런 것인가? 우리나라와 저 나라(왜)는 중국과 같이 일상적으로 소통할 수 있는 나라가 아니니, 단지 오면 예로써 응접하고 가면 예로써 전송하면 그만인 것

老病臥江皐
蹶然起遐槩
月川㪚人

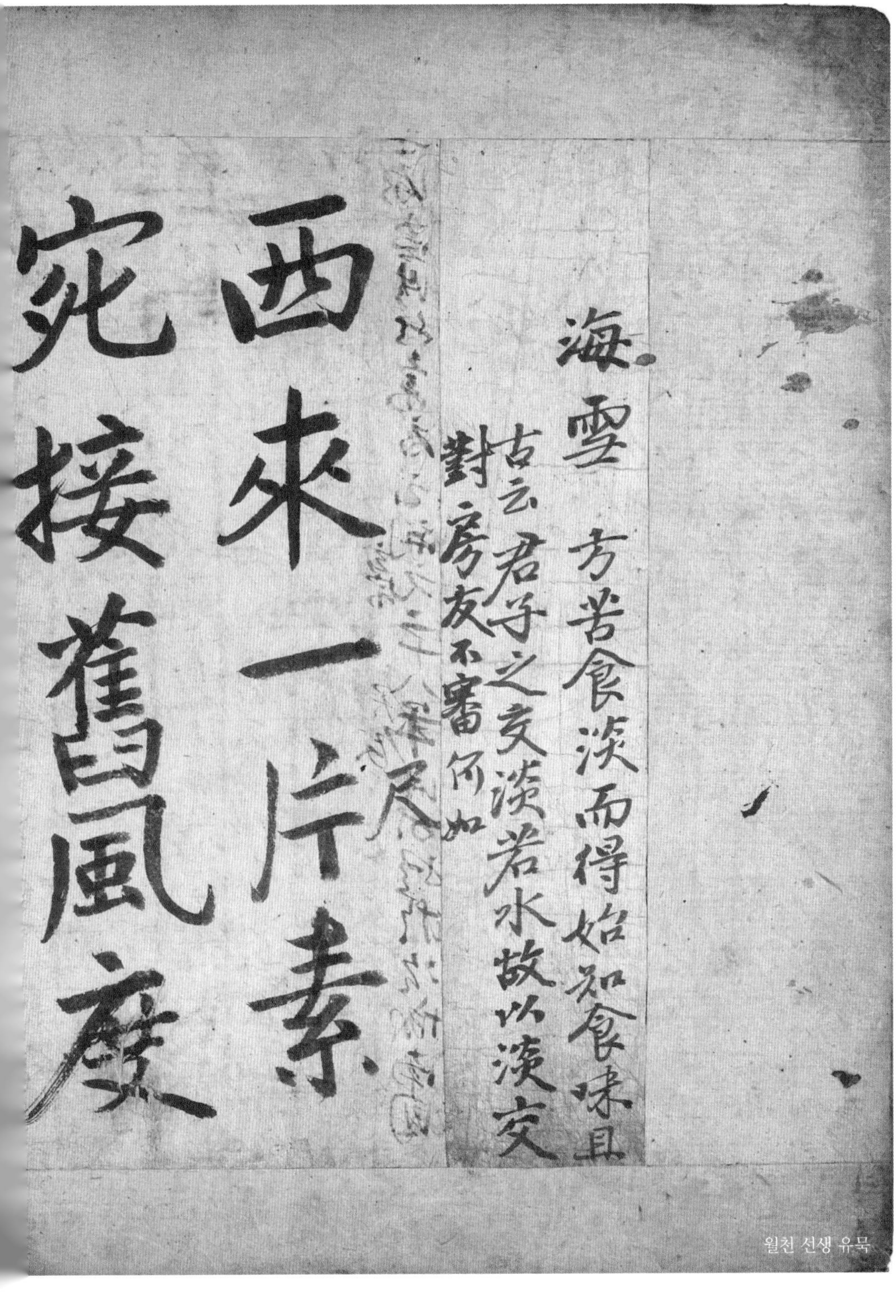

월천 선생 유묵

이다. 불행히 의외의 변고가 생기는 것은 우리가 저들을 어떻게 대하는지에 달려 있다"라고 하여 강하게 반대했던 것이다.[50]

따라서 임진왜란의 엄청난 피해를 당하고 나서 또다시 화의론이 제기된 데 대해 강력히 반대하는 것은 당연한 일이었다. 그는 선조에게 올린 상소에서 "또 강화를 추진한다는 말을 들으니 더욱 통분을 이길 수 없습니다. 백만 대군을 이끌고 쳐들어와 우리 백성을 도륙하고 우리 종사를 뒤엎고 우리 능침을 파괴하고, 아직도 돌아가지 않고 온 나라에 머물러 있는데, 이를 어찌 강화라 할 수 있습니까?"[51]라며 통분을 금치 못했다. 이처럼 월천의 강화 반대론은 일정 부분 사실에 근거한 것이며, 이러한 입장은 류성룡에게만 적용된 것은 아니다. 언행록에는 다음과 같이 기록하고 있다.

> 평생토록 (왜적과의) 화의를 배격하여, 평소에도 이미 선위사 이덕형의 질문에 불가함을 말한 바 있고, 임진년의 변고를 당하여 종사가 거의 위태로울 뻔했는데 다행히 중국 천자의 도움을 입어 군사를 출병시켜 구제하게 되었다. 그런데도 조정에서는 또 참고 견디는 대책으로 있다가 우선 강화의 계책을 내놓았다. 선생은 왜노들과 우리나라는 실로 불구대천지원수라 하여, 상소를 올려 그 불가함을 극론하는 한편 또 체찰사 이원익을 만나 힘껏 주장했다. 또한 서애 류성룡이 당시 영의정에 있었으므로 동문으로서 친절한 뜻을 담아 편지를 보내 말하기를, '길에 떠돌아다니는 말을 전해 들으니, 화의를 주창하여 나라를 그르친다는 주화오국主和誤國의 책임이 상공에게 있다고 하는데, 과연 사람들이 말하는 바와 같습니까? 상공께서 평생 탄식하면서 독서한 끝에 얻은 바가 단지 이 네 글자란 말입니까?'[52]라고 했다.

임진왜란 때 서애 류성룡이 입었던 갑옷, 류영하.

이처럼 월천의 척화 주장은 류성룡에게만 특별히 제기한 것은 아니었고, 류성룡을 공격하기 위해 과장되게 꾸며낸 것도 아니었음을 알 수 있다. 그의 원칙주의적 성품에서 나온 지론이었다고 봐야 할 것이다. 그러나 강화론에 반대하면서 월천이 제시한 대안은 매우 추상적이고 원론적인 것이었다. 이 점은 그가 선조 임금에게 척화를 주장하면서 제시한 대안에서 잘 나타난다. 즉 그는 임금에게 "엎드려 바라건대, 전하께서는 덕을 닦아 하늘에 이르고 인을 베풀어 백성을 위무하여 다시 종사를 안정시키고 국가 발전을 새롭게 하는 것으로써 오랑캐를 물리치는 근본으로 삼아야 합니다"[53]라고 건의한 것이다. 요컨대 덕

齋

「시재」 현판, 62.0×117.0cm, 횡성 조씨 월천종택 기탁, 한국국학진흥원.

을 닦고 인을 베푸는 것이 양이의 근본이라는 얘기인데, 근본적인 처방이기는 하지만 당장 실효를 거두기는 어려운 주문이다. 역시 원칙주의의 연장선상에서 이해할 수 있는 부분이며, 이러한 경향은 퇴계에게서도 관찰되지만 월천에게서 훨씬 강하게 나타난다.

언행록에 나타난 월천의 척화론은 '옳음'에 있어서 타협할 줄 모르는 강경한 성품의 표현으로 보인다. 월천서당 협실에 게시했던 「시재是齋」라는 현판은 '날로 바르게 된다'는 의미를 취한 것인데,[54] 월천의 성품을 가장 적절하게 표현하고 있다. 그렇지만 그의 타협을 모르는 강경한 성품이 서애계와 분란을 초래하고 월천 및 월천 학맥이 남명학파가 중심이 된 북인 정권 인사들과 가까이하게 된 하나의 배경이었을 수도 있다.

월천, 퇴계학을 계승하다

동계 정온은 퇴계 문하에서 월천의 위상에 대하여 "퇴계 이 선생이 영남에서 도학을 창도하니 당대 제일가는 인물과 큰 선비들 가운데 배움을 청하여 몰려든 사람이 매우 많았는데, 월천 선생이 그 가운데 으뜸이었다"[55]라고 했다. 퇴계와 월천 사이의 사제관계에 대한 정온의 평가는 다음의 명문銘文에 잘 드러나 있다.

우뚝한 저 문순공이여 동방의 주자여	卓彼文純 我東考亭
그를 알아본 이는 오직 월천 선생뿐	見而知之 惟我先生
선생의 도는 오로지 스승을 이어받았고	先生之道 繩墨於師
선생의 학문은 여기에 연원을 두었네	先生之學 淵源在茲
정자 문하의 양시요 주자 문하의 장식이라	程庭之楊 朱門之張
도통을 이었으나 그 광영 드러내지 않았네	有傳有受 不顯其光

도산 아래에는 월천이 굽이쳐 흐르니 陶山之下 月川滅滅
도산 쇠하지 않으면 월천 또한 마르지 않으리 山如不朽 川亦不渴

월천에 대한 정온의 이러한 시각은 적어도 17세기 중반『월천집』이 간행될 무렵 예안지역을 중심으로 하는 유림사회의 정서를 반영하고 있다고 여겨진다. 이처럼 월천이 퇴계에게 있어 특별한 제자였다는 인식은 대개 공유되었지만, 그가 스승 퇴계와의 관계에서 어떤 측면을 계승했고, 어떤 측면은 새롭게 발전시켰는지 다시 한번 살펴볼 필요가 있다. 왜냐하면 지금까지 자료를 통해 고찰한 것처럼 그가 퇴계를 단순히 조술하는 데 그쳤다고 볼 수는 없기 때문이다.

이에 앞서 월천은 퇴계를 어떻게 평가했는지 정리해보기로 한다. 퇴계에 대한 월천의 관점을 가장 잘 파악할 수 있는 자료는 아무래도 월천이 지은「퇴계선생언행총록」일 것이다. 여기서 월천은 퇴계에 대해 종합적으로 평가하면서 자신이 보는 퇴계관을 제시하고 있다.

> 세상에서 (선생을) 칭송하고 추천하는 사람 가운데, 어떤 사람은 서법의 정밀함을 들고, 어떤 사람은 문장의 신묘함을 들고, 어떤 사람은 겸손하게 물러남을 들고, 어떤 사람은 청렴결백함을 들지만, 선생을 아는 사람은 다만 경전에 밝고 행동에 신칙한 사람明經飭行이라고 할 뿐이다.[56]

월천은 선생을 제대로 아는 사람을 내세워 스스로 그 당사자임을 은유적으로 표현하면서, 퇴계가 당시 세상으로부터 평가를 받는 가장 중요한 이유를 '경전에 밝고 행동에 신칙함'으로 정의하고 있다. 퇴계에 대한 평가가 생각보다 간결하지만, 이 역시 월천의 성품으로 보인다. 그러나 지근의 거리에서 오랜 시간

지켜본 제자 입장에서 볼 때, 심오한 학문明經과 독실한 실천飭行이야말로 퇴계를 특징짓는 핵심 요소라고 판단한 것이다. 사실 학자로서는 최고의 평가라 할 수 있다. 세상에 심오한 학문을 가진 사람은 있을 수 있지만, 독실한 실천을 겸비한 이는 드물다. 또한 세상에 실천이 독실한 사람이 있을 수 있지만, 심오한 학문을 겸비한 이 역시 드물다. 월천은 이 두 가지를 모두 겸한 사람이 바로 퇴계라고 본 것이다. 그렇다면 퇴계와 월천의 공통점과 차이점도 이 두 가지 기준으로 정리해볼 수 있을 것이다.

먼저 학문에 있어서 월천은 주자학의 정맥, 즉 정학正學을 높이는 일을 학자로서 자신에게 주어진 소명으로 여겼다. 그는 평생 주자서를 존신했으며 시문이나 짓고 읊조리는 이른바 기송사장記誦詞章의 학문을 멀리했다. 이단 사상에 대한 비판의식이 철저하여 나흠순, 왕수인, 진헌장의 학문을 가열하게 비판했고, 이들의 학문을 비판한 진건陳建과 설선薛瑄을 매우 높게 평가했다. 이런 경향은 조선시대의 일반적인 주자학자들과 다를 바 없는데, 월천은 그 정도가 심해 특히 설선이 지은 『독서록』은 책상 위에 놓아두고 아침저녁으로 스스로를 점검하고 제자들에게도 권장했다.[57] 그가 율곡을 복심의 적으로 규정한 것은 이러한 시각에서 보면 일견 당연한 결과였다.[58]

월천은 이러한 관점에서, 주자학의 정맥을 가장 올바르게 계승한 이를 퇴계라고 보았다. 그는 퇴계가 주자서를 편집하여 엮은 『주서절요』를 백가 문자의 정화요 만세 도학의 모범이라 하고 자신의 종신 사업으로 삼았다.[59] 월천은 한 걸음 나아가 『주서절요』 가운데 더욱 절실한 부분을 발췌하여 별책으로 만들어 보기 편하게 만들어놓고 볼 정도였다. 따라서 현실에 있어서 학문의 모범은 퇴계였다. 그는 "선생의 학문을 배우는 사람은 비록 많으나 아는 사람은 드물고, 아는 사람은 비록 있으나 깨달은 사람은 더욱 적다. 이런 까닭으로 그 덕의 아름다움을 제대로 표현하기는 어렵다"[60]고 하여, 퇴계를 정확히 평가하는 일의 어려움을 토로했다.

더불어 "선생께서 태어나신 것은 위로 주자의 세대로부터 거의 400년이나 되고 땅이 서로 떨어진 거리 또한 1만여 리에 이르지만, 선생께서는 오히려 그의 글을 읽고 그의 뜻을 구하여 그의 도를 이루었으니, 후대 사람들이 만약 선생께서 주자를 공부하던 마음으로 선생의 학문을 구한다면 도에 이르는 것이 멀리 있지 않을 것이다"라고 하여, 퇴계가 주자학의 정통을 계승했으며 자신은 퇴계를 통하여 주자학의 정맥을 계승하겠다는 의지를 밝혔다. 나아가 "그 학문의 정대함, 의리의 정미함, 공부의 지극함, 실천의 확고함, 그리고 마음을 가라앉히고 분발하여 도를 체득하고 덕을 이룬 사람으로는, 나의 소견으로는 퇴계 한 사람뿐"[62]이라고 하여 퇴계가 주자학 정맥의 계승자임을 재확인했다.

이러한 의지대로 월천은 많은 부분에서 퇴계를 이어받았다. 무엇보다 철저한 도학 이념과 심학적 학문 경향은, 월천이 주자학의 정맥을 퇴계를 통해 계승함으로써 생겨난 특징이라 할 수 있다. 심학에 대한 그의 관심은 『사문수간』에 자주 언급되고 있는 『심경부주』에 대한 토론으로 나타났다. 비록 부주 부분에 대해서는 여러 문제점을 지적했지만, 『심경』에 대해서는 신명과 같이 믿고 엄한 스승과 같이 공경했는데 이것은 바로 월천의 학문이 지닌 심학적 경향을 나타낸다.

월천이 심학에 확신을 갖게 된 것은, 전국에서 수많은 학자가 퇴계 문하로 집결하는 이유가 무엇보다도 마음의 원리를 깨닫게 함으로써 기질을 변화시키는 교육 방식에 있다는 판단 때문이었다.[63] 그는 퇴계의 교육 내용에 대해서도 "그가 한 말은 성현의 가르침이었지만 그 이치는 오로지 마음에서 깨달아야 하는 것이었고, 그 적용은 만사에 두루 걸쳐지는 것이지만 그 본체는 모두 일

월천 묘소.

신에 갖추어져 있는 것"[64]이었다라고 하여 심학적 시각에서 이해하고 받아들였다.

이러한 교육은 월천의 처사적 삶과 학문에도 그대로 영향을 끼쳤다. 월천이 평소 가까이한 설선의 『독서록』 내용 중 특별히 주목한 것은 마음을 다잡는 조심操心의 공부였다. 그는 "만 가지 보양책이 다 헛된 것이고 단지 마음을 다잡는 것이 핵심"[65]이라는 허형許衡의 말을 극찬하면서, "사람이 학문하는 것이 어찌 마음을 다잡는다는 한 마디에서 벗어나는 것이 있겠는가? 이 마음을 한번 다잡으면 모든 사특한 것이 물러나니, 생겨났다 없어지는 온갖 사사로움이 어찌 마음을 놓아버리고 구하지 않는 데서 생기는 것이 아니겠는가?"[66]라고 한

말은 그의 학문 성격을 잘 보여준다.

다만 월천은 이러한 심학적 공부가 오직 주자학적 범주 안에서 이뤄져야 한다고 보았고 새로운 요소가 개입하는 것에 대해서는 매우 부정적이었다. 따라서 그가 『심경부주』와 관련하여 퇴계에게 거듭 문제 제기를 한 것도 『심경』 자체를 문제시한 것이 아니라 부주에 인용된 학자와 학설에 관한 것이었다. 즉 주자의 학설이 아닌 다른 학자들의 학설을 인용하여 심학의 정당성을 증명하는 데 대한 반발이었던 것이다. 이런 측면에서 본다면, 퇴계의 수용적인 자세에 비해 월천의 엄격하고 원칙론적인 입장이 부각된다. 그럼에도 월천은 퇴계의 심학적 학풍을 가장 근접한 형태로 이어받고 이를 예안지역의 퇴계학으로 발전시켰다.

다음으로 실천이라는 측면에서 퇴계와 월천의 관계를 보자. 일상적인 실천을 중시하는 태도와 난진이퇴의 처사지향적 삶의 방식에서 월천은 퇴계를 계승했다. 월천은 퇴계가 사람들로부터 존경받는 이유에 대해서, "평소 일상적인 몸가짐이나 일을 대하고 처리함에 있어 이치를 벗어난 적이 없었다. 그렇기 때문에 고을 사람들은 그의 감화에 승복하고 멀리 있는 사람은 그의 덕을 흠모하며, 어진 사람은 그의 도를 좋아하고 어질지 않은 사람은 그의 위엄을 두려워했다"[67]는 것이다. 이 말은 누구나 할 수 있는 입에 발린 칭송 같지만, 퇴계에게 있어 실천성의 특징을 잘 보여준다. 그것은 바로 심학적 학문 방법과 긴밀하게 연동되는 일상적 실천인 것이다. 일상에서의 실천을 통해 심적인 확신은 더욱 강고해지고, 반대로 강화된 심적 수양의 결과는 일상의 삶에서 도덕적 실천으로 나타나는 원리다.

따라서 퇴계에게 실천은 사회적으로 큰 파장을 일으키거나 다른 사람에게 강한 충격을 주는 그런 실천과는 거리가 있었다. 이러한 내재적 성격 때문에

혹자는 퇴계가 실천과는 거리가 멀었던 것처럼 보기도 하지만, 퇴계에게 실천은 심학적 학문세계와 연계되면서 결코 다른 것으로 대체될 수 없는 고유한 영역을 지니고 있었다. 월천은 이러한 일상적 실천의 특성을 정확히 파악하고 있었고, 이를 칙행飭行으로 표현했던 것이다.

월천의 생애를 살펴보면, 월천 역시 일상적 실천의 중요성에 대해 확고한 신념을 지녔음을 알 수 있다. 그는 『심경』을 중시했지만 마찬가지로 『소학』도 "사람 구실을 하는 태도이며 성인이 되는 기본"이라 하여 매우 중요하게 여겼다.[68] 또한 이러한 철학에 따라 일상적 도리의 실천을 강조했다. 많이 배우지 못한 고을 사람에게 무례하게 행동한 제자를 『소학』을 펴놓고 꾸짖은 사례나 글을 읽을 때는 정음으로 읽었고 글씨를 쓸 때는 반드시 정자로 썼던 사례 등이 이를 보여준다.

월천이 성균관에 유학했던 30세에 "의관을 단정히 하고 문을 걸어 잠그고 들어앉아 오로지 공부에만 전념하자 함께 머물던 여러 유생이 그를 보고 비웃었으나 월천은 흔들리지 않았다. 고향으로 돌아올 때 상사 이증李增이 시로써 작별했는데, 거기에는 '조趙 부자의 질박한 고인풍을 사랑한다'는 구절이 있었다"[69]는 기록은 퇴계가 33세 되던 해에 성균관에 유학했을 때의 모습을 연상케 한다. 즉 "이해에 퇴계 선생이 처음으로 태학에 유학했다. 이때는 기묘의 화를 거친 뒤였으므로 선비들의 풍습이 부박하여 선생의 법도 있는 행동거지를 보고 많은 사람은 비웃을 뿐이요, 상종하는 이는 오직 하서 김인후 한 사람뿐이었다"라는 구절이 그것이다. 남의 시선을 의식하지 않고 자신이 옳다고 믿는 기본을 실천에 옮겼다는 점에서 두 사람은 통한다.

일상적인 실천과 기본을 중시하는 월천의 태도는 관직보다는 처사, 출사보다는 은거를 지향하는 데로 이어졌다. 그는 『주역』의 64괘 가운데 유일하게 흉이 없는 것이 겸괘임을 중시하고, 겸퇴謙退하는 가운데 구차함이 없는 자족적 세계를 꿈꾸었다.[70] 이 점에서 월천은 퇴계와 흡사한 모습을 보인다. 난진이퇴의 출처관도 이러한 가치관이 현실에 적용된 것이라 할 수 있다. 월천이 67세 되던 해에 협천군수 직을 버리고 귀향했는데, 거듭된 사직 요청도 받아들여지지 않자 허락을 기다리지 않고 돌아와버린 것이 마치 퇴계가 풍기군수 직을 무단기 직하고 고향으로 돌아왔을 때를 연상케 한다.

그러나 월천이 퇴계와 다른 점은 도학적 신념을 가감 없이 행동으로 옮겼으며 훨씬 강경하고 직선적이었다는 것이다. 명종 초에 승려 보우의 처벌을 요구하는 상소가 빗발칠 때, 월천은 벽불소闢佛疏를 짓고 영남 유생들의 상소운동을 주도했다. 그러나 퇴계는 벽불에 대해서는 동의하면서도 처신의 도리에 있어서 미흡함이 있음을 강하게 지적하여 월천으로 하여금 상소를 포기하게 했다. 퇴계 역시 이단에 대한 비판의식은 확고했지만 그것을 표현하는 데는 매우 신중했다. 이에 비해 월천은 옳다고 생각하는 바를 주장함에 망설임이 없었으므로, 지지하는 사람도 있었지만 그를 비판하는 사람도 있었다. 왜국과의 강화론에 대해 그토록 격렬하게 반대한 것도 이러한 연장선 위에서 보아야 한다. 동문인 류성룡과의 개인적인 갈등보다는 명분 없는 강화 논의 자체에 대한 반대였다. 그렇기 때문에 류성룡뿐만 아니라 정치적 후원자였던 이산해에 대해서도 마찬가지 입장을 취했던 것이다.

결국 월천은 학문에 있어서는 더욱 주자학의 원형을 추구했고, 실천에 있어서는 자신이 옳다고 여기는 바를 적극적으로 행동에 옮기는 유형이었다. 그는 평생 주자학의 정통을 계승하고자 했고 현실에 있어서는 퇴계를 학문적 모범으로 여기고 따랐지만, 한편으로 남명 조식의 학풍을 존경했고 북인계의 이산해, 이덕형 등과도 일찍부터 교유했다. 북인계 인사들과의 관계를 오로지 정치적 목적에서 나온 행위로 보는 시각은 다시 검토해볼 필요가 있다. 그것은 월천 자신이 출사에 대한 야심이 거의 없었고 평생 난진이퇴의 출처관을 견지했기 때문이다.

월천의 생질이자 제자였던 금업은 월천의 학문과 실천을 다음과 같이 정리했는데, 지금까지 고찰한 월천의 학문과 사상을 압축적으로 보여주고 있다.

> 선생께서 일생 동안 부지런히 힘들게 공부하여 이룬 학문을 보니 배움을 좋아하여 싫증내지 않는好學不倦 정성을 알 수 있겠고, 선생께서 몸과 마음을 공경과 삼감으로써 지켜온 것을 보니 다잡아 지켜 실천에 옮기는操守行己 정도正道를 알겠다.[71]

'배움을 좋아하여 싫증내지 않는 정성'과 '다잡아 지켜 실천에 옮기는 정도'는 바로 월천이 학자로서 평생에 걸쳐 쌓아온 결실이며, 퇴계학파와 사림세계에 남긴 유산이었다. 월천의 학문과 생애에 대해서는 여러 평가가 있을 수 있다. 그러나 한편으로 생각해보면, 광해군 시대는 퇴계와 남명의 학문이 화학적으로 결합되는 시기가 될 수도 있었다. 퇴계와 남명은 동갑으로 동시대를 살면서 서로를 공경했지만 한 번도 만난 적이 없었고, 후대 뜻 있는 식자들은 이 점을 두고두고 아쉬워했다. 월천이 간접적으로 이러한 역할을 할 수도 있었다는 것이다. 이는 월천이 누구보다 퇴계를 정확히 이해하면서 동시에 남명과의 기질적, 학문적 상통성을 갖고 있었기 때문이다. 우리는 이 점을 근본과 원칙의 중시, 주자학적 정통주의, 난진이퇴의 출처관, 타협을 모르는 척화 이념 등 월천의 언행상의 특징에서 이미 확인했다. 도산서원 종향을 계기로 두 학파 사이에 실제로 협조관계가 이루어졌고, 그것은 현실로 나타나는 듯했다. 그러나 이러한 화학적 결합관계는 광해군 정권의 종언과 함께 끝나고, 이후 퇴계학과 남명학은 도저히 상통할 수 없다는 당파적 인식이 유학계를 지배해왔다.

그러나 월천은 당대의 산림으로서 퇴계가 직접 설계하여 세운 도산서당이 확대된 도산서원에 유일하게 종향되었고, 자신의 손으로 묶은『사문수간』은 임금의 발문을 받으면서 도산서원의 원보로서 보전되어왔다는 점에서 겉으로 드러난 이상의 의미를 지닌다. 서원에서는 매년 상덕사에서 춘추향사를 통해 그 정신을 기리는 한편,『사문수간』은 퇴계의 학문과 제자 교육의 모범을 지역 유림들에게 가르쳐주는 교과서로서 그 역할을 다해왔다. 월천과 월천 학맥은 비록 정치적으로는 몰락했지만, 퇴계의 학문정신과 도산서원의 지식문화는 월천을 통해 예안과 안동지역에서 독특한 유교문화의 뿌리를 내릴 수 있었다.

제3장

책으로 헤게모니의 중심에 서다

도산서원의 서책 간행과 지역사회의 문화 형성

손숙경

동아대 강사

잘 알려져 있듯이 도산서원은 선조 7년(1574) 퇴계 이황의 학문과 덕행을 기리기 위해 지역 유림들이 중심이 되어 세운 서원이다. 이후 도산서원은 전국적인 위세와 명망을 지닌 영남의 대표적인 서원으로 성장했다. 뿐만 아니라 영남 일원의 서원과 양반들의 헤게모니의 정점에 섰다. 도산서원은 17세기 이후 각 지역의 서원들과 연망관계를 맺고 이를 통해 양반의 사회적 지위를 재생산하는 중요한 사회문화 자원이 되었다.

도산서원이 영남의 중심에 자리하면서 문화적으로 중요한 역할을 할 수 있었던 요인 중 서원에서의 서적 간행을 빼놓을 수 없을 것이다. 도산서원에서 간행한 서적들은 광명실에 보관되어 있는데, 여기에는 서원에서 직접 간행한 서적뿐 아니라 국가에서 내린 내사본과 지방 관아에서 펴내거나 인근 지역 서원과 문중에서 발간해 기증한 많은 책이 있다. 도산서원이 안동을 중심으로 한 영남, 더 나아가 전국적인 명망과 위세를 지닌 서원으로 자리매김하는 데 있어 서적 간행은 어떤 영향을 미쳤을까? 이 연구는 이러한 물음에서 출발한다.

도산서원은 서적을 출판했을 뿐 아니라 전적의 관리 보존을 위해 별도로 광명실과 장판각을 세웠고 서적 관리에 관한 엄격한 규정을 마련했다. 16세기 말 이후 경상좌도의 여러 서원을 이끌어가는 위치에 있던 도산서원은 지역 서원과 사림들 사이에 문제가 일어나면 조정자로 나서기도 했다.[1] 그러기 위해 도산서원은 스스로 그에 합당한 이념적 권위를 갖춰야 했다. 서적 간행 역시 이를 위한 중요한 작업이었을 것이다.

도산서원의 서적 출간 및 관리, 그리고 운영과 관련하여 여러 연구가 이뤄졌다. 먼저 서원 장서의 성립과 발전을 고찰하면서 도산서원의 기본 장서藏書는 퇴계의 장서가 기반이 되어 이후 서원 문고 형성에 중요한 역할을 했다는 것이다.[2] 이는 도산서원에서 수장한 책의 종류와 이들 서적의 구입과정을 폭넓게 이해하는 데 도움이 된다. 이와 함께 조선시대 서원이 도서관으로 활용된 측면을 논의하면서 도산서원의 도서 출판에 대해서 간략히 언급하고 있는 것도 있다.[3] 이들 연구 성과는 도산서원에서 책을 간행한 사실과 도산서원에서 소장하는 서책들에 대한 서지 사항을 밝히면서 책의 간행과 관련한 내용을 부분적으로 언급하고 있어 도서 간행과 문화 형성 관계에 주목한 것은 아니다.

이와 달리 도산서원에서 많은 고전적古典籍을 수장하게 된 과정과 관리에 대해 논의한 「도산서원 고전적의 형성과 관리」 등은 도산서원의 서적 간행사업 등을 논의하는 데 유익하다.[4] 여기서는 소장 서책을 전반적으로 검토하면서 그 가운데 직접 간행한 책들의 면모를 소개했다. 그리고 이 책들의 간행과정과 관련 있는 고문서 자료들도 함께 언급하면서 지역사회에서 유교 이념의 형성과 연관된 서책들의 가치와 의미를 밝혔다. 이와 함께 도산서원의 서적 간행을 기록한 일기를 중심으로 서적 간행과정을 다룬 연구에서는 서적 간행에 관여했던 인적, 물적 토대와 연망 등을 확인할 수 있었다.[5]

기존 연구들은 도산서원 간행 서적들의 배경과 서적 간행에 논의의 초점을 둔 것은 아니다. 서책 간행은 인적, 물적 경비가 많이 드는 작업인데 현실적으로 경제적 기반이 제약받는 상황에서 어떻게 책을 출간하고 배포할 수 있었을까? 이러한 예산과 경비는 어떻게 마련되었을까? 서책 간행사업은 지역사회의 지식문화를 형성하는 데 어떻게 기여했을까? 이러한 물음에 대해 세밀하게 분석하고 그 의의를 밝혀보려는 것이 이 글의 목적이다. 또한 책이 간행되는 과정과 유통 속에서 도산서원이 지역사회에서 어떠한 공적 질서와 규범을 만들었으며 그러한 질서는 유교문화와 어떤 상관관계를 지니는지를 밝힐 것이다.

책 출판의 중심,
도산서원

잘 알려진 것처럼 조선시대 출판문화는 국가의 교서관을 비롯하여 각 지역의 관아와 서원, 사우祠宇 등에서 책이 출판되고 이후 각 지역에 보급되는 체제였다. 도산서원에서 작성된 서적 목록, 통문, 서책치부기, 서원일기(간역일기), 서적 간행과 관련된 통문 등의 자료는 서책 간행과 지역사회의 지식문화가 어떻게 형성되어 나갔는지를 잘 보여주는 매우 값진 자료다.

지역공동체의 기반이 될 성리학적 지식
도산서원이 간행한 책들

서원은 도서를 간행하는 역할도 했다. 명종 20년(1565) 평안도 중화의 청량서원에서 『속문범續文範』을 펴낸 것이 최초의 서원 출판으로 알려져 있다.[6] 이

도산서원 광명실.

어 1566년 청량서원의 『근사록집해近思錄集解』 『고사통략古史通略』(1568), 성주 천곡서원의 『설문청공독서록요해薛文清公讀書錄要解』(1574), 『숙흥야매잠夙興夜寐箴』(1575), 서천 명곡서원의 『표제구해공자가어標題句解孔子家語』(1581) 등이 초기의 서원 출판물이다.[7]

도산서원은 퇴계 선생의 위패를 모시는 상덕사尙德祠, 학문을 가르치는 강당인 전교당典教堂, 유생들이 거주하는 동서재東西齋, 서원의 전적을 보관하는 광명실光明室 등으로 이뤄져 있다. 서원에서는 책을 구입하거나 내사받고 기증받으면 책의 첫 장에 반입 내력을 적고, 『고왕록』 등에 날짜와 사연을 기록해두었다. 또한 책 목록을 작성해 보관했다. 강당 등에 책을 모아놓은 서원도 있었지만 대개는 건물을 따로 짓고 그 안에 서가를 만들어 집중적으로 관리했다. 나

도산서원 장판각.

라에서 하사받은 내사본들은 어서각, 어필각 등의 현판을 달아놓은 건물에 따로 보관했다. 다른 서적들은 장서각, 경각, 존경각 등으로 이름지은 건물에 두었다. 또한 간행한 책들의 책판은 속사屬寺에 두기도 했으니 대개는 장판각, 경장각 등의 건물에 판가板架를 만들어 보관했다. 서원의 장판각에는 도산서원에서 만든 것뿐만 아니라 다른 곳에서 만든 책판도 맡겨두었다.

도산서원의 서고인 광명실에는 내사본과 지방 관아에서 도서를 간행하여 보낸 것, 도산서원에서 간행한 것, 구입한 것, 역동서원에서 옮겨온 전적들, 퇴계가 소장했던 서적 등이 보존되어 있다. 특히 도산서원은 국가의 주요 서원 중 하나로서 내사가 자주 이뤄졌고 많은 내사 선본을 갖추고 있었다. 도산서원에는 이처럼 여러 경로를 통해 책이 모여들었다.[8]

도산서원에서 간행한 전적은 읍지의 책판조, 누판고, 한국책판목록총람[9]과 현전하는 도산서원의 서목과 현물을 통해 알 수 있다. 이를 통해 파악되는 서원이 펴낸 서적은 다음과 같다.

[표 1] 도산서원 수장의 자체 간행본

연대	서책 이름	분량	비고
甲午九月	『도산기陶山記』	1책	추간追刊
戊寅冬	『매화시梅花詩』	1책	
1743년 冬	『송계원명이학통록宋季元明理學通錄』	12권 6책	
1852년	『역해참고易解參攷』	17권 10책	
1743년 秋	『주자서절요朱子書節要』	20권 10책	
1904년 冬	『주자서절요朱子書節要』	20권 10책	
甲午八月	『퇴계선생연보退溪先生年譜』	1책	추향시추록秋享時追錄
?	『퇴계선생문집退溪先生文集』	49권 31책	

위의 8종 가운데 서원에서 자체 간행한 것이 7종이고 필사본이 1종이다. 양적으로 볼 때 결코 많은 편이 아니다. 광무 3년(1899)에 실시한 조사에 따르면 도산서원에서 간행한 책판은 24종이지만 그중 4종만 확인되었다.[10] 도산서원 자체 간행본에서는 약 17퍼센트만 확인되고 있다.[11] 그렇지만 도산서원에 소장된 고문헌 자료에 기록된 서책 간행 관련 기록을 종합해보면 실제로 도산서원에서 간행한 서적은 더 많았던 것으로 보인다.

이것은 『누판고鏤板考』를 통해서도 확인된다.[12] 이를 보면 책판의 종류는 모두 610종으로, 이 가운데 서원 장판은 84개 서원과 사우이며 184종에 달하고 있다. 지역별로는 경상도가 전체 184종 가운데 124종으로 약 70퍼센트를 차지한다. 이 가운데 경상도 서원판이 54개소에서 127종으로 나타나 경상도 서원에서 서적 간행이 가장 활발했음을 알 수 있다. 고종 8년(1871) 서원 철폐 전까지 경상도의 서원 간본은 총 103개 서원에서 277종으로 확인되어, 경상도 서원 판본이 정조 20년(1796) 이후에도 두 배 넘게 증가했음을 알 수 있다.[13] 그 가운데 책판의 수량이 가장 많은 곳은 도산서원으로 총 17종이다. 그다음이 노강서원, 옥산서원, 회연서원, 돈암서원, 소현서원, 표충사 순으로 7종에서 5종까지다. 이처럼 각종 서적에서 확인되는 도산서원 간행 서책들은 17종, 24종 등 그 수량은 다르지만 여느 서원에 비해 간행된 서책은 훨씬 많았다.

경상도 지역 서원에서 서적을 활발히 펴낸 것은 지역 양반들의 사회적 권위 유지 측면과 관련해서 볼 수 있다. 조선 후기로 접어들면서 제한된 관직으로 인해 과거를 통해 관료가 될 기회는 줄어들었던 반면 과거 응시자인 사대부는 늘어났던 사회 구조의 변동과도 무관하지 않다. 말하자면 가문이 대대로 관직 봉사를 할 수 있으리라는 보장이 없어진 터에 관리가 되지 않으면 양반 가문은 어떻게 자신들의 신분을 유지할 수 있을 것인가에 대한 해결책을 마련해야 했다. 그중 하나로 지역사회 엘리트 역할을 새롭게 규정하는 일도 있었다. 이러한 움직임은 양반 가문의 공동체 형성을 불러일으켰고, 도산서원 간행 서적을 유통 보급하는 것은 공동체를 꾸리고 유지하는 데 중요한 역할을 했다.

그렇다면 도산서원은 어떤 종류의 책을 찍어냈을까? 먼저 퇴계문집은 필사본 및 간행본이 있으며, 여러 차례 중간을 거치면서 가장 중요한 경자복각본(1600), 갑진중간본(1724)의 책판까지 갖춰져 있다. 퇴계문집은 1600년에 초간이 이뤄진 뒤 1724년과 1843년의 중간 및 1817년의 보각이 대표적인 것으로 알려져 있다. 시기별 판본은 실제 조금씩 다른 몇 가지 이본이 있는데 이는 사소한 보각이나 개각이 끊임없이 이루어졌음을 의미한다. 이와 함께 『계몽전의啓蒙傳疑』『주자서절요朱子書節要』『송계원명이학통록宋季元明理學通錄』『월천집月川集』『몽재집蒙齋集』『온계집溫溪集』『송재집松齋集』『도산기陶山記』『매화시梅花詩』『역해참고易解參攷』『심경心經』 등이 도산서원에서 간행한 책들이다.

16세기 서원은 사림에게는 선현을 향사하고 학문을 닦는 장소임과 동시에 지식 정보가 집적되고 이를 보급하는 역할을 했다. 서원은 서적을 수장하고 간행하여 지방 양반들의 서적에 대한 요구에 부응하며, 재지 사족이 학문적 네트워크를 이루는 장소가 되었다. 정조 20년(1796)에 완성한 『누판고』의 기록에서 볼 수 있듯이 조선 후기로 갈수록 서적을 펴내는 일은 더욱 활발해졌다.

한편 경상도 서원에서 간행한 서원 판본을 주제별로 분류해보면 문집이 142종, 전기류 43종, 유가류儒家類 30종, 경서經書 16종, 법첩法帖 16종, 사서류史書類 10종, 족보류 8종, 원지류院志類 7종, 동몽류童蒙類 2종, 기타 3종이다. 이 가운데 문집류가 142종으로 가장 많은데, 주로 서원에 향사享祀된 이들의 문집이다. 다음으로 전기류 43종은 주로 향사된 이들의 실기實記다. 유가류 30종은 성리학과 관련 있으며, 경서류는 16종이나 출판되었지만 사서삼경은 출판하지 않

用藥石應物而施爐錘或抑或揚或導或救或激而進
之或斥而警之心術隱微之間無所容其纖惡義理
窮索之際獨先照於毫差規模廣大心法嚴密戰兢
臨履無時或息懲窒遷改如恐不及剛健篤實輝光
日新其所以勉勉循循而不已者無間於人己故其告
人也能使人感發而興起焉不獨於當時及門之士爲然
雖百世之遠苟得聞教者無異於提耳而面命也嗚呼
至矣顧其篇帙浩穰未易究觀兼所載弟子之書或不
免有得失滉之愚竊不自揆就求其尤關於學問而切
於受用者表而出之不拘篇章惟務得要乃屬諸友之
善書者及子姪輩分寫訖凡得十四卷爲七冊蓋視其
本書所減者殆三之二僭妄之罪無所逃焉雖然嘗見
宋學士集有記魯齋王先生以其所編朱子書求訂

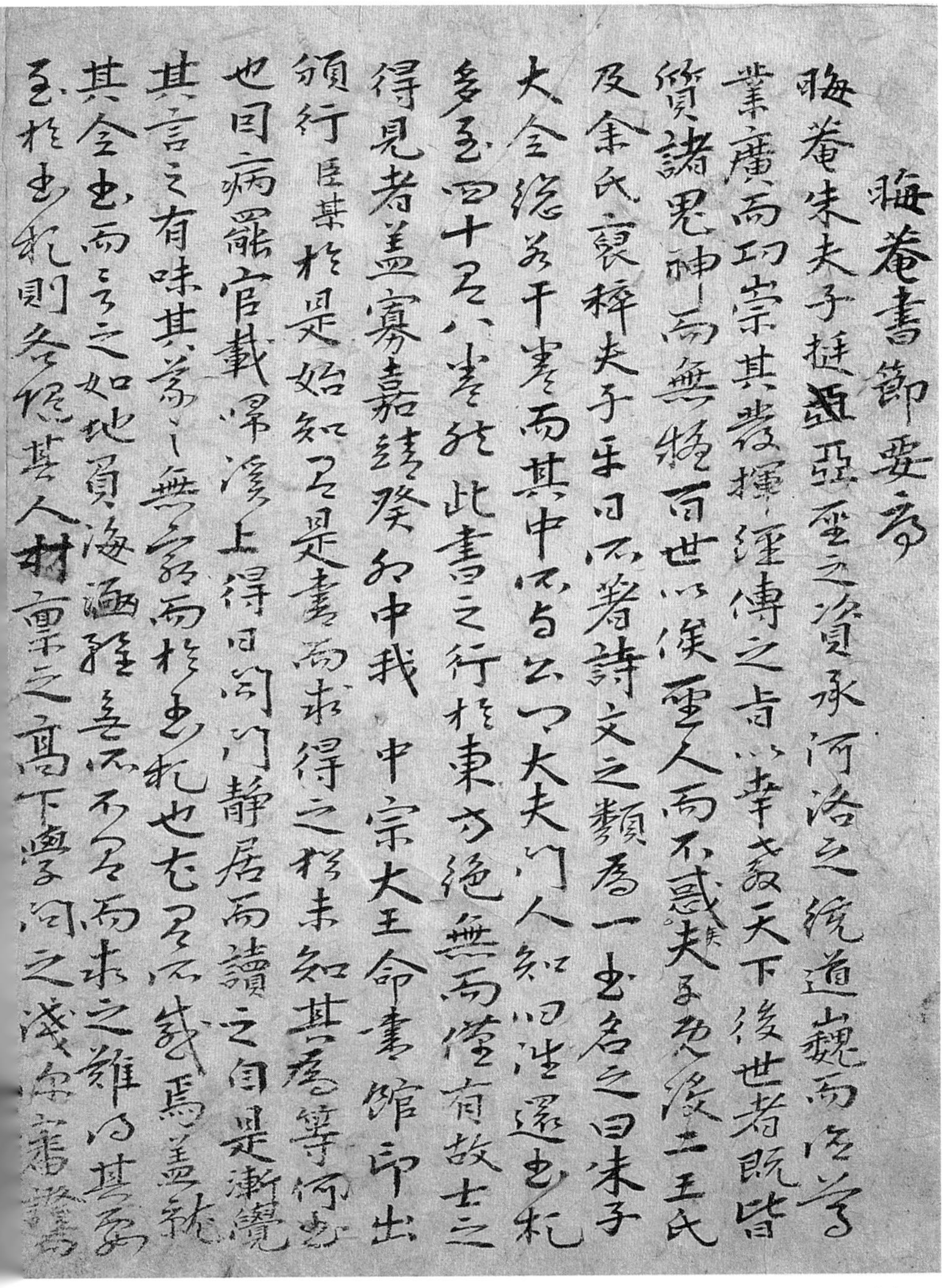

晦菴書節要序

晦菴朱夫子挺亞聖之資承河洛之統道巍而德尊
業廣而功崇其發揮經傳之旨以幸教天下後世者既皆
質諸鬼神而無疑百世以俟聖人而不惑矣夫子旣沒二王氏
及余氏裒稡夫子平日所著詩文之類爲一書名之曰朱子
大全總若干卷而其中所與公卿大夫門人知舊往還書札
多至四十有八卷然此書之行於東方絶無而僅有故士之
得見者蓋寡嘉靖癸卯中我 中宗大王命書館印出
頒行臣滉於是始知有是書而求得之猶未知其爲何等書
也因病罷官載歸溪上得日閉門靜居而讀之自是漸覺
其言之有味其義之無窮而於書札也尤有所感焉蓋其
其全書而言之如地負海涵雖無所不有而求之難得其要
至於書札則各隨其人材稟之高下學問之淺深

「회암서절요서」, 이황 찬서, 종이에 먹, 40.1×25.6cm, 1588, 개인.

았다.[14]

경상도 감영에서 발행한 서적과 비교해볼 때 종류와 내용 면에서 차이가 있다. 경상도 감영은 선조 34년(1601) 대구에 정착한 뒤 1894년 경상도가 남북으로 나뉠 때까지 293년 동안 그곳에 있었다.[15] 이 기간 동안 간행한 서적은 모두 233종이다. 이를 주제별로 분류해보면 칠서七書(四書三經) 44종, 경서經書 6종, 정교류政敎類 23종, 예서류禮書類 12종, 사서류 23종, 유가류 20종, 동몽 3종, 자서字書 3종, 의가류醫家類 9종, 병가류兵家類 7종, 농가류農家類 1종, 유서류類書類 3종, 시문류 詩文類 17종, 문집 57종, 기타 6종이다.[16] 이 가운데 사서삼경이 44종으로 가장 많아 서원과 대비된다. 다음으로 정교류와 사서류, 유가류 서적이 차지했으며, 문집류는 경상도 서원에서 간행된 종수와 견주면 적은 수만 펴냈다.

16세기까지는 관찰사가 대개 관내 지역을 순시하는 순찰사 역할을 했기에 관찰사의 요청에 따라 출판한 지방 관아의 판본은 지방 수령이 자기 고을에서 간행하는 형태였다.[17] 그러다가 17세기 이후에는 감영이 한 지역에 정착해 관찰사가 간행하는 서적은 주로 감영 소재지에서 직접 맡았다. 이들 판본은 영영판嶺營板, 완영판完營板, 기영판箕營板 등 감영의 명칭을 명기했다.[18]

조선 후기 경상도에 한정하여 서원판과 감영판을 비교해보면 서로 다른 특징을 볼 수 있다. 서원에서는 성리학 서적과 서원에 향사된 이들의 문집류가 중심을 이룬 반면, 감영은 중앙정부의 정치적 교화서인 정교류와 지배 이데올로기를 담고 있는 사서삼경이 중심이다. 국가에서 널리 보급할 필요가 있는 서적은 행정기관에서 담당하고, 오히려 재지 사족이 필요로 하는 성리학의 이해를 돕는 책은 서원에서 간행하는 구조였다. 도산서원에서 발간한 것도 대부분 퇴계가 저술한 책들과 문집류, 성리학과 관련된 책들이다. 이와 함께 도산서원에 이학서理學書가 많이 비치된 것도 주목할 만하다.[19]

지역사회 사림들은 마땅히 개인으로, 가족의 일원으로, 학자로, 지방에서 활동가이자 관리로서 조화로운 사회를 만들어야 한다는 전망을 품고 있었다. 사림은 도덕적 권고를 통해 갈등을 해소하고 예禮를 실천하며 성리학적 학문에 참여하고 어렵고 힘든 이들에게 원조를 제공한다는 것이었다. 사림은 학문과 정신 수양에 대한 자신들의 방안, 가족 간의 단결, 공동체 형성, 선행을 촉진시키고 자신들의 생각을 실천에 옮기기 위해 사당, 서원, 향약, 사창을 짓고 출판사업을 펼쳤다. 이러한 프로그램은 전국적인 것이었다. 사림들은 동일한 텍스트를 읽고 유사한 예禮를 실천했으며 비슷한 제도를 세워나갔다. 사림들의 이러한 가치가 서원에서 간행하는 서책 내용에 영향을 미쳤을 것이다. 사림들 사이의 성리학적 지식의 공유는 이들이 무엇인가를 실천할 때 제대로 작동할 수 있는 이념적 뒷받침이 되었을 것이다.

서책 간행을 돕고 분쟁을 조정하다

현재 도산서원에서 간행한 책들 가운데 『퇴계선생문집』과 『도산급문제현록』은 그 간행과정을 살펴볼 수 있는 기록이 전해져 간행의 실상을 잘 보여주는 귀중한 자료라 할 수 있다.

퇴계선생문집 중 『퇴계선생문집 개간시 일기』(1817)와 『퇴계선생문집 중간시 일기』(1843) 등과, 『도산급문제현록』 중 『도산급문록 간역시 일기』와 통문, 일기 등의 고문서 등은 특히 여기에 도움이 된다.

그 외에 간행한 책들은 도산서원 소장 각종 고문서 자료에 간행에 대한 기록이 부분적으로 보일 뿐이다. 이를 통해서 이들 책의 간행에 대한 내용을 조금이나마 알 수 있다. 그중 『퇴계선생문집 개간시 일기』는 1817년 1월 5일 당회가 개최되는 날부터 인쇄본을 조정에 보내는 8월 12일까지의 상황을 싣고 있다. 경연에서 강독할 퇴계집이 낡았기 때문에 다시 간행해 올리라는 홍문관의 지시를 계기로 대대적인 보간 작업을 하면서 매일의 진척 상황을 기록한 것이다. 퇴계집은 선조 33년(1600) 처음 간행되었으며, 영조 즉위년(1724)에 개간한 적이 있다.

도산서원은 자체적으로 출판을 했을 뿐 아니라 다른 서원에서 서책을 펴낼 때 협조도 했다. 이것은 도산서원이 책 간행 작업을 중요시했음을 보여준다. 서원에서 도서를 출판할 때는 먼저 원임과 지역 유림, 후손들이 모여 유회儒會를 열고 서원에 모신 선현의 문집이나 실기實記 간행을 계획했다. 도산서원에서 퇴계선생문집을 개간할 때도 이러한 절차를 거쳤다. 퇴계선생문집 개간은 1817년 1월 5일 58명의 회원이 모인 당회에서 원장 이이순 등이 제안하여 이뤄졌다.

이렇듯 간행이 제안되어 결정되면 재원을 마련하고자 서원 수입 중 일부를 할애해 별고別庫를 마련하고 필요한 돈을 계속해서 모았다. 일의 규모가 작으면 식리殖利를 운용하여 증식하는 방법을 썼다. 어느 정도 자료가 모이고 돈이 마련되었다고 판단되면 책 펴내는 작업에 착수했는데, 다른 서원이나 향교에 통문을 보내 그 계획을 알리고 협조를 요청했다. 이때 간소刊所라는 이름의 별도 기구를 두어 주관하도록 했다. 도산서원에서도 이후 1817년 2월 20일 농운정사에서 도도감과 도감, 별임, 간임, 재임, 서사 등을 뽑고 별소를 마련했다. 4월 26일에는 부족한 경비를 예안향교, 역동서원, 분강서원 등 향교와 인근 서원에 비용을 배정해서 거뒀다. 관찰사와 지역 사림 또한 간행 작업을 도왔다.

문묘에 모셔진 대현大賢이고 책판의 규모가 크면 주변 지역의 교원校院과 후손, 유림들에게 통문을 돌려 도움을 청하거나 액수를 지정하여 통고했다.[20] 또한 지역별로 할당액을 정해 거두기도 했다. 1817년 문집을 개간할 때 말고도 1837년 봄 『퇴계선생문집』 중간을 결정하고 일을 추진할 때 역시 마찬가지였다. 유림들이 안동 봉정사 유회에서 문집을 중간하자는 의견을 모았으나 판각, 배포, 사본 등 일의 규모가 커질 듯하자 경상도 각 고을에 통문을 내 다시 의성향교에서 도회를 열어 업무를 분담하기로 했다.

1840년 8월 의성향교 도회에서 경상도를 4개의 진관鎭官(경주, 진주, 안동, 상주)으로 나누고, 각 진의 도청都廳에서 진내鎭內 각 고을에 수전유사收錢有司를 한 명씩 정해 돈을 거두도록 했다. 이황을 모시는 서원과 문인들을 모시는 서원은 20냥씩을, 다른 서원과 문중은 해당 진의 도청에서 적당한 액수를 나눠서 내기로 하고, 도청에서 책임지고 돈을 모아 도소都所로 보내기로 했다. 도소는 안동 봉정사였으며, 기한은 11월 12일이었다. 신판과 등본謄本에 30권, 2200여 매의 판을 마련해 3년 뒤인 1843년에 문집을 중간했다. 이때까지 나눈 액수를 다 거둬들이지 못해 독촉하는 통문을 보내기도 했다.[21]

1817년 『퇴계선생문집』을 개간할 때 도산서원에서는 관에 알리지 않고 서원 자체적으로 해결하려고 했는데, 순찰사 김노경이 서원을 방문해 돈 50민緡과 종이 1동을 부조했다. 이와 관련한 내용을 살펴보자.

> "간역의 일을 시작하면서 어찌 감영에서 모르게 하오? 퇴계 선생 간역집은 나도 도감이 되는 것이 좋습니다."
> "일이 많지 않아 관유關由에 의하지 않았습니다."
> "개간 분량은 얼마요?"
> "200여 판입니다."

「경상도」, 『여지도』, 종이에 채색, 31.5×21.6cm, 18세기, 보물 제1592호, 규장각한국학연구원. 1840년 퇴계선생문집 중간 때는 의성향교에서 경상도를 경주, 진주, 안동, 상주로 나누어 이들 진이 각 고을에 비용을 나누어 분담하게 했다.

예리禮吏를 불러 돈 50민과 종이 1동을 부조단자에 쓰게 했다.

"간역을 마친 뒤 인쇄본 한 질을 주시면 어떻겠소?"

"이미 많은 부조를 받았는데 감히 부탁을 어기겠습니까?"

순상이 여강서원의 일에 많은 말을 했다. 좌중이 규각을 드러내지 않기를 힘썼다. 고을 수령들이 따라서 사당을 참배했다.[22]

이때 순흥, 풍기, 봉화, 예안 수령들이 함께 와서 사당을 참배했다. 이처럼 도산서원에서 순찰사에게 알리지 않고 서원 내에서 해결하려고 한 것은 여강서원과의 일로 그렇게 한 것으로 보인다. 그렇지만 이러한 상황이 아니었어도 도산서원에서는 서책 간행을 스스로 꾸리려 했던 듯하다. 다만 간행에 필요한 각수 등을 동원하는 데는 관의 협조가 있어야 했고, 어떤 때에는 도움을 청하지 않아도 관에서 스스로 도와주기도 했다.

물론 관의 협조가 늘 순조로웠던 것만은 아니다. 개간시 간역소 고지기가 산송山訟 일로 구금되어 풀어달라는 보장報狀을 수령에게 올리기도 했다. 뿐만 아니라 객사의 일로 목수를 잡아갔고 보장을 가져간 하인이 구타를 당하는 사건이 일어나 일이 잠시 중단되기도 했다. 결국 감사가 나서서 해결함으로써 간역 작업을 다시 시작할 수 있었다. 이렇듯 서원은 서책 간행에 필요한 경비와 역役을 마련하는 과정에서 관의 승인을 받음과 동시에 그에 대한 자율권을 확보해 나갔던 것으로 보인다.[23]

이후 도산서원에는 문집 개간을 마칠 때까지 인근 사림들이 관심을 갖고 서원을 방문했다. 이는 퇴계선생문집 중간 때도 마찬가지였다. 1839년 안동향교를 비롯한 각지에서 부조하는 돈이 왔으며, 1841년 각 지역 문중전과 조전助錢, 11월 관찰사의 조전 등 협조가 있었다. 이렇듯 도산서원의 책 출판은 지역사회의 중요한 일이었으며 도산서원의 위상을 여실히 드러냈다.

각 지역 사림들의 협조는 도산서원에서 『심경心經』 판본을 간행할 때도 이어졌다.[24] 『심경』 판본은 안동에서 발의해 도산서원에서 간행했다. 이에 1819년 청송향교靑松鄕校 명의로 도유사都有司 서고徐沽 등 15명이 안동 및 도산서원에서 이뤄지고 있는 『심경』 판본의 간행사업을 축하하는 통문을 보내면서 청송향교에서는 재정적으로도 지원한다고 했다. 이와 관련된 내용을 살펴보자.

> 엎드려 생각건대 『심경』 한 책은 성학聖學의 강령綱領입니다. 그래서 위로는 요순공맹堯舜孔孟으로부터 아래로 정주程朱에 이르기까지 여러 선배의 위육참찬位育參贊하는 공功을 이 책을 열어보면 질서정연하게 볼 수 있습니다. (…) 아! 우리 퇴계 노老선생께서는 이 책을 가장 아껴 애초에 이 책에서 감발흥기感發興起할 수 있었던 것은 이 책의 힘 때문입니다. 그래서 평생토록 이 책을 존중하고 신봉하여 사서四書와 『근사록近思錄』의 아래나 끝에 두지 않았고, 노재魯齋의 신명神明한 부모지유父母之喩를 이끌어냈으니, 대개 서산西山 이후로 우리 선생님만이 이 책의 의미를 깊이 깨달으셨기 때문입니다. 그런데 이 책의 판본은 세상에 참 드물었습니다. 근래 전주에 있는 한 판본도 잘못된 부분이 매우 많고 정밀하고 깨끗하지 못하여 뜻있는 사람들이 평소에 안타까워했습니다. 근래 들으니 귀향貴鄕의 여러 군자君子께서 정중한 논의를 처음으로 내고는 책판을 모으고 실마리를 이루어 장차 귀원貴院에서 간행한다 하니 실로 성대한 일입니다. 아! 선생께서 애호한 책인데, 이 일이 선생의 위패가 있는 곳에서 시행되는 것은 우연이 아닙니다. 심지어 이웃 마을의 후배들도 같이 즐거운 소식을 듣고는 다투어 간행하는 일의 끝에서라도 주선하려고 합니다. 만약 재력에 난처한 경우가 조

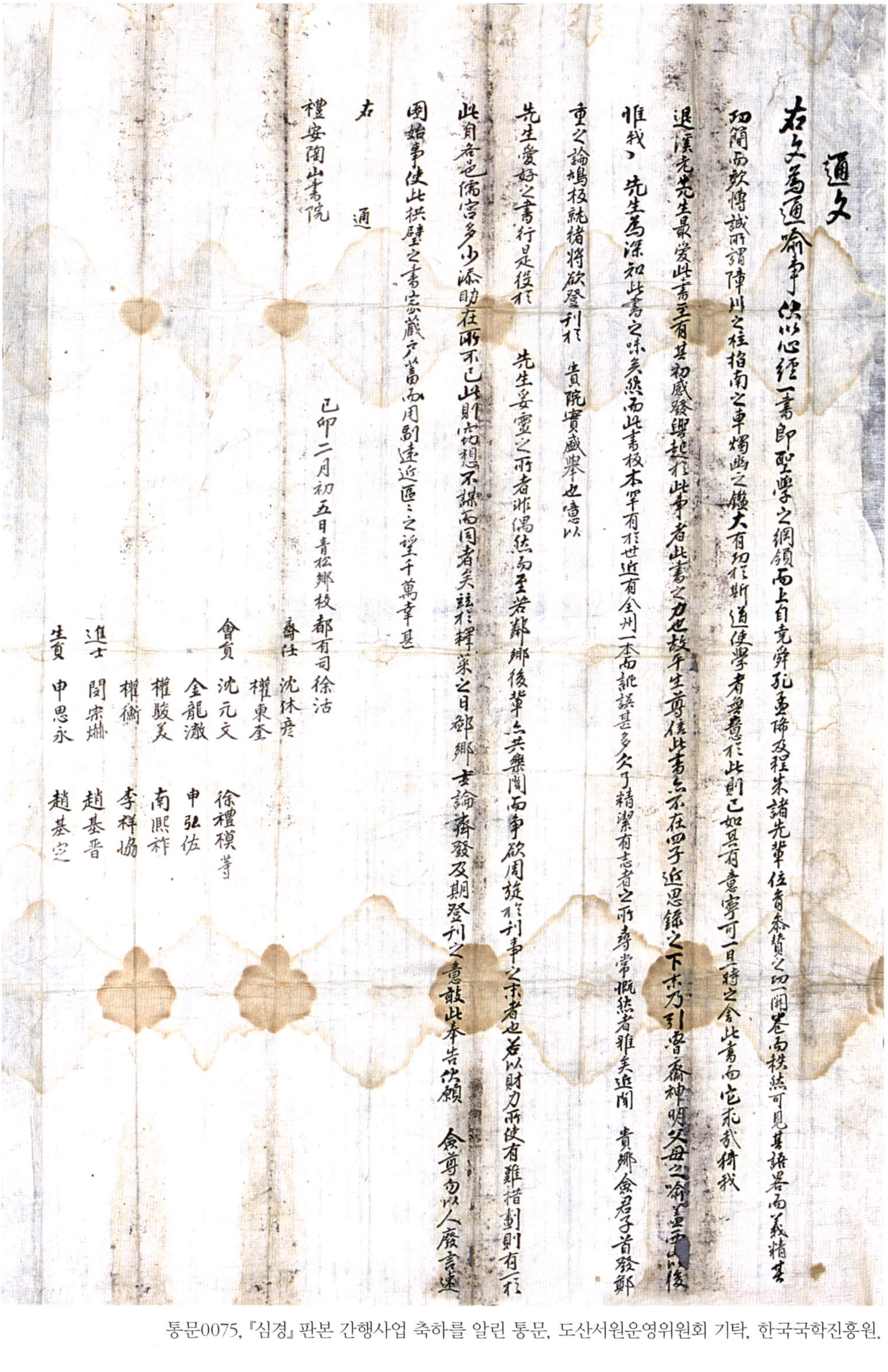
通文

右文爲通喩事伏以心經一書卽聖學之綱領而上自堯舜孔孟下及程朱諸先輩位育參贊之功一開卷而秩然可見其語畧而義精其

功簡而效博誠所謂障川之柱指南之車燭幽之鑑大有功於斯道使學者無意於此則已如其有意寧可一日捨之舍此書而它求哉猗我

退溪老先生最愛此書至有其初感發興起於此事者此書之力也故平生尊信此書亦不在四子近思錄之下亦乃引嘗喬神明父母之喩盖平以後

惟我〻先生爲深知此書之味矣然而此書板本罕有於世近有全州一本而訛誤甚多欠了精潔有志者之所尋常慨然者雅矣近聞貴鄕僉君子首發鄭

重之論鳩板就緖將欲登刊於貴院實盛擧也噫以

先生愛好之書行是役於先生妥靈之所者非偶然而至若鄰鄕後輩亦共樂聞而爭欲周旋於刊事之末者也若以財力所使有難措劃則有在

此自各邑儒宮多少添助在所不已此則窃想不謀而同者矣玆於釋菜之日鄰鄕士論齊發及期登刊之意敢此奉告伏願僉尊亦以人廢言速

圖始事使此拱璧之書家藏戶畜而用副遠近區〻之望千萬幸甚

右通

禮安陶山書院

己卯二月初五日青松鄕校都有司徐活

齋任 沈休彦

權東奎

會員 沈元文 徐禮模等

金龍澈 申弘佐

權駿美 南熈祚

權衡 李祥協

進士 閔宗爀 趙基晋

生員 申思永 趙基宓

통문0075, 『심경』 판본 간행사업 축하를 알린 통문, 도산서원운영위원회 기탁, 한국국학진흥원.

금이라도 생긴다면 각자 고을의 유궁儒宮에서 조금씩 더하고 돕는 것이 끊이지 않을 것이니, 생각건대 이것은 도모하지 않았음에도 함께하는 것이라 하겠습니다. 이에 석채일釋菜日에는 비향鄙鄕 사론士論이 가지런히 개진하여 출간을 기대하는 의도를 감히 받들어 아룁니다. 엎드려 바라건대 첨존僉尊께서는 사람 때문에 말을 버리지 말고, 속히 도모하고 일을 시작하여 이 공벽拱璧의 책을 집집마다 간직하고 쌓아두게 하여 원근의 보잘것없는 소망에 부합하여주시면 매우 다행이겠습니다.[25]

통문에 따르면 『심경』은 성학의 강령이 되는 책으로 학자들이 하루 한때라도 손을 떼면 안 될 만큼 중요하게 여겨졌다. 퇴계는 이 책을 신명과 같이 공경하고 부모와 같이 높인다고 했을 정도였다. 그러나 근래 책의 판본이 거의 없어 전주에서 1본을 만들었으나 오류가 많았다. 마침 안동에서 발의하여 『심경』이 도산서원에서 간행될 예정이라는 소식이 청송향교 측에 전해졌다. 이에 청송향교에서는 퇴계 선생의 위패가 모셔진 곳에서 이 책이 나오는 것을 축하하면서, 이번 사업에 재정적 지원을 아끼지 않을 것임을 분명히 했다. 그리고 가능하면 이번 사업의 완성이 석채례釋菜禮[26] 하는 날에 맞춰지길 바란다는 의견을 밝히고 있다.

도산서원의 이러한 일련의 간행과정은 1913년 『도산급문제자록陶山及門諸子錄』을 펴낼 때도 마찬가지였다. 『도산급문제자록』은 이중직이 선친의 유지를 받들어 권두경(1654~1725, 안동), 이수연(1693~1750, 진성), 이야순(1755~1831, 진성), 산후재 네 사람의 책을 한 권에 담아 펴낼 계획이었다. 1913년 이덕홍(1541~1596, 이황의 문인)의 후손인 이운연(1864~1940, 영천)이 제자록을 자신의 고을에서 담당할 의사가 있다고 말하자 이를 듣고 대당회를 열기로 결정했다.

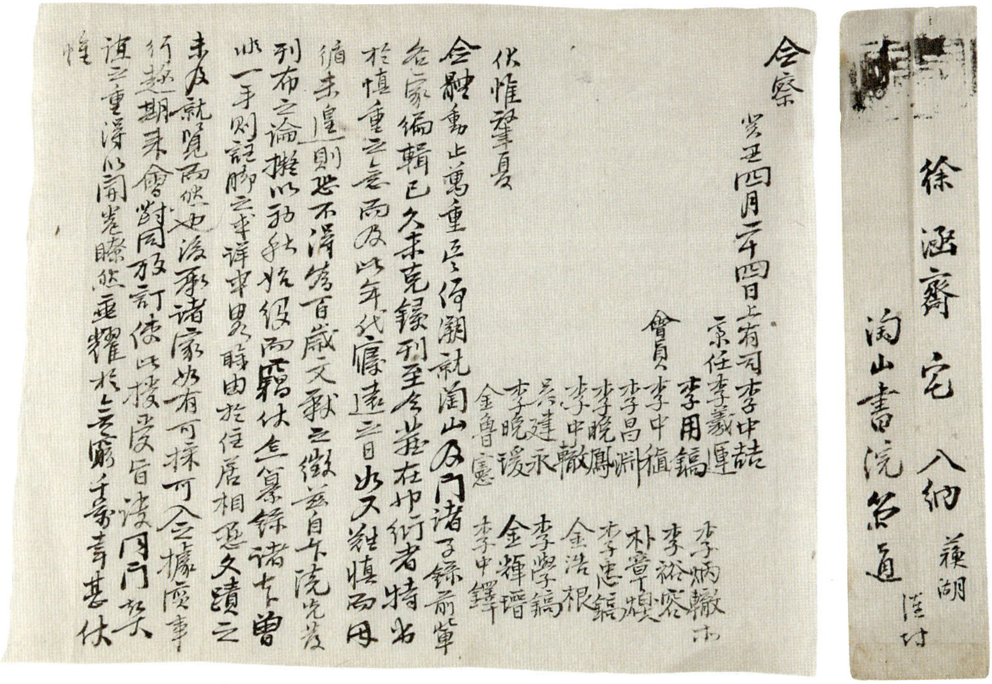

통문20, 『도산급문제자록』 발간을 위해 고정하기를 청하는 통문, 도산서원운영위원회 기탁, 한국국학진흥원.

원임 등 참석한 30여 명은 서원에서 간행할 것으로 결정해 시도기를 적고 각 지역에 통문을 발송했다. 20여 일 뒤 서원에서 정회를 연 뒤 간역 작업을 시작했다. 이후 6월 7일 이중직, 이중철, 이강호, 금대기, 이선구, 이두호, 이중균이 교감을 했고, 김익모(금계 거주, 학봉 후손), 배연술(도목, 배삼익[1534~1588]의 후손), 김진원(감역, 충청도 노성, 김면[1541~1593, 이황의 문인]의 후손)이 도산서원을 방문했다.

1913년 1월 20일부터 약 5개월 동안 682명의 누적 인원이 도산서원을 방문해 간행 작업에 간여했다.[27] 이 가운데 퇴계 후손인 진성 이씨眞城李氏 가문에서 가장 많은 472명의 누적 인원이 도산서원을 방문했다. 이외에 봉화 금씨, 영천

이씨, 고폐 오씨, 의성 김씨, 전주 유씨, 풍천 임씨 등 퇴계와 인연을 맺었던 가문들이 방문했다. 이들은 예안, 안동권에 거주하는 사족들이었다. 이를 통해 퇴계의 후손과 예안, 안동지역 사림들이 주축이 되어 서책 간행이 이루어졌던 것을 알 수 있다.

한편 『도산급문제자록』에 이름을 올리게 된 조상을 둔 후손들은 발간 기금(부조)을 냈는데 이는 『급문록영건시부조기及門錄營刊時扶助記』를 통해 잘 나타난다. 여기에는 안동과 의성, 예천, 순흥 등 안동을 중심으로 한 경북지역뿐 아니라 대구, 밀양, 전라도 여포麗浦(여수)에서도 보냈다. 또한 간찰과 통문을 통해서도 책의 발간을 위해 함께 조사하고 증명하는 작업을 진행했음을 알 수 있다. 즉 1913년 소호蘇湖의 이중철李中喆 등이 도산서원에 『도산급문제자록』 발간을 위해 함께 고정攷訂하기를 청하는 통문을 보낸 것이다.

잘 알려진 것처럼 『도산급문제자록』은 18세기 중엽에 처음으로 발간되었다. 이후 통문에서도 말하듯이 각 가문에서 별개로 편집한 것을 모으고 증보해서 1917년 재발간하게 되었다. 발간 작업은 1913년 가을부터 시작했다. 각각 별개로 편집된 자료를 모아서 하나의 책으로 펴내려면 내용과 각주를 통일해야 했기에 근거를 따져 고정해야 했던 것이다.[28] 이러한 교정 작업은 단순한 오자 확인만이 아닌 내용을 논의하고 통일안을 마련함으로써 지식을 생산해내는 작업이라고 할 수 있다.[29]

한편 도산서원에서 퇴계와 관련된 문집만 간행했던 것은 아니다. 퇴계 가문 사람들의 문집도 있었지만 『월천집月川集』 등 다른 가문의 문집도 펴냈다. 문집류는 편자의 거주지에 마련된 서원, 누정, 정사, 재사, 사찰 등에서 발간되었는데, 이 가운데 서원에서 간행한 것이 가장 많았다.[30] 일반적으로 민간에서 펴내는 문집은 크게 사가판과 서원판으로 나뉘고, 사가판은 조상의 문집을, 서원판은 서원에 향사되거나 학문적 사우관계에 있던 인물의 문집이 사문師門의 공론에 의해 간행되었다.

조선 후기에 서원이 '문중화'되는 것처럼, 서원에서 후손들이 문중 차원에서 그들의 조상인 제향자 혹은 그 후손의 문집을 펴내기도 했다.[31] 서원에서 간행된 문집 32종 가운데 제향 인물의 문집이 15종, 후손의 문집이 11종, 문인 및 스승의 문집이 2종, 기타 4종이다. 절반 이상이 제향 인물이거나 그와 관련된 문인의 것이다.

이러한 상황에서 퇴계와 연관 있는 인물들, 즉 퇴계 문인들이 도산서원에서 문집을 간행하는 것은 매우 의미 있는 일이었다. 퇴계의 문인인 광산 김씨 가문의 김연도 도산서원에서 문집을 펴냈다. 경인년에 있었던 김씨 가문의 문집과 관련한 내용은 이를 잘 보여준다. 경인년 이전에도 도산서원에서는 김씨 가문 제현의 문집을 간행하고, 목판을 보관해온 사실을 알 수 있다.[32]

이처럼 안동에서 간행된 문집의 저자는 대체로 문중의 선조이며, 동시에 퇴계학파 내에서 그들의 스승이기도 했다. 물론 퇴계학파에 속하는 인물의 배출이 적었던 안동 김씨와 진주 강씨에서도 적지 않은 문집을 펴내긴 했지만, 문집 간행과 퇴계학파는 불가분의 관계라고 할 수 있다.

한편 문집 간행은 경상도 전체로 볼 때 14세기 전반에 시작되었는데 15세기 전반에는 한 권도 펴내지 않았다. 그러다가 15세기 후반부터 다시 간행되어 계속 늘어나는 추세를 보였다. 19세기 전반에 이르러서는 그 수가 급격히 늘어났고 19세기 후반에서 20세기 전반에 문집 간행이 가장 활발했다.[33]

안동과 경상도 전체의 간행 비율을 비교하면 17세기 전반까지는 경상도의 비율이 높았으나, 17세기 후반부터 안동이 경상도 전체와 견주어 문집 간행 비율이 두 배로 높아지기 시작했다.[34] 뿐만 아니라 안동은 경상도 전체와 비교해도 문집 간행 활성화 시기가 반세기 넘게 앞선다. 즉 안동은 19세기 전반에 활성화되었던 반면 경상도 전체로 보면 그것은 19세기 후반 이후의 일이다. 이는 안동이 학문적으로 앞섰고 문중활동도 좀 더 일찍 전개되었음을 의미한다. 문집 간행이 활발하게 이뤄졌다는 것은 문중이 조직되고 그 활동 역시 활발했다는 것이나 다름없다.[35]

안동은 예안과 더불어 퇴계학파의 본원지로서 퇴계 문인이 많았고, 이들이 학문을 숭상해 많은 글을 남겨놓았다. 『도산급문제현록』에 등재된 퇴계의 문인 309명 가운데 예안 출신이 57명으로 가장 많고, 그다음이 안동 출신으로 46명이다.[36] 이후에도 후손들이 이들의 학문을 가학으로 이어받았는데, 안동에서 사족으로 행세하려면 퇴계학파에 속하는 인물을 배출하는 것이 중요했다. 따라서 조선 후기 안동에서 문중이 출현할 때 문중의 중시조 혹은 파조는 대부분 퇴계 학맥이었다. 그들의 후손은 선조들이 남긴 글을 소중히 간직하여 문집을 간행했던 것이다. 문집 간행은 가문을 높이려는 의식과, 홍한주가 말한 것처럼 사대부의 이름을 잃지 않기 위한 목적도 있었다. 영남지역에서 문집 간행은 양반들이 지역사회에서 자신들의 지위를 유지하는 하나의 방편이 되기도 했다.[37]

한편 앞서 살펴본 것처럼 도산서원은 다른 곳의 서책 간행사업을 적극적으로 후원했다. 즉 서책을 발간할 때 영남지역의 서원, 향교, 서당 등에서 도산서원에 통문을 보내 협조를 요청하고 있다. 이는 도산서원과 영남의 연망관계를 잘 보여준다. 특히 퇴계와 관련된 서책을 펴낼 때는 도산서원에 알려 도와줄 것을 부탁했다.

정유년에 병산서원屛山書院에서 도유사都有司 김종도金道宗 등 78명이 퇴계선생 문집을 중간重刊하는 일에 도산서원이 동참해줄 것을 요청했다. 이와 관련한 논

「안동」, 『영남도』, 종이에 채색, 32.6×19.2cm, 1760년대, 한국학중앙연구원 장서각.
안동은 경상도 전체와 견주어도 문집 간행 비율이 훨씬 높았고, 학문적 활동도 한 발짝 앞서서 전개되었다.

의를 살펴보자.

우리 노老선생(퇴계) 문고文稿 원집과 속집 여러 편은 실로 해동의 『주자대전朱子大全』으로 바다처럼 드넓고 땅처럼 두터워 공업이 넓고 높으니, 대지와 더불어 버려둘 수 없는 것입니다. 하지만 간행한 시대가 오래되어 판본이 누락되고 자획은 이지러져 간행하여 보기에는 곤란합니다. 다만 존각尊閣의 편집을 더럽혔을 뿐만 아니라 미처 간행하지 못한 것도 많습니다. 원근의 유림들이 함께 근심하고 탄식했으나 중간하기에는 겨를이 없고 전하여 배포하는 것도 널리 하지 못했습니다. 이에 첨존僉尊께서 급히 큰 논의를 개진하여 반구泮邱에 통문을 보내 함께 도모하고 힘을 모을 것을 요청했습니다. 시일이 경과하여 간행하는 일을 마쳤으니 매우 성대한 일입니다. 반회泮會의 진신장보搢紳章甫들도 칩거하다가 우레를 듣는 듯 북소리가 메아리에 응하는 듯했습니다. 모임에서 우선 상의하고 정기적인 모임을 회유하여 일의 성격을 중요하게 하고 여론을 창도했습니다. 무릇 대청에서 듣는 것은 누군들 기뻐하고 흥기하지 않겠습니까? 엎드려 생각건대 간행하는 일에 재물과 힘이 우선이나, 교정하는 글이 어렵고 어렵기가 대략 1000여 권입니다. 차례대로 하여 오래 끌지 않더라도 실로 쉽지 않은 일인데 하물며 이 수십 편 거질인 책은 어떠하겠습니까? 반드시 그 권수를 헤아려 나누어 교정하고 경외京外를 막론하고 선사善寫를 빨리 택해 교정하고 또 교정했으며, 정밀하게 하고 또 정밀하게 했습니다…….[38]

이처럼 퇴계의 문인이었던 류성룡을 배향한 병산서원에서 퇴계 문집을 간행하는 것은 무엇보다 의미 있는 일이었을 것이다.[39] 그러므로 병산서원이 주도하여 지역의 사림들을 모으고 도산서원에도 협조를 요청한 것이다. 일반적으로 서원에서 문집을 간행할 때는 막대한 비용이 들었다. 봉정사에서 간행된『번암집』도 판각하는 데 4000냥의 경비가 들어 간행소에서 이를 조달하고자 병산서원에서 안동지역 안팎의 서원에 부조를 요청하는 통문을 돌리기도 했다.[40]

병산서원뿐만 아니라 다른 서원에서도 퇴계와 관련된 서적을 간행했다. 고산서원의『퇴계서절요退溪書節要』간행과 관련한 내용은 다음의 통문에 잘 나타나 있다.

> 엎드려 생각건대 대산 이상정 선생께서 편찬하신『퇴도선생서절요退陶先生書節要』는 일부가『자양서절요紫陽書節要』에 있습니다. 그러나 번거롭고 힘든 일이라 대대로 서두르지 못했습니다. 만일 지금 책을 편마編摩하려는 뜻과 훌륭한 후학들의 노력이 있다 하더라도 책을 담아놓은 상자를 숨겨두었다는 탄식에서 벗어날 수 없을 것이니, 사림들이 모두 한탄하는 것을 마땅히 어찌하겠습니까! 예전 무자년과 기축년에 몇 차례 회의를 하여 파정爬定하는 것을 거론하는 단계에 이르렀으나, 불행히도 세상일이 침심侵尋하여 일이 되어가는 형편이 어렵고 재력도 부족하게 되었습니다. 그로 인해 일이 지연되었고 다시 10년의 세월이 흘렀습니다. 이번 본당의 회의로 인하여 다시 예전에 의론했던 것을 알리니, 먼 곳에 있는 사람이나 가까운 곳에 있는 사람이나 모두 뜻을 함께하여 올 겨울에 판각 작업을 하기로 계획했습니다. 사체事體가 중대하여 부득불 일을 먼저 결정하고 우러러 아룁니다. 모든 존위尊衛의 뜻에 달려 있으니, 힘을 합쳐 노력한다면 천만다행한 일일 것입니다.[41]

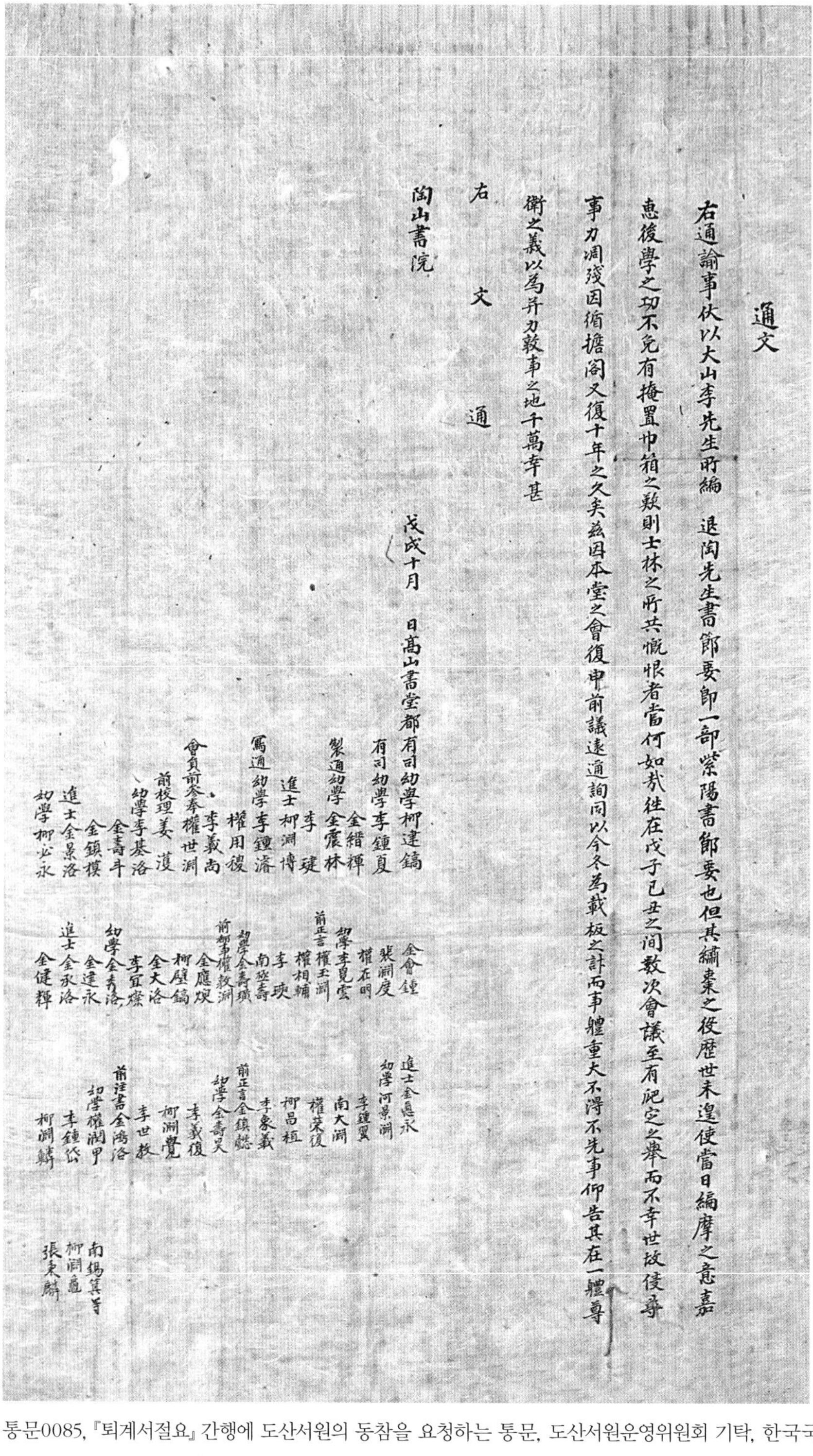

通文

右通諭事伏以大山李先生所編　退陶先生書節要卽一部紫陽書節要也但其繡棗之役歷世未遑使當日編摩之意嘉
惠後學之功不免有掩置巾箱之歎則士林之所共慨恨者當何如哉往在戊子己丑之間數次會議至有爬定之擧而不幸世故侵尋
事力凋殘因循擔閣又復十年之久矣玆因本堂之會復申前議遠通詢同以今冬爲載板之計而事體重大不得不先事仰告其在一體尊
衛之義以爲并力救事之地千萬幸甚

右　文　通

陶山書院

戊戌十月　日高山書堂都有司幼學柳建鎬

有司幼學李鍾夏
金縉輝
製通幼學金震林
李建
進士柳淵博
寫通幼學李鍾濬
權用稷
李義尙
會員前參奉權世淵
前校理姜漠
幼學李基洛
金壽斗
金鎭模
進士金景洛
幼學柳必永

金會鍾
裵淵度
權在明
幼學李晃雲
前正言權玉淵
權相輔
李瑛
南經壽
幼學金壽璜
前都事權敎淵
金應烬
柳壁鎬
金大洛
李宜燦
幼學金秀洛
金達永
進士金永洛
金健輝

進士金息永
幼學河景淵
李鍾夏
南大淵
權榮復
柳昌植
李象羲
前正言金鎭懿
幼學金壽昊
李義復
柳淵覺
李世敎
前注書金鴻洛
幼學權潤甲
李鍾岱
柳淵鱗

南錫箕等
柳淵龜
張東麟

통문0085, 『퇴계서절요』 간행에 도산서원의 동참을 요청하는 통문, 도산서원운영위원회 기탁, 한국국학진흥원.

1898년 고산서당高山書堂[42]에서 도유사 유건호柳建鎬 등 52명이 대산大山 이상정이 저술한 『퇴계서절요』를 간행하는 작업에 적극 동참해줄 것을 요청했다. 이에 따르면 『퇴계서절요』는 『주자서절요朱子書節要』와 짝이 되는 중요한 책인데 간행되지 못한 채 오랜 세월이 흘렀다. 마침 1888~1889년에 연이어 이에 대한 논의가 있었으나 당시 결정했던 것을 실행하지 못한 채 10년이 지났다. 이에 고산서원이 중심이 되어 이 논의를 다시 일으킬 것이며 1898년 겨울에 판각 작업을 마칠 예정이라면서 도산서원이 이 작업에 동참해주길 바랐던 것이다. 이러한 논의에는 유연박柳淵博, 권세연權世淵, 유필영柳必永, 김홍락金鴻洛 등 지역 유림이 총망라되었다.

그런데 이 사업이 늦어지자 광무 3년(1899) 2월 29일 경광서당鏡光書堂[43] 회중 명의로 권세연 등 9명이 『퇴계서절요』 간행에 도산서원이 협조해줄 것을 재차 당부했다. 이에 따르면 『퇴계서절요』를 간행하는 일은 사문斯文의 중요한 사업으로 이미 고산 모임에서 사업을 시작한다는 뜻으로 도내에 통고한 적이 있다. 그러나 이후 공역工役이 많이 늦어지므로 경광서당에서는 다음 달(3월) 22일에 봉정사鳳停寺에서 모임을 갖고 이를 해결하기로 했으니 이 모임에 도산서원이 참석해달라는 것이었다.[44] 이렇듯 다른 서원에서 진행되는 퇴계 관련 서책들의 간행에 도산서원의 후원은 꼭 필요한 것이었다.

도산서원이 다른 서원의 간행 문집에 협조를 넘어 내용에도 관여한 사실이 확인된다. 이는 광무 5년(1901) 5월 2일 삼계三溪 회중에서 보낸 통문에 나타난다. 삼계 회중 명의로 김조영金祖永 등 19명이 이곳에서 진행 중인 간행사업에 동참해줄 것을 요청하는 통문을 도산서원에 보냈고, 이에 대해 도산서원에서는 힘을 보태면서 통문을 보내 이의를 제기하기도 했으며 자신들의 의견에 따라줄 것을 청했다.[45]

이와 함께 도산서원에서는 각 지역에서 책을 간행할 때 내용상 분쟁이 일어나면 이를 조정하기도 했다. 이러한 사실은 미수眉叟[46]의 문집인 『기언記言』의 중간과 관련하여 의령과 사천지역에서 벌어진 일에 대해 도산서원의 의견을 요청한 것을 통해 알 수 있다. 광무 9년(1905) 의령의 이의정二宜亭 간소刊所 명의로 김재영金載永 등 64명이 미수 선생의 『기언』에 있는 내용 일부를 수정 편집하기 전에 도산서원에 의견을 청하는 통문을 보낸다. 내용을 보면 구판舊板이 오래되어 이지러진 곳이 많아 9월 7일부터 중간을 추진하는데, 『기언』에 실린 서간書簡은 본래 미수 선생의 것을 모은 것이 아니라 다른 사람들의 것을 따온 것으로 남명南冥과 구암龜巖에게 피해를 주는 적절치 못한 글들이 있었다. 이에 문제의 서간들을 빼기로 하면서 도산서원의 의견을 물었다. 더불어 도산서원에서 간소인 이의정을 한번 방문해줄 것을 요청했다.[47]

이러한 『기언』 중간에 대해 광무 10년(1906) 사천 대관대大觀臺[48]에서는 회소會所의 명의로 최기환崔璣煥 등 15명이 도산서원에 통문을 보내 의령 이의정에서 중간하는 『기언』이 구본舊本(숙종대, 나주판본羅州板本)을 존중하지 않아 조식과 허목의 본 취지를 어그러뜨리는 점이 있으므로 도산서원에서 이러한 취지를 전달해줄 것을 부탁했다.[49] 이후 일이 어떤 식으로 진행되었는지는 정확히 알 수 없으나 각 지역의 문집 간행에서 도산서원의 역할과 비중이 어느 정도였는지 짐작해볼 수는 있다.

한편 향교의 주관 아래 행해지는 서책 간행에도 도산서원의 재정이 들어갔다. 광무 3년(1899) 7월 20일 상주향교尙州鄕校의 공사원公事員 이시형李時馨 등 44명은 계당溪堂 류주목柳疇睦(1813~1872, 본관은 풍산)[50]의 저술 『전례유집全禮類輯』의 판각을 빠른 시일 안에 마무리하고자 열기로 한 도회道會에 도산서원 측에서 참석해줄 것을 부탁했다.

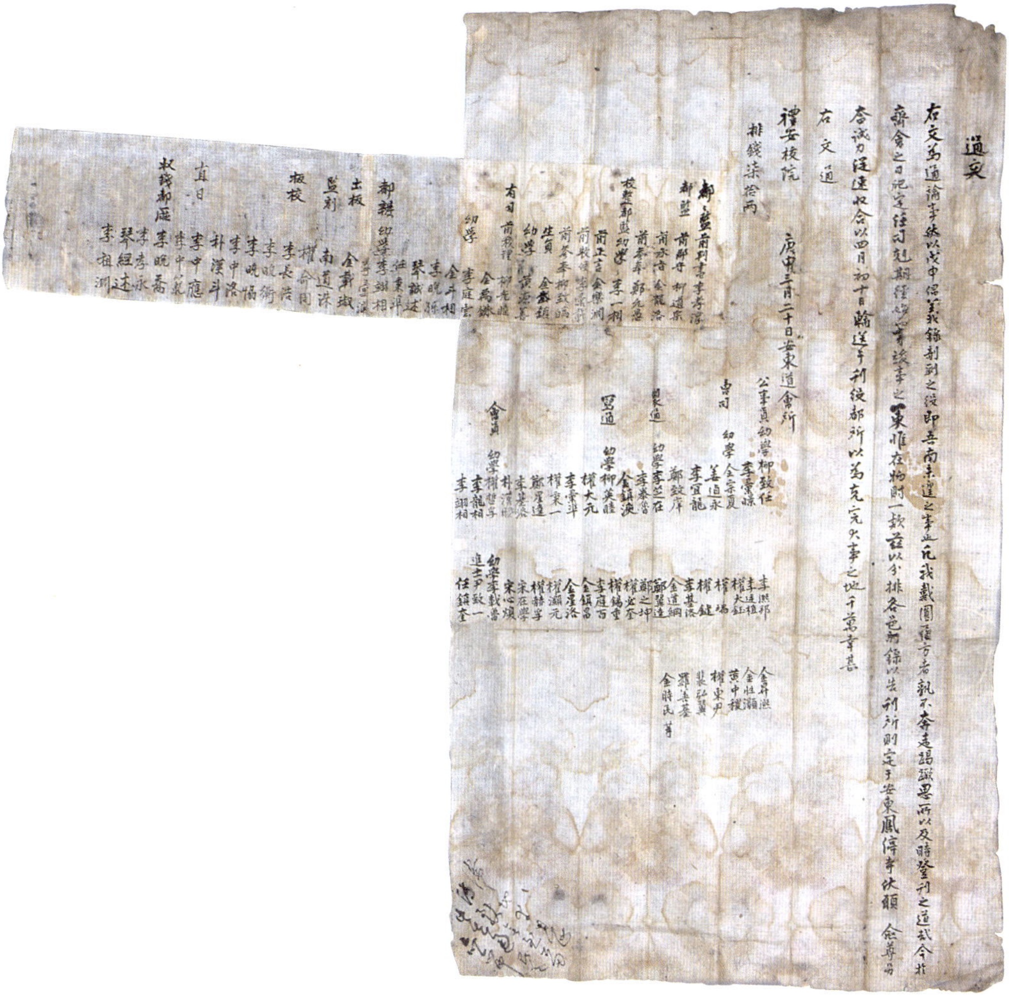

통문0057, 예안 교원에 『무신창의록戊申倡義錄』 발간사업에 경비 지원을 요청하는 통문, 도산서원운영위원회 기탁, 한국국학진흥원.

계당溪堂은 『전례유집』 38권을 남겨 예가禮家의 원천이 되고 있었다. 그러나 판각 작업이 늦춰지는 상황에서 본가의 힘도 미약하고 유림의 공의公議도 오랫동안 침묵을 지키고 있어 흐른 세월이 30년이었다. 마침 근래 의성宣城 모임에서 논의가 준엄하게 있었고 이어 통문도 발송되었다. 따라서 더 이상 판각 작업을 미루는 것은 현인賢人을 높이고 예의禮義를 중시하는 도리에 어긋나는 것이라는 지적이었다. 이에 상주향교에서는 공역工役의 조속한 진행을 독려하는 한편, 재정 지원 문제 등을 논의하기 위해 다음 달(8월) 27일에 군위軍威 남계南溪 단하壇下에서 도회를 갖기로 했으니 도산서원에서도 참석해주길 바란다고 했다.[51]

또한 철종 11년(1860) 3월 20일 안동도회소安東道會所에서 공사원 유치임柳致任 등이 예안 교원校院에 보낸 통문에 따르면 『무신창의록』을 기궐剞劂하는 사업이 이미 시작되었으나 사림들의 참여와 지원이 미미했다. 이에 안동도회소에서는 전체 모임을 갖기로 하고, 이 사업을 관장할 임원을 선임했으며, 간소는 안동 봉정사鳳停寺로 결정했음을 통지했다. 또한 예안의 각 향교 및 서원에 4월 10일까지 분담된 경비를 보내줄 것을 요청했다.[52]

책으로 이어간 사림과 문중의 지식 전략

도산서원, 지식을 구축하고 확산시키는 기반이 되다

도산서원의 서책 간행은 서원의 원장과 유사들의 주관 아래 이뤄졌다. 17세기 중반에서 19세기 초반의 도산서원 운영은 '상하 유사有司' 체제로 정비되어 있었다.[53] 상유사는 생원, 진사, 참봉, 유학 및 전직 지방관 출신 등으로 지역사회에서 명망 있는 인사가 뽑혔다. 상유사의 임기는 1기期 향사 또는 1년, 2년으로 서원의 형편에 따라 달랐으나 대체로 중임할 수 있었다. 도산서원에 소장된 관련 고문서를 보면 1651년에서 1819년까지 상유사와 하유사를 역임한 이들의 성씨는 대체로 이李·김金·금琴·우禹·손孫·권權·윤尹·황黃·신申·조씨趙氏 등이며, 원장은 대체로 진성 이씨, 봉화 금씨, 광산 김씨가 맡은 것으로 보인다.[54]

서책 간행 작업이 시작되면 서원의 원장과 유사 외에 임시위원회쯤 되는 도감을 설치하고 작업을 진척시켰다. 이는 『도산급문제현록陶山及門諸賢錄』의 간행 과정을 통해 그 구체적인 모습을 알 수 있다. 간행 조직을 보면 도도감都都監(대표자), 도감都監(사업 총괄자), 교정도감校正都監(교정 총괄자), 교정유사校正有司(교정 실무 책임자), 도판都辦(경제 책임자), 시도時到(방문자 관리자), 직일直日(사무 관리, 집행자) 등을 두어[55] 일이 원활히 이뤄질 수 있도록 했다.

관여한 인물들을 보면 퇴계의 일족인 진성 이씨 가문이 가장 많은 수를 차지했으며 영천 이씨, 봉화 금씨 등 퇴계의 문인 가문이나 혼인관계를 맺은 가문의 후손들이 직임을 맡아 사업에 참여했다. 이들 가문은 대부분 예안과 안동 일대에 거주하며 서원 운영에도 영향력을 행사했는데, 간역사업도 그중 하나였다. 퇴계 후손들과 연을 맺은 가문의 주도 아래 간행되는 도산서원의 서책들은 국가가 아닌 지역사회 사족들이 주도해나갔다는 점에서 의의가 있다. 민간이 주도하여 서원에서 지식을 생산하고 이를 사회적 연망을 통해 전파해나가는 데 중요한 역할을 한 것이다.

물론 국가에서도 지역 사림들의 서적 수요에 부응하려고 노력했다. 중국에서 민간 서적출판 유통시장이 활개를 펴고 중종 후반에 조선과 중국 사이에 외교적인 문제가 해결되면서 사무역을 통해 중국에서 수입되는 서적이 크게 늘어났다. 이를 바탕으로 조선에서 성리학 연구가 본격화되면서 사림의 성리학 서적에 대한 수요도 늘었다. 그리하여 중종대에는 사림 세력이 주도해 국가에서 서사書肆(서점)를 설치함으로써 서적의 유통을 원활하게 하려는 시도가 있었다. 또한 서적 간행에서도 지방 관아에서 목판본 간행을 늘려 재지 사족의 수요에 부응하려 했다. 중국에서 수입한 책도 중앙의 교서관을 통해 간인刊印되기보다는 오히려 지방 관아에서 다수 간행되었다. 이들 지방 판본은 시장에서 유통되지 않고 사림의 사적인 교유망을 통해 널리 퍼져나가면서 성리학을 이해

하는 데 기반이 되었다.[56]

이처럼 중앙 교서관에서 간행하는 서적 정책과는 별도로 지방에서는 스승을 중심으로 사제관계나 교유관계에 있는 인물과 어떤 서적을 펴낼지 의논하여 선정하거나, 필요하면 스승에게 저술을 의뢰하기도 했다.[57] 이때는 학파의 중심이 되는 스승이 지방관으로 있는 제자 및 교유인에게 서적 간행을 의뢰하거나 제자인 지방관이 서적을 펴내기 위해 스승에게 발문跋文을 부탁하는 등 학파와 스승을 정점으로 하는 교유인이 주도하는 모습을 보였다. 즉 16세기 이후 성리서의 중요 수요자층인 사림이 자신들이 필요로 하는 서적을 스스로 생산해냈던 것이다.

또한 서원이 세워지면서 중앙에서 반사頒賜하는 서적뿐 아니라 지방 판본도 적극적으로 소장했다. 더 나아가 서원에서는 활자를 소유하고 서책을 직접 간행해 이를 활용함으로써 지역사회의 지식 생산자 역할을 맡았다. 이것은 서원이 지역 사림들의 자치적 활동을 보장하는 향촌 기구의 기능을 했을 뿐만 아니라 당시 정착되어가던 성리학을 학습하는 교육기관의 역할도 했다고 볼 수 있다.

앞서 언급한 것처럼 서원에서 출판한 서적은 문집류가 주종을 이루며 그 뒤를 전기류, 유가류가 이었다. 서원에 모셔진 인물과 관계된 서적들이 주로 출간된 것이다. 이들은 서원에 소장된 서책으로서 이 지역 사림들에게 활용되었다. 이것은 서원 장서의 관리와 이용 방법을 통해 살펴볼 수 있다. 서원 장서는 지방관의 영향력이 배제된 가운데 서원 구성원의 자율적 규제 아래 엄격하게 관리되었다. 각각 다른 열쇠를 가진 세 명의 재임이 합석해야 서고문을 열 수 있도록 했으며, 서원 장서는 반드시 서원에서만 열람할 수 있었고 외부로 대출하는 것은 엄격히 금지되었다. 「도산서원 의절(초)」에는 도산서원의 전적 관리에 관하여 구체적으로 규정하고 있는데, 병진년에 작성한 것으로 서고인 광명실

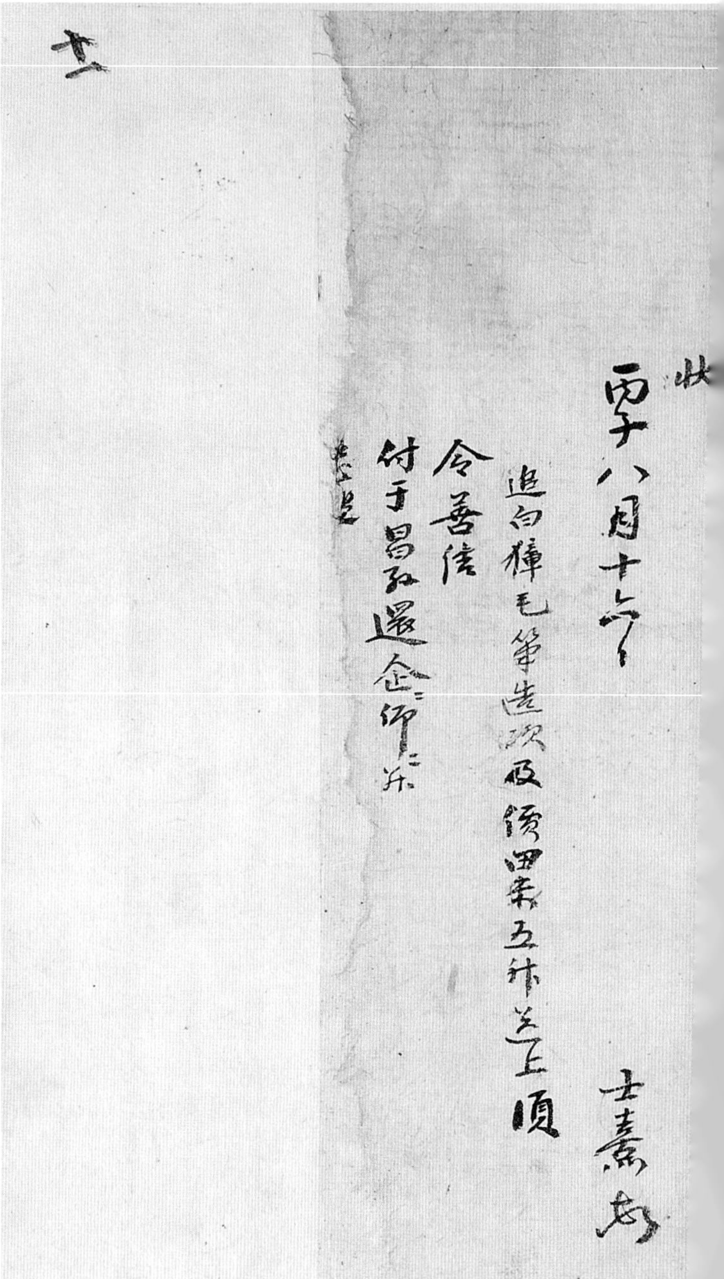

『도산제현유묵』 중 박묵재의 편지, 한국국학진흥원. 김참봉 댁에 보내는 이 편지에서는 보내는 이가 『맹자』와 『대전춘추』가 없어 인출하려 하지만 인출할 길이 없어 매우 답답하고 답답하다는 심정을 토로하고 있다. 이는 조선시대에 책 구하기의 어려움을 단적으로 보여주는 예라 할 수 있다.

朴默齋

金參奉宅

[illegible]

謹問

比辰何如仰慕之甚別蒙

重念僅保伏惟

下鑒就中甚孟子及大全表秋本無分明印無誤間相

之吾

君可印給之勢昌相送

下示則紙地從上送切計山村無表情之物未爲只擇脯

一貼封上伏乞

笑內可以至

개폐와 관련하여 총칙에 이러한 내용이 있다.

> 반드시 삼임三任이 모두 참석하거나 혹은 당회를 할 때만 가능하고 한두 사람으로는 개폐할 수 없다. 만약 부득이한 일이 있을 때면 유사가 시임時任과 원임原任에게 품의하여 처리한다.[58]

서원의 임원이 교체되면 담당자도 함께 바뀌 인수인계를 명확하게 하기 위한 토지, 노비, 서적에 대한 전장기를 작성했다. 「도산서원 의절(초)」 전장조傳掌條에서는 서책치부기의 작성과 서책의 인수인계에 관해 다음과 같이 규정했다.

> 서책에 대해서는 별도로 하나의 장부를 작성해야 하고, 광명실은 한두 사람이 개폐할 수 없는 까닭에 (처음 인수인계할 때는) 다만 목록을 가지고 상세하게 살피고 나서 서명 수결을 하고, 포쇄를 하거나 당회를 할 때 (직접 서책을 보면서) 하나하나 맞춰본다.[59]

책의 외부 대출 금지 규정을 정했지만 실제로 지켜지기는 매우 어려웠던 듯하다. 지방관이나 개인이 서원에서 책을 바깥으로 대출해간 일이 많았는데, 이는 서목 곳곳에 대출자와 대출일을 기록한 부분이나 망실되었음을 표시한 곳이 도처에서 발견되므로 알 수 있다.[60] 이를 통해 서원이 소장한 책은 서원의 원생을 비롯해 재지 사족에게 널리 활용됨으로써 지방에서 서적을 이용할 수 있는 중요한 기관으로 기능했음을 알 수 있다. 대출해간 책을 잃어버린 이유는 적혀 있지 않은데, 실제로 책을 분실하거나 훼손시킨 사례도 있겠지만 귀한 책을 일부러 잃어버렸다 하고 비밀스레 보관한 이들도 있었을 것이다.

당시 사림의 대부분은 근거지를 지방에 두고 있었다. 이들이 필요한 서적을 구입하려 할 때 교서관이나 서울의 서사를 이용하기란 쉽지 않았다. 따라서 지방관이 감영을 중심으로 발간하는 책판을 구입하는 것이 편리했을 것이다. 그러므로 유통 방식은 대부분 개인적인 친분을 통하거나 혹은 빌려서 보는 것이었다. 그러한 면에서 많은 장서를 보유하고 있을뿐더러 서책을 간행하는 도산서원은 사람들이 자주 찾는 도서관이었을 것이다. 특히 이학理學에 관한 서적이 많았기에 지역사회에서 성리학 지식을 전파해나가는 구심점이 되었음을 짐작할 수 있다.

도산서원 간행 『주자서절요』는 퇴계가 명종 8년(1553)부터 저술하여 여러 번 교정을 거쳐 명종 11년(1556)에 완성해 인쇄에 들어갔다. 이후 지난한 과정을 거쳐 명종 17년(1562) 황준량이 성주목사로 있을 때 마침내 간행했다. 이때는 퇴계의 제자인 지방관이 주도해 서원의 활자를 빌리고 교유인들의 자금 지원을 받아 스승의 저작을 펴냈다. 『주자서절요』는 당시 사림들에게 가장 광범위하게 인쇄되어 전파되었던 듯하다. 그럼에도 도산서원에서는 이 책을 영조 19년(1743)에 다시 간행하고 광무 8년(1904)에 중간했던 것이다. 이러한 사실은 지역사회 사림들에 의해 성리학이 확산되는 정황과 함께 도산서원에서 다시 책을 간행하고 유통시켜 유교 지식을 보급해나가는 현상을 잘 보여준다.

이렇듯 도산서원은 지식을 구축하고 이를 특정 경로를 통해 확산시키는 기초 단위였다. 말하자면 서원은 이 공동체들이 작업하는 미시 공간이었던 것이다. 도산서원의 서적 간행은 지식을 다른 곳으로 전달하고 퍼뜨리는 역할을 맡았고, 지식 사이의 교환이 일어나도록 도왔다. 또한 서로의 인적 연망관계도 다양하게 했다. 이처럼 도산서원은 지식을 발견하고 저장해서 정교하게 만드는 장소가 되었다. 서점이나 책을 유통시키는 시장이 극히 드물었던 조선사회에서 지방의 지배 엘리트들은 이렇게 자신들이 선호하고 널리 알리고 싶어했던 지식을 퍼뜨렸고, 그 과정에서 서로 정보와 생각을 공유하는 담론 공간을 만들어냈던 것이다.

학맥과 사족 공동체의 간행 작업 사림의 생존 전략

도산서원 서책 간행에 참여한 서원과 문중을 부조기를 통해 살펴보면 경상도 지역의 서원과 각 가문 그리고 지방관들이 협조한 사실을 알 수 있다. 실제로 서책 간행에는 경비가 적잖이 들어 서원 예산만으로는 쉽지 않았을 것이다. 가문에서 문집을 펴낼 때도 마찬가지였다. 문집을 간행한다는 것은 그 가문의 경제력을 입증하는 일이기도 했으며, 목판을 새기는 것에서부터 교정, 관리 등 인력을 동원할 능력이 없으면 시도하기 힘든 문중 최대의 사업이었다.

도산서원에서 퇴계선생문집을 간행할 때도 인근 지역 유림들과 지방관 등이 협조해왔다. 1817년 『퇴계선생문집개간시일기』에는 이 책을 간행하는 데 쌀 22석 10말, 금전 512냥이 들었다고 나온다.[61] 1843년의 『퇴계선생문집중간시일기』는 11질 찍어내는 데만 3682냥이 들었다. 이렇게 거금이 투입될 정도로 특히 퇴계선생문집 간행은 중요한 작업이었다. 이는 "선생의 도는 후학들이 사서四書 다음으로 믿고 존중하여 사대부 집안은 거의 소장하고 있다"라는 말로도 확인된다.[62]

또한 완성된 문집이 누구로부터 공인되는가와 어떤 이들에게 돌아가는가는 지역사회에서 힘의 역학관계를 나타냈다. 곧 힘이 없으면 완성할 수도 없으며,

완성했다 하더라도 공인을 받지 못해 지극히 사적인 기록물로 머물 수밖에 없었다. 그러므로 퇴계선생문집 발간은 도산서원의 내적 결속을 강화하는 동시에 대외적으로 사회·경제적 지위를 증명하는 중요한 지표이기도 했다. 다른 서원이나 문중들과 문집을 공유한다는 것은 전통적인 관계망을 강화하는 것일 뿐만 아니라 그 사상과 철학과 학문을 나누며, 나아가 문화공동체임을 표현하는 것이었다. 후대의 영남만인소와 같은 지식인들의 집단행동은 이러한 문화적 정체성에 함께 기반하지 않고는 불가능한 일이었을 터다.

도산서원은 퇴계의 학문적 명망과 함께 시간이 흐를수록 영남지역뿐 아니라 전국적인 명성을 누렸다. 안동 중심 영남에서 이황은 학파를 형성하고 있었다. 퇴계는 중종 말년경부터 주자학에 심취한 뒤『주자서절요』를 저술하여 주자학에 대한 이해를 심화시켰고『송계원명이학통록』을 만들어 송대 이래의 학맥을 손수 정리하기도 했다. 그의 학문은 주자학을 근간으로 확고하게 세워져 사림의 종장宗匠으로 받들어졌다. 명종대와 선조 초의 사림 가운데 그와 학문적 의견을 나누지 않은 사람이 없을 정도로 그의 학문적 활동은 활발했다.

그리하여 퇴계를 제향하는 도산서원을 중심으로 영남 양반들은 성리학의 연원이라 할 수 있는 학맥과 보다 직접적인 관련을 맺을 수 있었고 퇴계를 간접적으로 접하고 저작을 읽으면서 그 의미를 토론할 수 있었다. 그리하여 지역 서원들은 자신들 지역의 유학자를 위해 서원과 사당을 세운다든지 자신들 지역의 스승을 퇴계 선생과 함께 모신다든지 하는 나름의 방법으로 무언가를 추가로 행할 수 있었다. 퇴계를 제향하고 있는 서원을 통해서도 이러한 점은 확인된다. 퇴계를 제향하는 서원을 살펴보면 [표 2]와 같다.[63]

[표 2] 이황이 제향된 서원

지역		서원	지역		서원
경상도	영천	이산伊山(主)	충청도	단양	단암丹巖(主)
	안동	호계虎溪(主)		아산	인산仁山(從)
	예안	도산陶山(主)		제천	남당南塘(主)
	영양	영산英山(主)		괴산	화암花巖(主)
	신령	백학白鶴(主)		여산	죽림竹林(從)
	영덕	남강南江(從)		온양	정퇴靜退(從)
	봉화	문암文巖(主)	전라도	나주	경현景賢(從)
	풍기	욱양郁陽(主)	강원도	춘천	문암文巖(從)
	예천	정산鼎山(主)	황해도	해주	소현紹賢(從)
	상주	도남道南(從)		송화	도동道東(從)
	대구	연경研經(主)		문화	봉강鳳岡(從)
	진보	봉람鳳覽(主)		신천	정원正源(從)
	청송	송학松鶴(主)	함경도	함흥	운전雲田(從)
	의령	덕곡德谷(主)	평안도	강동	청계淸溪(主)
	언양	고산孤山(主)			

『동국원우록東國院宇錄』을 토대로 집계하면 이황을 제향한 서원은 [표 2]에서 보듯 29개로 나타난다. 영남에 집중되어 있긴 하나 전국적인 분포를 보여준다. 이렇듯 영남지역 양반들은 관직과 권력을 통하지 않고 학문을 통해 영향력과 명성을 얻을 수 있다는 것을 보여주었다. 그리하여 도산서원은 전국적인 공간과 지방 공간 사이에 연결고리를 만들어냈다.

서원 등 지방의 학교가 늘어나면서 관직을 얻으려는 이들이 늘어나는 한편 관료로서 봉사한다는 전통적인 이상이 더 이상 유지되기 어려워지자 지역 양반들은 어떻게 하면 관직에 오르지 않고도 사회·정치적 엘리트로서 스스로의 정체성을 유지할 것인가, 즉 현실의 정치권력과 권위 없이 어떻게 사회·정치적 책임을 다하고 지역사회에 영향을 미칠 수 있을 것인가를 고민했다. 이러한 요구에 잘 부응한 것이 성리학을 통한 지식의 보급이었다. 성리학은 지역 양반들에게 정통을 지켜나갈 수 있는 문화를 제공했고, 더 좋은 학자가 되기 위한 길은 무엇이며 개인으로서 훈련하는 것이 가능할뿐더러 왜 필요한지를 설명하면서 중앙 정부와 무관한 지역 엘리트로서의 독립성을 유지할 수 있는 학문을 제시했다.

이러한 행위에 중요한 기제가 되는 것 중 하나가 이와 연관 있는 서책의 간행이었다. 홍한주의 『지수염필智水拈筆』은 동시대인들이 영남 사족들의 문집 간행을 어떻게 바라봤는지 말해준다.

> 영남의 인사들이 문집을 간행하는데 그 대상은 조정에서나 선비들도 모르는 고을의 선배일 뿐이며, 문집을 간행한 이유는 가세가 한미하고 조정의 벼슬을 얻지 못하면 문족을 지켜나가도 향촌에서 호령하면서 편호와 구별되기 어렵기 때문이다. 그래서 사대부의 이름을 잃지 않기 위하여 조상 가운데 평소 지었던 시와 편지를 모아서 모 선생 유고라고 칭한다.[64]

당시의 지식인들은 영남, 특히 안동지역의 문집 간행을 저자의 학문적 업적의 결과라기보다는 문족을 지키기 위한 노력으로 인식하는 경향이 더 컸다. 실제로 조선 후기 문집의 간행은 조상을 위해서뿐만 아니라 후손을 위해서 중요한 역할을 했다. 후손들은 문집을 통해 문중의 결속을 다지는 동시에 대외적으로는 문중의 사회·경제적 지위를 크게 드러내 보였다. 간행된 문집을 지역의 사족과 다른 문중에 배포함으로써 문중의 건재를 널리 알리기도 했으며, 문집의 공유를 통해 다른 문중과 학문 및 사상뿐만 아니라 사족 공동체 의식을 공유하기도 했다. 문집 간행은 문중의 생존 전략이었던 것이다.

앞서 살펴본 것처럼 도산서원에서 서책을 간행할 때는 각 지역에서 경제적 도움을 주었다. 『도산급문제현록』을 펴낼 당시 급문 제자 후손가에서 경제적 부조를 해왔다. 전국의 120여 개 후손 문중에서 적게는 5냥에서 많게는 100냥에 이르는 돈을 내 수천 냥이 모였다.[65] 뿐만 아니라 도산서원 역시 각 지역의 서원과 문중의 서책 간행을 도왔고 내용에도 간여했으며 분쟁을 조정하기도 했다. 그리하여 하나의 꼭짓점과 그것을 중심으로 퍼져 있는 개별 점들이 서로 간의 호혜 속에서 권위의 생산과 유통을 장악했다. 도산서원도 다른 서원과의 연망 속에서 그 권위를 인정받았던 것이다. 이와 함께 각 지역의 서원에서 퇴계 선생문집을 간행하려는 양상은 퇴계의 명망과 잇대어 지역사회에서 자신들의 존립을 유지해 나가려는 방법이었다.

이것은 서책 간행 이후의 의례에서도 잘 드러난다. 문집 간행은 유림의 고유告由와 봉헌 의례로 공인되었다. 이러한 의례를 위해 관련 문중과 서원들이 초청되고 이들의 참가로 문집은 사적인 것에서 공적인 것으로 바뀌었다. 사사로운 한 서원의 사유물이 아니라 공공적인 것으로 정당화되는 것이고, 공인을 받는 것이 많을수록 서원의 명예와 위세가 확대되는 것이었다. 엘리트 문화의 공유 혹은 그러한 문화공동체의 연망에 위치한다는 것은 중요한 정치적, 사회적 자원을 확보하는 것이며 문집은 서원의 사회적 지위를 상징했다.

도산서원이 영남 지역사회에서 갖는 위상은 영조 9년(1733) 도산서원에서 이황의 『언행록言行錄』을 발간하는 것을 계기로 12월 17일 행해지는 치제과정을 통해서도 잘 볼 수 있다. 『도산서원치제시일기』에 그 내용이 상세히 기록되어 있다. 이때 왕은 홍문관 부수찬副修撰 정형복을 파견해 제사를 지내도록 했다. 그 사실이 도산서원에 통보된 것은 12월 6일이었다. 이에 따라 주위 사림들에

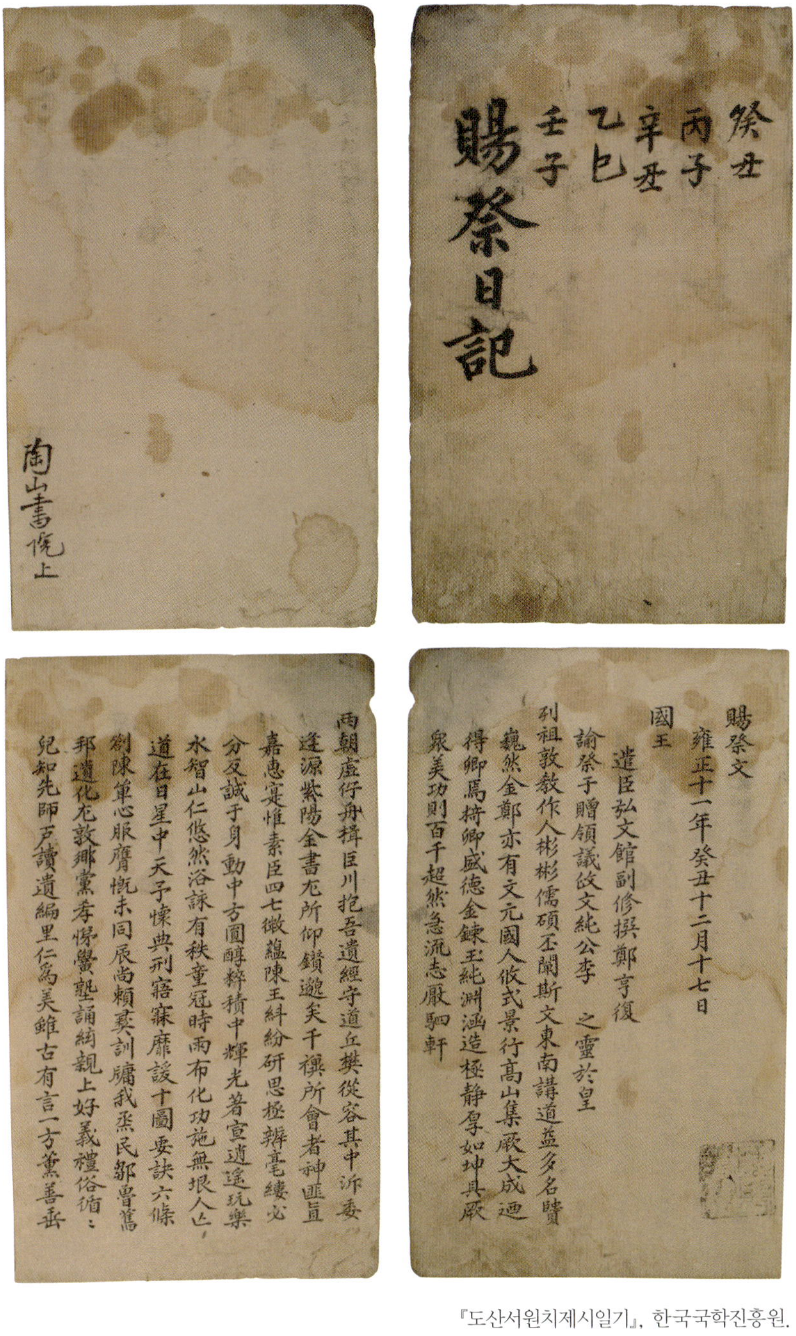
癸丑
丙子
辛丑
乙巳
壬子
賜祭日記

陶山書院上

賜祭文
雍正十一年癸丑十二月十七日
國王
遣臣弘文館副修撰鄭亨復
諭祭于贈領議政文純公李　之靈於皇
列祖敦教作人彬彬儒碩丕闡斯文東南講道益多名贒
巍然金鄭亦有文元國人依式景行高山集厥大成迺
得卿焉猗卿盛德金鍊玉純淵涵造極靜厚如坤具厥
衆美功則百千超然急流志厲駟軒

兩朝虛佇舟楫臣川抱吾遺經守道丘樊從容其中泝委
逢源紫陽全書尤所仰鑽邈矣千禩所會者神匪亶
嘉惠寔惟素臣四七微蘊陳王糾紛研思極辨毫縷必
分反誠于身動中方圓醇粹積中輝光著宣逍遙玩樂
水智山仁悠然浴詠有秩童冠時雨布化功施無垠人亡
道在日星中天予懷典刑寤寐靡諼十圖要訣六條
剴陳單心服膺慨未同辰尚賴彝訓牖我烝民鄒魯舊
邦遺化尤敦鄉黨孝悌黌塾誦絃親上好義禮俗循循
皃知先師ㄕ讀遺編里仁爲美雖古有言一方薰善岳

『도산서원치제시일기』, 한국국학진흥원.

게 통문을 보내 알리는 한편, 제사와 의식 절차 등에 대해 논의하여 본격적인 준비에 들어갔다. 하루 전 수백 명이 모인 가운데 도산서원 전교당에서 공사원, 도집례, 직일, 조사 등의 임원을 임명했다. 이와 더불어 안동부사가 나서서 예관을 맞아들일 사자막차使者幕次와 향과 제문을 봉안하는 막차를 서원 대문 밖 동쪽에 설치하고 기다렸다. 이후 치제를 치르게 되는 것이었다.

치제는 원래 종묘의 각 실室과 왕후의 돌아가신 부모의 기일에 왕이 예관을 보내 제사를 지내도록 한 것이었다. 그러다가 국가적인 공로가 있거나 학문에 지대한 업적을 남긴 인물에게도 그것이 적용되었다. 그러나 치제는 대체로 사망한 사림의 장례 때 예관과 제수를 보내 행했는데, 사림의 존숭의 대상이 되는 인물이라면 기일 또는 특정한 날에 행하는 예도 종종 있었다. 이는 문풍文風의 진작과 사기士氣의 흥기라는 차원에서 이뤄진 것이다. 특히 영조와 정조는 학문의 진흥과 더불어 탕평책을 성공적으로 이뤄내기 위한 목적에서 이를 자

「도산서원도」, 이징, 30.0×130.0cm, 17세기, 계명대 중앙도서관.

주 활용했다. 도산서원에서의 치제도 이러한 맥락에서 이해가 되는데, 인조반정 이후 서인 또는 노론 세력에 의해 소외되었던 영남 남인들에 대한 위유慰諭, 즉 위로하고 달래주는 의미도 포함되어 있었다.

영조에 이어 정조 역시 정조 5년(1781) 승정원 좌부승지를 보내 5월 18일 옥산서원과 5월 22일 도산서원에서 각각 제사를 지내도록 했다. 안동부에서 풍기·영천·예안·영양·진부의 수령들을 각각 개축, 축사, 찬자, 알자, 도예차로 임명한 사제집사관분정 관문을 보내옴으로써 본격적으로 제사가 준비되기 시작했다. 제사를 지낼 때는 2500명이나 되는 사람이 운집했던 것으로 나타난다. 이때도 각 관청과 서원에서 부조했다. 이후에도 도산서원에서는 정조대에 몇 차례 더 치제가 있었는데 이때마다 각지의 많은 유생이 모여들었다.

영조는 1733년 도산서원에 치제하고 「도산도陶山圖」를 그리라고 명했다. 「도산도」는 이황이 살아 있을 때 명종에 의해 처음 제작되었다. 이후 영조 때 「도산

亦樂齋
天光雲影臺
魚梁
江寺

陶山書院
蒙泉
節友社
岩栖軒
净友塘
冽井
幽貞門
進道門
隴雲精舍
谷口岩
天淵臺
濯纓潭
漁村

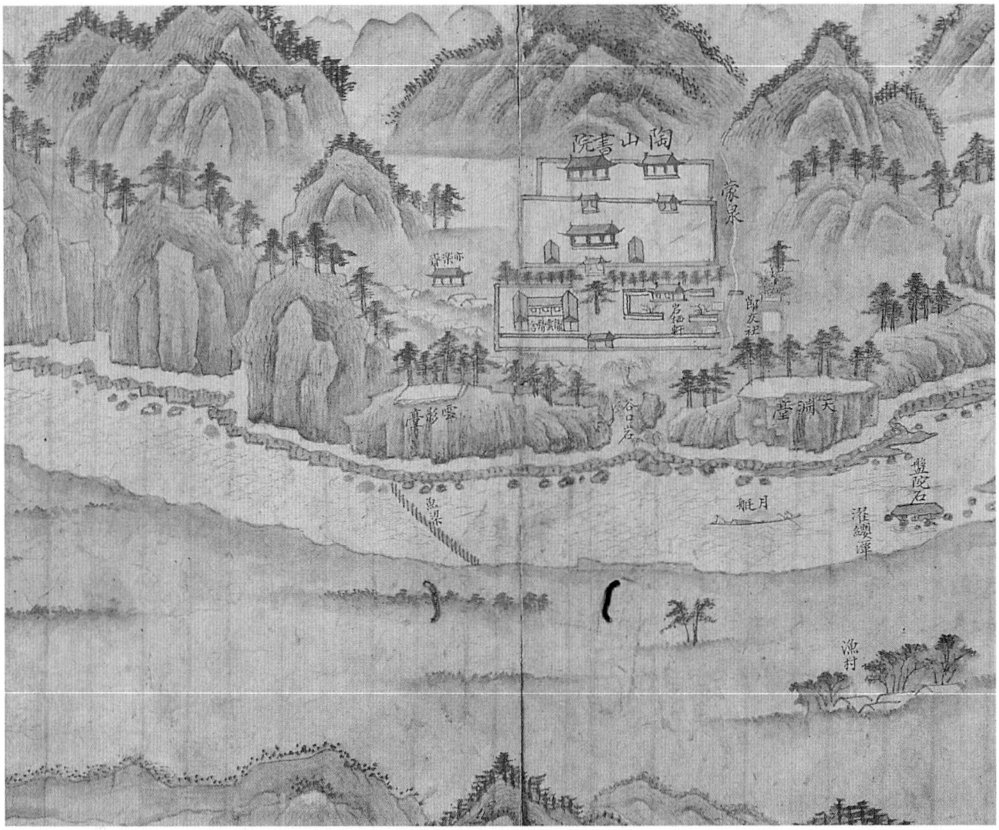

「도산서원」, 『무이도산양도첩』, 김창석, 연세대 도서관.

도」의 제작을 명한 것이다.[66] 근신들과 함께 「초현부지탄招賢不至嘆」이라는 시를 짓고, 몰래 화공을 도산에 보내 그 풍경을 그리고 송인宋寅에게 「도산기陶山記」와 「도산잡영陶山雜詠」을 써넣게 해 병풍을 만들어서 조석으로 흠모한 명종이 이황 개인에 대한 존경으로 「도산도」를 그렸다면, 영조는 이황과 도산서원으로 상징되는 영남 남인에 대한 회유책의 하나로 「도산도」 제작을 명했다고 할 수 있다.

1728년 무신란 이후 영조는 경상우도의 남명학파에 대해서는 처벌을 감행했지만 경상좌도에 대해서는 상대적으로 회유책을 썼다.[67] 그 뒤 5년이 지난 1733년 영남지역의 인재 등용과 함께 도산서원이 치제되고 「도산도」가 제작된 것이다.[68] 또한 정조는 경상감영을 통해 도산서원을 그린 병풍을 만들어 올리라고 지시하기도 했다.

결국 서적을 간행하기 위한 회의와 절차를 통해 지역사회의 공론을 주도한 것, 퇴계의 저서와 문집으로 성리학을 전파시켜 나간 것 등이 바탕이 되어 무시할 수 없는 정치적 세력화가 이루어졌고, 곧 국가에서도 그 권위를 인정하여 치제했다. 18세기 중반에 『송계원명이학통록』(1743), 『주자서절요』(1743) 등의 책이 간행되는 것도 이러한 사실과 무관하지 않을 것이다.[69]

지역에서 위상이 높아진 도산서원은 지역민의 여러 문제를 판단하고 조정했으며[70] 효행 열녀를 포상하는 데도 적극적으로 나서 공론을 주도해나갔다.[71] 서원은 사족들의 정치적 이익과 사회적 결속을 위한 것일 뿐 아니라 신분을 보장하고 이념을 재생산하는 기제로서도 중요했다. 효녀와 열녀 등에 대한 이들의 관심은 양반이 아니더라도 그들의 이념 체계를 충실히 실천한 모범에 대해서는 그 경과를 규명해 사림의 공의에 부쳐 표양했다.

한편 서원에서 이뤄지는 조직화된 강학은 성리학에 공감하는 사족들을 결집시켰다. 강학이 없었더라면 그들은 상대적인 고립 속에서 작업했을 수도 있는 사람들이었다. 서원들은 성리학을 배우고 가르치는 이들에게 장소를 제공함으로써, 선생들이 성리학의 리더로 명성을 쌓는 것을 가능케 했다. 서원이라는 환경은 학생들에게 새로운 방식의 학문을 가르쳤고 그 새로운 방식 속에서 이슈를 두고 이뤄지는 제자들 간의, 그리고 제자와 스승 간의 토론은 텍스트를 암송하고 과거시험용 작문을 하는 것보다 훨씬 더 지적인 중요성을 지니고 있었다. 서원은 예를 고하고, 참여자들에게 어떻게 예를 실천해야 하는지를 가르쳤다. 또한 서원은 사족들을 지원했고 다른 지역에서 방문하는 사족들에게도 숙소와 음식을 제공했다. 서원은 공통의 문제에 대해 토론하고 공통된 학문의 프로그램에 종사하는 사람들 간에 초지역적 네트워크를 만들어냈다.

제4장

도산서원은 어떻게 책을 만들었는가

조선시대 출판문화의 특질

이헌창
고려대 교수
이수환
영남대 교수

지금의 한국 경제를 일궈낸 중요한 힘은 지식과 교육을 중시하는 문화다. 이러한 문화는 조선시대에 길러졌다. 전근대의 눈높이로 보면 조선 사회는 지식이 중시되고 교육과 서적 생산이 활발한 편이었다. 인류사에서 조선보다 유교이념이 강한 영향력을 미친 사회를 찾기 어려운데, 유교는 '배움學'과 '지식知'을 존중하는 문화였다. 공자는 배움을 특히 강조했으며, 주자는 유학이 기본 과제로 삼은 수기修己의 핵심적인 요건을 학문의 연마로 보았고, 누구나 소학小學에 들어간다는 중국 고대의 보편 교육 이념을 유교문화권의 고전이 되는 『소학小學』을 편찬해 뒷받침했다. 퇴계는 도덕사회의 구현을 위한 거점으로 삼고자 도산서당을 지었고, 이것이 지금의 도산서원으로 그 모습을 바꿨다. 도덕사회의 구현은 유학의 기본 목표인 수기와 교화敎化로부터 출발하며, 수기의 출발이 학문 연마인 격물치지格物致知이고, 교화의 중요한 수단이 바로 교육이라는 의제 아래 서원을 세웠던 것이다.

조선시대를 지적 능력이 성장한 시기로 볼 수 있는데,[1] 도산서원은 교육과 서적 생산을 통해 조선 사회의 지력知力을 높이는 데 큰 몫을 했다. 서적은 지식을 담고 확산시키는 수단이며 서원의 교육에서도 긴요하게 활용되었다.

도산서원 서적 생산의 경위와 과정을 잘 보여주는 자료로는 간역일기刊役日記가 있다. 도산서원에는 1913년의 『급문록영간시일기及門錄營刊時日記』, 1817년의 『선생문집개간일기先生文集改刊日記』, 1884년의 『대계집간역시일기大溪集刊役時日記』 등 세 종의 간역일기가 소장되어 있다. 소장처는 다르지만 1843년 도산서원이 간행한 『퇴계선생문집退溪先生文集』 전질 32권의 간역일기 『퇴계선생문집중간시일기退溪先生文集重刊時日記』도 남아 있다. 이 글에서는 이러한 간역일기를 기본으로 삼아 서적 간행과정과 그 특징을 설명하면서 관련 고문서를 소개하려 한다.

다행히 1913~1914년 『도산급문록陶山及門錄』을 간행할 때는 일기뿐만 아니라

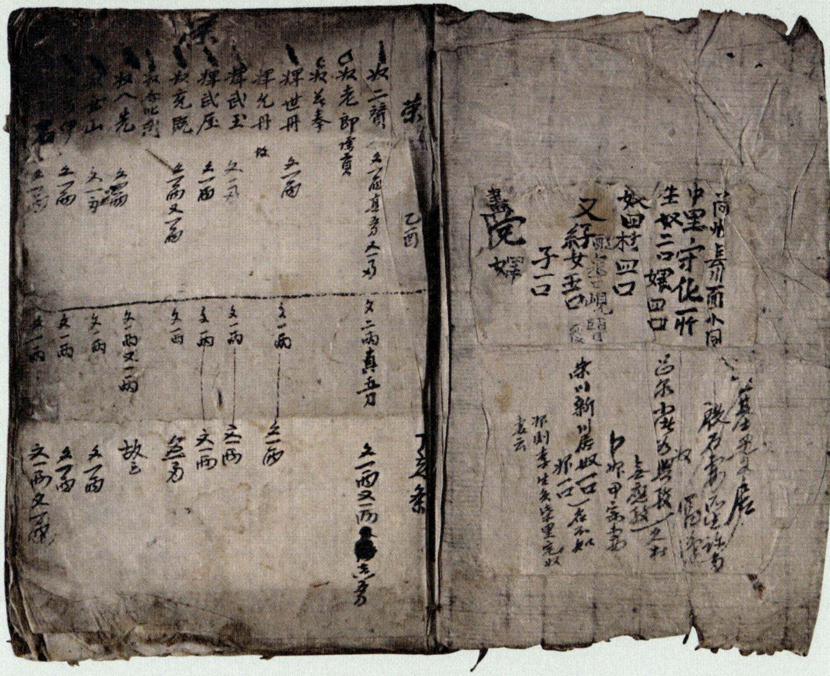

『급문록영간시일기及門錄營刊時日記』 첫 면, 35.0×23.0cm, 도산서원운영위원회 기탁, 한국국학진흥원.

파록爬錄, 시도기時到記, 부조기扶助記, 하기下記가 모두 전하며 당시 통문과 서찰도 많이 남아 있다. 이를 통해 서적 간행과 관련된 기록문화를 엿볼 수 있다. 위의 그림 자료는 『도산급문록』 간행 때 일기의 본문 첫 면이다. 일기의 작성자는 1913년 도산서원 원장이면서 그 간행사업을 지휘한 이중철李中轍(1848~1934)로 여겨진다. 일기는 간역 논의가 일어나는 배경을 설명한 다음인 1913년 4월 17일부터 작성되었다. 다만 자료는 6월 13일 것까지만 남아 있다. 뒷부분이 누락되어, 교정을 맡은 한 사람인 이선구李善求의 말이 중간에 끊긴 채 전하기 때문이다. 여기서는 이상의 간역일기와 통문 등의 고문서를 바탕으로, 서적 생산과 관련된 도산서원의 역할, 간행 동기, 제작과정 및 각종 경비 조달 방법 등을 살펴보겠다.

서적 생산에서 도산서원의 역할

통문을 통해 살펴본 서적 간행의 역사

도산서원이 펴낸 서적 수가 많다고는 할 수 없다. 하지만 영남 일원, 나아가 전국적인 영향력을 지닌 서적을 여럿 발간했다는 점에서 큰 의의가 있다. 현재 한국국학진흥원 홈페이지에서 제공하고 있는 도산서원 통문은 이러한 서적 생산에 관해 많은 사실을 알려준다.

'통문0075'[2]는 기묘己卯년(순조 19, 1819) 2월 5일 청송향교青松鄕校 명의로 도유사都有司 서고徐沽 등 15명이 도산서원에 보낸 통문이다. 그 내용은 다음과 같다. 『심경心經』은 유교의 기본 경전으로 퇴계는 처음에 이 책을 통해 덕성을 기르고 닦아 평생 이 책을 존신尊信했다. 그런데 책의 판본이 드물어 전주에서 1본 나왔으나 오류가 많았다. 그러던 차에 청송향교의 인사들은 퇴계의 위패가 모셔진 도산서원이 『심경』을 간행할 예정이라는 소식을 듣고 축하했다. 그러면서 이

사업에 재정적 지원을 아끼지 않을 것이라는 점을 분명히 하는 한편, 이 책이 석채례釋菜禮를 하는 날에 맞춰 간행되기를 바란다는 의견을 드러내고 있다.

'통문0060'은 경인庚寅년(순조 30, 1830) 2월 16일 광산 김씨光山金氏 가문의 명의로 김정교金庭敎 등 13명이 도산서원에 보낸 통문이다. 이 통문에는 광산 김씨 가문 출신 인사들의 문집이 도산서원에서 간행되었고, 그 목판을 보관해온 바가 있음을 밝혀놓았다. 특히 광산 김씨 출신의 운암雲巖 김연金緣(1487~1544), 근시재近始齋 김해金垓(1555~1593), 계암溪巖 김령金坽(1577~1641)의 문집이 거론되고 있다.

한편 현재까지 알려진 도산서원 소장 목판은 28종이다.[3] 『퇴계집退溪集』과 그 『연보年譜』, 『진성이씨족보眞城李氏族譜』 『퇴계선생언행록退溪先生言行錄』이 있으며, 『주자서절요朱子書節要』와 같은 성리서도 확인된다. 이외에도 광산 김씨 가문처럼 퇴계와 관련된 인사들의 문집 목판도 다수 있다. 문집 목판으로는 『퇴계집』을 비롯해 『계산세고溪山世稿』(퇴계의 후손 이안도李安道, 이수연李守淵, 이세정李世靖 3인의 시문집), 『몽재유고蒙齋遺稿』(이안도의 유고), 『송재집松齋集』(퇴계의 숙부 이우李堣의 문집), 『송재시집松齋詩集』, 『온계집溫溪集』(퇴계의 형 이해李瀣의 문집), 『운암일고雲巖逸稿』(예안 출신의 인사 김연의 유고), 『치재유고恥齋遺稿』(퇴계와 서경덕徐敬德의 문인인 홍인우洪仁祐의 유고, 경기도 여주 출신), 『후계집後溪集』(퇴계의 후손 이이순李頤淳의 문집)이 남아 있으며, 여기에는 앞서 '통문0060'에서 언급한 김연의 유고도 확인된다.

이 목판의 대부분은 퇴계와 직접적인 관련이 있는 책판들이다. 퇴계가 남긴 글들이거나 그 집안과 관련된 것이다. 아울러 조선 후기 서원의 문중화라는 사회적 특성과 맞물려 퇴계 집안 인사들의 문집이 여럿 확인된다. 비록 배향자와 관련성이 깊은 서적 위주로 간행되었지만, 도산서원의 지역적 위상을 감안한다면 그 양상은 영남지역 재지 사족의 동향에 적지 않은 영향력을 미치고 있었다. 도산서원의 서적 간행에 간여한다는 것은 퇴계학파로서의 학문적 계보를 확인하는 것이었기에, 간역일기와 여러 고문서에 유력한 영남지역 사족 가문이 등장했던 것이다.

책 간행의 구심점, 도산서원

도산서원은 지역사회에서 펴내는 서적을 후원하고 그 지침을 내놓기도 했다. 이와 관련된 통문을 소개하면 다음과 같다.

'통문0085'는 1898년 10월, 고산서당高山書堂 명의로 도유사都有司 유건호柳建鎬 등 52인이 도산서원에 보낸 것이다. 유건호 등은 『퇴계서절요退溪書節要』를 간행하는 작업에 도산서원이 적극 동참해줄 것을 요청했다. 이 사업에 연결되는 '통문0063'에 따르면, 1899년 2월 경광서당鏡光書堂 회중會中 명의로 권세연權世淵 등 9인이 사문斯文의 중요한 사업인 『퇴계서절요』를 펴내는 데 공역工役이 많이 늦어지므로 도산서원에 협조를 청하고 있다.

'통문0078'은 1899년 7월, 상주향교尙州鄕校 명의로 공사원公事員 이시형李時馨 등 44인이 도산서원에 보낸 것이다. 계당溪堂 류주목柳疇睦(1813~1872)이 저술하여 예학의 근본이 된 『전례유집全禮類輯』의 판각을 빠른 시일 안에 마무리하기 위해 열기로 한 도회道會 참석을 당부하고 있다. 본가의 힘이 보잘것없고 유림의 공의公議도 오랫동안 침묵을 지키고 있어 판각 작업이 30년 늦춰져, 공역을 빨리 진행시킬 것을 독려하고 재정 지원 문제 등을 논의하고자 8월에 군위軍威 남계南溪 단하壇下에서 도회를 갖기로 했다는 것이다.

'통문0037'에서는 1906년 4월 사천泗川의 대관대회소大觀臺會所 명의로 최기환崔璣煥 등 15인이 도산서원에 미수 허목의 문집인 『기언記言』의 중간重刊과 관련하여 협조를 당부하고 있다. 통문에서는 의령의 이의정二宜亭에서 중간하고 있는 『기언』이 숙종대의 나주판본을 존중하지 않아 조식과 허목의 본 취지를 어그러뜨린 점을 지적해놓았다.

이처럼 중요한 서적 간행이 있으면 영남의 여러 조직은 우선 도산서원으로부터 힘을 얻으려 했다. 도산서원이 지역에서 떨치는 힘이 컸던 만큼 후원을 청하는 요구도 널리 있었던 것이다. 또한 '통문0037'에서와 같이 도산서원의 의견을 바탕으로 서적 간행의 방향을 정하려는 움직임도 확인된다. 선현의 문자를 간행하면서 생길 수 있는 크고 작은 난맥상에 대하여 도산서원의 권위를 빌려 해결하려는 의도였다.

책, 사대부의 이름을 높이다

일찍이 마에마 교사쿠前間恭作(1868~1942)는 조선시대에는 시장 출판의 방각본坊刻本이 적다고 했다. 중국에서는 시장 출판이 성행한 반면 한국에서의 출판은 "출판자를 위한 출판이 되고 있다는 것이 한국 판본이라는 것을 이해하는 데 있어서 핵심적"이라는 견해다.[4] 조선시대 목판 중 중국과 일본에 비해 영리성을 띤 목판이 적다는 사실은 한·중·일 비교를 통해 한국 목판의 특징을 살펴본 논문에서도 확인된다.[5] 조선시대 서적 생산에서 압도적인 비중을 차지하는 것은 문집류인데, 문집은 거의 비영리 출판이었다.

그러면 비영리 서적인 문집의 출판 동기는 무엇이었나? 마에마 교사쿠는 고려조부터 시작된 가판家板은 "저작자가 부조父祖에 대한 추효追孝의 마음, 또는 가문의 존엄을 나타내려는 생각에서 부조의 저작을 인반印頒한 것으로 (…) 부조의 유고遺稿를 인포印布한다는 것을 그 묘비를 세우는 것과 같이 무엇보다 중요한 일로 생각했던 것이다"라고 했으며, 사원판祠院板은 "출판의 동기는 역시 가판과 비슷해서 원유院儒 등이 그 사원祠院의 위엄을 더하기 위해 제작했던 것이다"라고 했다.[6] '부조에 대한 추효'의 마음, 가문을 높이려는 의식 그리고 서원의 권위를 더하기 위한 동기가 서적 생산에서 중요하게 작용한 것은 분명하다.

더 나아가 신승운은 홍한주가 '사대부의 이름을 잃지 않기 위해서' 문집을 간행했다고 보는 출판 동기를 지적했으며, 영남 지방에서 문집 간행을 "몰락한 남인 양반들이 향촌사회에서의 신분 유지를 위한 방편으로 이용"했다고 보았다.[7] 이러한 사실도 부정될 수는 없다.

그런데 이것만으로 서적 생산의 동기를 충분하게 설명하지는 못한다. 오히려 본질적인 동기는 다른 데서 찾아야 하고, 효도와 가문 선양은 그로부터 파생된 것으로 봐야 한다. 공자가 편찬했다고 전해지는 『춘추』의 대표적인 주석서 가운데 하나로 춘추시대를 이해하는 중요한 자료인 『춘추좌씨전春秋左氏傳』에는 "덕을 세우는 것이 최고이고 공을 세우는 것이 그다음이고 말을 남겨놓은 것이 그다음이다太上立德其次立功其次立言"라는 구절이 있는데, 이것은 '썩지 않는 세 가지三不朽'라 불렸다.[8] 중국과 조선에서 문집이란 개인이 성취한 덕과 공적을 문자로써 기록한 것으로 중시되었다.

선조, 광해군, 인조 삼대에 걸쳐 영의정을 역임한 명신인 이원익의 문집을 발간한 서문을 보자. 1705년 이서우李瑞雨는 「오리선생속집서梧里先生續集序」에서 "옛날 숙손씨가 '덕德을 세우는 것이 최고이고 공功을 세우는 것이 그다음이고 말言을 남겨놓은 것이 그다음이다'라고 했다. 왜 글文이라 하지 않고 말이라 했는가 하면, 후세의 이른바 글이 당시의 말이었기 때문이다. 오직 공의 덕과 공功이 성대함은 모든 이의 칭송에서 전해지고 간책簡冊과 종정鍾鼎에 실려 있다"고 했다. 1687년 허목許穆은 「오리이문충공유권서梧里李文忠公遺卷序」에서 이원익의 글을 읽으면 "어진 이는 권장되고 불초한 이는 두려워하니 백세의 교훈이 되기에 충분하다"고 했다. 1691년 권유權愈는 「오리선생문집서」에서 "덕이 언어 문자에 나타난 것이 여기에 갖추어져 있으니 (…) 후세의 군자로서 도道를 지켜 허물을 적게 하려는 자는 어찌 선생의 글에서 체험하지 않겠는가?"라고 했다.

오늘날에는 돈을 많이 벌고 높은 지위에 오르기 위한 전문적·기술적 지식이 중시되지만, 조선시대에는 그런 지식을 경시하고 도덕 실천을 위한 지식을 중시했다. 그런 점에서 설석규 교수가 「조선시대 유교목판 제작 배경과 그 의미」에서 '조선시대 도학道學의 성행은 문집의 성행으로 연결된다'고 주장한 것에 유의할 필요가 있다.[9] 1817년의 『선생문집개간일기先生文集改刊日記』에 따르면, 간역을 마친 다음 원장이 지은 고유문에는 퇴계 "선생의 도道가 책에 남아 있어서 사방에 유포되었습니다"라는 구절이 있다. 그 「후서」에 따르면 "아! 선생의 도가 이 책에 있도다. 후학들이 사서四書 다음으로 믿고 존중하여 우리나라 사대부 집안이라면 거의 집집마다 소장하고 있다"고 했다. 이렇게 문집은 조선시대 지식의 독특한 유형을 담고 있다.

실제 가문이 문집을 간행하려 할 때는 조상을 추모하는 효도 관념에서 출발하여 조상의 도덕 실천의 지식을 담은 기록물을 남기면서 그런 행위를 통해 가문을 높이려는 의식이 결합되어 나타났다. 이러한 사실은 『대계집간역시일기大溪集刊役時日記』 등에서도 잘 드러난다. 대계 이주정李周禎(1750~1818)의 아들은 그 유고를 발간하지 못한 채 한을 남기고 사망했다. 이에 손자가 "문학文學과 행의行誼를 후생後生이 어찌 잊을 수 있겠는가?"라면서 "그 문집을 세상에 전하지 않은 것은 우리 가문의 크나큰 흠집이다"라고 하며 문집 간행을 추진했고, 그 작업을 증손자가 이어받았다. 여기서 문학은 학문을, 행의는 도덕 실천을 말한다. 1884년 12월 23일 완성된 책을 보고 "백년토록 이루지 못했는데 오늘에야 이 책자를 보니 사문斯文의 경사와 다행이 이보다 더할 수 있겠는가?"라면서 기빼했다.

조선시대의 중심이 된 지식은 오늘날의 용어로 하면 문文·사史·철哲이고 전문적·기술적 지식은 잡학雜學으로 분류된다. 이러한 지식이 오늘날의 젊은이들에게는 고리타분해 보이겠지만, 안정된 도덕사회를 유지하려는 당시의 과제에는 유용한 쓰임새를 지녔다.

문중, 서원 관계자, 전문가가 총동원된 서책의 제작과정

서적 간행을 위해 여론을 모으다

도산서원은 비록 판매를 목적으로 책을 펴내진 않았다 해도 널리 여론을 수렴해 책을 간행할지를 결정했다. 그렇게 해서 펴내기로 한 서책은 폭넓은 참여를 통해 제작되었다. 그런 점에서 문중이나 서원의 서적 간행은 사회·문화사적 의의를 지니며, 학문과 지식의 파급에서 중요한 의미를 갖는다.

『선생문집개간일기』를 통해 퇴계문집의 간행 결정과정을 살펴보면 다음과 같다.

1817년 1월 5일 세알歲謁을 하고 당회堂會를 열어 유안儒案을 작성할 때 회원이 58명이었다. 이 자리에서 원장 이이순李頤淳(1754~1832) 등이 감영에서 국왕이 열람할 퇴계 문집을 인쇄하여 올리라고 했다며, "판본이 허술하여 개간해야 한다"고 말했다. 이 자리에 모인 인사들의 중론도 같았다. 이에 이이순은 이것은 도산서원의 대사이므로 먼저 '고을의 여러 어른鄕中諸長老'께 여쭈어 동의를 받은 다음, 봄에 간역을 시작해야 한다며 수령에게 고목告目을 올렸으나 별다른 판결은 없었다.

2월 13일 향례享禮를 마친 뒤 다시 회의를 열어 간역을 논의했다. 이어 2월 20일에는 원장이 서원 회의를 소집해 경비와 인력 등 간역에 필요한 것을 구체적으로 논했다. 앞서 언급한 『대계집간역시일기』에서도 이와 유사한 과정이 확인된다. 이주정의 후손들이 유고 간행을 결심해 문중에 의논하니 모두 뜻을 같이했다. 이에 문중 각처로부터 60여 냥을 모아 이 돈을 불린 뒤 임원을 선출했다. 한 문중의 사업인 『대계집』과 비교해본다면, 퇴계 제자들 가문이 힘을 모아 만든 『도산급문록』의 간행 결정과 간행사업의 참여 규모는 훨씬 컸을 것이다.

『급문록영간시일기』를 통해 『도산급문록』의 간행이 결정되는 과정을 살펴보자. 이 일기는 『도산급문제현록陶山及門諸賢錄』에 대한 설명부터 하고 있다. 『도산급문제현록』은 창설재蒼雪齋 권두경權斗經(1654~1726)이 편찬한 『계문제자록溪門弟子錄』에 퇴계의 후손인 청벽靑壁 이수연李守淵(?~1748), 산후山後 이수항李守恒(1695~1768), 광뢰廣瀨 이야순李野淳(1755~1831) 등이 증보하여 간행한 퇴계 문인의 행적에 대한 기록이다. 모두 309명이 대개 출생 순으로 기록되어 있는데 내용을 보면 인물마다 자, 호, 본관, 거주지, 생몰, 사적 등이 적혀 있다. 사적은 주로 퇴계와 관련된 사항들을 중점적으로 다루고 있다.

1900년경 이중직李中植[10]이 퇴계문인록을 간행할 계획을 세웠는데, 1913년 정월에 퇴계 제자인 간재艮齋 이덕홍李德弘(1541~1596)의 후손으로 오천烏川에 사는 이운연李運淵이 와서 자기 고을에서 이 책을 발간할 의사를 밝히니, 도산서원이 주관해서 간행할 방침을 세웠다. 그리하여 통문을 보내 4월 20일 당회를 소

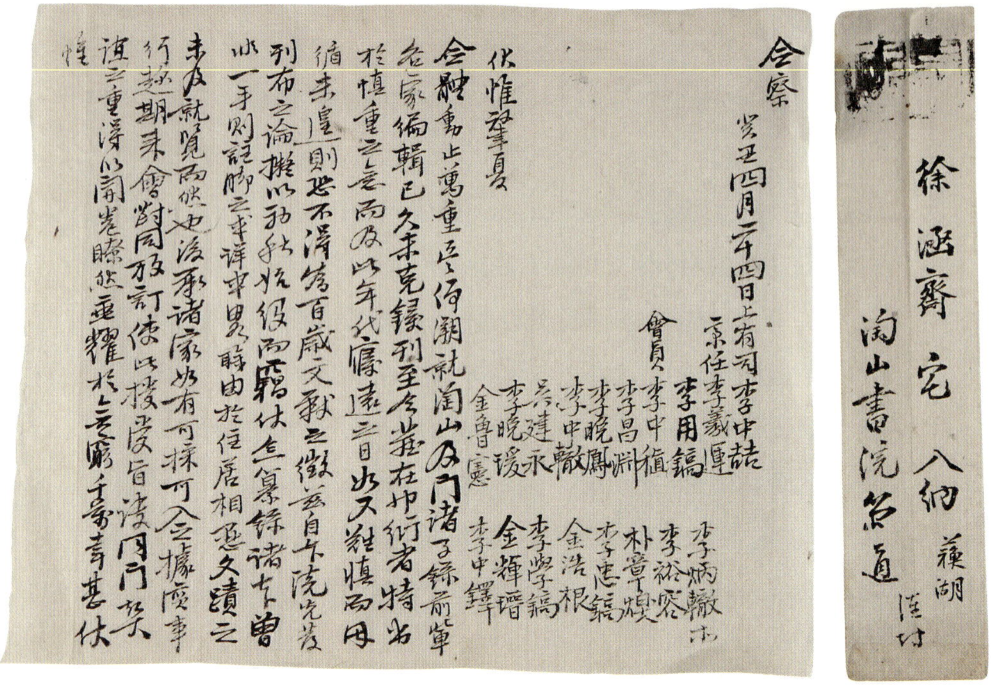
徐涵齋 宅 入納 蘇湖
陶山書院簡通

'통문0020', 도산서원운영위원회 기탁, 한국국학진흥원.

집하니 20여 명이 참석했다. 여기서 퇴계문인록 간행을 논의하니 자리가 다 차지 않았다며 신중하게 하자는 의견이 있어서 24일 대당회를 열기로 했다. 대당회에는 30여 명만 모여 불참한 향유鄕儒가 많았다. 시대가 바뀌어 유교의 영향력이 줄어들었기 때문일 것이다. 이날 신중히 논의한 끝에 퇴계문인록을 간행하기로 결정해 각처의 여러 후손 집에 통문을 보냈다. 다행히 4월 24일 발송한 '통문0020'이 남아 있다.

'통문0020'의 봉투에 받는 사람을 표시하는 '서함재택입납徐涵齋宅入納 소호蘇湖'와 보내는 측인 '도산서원간통陶山書院簡通'이 적혀 있다. 통문 발송일 '계축 4월 24일' 밑에 발송 주체인 상유사上有司 이중철李中喆과 재임齋任 이희운李羲運, 이용호李用鎬 그리고 회원會員 이중직李中稙, 이창연李昌淵, 이만봉李晩鳳, 이중철李中轍, 오건영吳建永, 이만원李晩瑗, 김노헌金魯憲, 이중탁李中鐸, 김휘진金輝瑨, 이학고李學鎬, 김호근金浩根, 이충호李忠鎬, 박장환朴章煥, 이유용李裕容, 이병철李炳轍 등이 나온다.

도산서원에서 이번 초가을에 『도산급문제자록』 발간사업을 시작하려는데 찬록纂錄 제본諸本을 한 사람이 작성하지 않은 까닭에 각주가 상세하기도 하고 소략하기도 하며 또한 각기 살고 있는 곳이 멀리 떨어져 문적文蹟을 미처 살펴보지 못한 경우도 있으므로, 제가諸家의 문적 가운데 채입採入할 만한 것이 있으면 기한에 맞춰 보내줘 함께 고정攷訂할 수 있게 해주기를 바란다는 내용이다.[11] 즉 도산서원이 소호의 서함재택에 『도산급문제자록』 간행 작업에 협조해달라고 요청하는 통문이다.

'간찰0108'은 봉투가 없어 받는 사람을 알 수 없지만 '통문0020'과 같은 내용이다. 흥미로운 점은 보내는 날짜가 같고 보내는 상유사와 재임이 동일 인물인데 회원 구성이 같지는 않다는 것이다. 편지 내용도 같지만 표현 방식은 다소 다르다.

정연한 간행 조직

문중이나 서원에서 문집 등 서책을 펴내기로 결정하면 간역소刊役所를 설치했다. 간역소는 보통 간행 주체와 연고가 있는 장소이지만, 『대계집』은 작업의 편의를 위해 각수가 살고 있는 안동의 묵계默溪로 잡았다.[12] 대계의 문집을 간행하기로 결정한 후손들은 경비를 마련하고 임원을 선출했다. 『대계집』 간행

琴岱基
進士 幼學 李康鎬
金輝瑨
金魯憲
李善杰
校正有司 進士 李中均
幼學 李秉鎬
寫本 幼學 李裕容
金夏鎭
李智淵

監刻都監
李中實
李晩璟
李中參
李學鎬
金浩根
權大永
李中穀
李中定
李中逵
監印都監
李尚鎬
李中洙
金魯博
李中夔
朴章煥
金璂燦
都辦
李羲燦
李春九

前參奉 幼學
李用鎬
李瀅淵
李晩佐
李源甲
李炳轍
李羲震
琴達基
李源鳳
琴鏞夏
李中業
李中聃
李述鎬
李炳朝
李中爀
李胤鎬
李中基
李性鎬

旨

原
癸丑四月二十四日

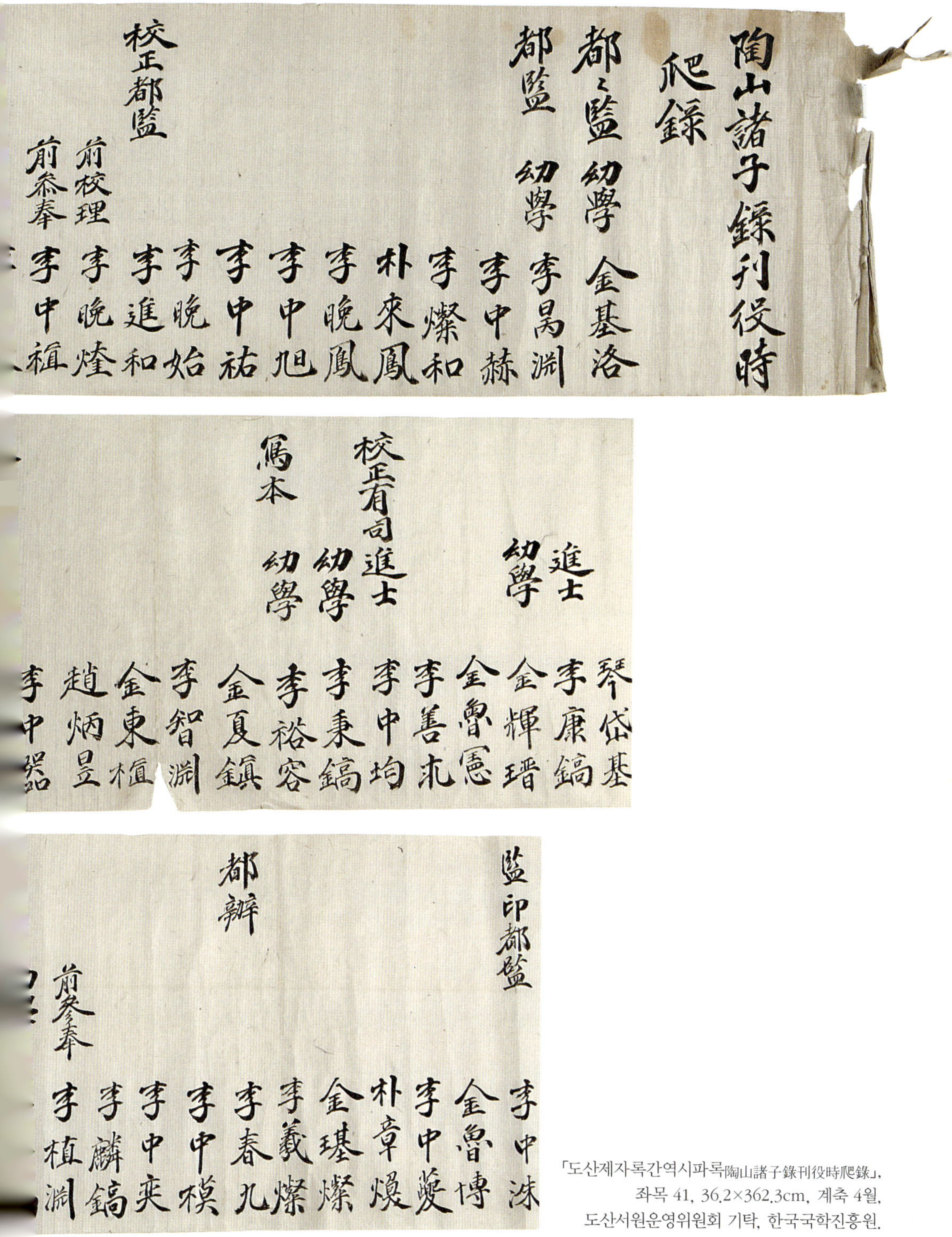

陶山諸子錄刊役時爬錄

都監 幼學 金基洛

都監 幼學 李禹淵

李中赫

李燦和

朴來鳳

李晩鳳

李中旭

李中祐

李晩始

李進和

校正都監

前校理 李晩煃

前參奉 李中禃

進士 琴岱基

幼學 李康鎬

金輝瑨

金魯憲

李善永

李中均

校正有司 進士

幼學 李秉鎬

幼學 李裕容

寫本

金夏鎭

李智淵

金東植

趙炳昱

李中𡷠

監印都監

李中洙

金魯博

李中夔

朴章煥

金璂燦

都辦

李義燦

李春九

李中模

李中爽

李麟鎬

前參奉 李植淵

「도산제자록간역시파록陶山諸子錄刊役時爬錄」,
좌목 41, 36.2×362.3cm, 계축 4월,
도산서원운영위원회 기탁, 한국국학진흥원.

조직은 간단해 대계의 증손이 막내 숙부에게 간본 쓰는 일을 부탁하고 판 만드는 일은 유능한 각수에게 의뢰했다. 한 문중의 간행사업과는 달리 여러 문중이 참여하는 도산서원 간행사업에서는 정연한 간행 조직이 필요했다.

「도산제자록간역시파록」은 『도산급문록』을 간행할 때 참여한 임원들의 명단을 적어놓은 파록爬錄이다. 간역이 이뤄지던 1913년 4월 24일 작성된 것이다. 파록에는 도도감都都監 김기락金基洛 이하 총 70명의 임원 명단이 적혀 있다. 이들을 직임, 직역, 성명, 본관별로 구분해 [표 1]에 제시했다. 파록에 모두 70명이나 나오는 것은 『도산급문록』 간행 작업에 얼마나 많은 사람이 참여했는가를 드러내는 한 지표다.

[표 1] 『도산급문록』 간행 조직

	직임	직역	성명	본관		직임	직역	성명	본관
1	都都監	幼學	金基洛	·	36	監刻都監	幼學	李中穀	眞城
2	都監	幼學	李昺淵	永川	37	監刻都監	幼學	李中宊	眞城
3	都監	幼學	李中赫	眞城	38	監刻都監	幼學	李中逵	眞城
4	都監	幼學	李燦和	永川	39	監刻都監	幼學	李尙鎬	眞城
5	都監	幼學	朴來鳳	·	40	監印都監	幼學	李中洙	眞城
6	都監	幼學	李晩鳳	眞城	41	監印都監	幼學	金魯博	·
7	都監	幼學	李中旭	眞城	42	監印都監	幼學	李中夔	眞城
8	都監	幼學	李中祜	眞城	43	監印都監	幼學	朴章煥	·
9	都監	幼學	李晩始	眞城	44	監印都監	幼學	金琪燦	·
10	校正都監	幼學	李進和	永川	45	監印都監	幼學	李義燦	·
11	校正都監	前校理	李晩煃	眞城	46	都辦	幼學	李春九	·
12	校正都監	前參奉	李中禧	眞城	47	都辦	幼學	李中模	眞城
13	校正都監	前參奉	李中轍	眞城	48	都辦	幼學	李中奕	眞城
14	校正都監	幼學	李中協	眞城	49	都辦	幼學	李麟鎬	眞城
15	校正都監	幼學	琴岱基	奉化	50	都辦	前參奉	李植淵	永川

16	校正都監	進士	李康鎬	眞城	51	都辦	幼學	李斗鎬	眞城
17	校正都監	幼學	金輝瑨	·	52	時到	幼學	李源求	眞城
18	校正都監	幼學	金魯憲	·	53	時到	幼學	李中爕	眞城
19	校正都監	幼學	李善求	眞城	54	時到	幼學	李用鎬	眞城
20	校正有司	進士	李中均	眞城	55	時到	幼學	李瀁淵	永川
21	校正有司	幼學	李秉鎬	眞城	56	時到	前參奉	李晩佐	眞城
22	寫本	幼學	李裕容	永川	57	時到	幼學	李源甲	眞城
23	寫本	幼學	金夏鎭	·	58	時到	幼學	李炳轍	眞城
24	寫本	幼學	李智淵	永川	59	時到	幼學	李羲震	·
25	寫本	幼學	金東植	義城	60	時到	幼學	琴建基	奉化
26	寫本	幼學	趙炳昱	橫城	61	時到	幼學	李源鳳	眞城
27	寫本	幼學	李中器	眞城	62	直日	幼學	琴鏞夏	奉化
28	板校都監	幼學	吳建永	高敞	63	直日	幼學	李中業	眞城
29	板校都監	幼學	李中鐸	眞城	64	直日	幼學	李中聃	眞城
30	板校都監	幼學	李中實	眞城	65	直日	幼學	李述鎬	眞城
31	板校都監	幼學	李晩璟	眞城	66	直日	幼學	李炳朝	眞城
32	板校都監	幼學	李中參	眞城	67	直日	幼學	李中爀	眞城
33	板校都監	幼學	李學鎬	眞城	68	直日	幼學	李胤鎬	眞城
34	監刻都監	幼學	金浩根	·	69	直日	幼學	李中基	眞城
35	監刻都監	幼學	權大永	安東	70	直日	幼學	李性鎬	眞城

여기서 도도감은 대표자, 도감은 사업의 총괄자, 교정도감은 교정사업 담당자, 교정유사는 교정 실무를 지원하는 사람,[13] 도판은 경제 책임자, 시도는 방문인 관리자, 직일은 사무 관리·집행자로 보인다. 도산서원의 서책 간행 조직은 정연하게 갖춰졌던 것이다. 여기서 핵심적인 위치에 있는 조직은 교정도감으로, 도산서원 원장인 이중철이 포함되어 있는 데서도 드러난다. 『급문록영간시일기』에서 나타나듯, 교정도감은 오자만 수정하는 것이 아니라 책 내용을 편집하는 핵심적인 일을 맡았던 것이다.

파록에 수록되어 있는 70명 가운데 퇴계의 일족인 진성 이씨眞城李氏로 확인되는 인물은 모두 44명이다. 다음으로 많은 성관으로는 영천 이씨永川李氏, 봉화 금씨奉化琴氏 등이 확인되는데 예안과 안동권 일대에 거주하며 일찍이 퇴계 가문과 깊은 관계를 맺고, 도산서원에 일정한 영향력을 끼쳤던 가문들이다. 전반적으로 후손들이 간역사업에 깊이 간여했으며 거주지는 예안과 주변 지역에 한정되어 있다.

서적 간행을 위한 방문객과 시도기時到記

『갑인급문록간역시도기甲寅及門錄刊役時到記』는 『도산급문제현록』을 간행할 때 서원을 방문했던 인사들의 명단을 기재한 것이다. 방문 날짜에 방문객의 성명을 기록하고, 서원에서 식사를 대접했다면 방문자 숫자와는 별도로 대접한 상床의 숫자도 함께 적어넣었다. 1914년 1월 17일부터 그해 윤5월 10일까지 방문자와 그에 따른 경비가 기록되어 있다. 그런데 간역사업은 1913년에 시작되었고, 『급문록영간시일기』에 따르면 30여 명이 참석한 4월 24일의 대당회부터 비로소 시도기에 기재했으며, 5월 6일의 도산서원 정회定會에 온 인물도 시도기에 적었다고 나타나 있다. 하지만 1913년의 시도기는 별도로 전하지 않는다.

『갑인급문록간역시도기』의 본문을 보자. 1월 17일 저녁부터 정월 20일 점심까지의 기록은 대접한 상과 비용만 적어놓았으며, 1월 20일 저녁부터 방문자의 성명도 기재되어 있다. 주로 적어넣었던 것은 대접한 상의 숫자와 대상 인물이다. 1월 17일 목판을 새기는 '각수刻手가 처음 왔다'는 기록이 있는데, 각수와 도산서원 측 사람 5명이 저녁상을 받았다. 18일 아침에도 '5상'인 것으로 보아 이들 모두가 숙박했음을 알 수 있다. '시사時使'가 먹는 상은 별도로 표시했다.

시사는 [표 1]에 나온 간행 조직 가운데 방문자의 접대를 맡은 '시도時到'와 같은 존재가 아닌가 생각된다. 19일 저녁에는 법흥法興에서 온 손님 2명과 솔노率奴 1명도 도산서원 측 인사 5명과 더불어 상을 받았다고 한다. 이렇게 해서 1월 17일 저녁부터 1월 20일 저녁까지 아침과 저녁 합쳐 44상에 13냥 2전을, 점심 9상에 1냥 5전 3푼을 지출해 모두 합치니 14냥 7전 3푼이었다. 그 밑에 '감勘'이라는 한자가 있어 시도기에서 회계를 중간 정산했음을 말해준다. 이 14냥 7전 3푼은 하기下記에 '각수초도시刻手初到時 17일 저녁에서 20일 아침十七日夕至二十日夕'이라는 내역으로 기재되었다. 그다음 중간 정산은 2월 16일에 나온다. 아침과 저녁 모두 134상에 돈 40냥 12전이 나가고 점심은 모두 63상에 10냥 7전 1푼이 들어서 총 50냥 9전 1푼이 지출되었다. 그 옆에 '이상감已上勘'이라고 해 중간 정산되었음을 표시했다. 하기에는 2월 16일 수노처首奴處에 '식비급食費給'이라는 항목으로 176냥 1전 6푼이 지출된 것으로 나오는데, 여기에 포함되었을 것이다. 그다음은 3월 19일란에 94냥 4전 2푼을 중간 정산했음을 표시했는데, 하기에서는 그 금액이 2월 17일부터 3월 19일까지의 '식비'라는 항목으로 수노처에 지급되었음을 표시했다. 이처럼 누구에게 몇 상이 나갔고 얼마의 돈이 들었다는 것을 자세히 밝힘으로써 서적 간행에 지출된 공용 비용의 근거를 확실히 했다.

상 하나에 얼마나 들었을까? 1월 17일 저녁부터 1월 20일 저녁까지 아침·저녁 1상당 3푼, 점심 1상당 1.7푼이었다. 1월 20일부터 2월 16일까지의 중간 정산에도 1상당 경비는 마찬가지였다. 조선시대에는 보통 아침과 저녁 두 끼를 먹었고, 점심은 먹더라도 가볍게 먹었기 때문에 점심값이 적게 산정되었다.

당시 물가는 어떠했던가? 경북 예천군 대저리大渚里(맛질이라고도 함)에 거주한 박씨 집안의 일기와 일용기에서 1913년 1냥의 구매력을 구하면, 쌀 5.6되, 보

甲寅正月 日

及門録刋役時

時到

李斗鎬

李炳俊

廿一名 三床又一床吋使

午 八床

李中喆

李善求

李晩璟

李中模

李斗鎬

李鄕鎬

李炳俊

李晩靖

夕 四床又一床吋使

李善求

李斗鎬

李炳俊

琴建基

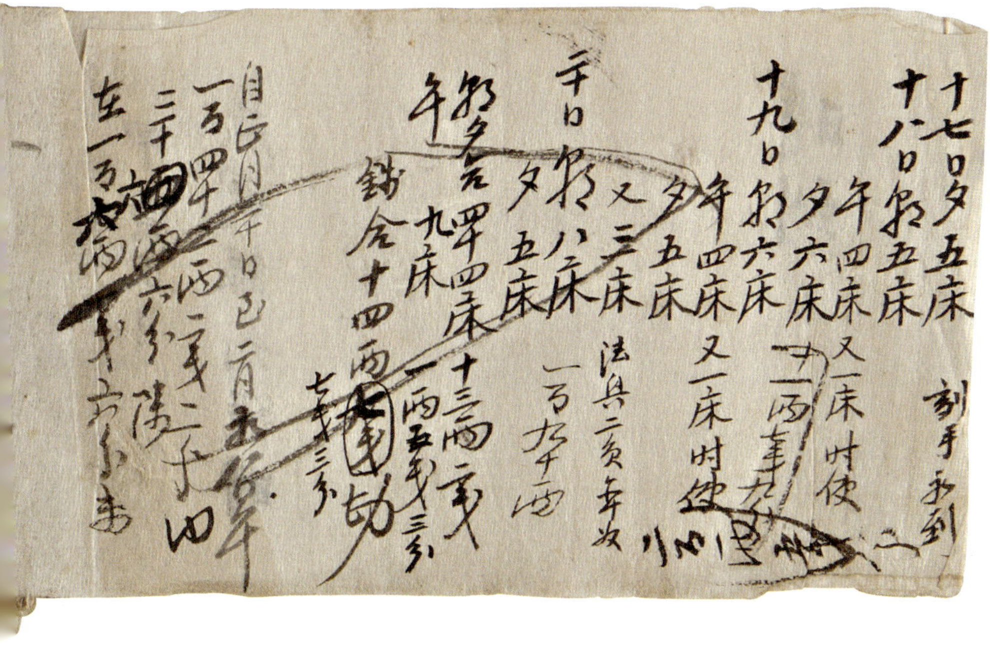

『갑인급문록간역시도기甲寅及門錄刊役時到記』, 13.0×24.0cm, 도산서원운영위원회 기탁, 한국국학진흥원.

리 11.3되, 소금 11.8되, 무명 4.1척尺, 삼베 3.5척, 연초 1.5파把, 백지 1.5속束, 짚신 4.4켤레였다. 당시 1되는 0.8리터 안팎인데 오늘날의 1.8리터에 해당된다. 1913년의 물가는 1835년에 비해 아홉 배로 뛰어올라 있었다.[14]

1월 20일 저녁부터는 상을 받은 사람의 명단이 나온다. 그날 3상을 받은 세 사람이 나오고 21일 아침에도 3상인 것으로 미루어 이들이 숙박했음을 알 수 있다. 1914년 1월 24일의 이만경李晩璟은 그날 3회에 걸쳐 기재되어 있는데, 상을 3회 제공받으며 하루 종일 도산서원에 머물렀기 때문이다. 이처럼 대접한 상을 기록해놓음으로써 도산서원에서 지출된 공용 비용에 대한 확실한 출납 상황을 남기려 했던 것이다. 상을 제공받은 인물에는 도산서원을 찾아 간행사업을 참관한 이들도 있겠지만, 특정 사람이 긴 기간 동안 상을 제공받았던 것으로 보아 임원으로 간행에 직접 간여한 인물을 주로 기재하고 있음을 알 수 있다. 즉 『갑인급문록간역시도기』에 이름이 오른 것은 『도산급문제현록』 간행에 일정 부분 직간접적인 간여를 했기 때문인 것으로 짐작된다.

『갑인급문록간역시도기』에 따르면, 1914년 1월 20일부터 5개월여 동안 682명의 누적 인원이 도산서원을 방문해 『도산급문록』 간행에 간여했다. 이 가운데 가장 많은 방문 횟수를 기록한 이들은 단연 퇴계의 후손인 진성 이씨다. 누적 인원으로 셈해 모두 472명이 도산서원을 다녀갔다. 이외에 봉화 금씨, 영천 이씨, 고창 오씨高敞吳氏, 의성 김씨義城金氏, 전주 유씨全州柳氏, 풍천 임씨豐川任氏 등 퇴계와 인연을 맺었던 가문 사람들이 방문했는데, 역시 예안·안동권에 거주하던 사족들이었다. 이로써 미루어볼 때 1914년의 『도산급문록』 간행에 실질적으로 간여했던 인물들의 중심축 역시 퇴계의 후손과 예안·안동권 유림들이었다.

자료의 수집·정리·교정 작업

목판을 만드는 작업은 각수가 했지만 그 내용이 되는 자료를 수집, 정리, 교정하는 작업은 책을 필요로 하는 수요자가 맡았다. 이 작업은 한 문중이나 여러 문중에 속한 다수의 사람이 공동으로 맡아 했다. 『급문록영간시일기』는 교감 작업을 기록해두었다. 1913년 5월 6일 교정도감校正都監에 소속된 인물 등이 도산서원에서 정회定會를 가졌고, 7일자 일기에는 "교정 참봉 이중철李中轍이 들어와 교감하는 일을 시작했다"고 기록되어 있다. 이중철은 당시 도산서원 원장으로 교정도감에 소속되어 있었다. 18일에는 주註를 정리했고 그 외의 작업들을 거쳐 24일 교감을 마쳤다. 6월 7일 세 차례의 교정회의를 열 것을 결정하고 여러 사람이 합석해 교감했다. 이후 여러 문중에서 문안하고 자료를 가져와 검토했다.

6월 9일에는 금대기琴岱基가 "교감은 지극히 공정한 다음에라야 다른 사람의 심한 꾸중을 면할 수 있으니 어찌 신중히 하지 않겠는가"라고 하니, 이강호李康鎬가 "이번 교감은 모두 세 차례나 하여 털끝만큼도 사사로움이 없으니 이 같은 정본이면 어찌 공정하지 않겠는가"라고 했다. 교정도감에 소속된 두 사람의 말을 특별히 기록한 것은 공정함을 원칙으로 삼아 신중히 해야 한다는 것이 교정의 기본 원칙이었기 때문이다. 그날 약포藥圃 정탁鄭琢(1526~1605)의 주가 소략한 것이 거론되어 광명실에 소장된 『약포집』을 꺼내 주를 고쳐 바로잡았다. 이후에도 증빙이 필요할 때마다 광명실 서책을 활용했다. 광명실이 도산서원의 도서관이자 지식저장고로서 역할을 했던 것이다.

6월 10일 교정 작업에서는 학문적 논의가 활발히 이뤄졌다. 율곡의 주를 교정하면서 이理와 기氣에 관한 논변이 많았다. 겸암謙菴 유운룡柳雲龍에 대한 사실 기록에서 오류도 발견되어 논의하여 수정했다. 서애 류성룡의 주를 둘러싸고는 존덕성尊德性과 도문학道問學의 뜻을 가지고 논박했다. 6월 11일 일기에서 드러나듯이, 의심나는 글자가 있으면 원본을 확인하여 고쳤다.

6월 12일에는 오천烏川 설월당雪月堂에서 우리 집안 선조의 호만 빼먹었다며 바로잡아줄 것을 요청하는 패지牌旨가 도착해, 그것이 실수였지만 다른 뜻은 없었다는 내용의 답패答牌를 보냈다. 설월당은 퇴계 문인인 김부륜金富倫(1531~1598)으로 그의 호인 설월당이 누락되었던 모양이다. 이날 모두 합의하기를, 퇴계 문인의 기록에 의심스러운 점들은 따로 적어두기로 했다.

6월 13일 교감 작업을 마친 뒤 이강호가 "한 달이 지나도록 모였으니 화수회와 다름없다"고 말하니 모두 옳다고 맞장구쳤다. 6월 14일 교감 작업을 위한 모임이 끝날 예정이었다.

여기서 드러나듯, 교정 작업은 단순히 오자를 바로잡는 데 그치는 것이 아니라 지식을 논의하고 통일을 기하는 작업이었다. 서적의 교정 작업은 지식 생산의 하나였던 것이다. 또한 제작과정에서 공통의 가치관을 다시 한번 확인하고 퇴계 후손들 사이의 유대를 다졌다. 이 후손들이 서적의 간행자이자 주된 수요자였던 것이다. 교정 작업에도 많은 사람이 참여했는데, 그중 교정도감에 속하는 인물들이 핵심적인 역할을 했다.

6월 14일까지 한 달여의 교정도감 작업으로 교정이 마무리되었던 것은 아니다. 『하기下記』에 따르면 그 뒤 오천에서 도회道會가 있었고, 하회河回에서 네 차례 모임이 있었으며, 교회校會가 1913년 9월, 10월 그리고 1914년 정월에 있었다. 여기서도 『도산급문록』의 내용에 관한 논의가 있었을 것이다. 1913년 『시도기』에 정월 17일 목판을 제작하는 각수가 처음 온 것으로 나타나는 것으로 볼 때, 1914년 정월의 교회는 목판에 넣을 내용을 최종 승인한 모임이 아닌가 한다. 서적의 제작은 도산서원에 참여하는 문중 전체이자 퇴계 문인 후손 전체의 사업이었던 것이다.

6월 14일 교정도감의 소속 인원 등이 모여서 교정 작업을 한 뒤 책의 내용이 널리 알려졌던지, 그 내용을 고치고 바로잡아줄 것을 요청하는 각 문중의 편지가 적잖이 왔다. 그중 몇 점을 소개하면 다음과 같다.

'간찰0075'는 1913년 7월 9일에 권우연權友淵이 도산서원 간역소로 보낸 것으로 집안에서만 전할 뻔한 간본을 『급문제현록』에 실어 세상에 전해준 것에 감사를 표하고, 연소배 편에 보낸 수본手本을 살펴보았는지, 발문의 존발存拔에 관한 논의가 과연 있었는지 등을 문의했다. '간찰0065'는 소호蘇湖의 서무순徐武淳

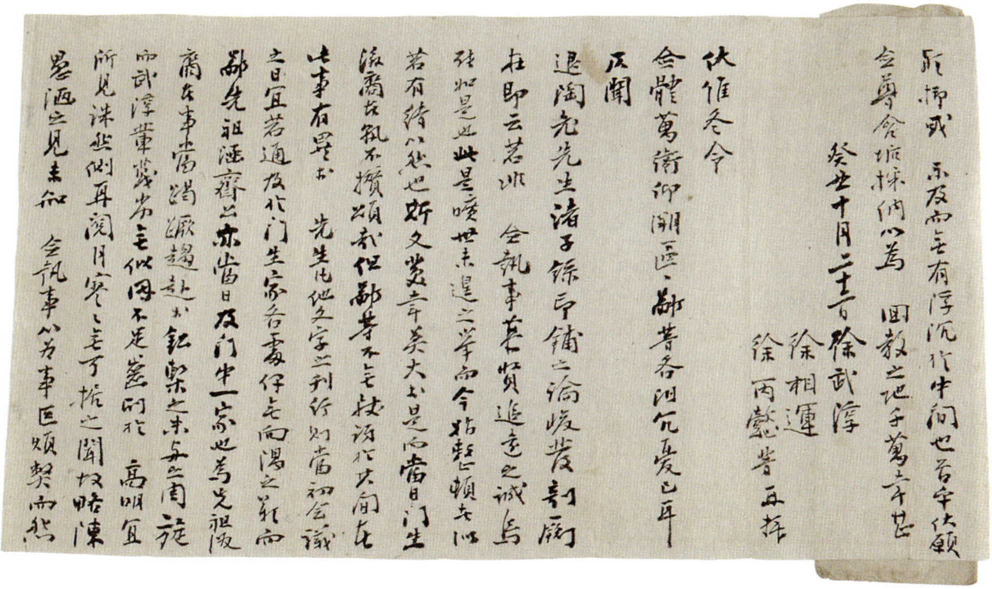

소호蘇湖의 서무순徐武淳 등이 1913년 10월 22일 도산서원 간역소에 보낸 '간찰0065', 도산서원운영위원회 기탁, 한국국학진흥원.

등이 1913년 10월 22일 도산서원 간역소에 보낸 것으로 자신들의 선조인 함재공涵齋公이 당시 퇴계 선생 문중의 일가였다는 사실을 밝히고, 제자록에 수록해주기를 바란다는 내용이다. 그리고 이러한 중대한 일은 마땅히 퇴계 문인 후손 집안 각처에 알려야 했다고 지적했다.[15]

그런데 앞서 도산서원에서 소호의 서함재택에 『도산급문제자록』 간행 작업에 협조해달라고 요청한 '통문0020'을 소개했다. 그러므로 전달과정에 문제가 있었던 모양이고, 이에 '통문0020'이 특별히 보존된 것으로 보인다. '간찰0016'은 의성 만천晩川의 박일순朴佾淳 등이 선조인 운고공雲皐公에 관해 덧붙일 구절이 있음을 알리고자 도산서원에 1913년 11월 4일에 보낸 편지다. 그는 이런 대역사에 직접 가서 협조하지 못한 것을 사과하면서 간역에 보탤 비용 30냥을 보낸다고 했다.

'간찰0047'과 '간찰0048'은 같은 내용인데, 1913년 11월 9일 영천 자호정紫湖亭의 정진태鄭鎭泰 등이 먼저 발간 작업에 협조하지 못하는 것을 사과한 다음, 일족이 도산서원에 사람을 보내 노촌공魯村公의 행장을 싣겠다는 약속을 받아 급히 행장을 수정해서 보냈는데 나중에 자세히 보니 수정해야 할 곳이 여러 군데 있어 이를 고쳐 보낸다고 했다. '간찰0090'은 백순경白淳慶 등이 1914년 1월 3일에 보낸 편지로, 『도산급문제현록』의 간행 소식을 뒤늦게 들어 수록하는 과정에 한 번도 참여하지 못했다면서, 자신의 선조가 일찍이 퇴계 문중에 출입하면서 받은 수서手書와 경잠敬箴 등을 유원儒員 편에 보내므로 이번 『도산급문제현록』 복간 때 추보追補 형태로 첨입해 혹여 누락되어 사가에서만 전송傳誦되는 일이 생기지 않도록 해줄 것을 요청했다.

'간찰0127'은 1914년 3월에 재말齋末의 김호근金浩根이 보낸 편지로 『도산급문제현록』은 300년 만의 사업으로 신중을 기해야 하는데, 자신의 선조의 주注 가운데 누락된 부분이 있으므로 고쳐주기 바란다는 내용이다. '간찰0113'은 신경식申擎植 등이 1915년 10월 25일에 보낸 편지로 『도산급문제현록』 간행을 무사히 마친 데 대해 축하하고 자신의 문중에까지 보내준 것에 감사하며 2엔円을 삼가 올린다는 내용이다.

여기서 드러나듯 『도산급문록』에 오르는 것은 도산서원이 해당 학자와 그 지식을 공인하는 의의를 지녔다. 그런 까닭에 각 문중은 선조가 여기에 등록되고 많은 내용이 실리는 데 비상한 관심을 가졌던 것이다.

목수·각수·인쇄 비용, 밥값, 술값…
목판본의 제작 경비

왜 목판인가?

조선시대에 서적을 만들 때는 필사할 수도 있고 인쇄할 수도 있었다. 수부를 만들 때는 필사하는 것이 권당 평균 제작비가 가장 저렴했을 것이다. 그런데 일정 부수를 넘기면 인쇄하는 것이 좀 더 경제적이었다. 인쇄는 금속활자나 목활자를 활용하는 것 모두 가능했다. 우리나라는 오랜 금속활자의 역사를 보유하고 있지만, 조선 후기 민간은 거의 목활자에 의존했다. 그에 반해 유럽에서는 금속활자의 출현이 한발 늦었음에도 동아시아보다 그것을 더욱 활발히 사용했다. 이러한 사실을 어떻게 설명해야 할까?

한자는 영어와 달리 글자 수가 무척 많아 금속활자를 만드는 데 많은 비용이 들었다. 게다가 조선에서 서책의 발행 부수는 많아봤자 수백 권이었기에 목판이 금속활자보다 단위당 평균 생산비가 저렴했을 것으로 보인다. 책을 대량으로 자주 인쇄하는 전문적인 인쇄업자에게는 활자가 유리할 수 있다. 중앙 정부는 금속활자를 가졌으므로, 정부에서 활판으로 인쇄한 서책을 보내면 지방에서는 목판으로 판각하기도 했다.[16] 게다가 목판은 판형을 보존해 새로 찍을 수 있는 경제적 장점이 있고 이를 가보家寶로 보존하는 문화적 가치가 있었다. 조상의 문집과 그 목판을 보존하는 것은 가문의 영광이었다.[17] 그런 까닭에 20세기에 연鉛활자나 석판石版 인쇄같이 저렴한 인쇄 방법이 도입되었음에도 영남지역에서 문집은 주로 목판으로 제작되었다.[18]

목판의 단가

목판의 제작은 저본底本의 확정, 필사筆寫, 교정校訂, 판각板刻, 인쇄 등의 과정을 거쳤다. 판재板材를 다듬고 가공하는 데는 목수木手, 판에 글자를 새기는 데는 각수刻手라는 전문 인력이 필요했다. 『퇴계선생문집개간일기』 1817년 3월 20일자에 따르면, "간역하는 일에 각수와 목수가 서로 필요로 하므로 하루도 없어서는 안 될 사람"이라고 했다. 필사와 교정에도 전문 인력이 들어가지만 이 일은 책의 수요자인 서원이나 집안사람들이 맡기에 별도로 인건비를 주지 않아도 되었다.

목판 제작의 핵심 인력은 각수여서 『대계집간역시일기』 1884년 1월 7일자를 보면 작업을 "전적으로 각수에게 위임했다." 마침 『정재집定齋集』을 간행할 때 도각수都刻手로서 명성을 얻은 전기원田基元을 각수로 삼았다. 도각수는 각수의 모집과 관리는 물론 공임工賃을 확정하는 업무까지 맡아보았다. 그리하여 『퇴계선생문집개간일기』에 따르면, 1817년 3월 11일 각수가 아직 다 모이지 않아 원

한국국학진흥원이 소장한 목판의 마구리.
여기에는 문집명, 권수, 장차뿐 아니라 각수도 기재되어 있다.

장이 도각수를 나무랐다. 한국국학진흥원이 소장한 목판의 마구리에는 문집명, 권수, 장차張次뿐만 아니라 각수도 기재되어 있다.[19]

『퇴계선생문집개간일기』에 따르면, 1817년 3월 6일 도도감이 서원에 들어와서 도각수를 불러 1판당 1냥 1전으로 공가工價를 정했다. 1815년 최흥원崔興遠(1705~1786)의 『백불암집百弗庵集』을 간행할 때 1판당 도각수와 정한 공가는 1냥 8전이었다.[20] 『대계집간역시일기』를 보면 1884년 1월 7일 각수와 협의해 정한 바로는 1판당 2냥 8전의 비용이 들어가는데, 그 내역은 판값 1전, 운반비와 소금물 삶은 비용 5푼, 판 다듬는 비용 1전, 장두裝頭 1전, 원공가元工價 2냥 3전, 수판修板·장두공의 식비 1전, 판 교정비 5푼이었다. 『대계집』을 제작할 때는 각수가 판 제작부터 교정까지 모두 맡기로 계약했던 것이다. 『백불암집』에 나오는 '공가'는 '원공가'임이 확인되는데, 『퇴계선생문집개간일기』에 나오는 공가도 그러했을 것이다. 『대계집간역시일기』로 보건대, 판당 제작비용 2.8냥 가운데 글자를 새기는 원공가가 82퍼센트를 차지했다.

1794년 조정의 논의에서 서울의 각수 1명이 보통 3일에 1판을 새긴다고 했다.[21] 『영영사례嶺營事例』 「간역식례刊役式例」에 따르면, 각수 1명의 하루 요미料米는 쌀 2되 7홉, 채소가 3푼, 장醬 3홉, 소금 1홉, 그리고 미역 1냥兩이었다. 『퇴계선생문집개간일기』 6월 21일자는 교정 각수가 있어서 한 달간 교정과 판 3개의 공임을 합쳐 15냥을 받았다고 기록했다. 1개월간 교정 임금은 12냥이었던 셈이다. 도각수는 판간 외에 별도로 공임의 두 배를 더 받는다고 하지만, 전례대로 줄 수 없어서 판각 공임 외에 별도로 20냥을 줬다. 『대계집간역시일기』를 보면 1884년 1월 8일 각수에게 작업을 의뢰하면서 우선 판재 값 30냥을 줬고, 2월 5일 10냥을 주었으며, 2월 24일에 주식비酒食費 1냥을 포함하여 11냥을 지급했고, 7월 20일 보리 12말과 돈 6냥 8전 4푼을 줬고, 7월 25일에도 돈 10냥을 줬다. 12월 23일 각수가 두 사람을 고용해 새긴 목판 39편片을 가져오고 교정본을 인출印出해와서 24일과 다음 해 1월 16일에 합쳐 100냥을 지급하여 초권의 공사비를 마감했다.

1880년대 목판의 단가는 1810년의 두 배 정도였다. 1880년대의 물가가 1810년대의 2.9배라는 연구에서 드러나듯[22] 목판 단가의 변화는 물가 변동을 반영했는데, 물가보다는 적게 올랐던 듯하다. 경주 지방에서 벼 1석의 평상시 가격은 2~3냥이었으며, 1880년대에는 7~8냥이었다. 벼 1섬으로 1810년대에 목판 2판 정도, 1880년에는 3판 정도의 공가를 지불할 수 있었다. 당시 1섬은 지금 1섬의 3분의 2 정도였다. 쌀값은 볏값의 2.5배였다. 소 1마리를 팔면 1810년대에 목판 6판 정도, 1880년대에 10판 이상의 공가를 지불할 수 있었다.[23]

발행 부수

이혜은의 조사에 따르면, 서책 1종당 평균 발행 부수는 15세기 158부, 16세기 381부, 17세기 430부, 18세기 270부였다.[24] 남권희에 따르면, 조선시대 서책의 발행 부수는 관판은 보통 100부, 사가판은 50~100부였다.[25]『퇴계선생문집중간시일기』에 따르면 1843년『퇴계문집』은 11질을 중간했는데, 1질당 32책이었다. 정부는 서책을 대개 100~500부 인쇄했다.[26] 조선시대에는 서책의 발행 부수가 적었던 것이다. 구텐베르크가 활판 인쇄를 발명한 1450년대 이래, 유럽에서는 경제 성장과 결부되어 서적 생산이 급격히 늘어나 금속활자를 먼저 발명한 동아시아를 크게 앞질렀다. 서적의 종수가 많았을 뿐만 아니라 부수도 훨씬 많았다. 15세기 중엽에는 1종당 평균 150부였는데, 16세기에는 수천 부 발

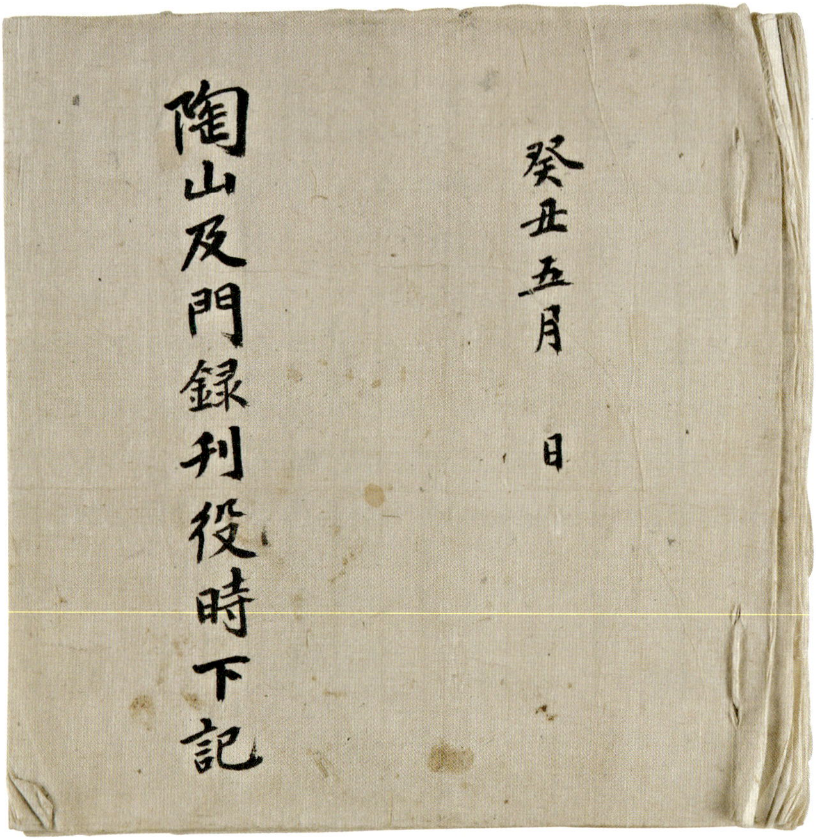

『계축도산급문록간역시하기』의 표지와 첫 면. 그리고 총비용이 기록된 마지막 면,
24.0×24.0cm, 도산서원운영위원회 기탁, 한국국학진흥원.

丹陽冊紙三卷七丈出處處引用
京外新印差送湖南時
又三卷永印時後用

五百三兩五錢分	自五月至八月流用
八十兩五錢四分	迨川道會費
二千兩一錢五分	河回初到時
七十九兩五錢	河回再到時
二兩四錢四分	草笔十柄價
七兩八錢	各處郵標價
四兩	道會時債条一朔利
三錢	郵費 善山 安東
二百五十兩	刻手先給

二兩	馬鉄價二件 安東出去時
一兩一錢五分	安東於資 郵便下 下底石浦宅 郵次
三兩八錢	甘崖食價 安東往來時
一錢五分	安東出去時 西部宅食費
十兩	補板價 李印
十四兩七錢三分	岑先處二所該雜費
三百六十三兩六錢三分	七月十二日 釣夕費人
六錢	南草價 刻手
一兩一錢	先以宅丹程費價 三所李撰 李印八
三兩	七月十三日午饒 京直處下
十五兩	食母二名及郵便下處下

已上合四千八百九十八兩九錢一分

행의 책이 많아졌다. 조선의 하루 인출량印出量은 대략 100여 장 정도였는데, 유럽은 1500년경 300장 이던 것이 18세기 3000여 장으로 증가했다.[27] 이러한 서적 생산의 동서양 간 차이는 지식의 생산과 보급의 격차를 반영해, 유럽이 동아시아에 앞서 근대화를 달성한 한 요인으로 작용했다.

총경비

목판본을 간행한 총경비는 얼마였을까? 1815년 『백불암집』의 간행 경비는 804냥 6전 1푼이었다. 당시 경주 지방의 시세로 환산하면 벼 400석이나 쌀 150석 정도였다. 1817년 『퇴계선생문집』을 간행하는 데 든 비용은 쌀 22석 10말과 돈 512냥이었다. 이것은 모두 쌀 130석 정도에 해당되었다. 1843년 『퇴계선생문집』 11질을 중간할 때의 경비는 3682냥이었다. 이것은 벼 1800섬이나 쌀 700섬 정도였다. 1817년에는 『퇴계선생문집』의 목판 중 200판만 보각補刻했으나, 1843년에는 목판을 전면적으로 새롭게 만들어 2500판을 마련해 작업했다. 전자의 사업은 6개월 걸린 반면 후자의 사업에는 6년을 들였다. 중간본 제작을 위한 자금을 3940냥이나 마련했음에도 자금 부족으로 11질 간행하는 데 그쳤다. 『계축도산급문록간역시하기』에 따르면, 1913~1914년 『도산급문록』의 간행 경비는 4927.78냥이었다. 1910년대 경주와 예천에서 벼 1석의 평상시 가격은 20냥 정도이니, 『도산급문록』을 간행하는 데 든 비용은 벼로는 250석이고 쌀로는 100석 정도였다. 200판 정도의 문집을 수십 부 간행하는 데 쌀 100~150석이 들었는데, 이 정도의 쌀을 수확하려면 논이 10정보쯤 필요했다. 50퍼센트 소작을 줬다면 그 배가 되는 면적이 있어야 했다.

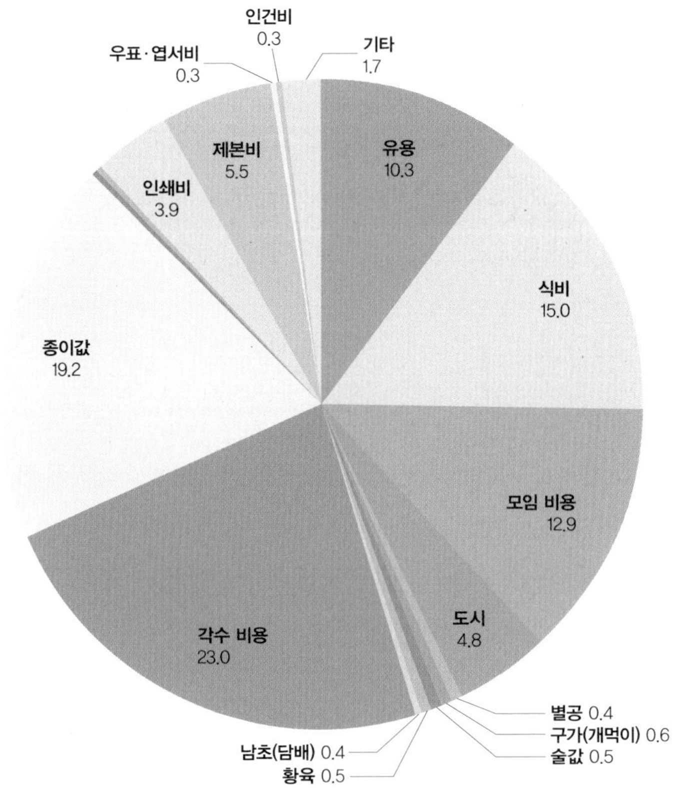

[그림 1]『계축도산급문록간역시하기』의 경비 구성

다행히 『도산급문록』을 간행할 때 경비 내역을 적은 『계축도산급문록간역시하기癸丑陶山及門錄刊役時下記』가 남아 있다. 『하기』 마지막에는 '이상합已上合 4898냥 9전 1푼'이 적혀 있다. 필자가 140항목을 합산한 바는 4902냥 7전 8푼으로 약간 차이가 났다. 경비의 중요 항목은 [그림 1]로 정리했다. 필묵가를 제외하고는 모두 10냥 이상 지출된 항목만 표시하고, 나머지는 기타로 표시했다. 하기의 첫 항목은 5월에서 8월 동안 유용流用 503냥 5전 8푼이었다. 아마도 하기를 1913년 8월이나 9월에 처음 작성하면서 5~8월 동안 사용한 경비를 한꺼

번에 표시한 것이 아닌가 생각된다. 4월 20일의 당회와 24일 대당회에도 경비가 들었겠지만, 이것은 간행 여부를 논의하는 회의였으므로 포함시키지 않았을 것이다. 간행이 결정된 이후 발생한 경비부터 셈한 것이다.

그런데 그 내역을 체계적으로 파악하기란 쉽지 않다. 예컨대 『시도기』에 나오는 경비가 『하기』로 옮겨질 때는 '식비'로 나올 뿐만 아니라 '각수초도시刻手初到時'로 기재되기도 했다. 또한 '도시到時'라는 항목도 있다. '회비會費'로 나오는 경비도 거의 식비가 아닌가 생각된다. 회비, 식비 및 도시를 모두 합하면 총경비의 32.7퍼센트를 차지한다. '별공別供'이라고 총괄되어 나오기도 하고, 그 내역으로 술값이나 고기값 등이 나오기도 한다. 별공이 회비에 포함되기도 한다. '유용'의 대부분은 회·식비였을 것이다.

단일 항목의 최다액은 각수에게 지급한 1129.73냥으로 총경비의 23.0퍼센트를 차지했다. 식비, 별공 및 술값의 항목으로 나오는 것 중 상당 부분은 각수에게 들어간 것이다. 두 번째로 큰 단일 항목은 지가紙價로 940냥이어서 총경비의 19.2퍼센트를 차지했다. 인쇄·제본비는 9.5퍼센트를 차지했다.

술값이란 항목으로 적힌 것을 합치면 24냥 8푼으로 『하기』에 나오는 총경비의 0.5퍼센트에 불과했다. 1914년 1월 17일부터 그해 윤5월 10일까지 도산서원 간역소를 방문한 약 700명의 누적 인원에 대해 차려준 밥상 수를 세밀하게 적었다. 여기에 술값은 '초인시송연화주가오전미감初印時松烟和酒價五戔未勘'이라는 구절에만 나오는데, 이것은 방문자에게 주는 술값이 아니라 그냥 여백에 적은 글일 가능성도 있다. 간역소에 간행 일로 방문하는 사람에게 술을 제공하지는 않았던 것이다.

『하기』에서 술값이 나오는 것을 제시하면, '시역시각수별공始役時刻手別供'으로 '3냥 5전 황육 값黃肉價 / 2냥 8전 2푼 백목白木 / 2전 2푼 철정鐵釘 / 9냥 5전 주찬酒饌'이 나온다. '각수별공刻手別供 3월 초1일' 항목에 '5전 황육 / 5냥 개값狗價 / 7전 5푼 도세屠稅 / 4냥 5전 4푼 술값酒價 / 1냥 염채塩菜'가 나온다. 그냥 술값으로 1냥이 나온 것도 있는데, 그 전후에 각수가 나오는 것으로 보아 각수에게 지출한 듯하다. '방공시放工時'에 '7냥 5전 황육 / 5냥 4푼 술값'이 지출되었다. 그다음에 나오는 '3냥 5전 술값 교동회비校洞會費'는 각수에 대해서가 아니라 회의를 하는 가운데 술값이 지출되었음을 보여주는 유일한 예다. 다른 회비에도 술값이 포함될 가능성이 있는 것이다.

그다음에 '5전 술값 초인시初印時'가 나온다. 『하기』에 술값으로 나오는 24냥 8푼 중 교회의 지출 3냥 5전을 제외하고는 모두 목판을 만드는 각수에게 지출한 것이었다. 항목이 나오지 않고 각수에 '별공'으로 지출한 것 중에도 술값이 포함되었을 것이다. 각수에게는 6냥을 '각수유일비刻手遊日費'로 배정하는 등 세심하게 배려했다. 서적 간행 일 때문에 일상적으로 방문했을 때에는 밥상을 제공하되 술은 제공하지 않았다. 단 교회校會와 같은 큰 모임에는 술값이 3냥 5전 정도 지출되었는데, 그런 '회비'로 나오는 항목 중에 술값도 포함되었을 것이다. 위에서 살펴본 것으로 미루어 술값의 총지출은 『하기』에 표시된 것보다 많았을 것인데, 당시 교회와 같은 큰 모임의 회수로 짐작해보면 그 실제 액수를 모두 합해도 총지출의 1퍼센트 안팎으로 보인다. 당시 사족들은 술을 즐겼지만, 도산서원의 서적을 간행하기 위한 모임에서는 관행에 비해 술을 절제했던 것이다.

1817년 『퇴계선생문집』을 개간할 때의 경비는 쌀 22석 10말과 돈 512냥이었는데, 각수·목수·대장장이에게 지급한 공가工價는 각각 246냥 9전, 15냥 5전, 3냥이었다. 이들 공가를 합치면 돈으로 지출한 경비의 52퍼센트를 차지하고 전체 경비의 40퍼센트 정도에 달했다.

서적 제작과 시장

『도산급문록』을 간행할 때의 모든 경비가 『계축도산급문록간역시하기』에 기입되었을까? 파록에 나오는 서적 간행 일을 맡은 사람의 노동에 대한 대가는 여기에 포함되지 않았는데, 이들은 보수 없이 작업했음이 분명하다. 이들 선조의 일일뿐더러 책이 무상으로 주어졌기 때문이다. 곧 살펴보겠지만 이들은 부조를 하기도 했다.

그런데 도산서원이 보유한 현물이나 부조로 받은 현물을 쓰고도 표시하지 않은 것은 없었을까? 『하기』 마지막 페이지에 종이를 빌린다거나 '유용流用'한다는 표현이 있는데 여기에 표시된 종이가 '지가紙價' 항목으로 들어갔는지의 여부는 확인할 수 없다. 앞서 『시도기』에 아침·저녁 1상당 3전, 점심 1.7전으로 책정되었음을 언급했는데, 아마도 도산서원 주방에서 식사를 제공하고 밥값을 산정했을 것이다.

『하기』 마지막 항목에 식모食母 2명과 도사령都使令에게 15냥을 지급한 것으로 나오는데, 이 식모 2명이 밥상을 차렸을 것이다. 『선생문집개간일기』 1817년 6월 18일자에서 "장맛비 뒤라 시장에는 파는 쌀이 없으니 식사 제공이 매우 어렵다"고 했듯이, 도산서원이 밥상을 차리는 데는 시장에 의존했지만 자급분도 포함했을 터다. 밥상 값의 액수로 보건대 시장 구입분만 산정한 것이 아니라 밥상에 들어가는 경비 모두를 셈한 듯 보인다.

요컨대 『하기』는 현물 지출을 모두 넣지는 못했겠지만 대부분을 넣지 않았나 생각된다. 그리고 『하기』에 나오는 항목은 서적 간행사업에 필요한 경비를 거의 다 포함했다. 달리 말해 1913~1914년 『도산급문록』을 간행할 때 압도적으로 시장에 의존했던 것이다.

『대계집간역시일기』에 따르면, 『대계집』 간행을 논의하면서 "전적으로 각수에게 위임하기로" 결정했다. 이렇게 시장에 맡기면 "일이 번잡하지 않고 사람은 피곤하지 않으며 책의 모양도 정교할 것"이라고 판단되었기 때문이다. 그런 까닭에 『정재집定齋集』을 발간할 때에 도각수로 명성을 얻는 전기원田基元과 판당 공가를 정하여 계약했다.

이처럼 서원이나 문중이 생산한 서책의 배급은 시장과 무관했지만 그 제작은 주로 시장에 의존했다. 조선시대에 시장이 발달하지는 않았지만 성장하는 추세였고, 18세기 중엽에는 전국에 정기시인 장시場市가 1000개소에 달했다. 그래서 조선 전기보다는 후기에, 그리고 개항 이후에 서책 제작의 시장 의존도는 갈수록 높아졌을 것이다.

인력과 물력은 어떻게 조달되었나

『대계집』 제작 비용 조달과 문중의 역할

『대계집간역시일기』를 보면 이자 대부로 늘린 기금이 1883년에 460여 냥이 되어 그 이자로 3년간 책을 만들고자 했다. 그런데 매권 80~90장이나 되어 "1년 동안 불린 이자가 한 책자를 간행하는 데 드는 비용에도 부족한 듯하니 이 역시 염려되는 일이다"라고 했다. 1884년 7월에 이씨 문중 사람이 산하계山下禊를 만들어 보리 12말과 6냥 8전 4푼을 각수에게 전달했다. 한 문중의 서책 간행사업에서는 제작 경비를 기금과 문중 사람의 부조로 조달했던 것이다.

『퇴계선생문집』 개간 비용 조달과 관의 지원

1817년 2월 20일 도산서원 회의에서는 『퇴계선생문집』을 개간할 비용과 인력이 비축되지 않았음이 확인되었다. 5월 1일 일기에서도 물력 태반이 부족하다는 근심이 드러나 있다. 6월 9일에는 부득이하게 헐값으로 경지를 팔기로 결정했다. 이렇게 경비 부족에 시달리면서도 쌀 22석 10말과 돈 512냥이 들어간 개간사업을 무사히 마무리했다. 6월 30일 원장이 작성한 고유문告由文에는 6월 30일 고유집사가 "감사가 비용을 돕고 사림이 정성을 다하여 4개월에 걸쳐 공역이 대략 이루어졌습니다"라고 했다.

『선생문집개간일기』에서 확인되는 사림이 제공한 물력은 무엇인가? 5월 6일과 9일의 일기를 보면 주곡注谷 조씨趙氏가 판자를 빌려줬다. 21일에는 간역에 부족한 비용을 향교鄕校 3냥, 역동易東 5냥, 청계淸溪 5냥, 분강汾江 2냥, 동계東溪 10냥, 낙천洛川 8냥, 마곡磨谷 2냥으로 나누어 분담시켰다.

『퇴계선생문집』의 개간은 조선시대에 가장 명망 높은 퇴계의 문집을 간행하는 일이었을 뿐 아니라, 서원 가운데 최고의 권위를 지닌 도선서원이 간행하고 더욱이 임금이 열람할 책을 올리라는 감영의 분부로 이루어졌다. 이런 특별한 사업이었던 만큼 관이 협력해왔다. 3월 9일 판을 다듬는 목수를 관에서 차출했는데, 수리首吏가 방해했다. 11일에는 각수가 모이지 않아 도각수都刻手를 나무라고 각처에 패지牌旨를 냈다. 12일에는 각처에 각수를 잡으러 하인을 보냈다. 각수와 목수의 동원에 서원의 위세가 작용했으며, 여기에 아전들이 협력적이지만은 않았다.

3월 13일에 감사 김노경金魯敬이 서원에 배알한 다음 원장 등에게 "간역의 일

十三

日前
候謁而退 想蔘衍氏已達之矣 城主翁退曹漢弘究問
其由 當報以重治改定云矣 此背日今日入安宅
書狀曲啄請因漢弘重究譜族而處之 罪令改即
如何如何 非但[illegible]此史閔山刻手 推名稱其[illegible]候後
設矣 閔也安東閔子 恐兼之 信村伯之來[illegible]
君子而非入私聞之 不大閔其[illegible]從事[illegible]
[illegible]過甚此事[illegible]日以名稱永[illegible]閔山刻手即
[illegible]道無[illegible]而行之[illegible]而之如此[illegible]
[illegible]屬 因過此事[illegible]大縣[illegible]其[illegible]
以[illegible]而眾人及[illegible]福[illegible]以不有官令
[illegible]意譜[illegible]不[illegible]情右[illegible]
[illegible]伯[illegible]還 後更為事[illegible]以為便[illegible]
堂下鑑 不宣 謹拜上狀 [illegible] 壬寅五月十四日

『도산제현유묵』에 실린 김택룡의 편지, 한국국학진흥원. 내용 중에 도산서원의 각수 권응복이라는 이가 원역院役을 피하려고 일을 꾸민다고 하는 등 각수와의 갈등을 드러내는 구절이 보인다.

을 시작하면서 어찌 감영에서 모르게 하오? 퇴계선생문집의 간역에는 나도 도감이 되는 것이 좋습니다"라고 했다. 원장이 "일이 많지 않아 관유關由에 의하지 않았습니다"라고 답했다. 감사는 예리禮吏를 불러 50냥과 종이 1동의 부조단자扶助單子를 쓰게 하고 "간역을 마친 뒤 인쇄본 한 질을 주시면 어떻소?" 하니, 원장은 "이미 많은 부조를 받았는데 어찌 감히 부탁을 어기겠습니까"라고 했다. 이야기를 마친 뒤 여러 고을의 수령들이 감사를 따라 사당을 참배하고 돌아갔다. 간역소 고지기가 산송일로 구금된 지 오래되어 3월 17일에는 수리에게 풀어달라는 패지를 보냈는데, 19일 도착한 수리의 고목告目이 불손했다. 그리하여 수령에게 보장報狀을 올렸으나 판결문이 허락되지 않았다. 게다가 20일에는 관에서 객사 일로 목수를 잡아갔고, 보장을 가져간 하인이 구타를 당했다. "이로부터 간역소에는 이미 불안한 조짐이 있었다." 이것은 "실로 이전에 없던 지극한 변괴"로 여겨졌다. 21일에는 25일 당회를 열 것을 결정하고 22일에는 각 면에 회문回文을 발송했으며, 23일 향회鄕會의 일로 90명이 모여 관가에 항의했으나 박대를 당했다. 그리하여 26일에 "관차官差가 행패를 부려 중도에 간역의 일을 그쳤으니 감영에서 도와준 물건은 어찌 도리가 없다는 뜻"으로 감영에 보고했는데, 그 처분 내용이 "본 서원의 사체가 각별하고 막중한데" 누를 끼쳤다며 관예官隷에 한 차례 엄형을 가하는 것이었다. 이에 4월 26일부터 간행 작업이 재개되었다. 6월 12일에는 감영에서 부조할 돈과 종이를 빨리 달라고 읍에 재촉했고, 13일 영문營門의 돈 50냥이 왔다. 8월 9일에는 감영에서 내려준 종이 100속도 예안현을 통해 왔다.

이로써 보면 도산서원이 『퇴계선생문집』을 자력으로 펴내려 하면서도 다른 한편으로는 간행사업에 필요한 인력을 동원하고 물력을 조달하는 데 관의 지원을 필요로 했다는 양면성이 있었다. 그런데 아전과 지방관이 이 사업에 협조적이지는 않았으며, 관의 지원에는 감사가 결정적인 역할을 했다. 그러니 18~19세기 영남 지방에서 특별한 간행사업이 아니면 서원이나 문중이 관의 지원을 받기는 어려웠다고 봐야 할 것이다.

서원이 서적 간행사업에 관의 협조를 요청할 때는 첩보를 보냈는데 '첩보사 0017'은 그 한 예다. 이것은 광무 8년(갑진, 1904) 11월 29일 도산서원 재임인 이만시李晩始와 이용호李龍鎬 등이 지방관에게 서책 간행에 필요한 각수를 요청하는 문서다. 이에 따르면 도산서원에서 『주자서절요』를 간행하는 일로 묵계默溪의 각수 등 13명을 협조받게 되었다고 했다. 그런데 공교롭게 남도南道에서도 『주자어류朱子語類』를 간행하게 되어 각수 확보에 어려움이 있기에 일을 원활히 하고자 각수 확보를 요청하는 공문이다. 이에 대해 지방관은 12월 1일 『주자어류』와 『주자서절요』 두 간행사업이 서로 방해되는 것은 이미 감영에 보고했으므로 지령을 기다린 뒤 다시 신칙하라는 판결을 내렸다.[28] 첩보는 하급 관청이 상급 관청에 올리는 문서라는 점에서 도산서원이 지방관을 상급 관서로 보았음을 알 수 있다.

『도산급문록』의 간행과 부조기

1913~1914년 『도산급문록』을 간행할 때 각 문중에서 부조한 내역을 기록한 부조기가 남아 있어 그 실태를 파악하는 데 도움을 준다. 『계축급문록영간시부조기』에는 해당 문중이 거주하고 있는 고을과 택호, 부조 금액, 부조금 수령자가 순서대로 적혀 있다. 그 첫 줄을 보면 진보眞寶에 사는 신고산申高山 댁이 50냥을 부조한 것을 이충호李忠鎬가 받아 전달했다는 내용이다. 모두 125곳에

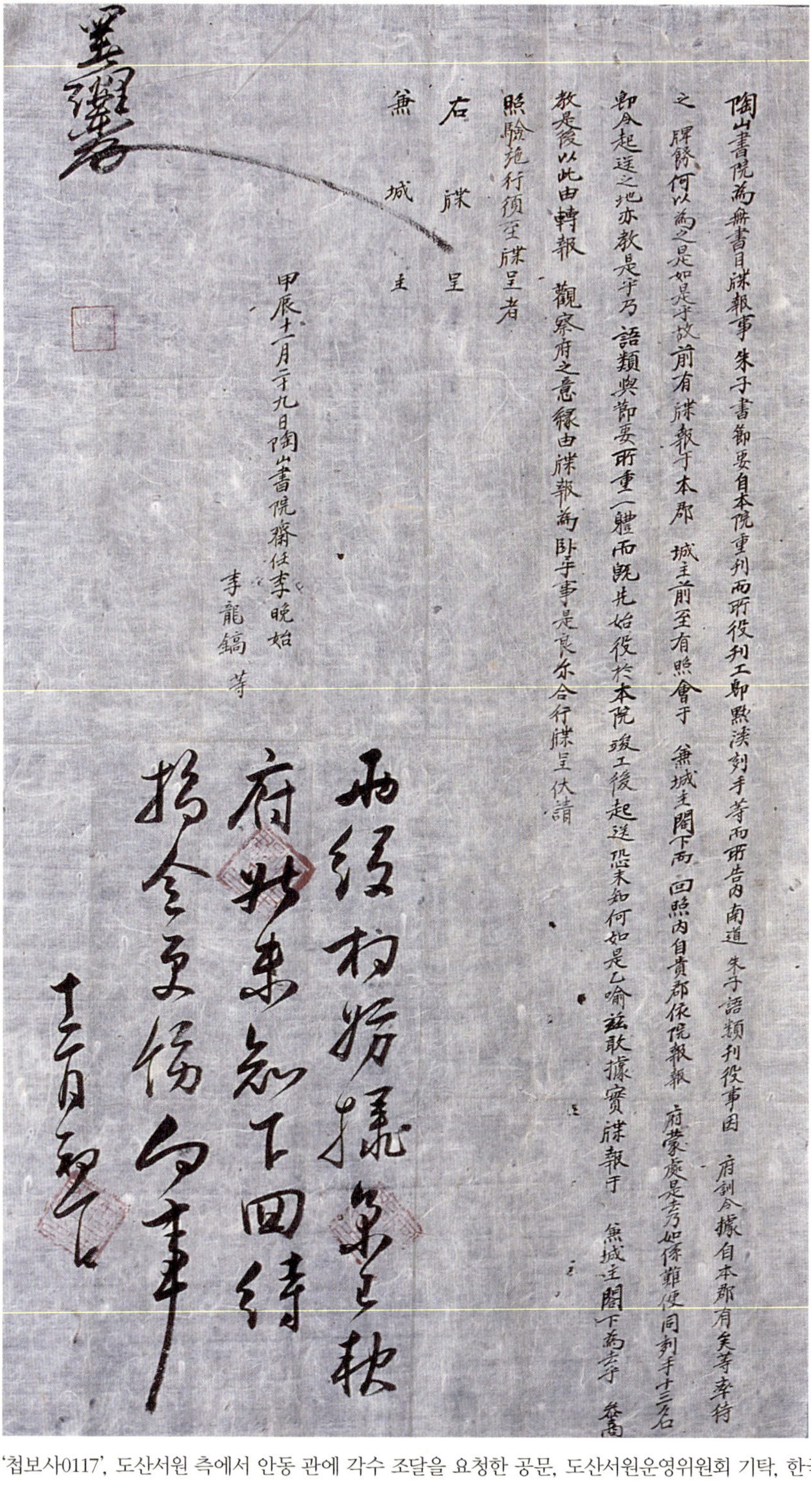
陶山書院爲冊書目牒報事 朱子書節要自本院重刊而所役刊工即黙溪刻手等而所吿內 南道 朱子語類刊役事因 府訓令據自本郡有矣等率待
之 牌飭何以爲之是如是乎故前有牒報于本郡 城主前至有照會于 兼城主閣下而 回照內自貴郡依院報報 府蒙處是乎㫆如係箕使同刻手十三名
飭令起送之地亦教是乎乃 語類與節要所重一體而既先始役於本院竣工後起送恐未知何如是乙喩 玆敢據實牒報于 兼城主閣下爲去乎 參商
教是後以此由轉報 觀察府之意緣由牒報爲臥乎事是良於合行牒呈伏請
照驗施行須至牒呈者
右 牒 呈
兼 城 主
甲辰十一月二十九日陶山書院齋任李晩始
李龍鎬 等

'첩보사0117', 도산서원 측에서 안동 관에 각수 조달을 요청한 공문, 도산서원운영위원회 기탁, 한국국학진흥원.

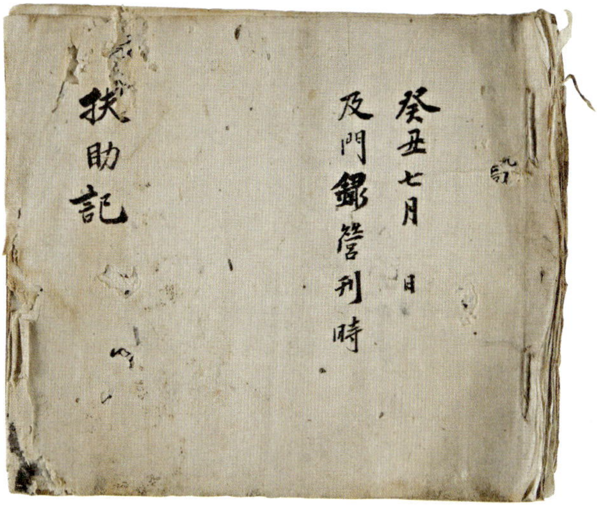

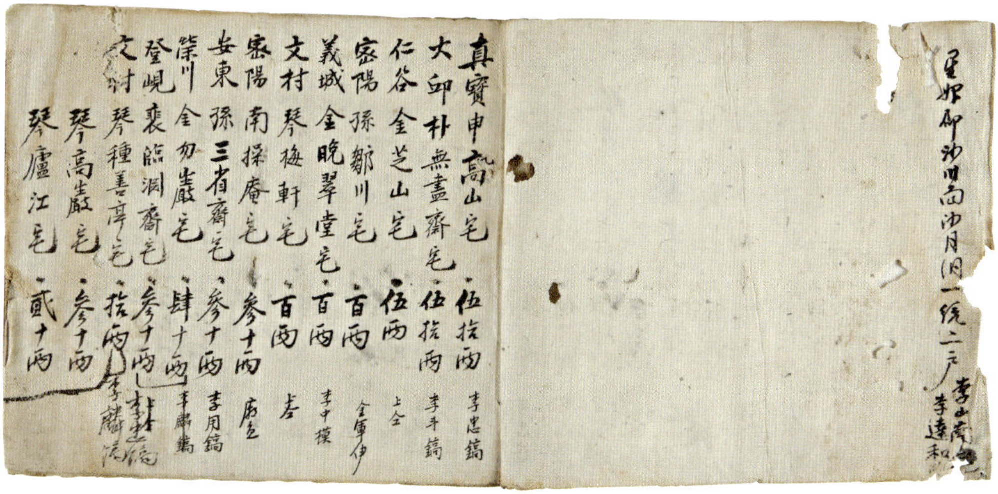

『계축급문록영간시부조기』, 28.0×24.0cm, 도산서원운영위원회 기탁, 한국국학진흥원.

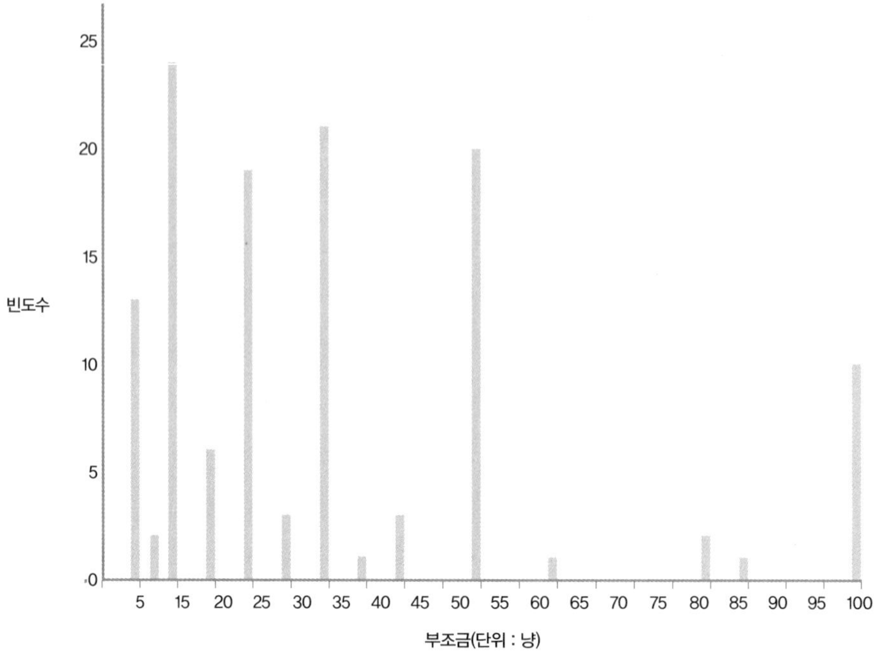

[그림 2] 『계축급문록영간시부조기』에 나타난 부조액의 분포. 단위는 양兩.

평균mean: 31.3968, 중위값median: 20, 최빈값mode: 10, 최대값max: 100, 최소값min: 5
이상 도합 3700냥에 상응하는 107건의 금액: 3676냥, 모두 125건의 부조 총계: 3956냥
6페이지로 분류한 곳에 장사랑공소에 미수금 7냥 5전이 있다고 되어 있다. 다른 부분에서는 미수금이 없고 여기만 미수금이 있는데 지금 그린 그림이나 수치는 일단 미수금을 고려하지 않았다.

서 참여했으며, 부조 금액은 총 3951냥이다. 『계축급문록영간시부조기』의 총지출액 4927.78냥 가운데 80퍼센트에 달했다. 당시 서원이나 문중의 서적 간행에 부조가 상당한 비중을 차지했는데, 『도산급문록』은 퇴계의 많은 문인 후손이 참여해 부조의 비중이 특히 높았다. [그림 2]를 보면 건당 부조액은 최소 5냥, 최대 100냥이고 평균 31냥이었는데, 5냥·10냥·20냥·30냥·50냥·100냥을 내는 일이 많았다.

확인되는 부조 가문의 거주지는 1913년 당시 경상북도와 경상남도, 전라남

도로 구분되어 있다. 경상남도는 밀양, 전라남도는 함평, 보성, 장흥에서 부조가 이루어졌다. 모두 퇴계 학맥을 계승한 가문이 주거하고 있는 지역이다. 절대 다수를 차지한 곳은 단연 경상북도에서 퇴계학파의 영향력이 절대적이던 안동권이었다. 거주 고을별로 보면 안동 35개, 예안 34개, 영주 8개, 예천 7개, 봉화·순흥 각 6개, 의성 4개, 영천 3개, 밀양(경남)·대구·성주·영양·영천 각 2개 가문이 참여했으며, 고령·신녕·용궁·청송·풍기·보성(전남)·장흥(전남)·함평(전남)에서 1개 가문이 참여했고, 어느 지역에 속하는지 확실치 않은 가문 네 곳이 있다.

성관을 보면 총 47개 성관이 참여하고 있다. 이중 단연 비중이 높은 것은 예안지역에 있던 퇴계 가문인 진성 이씨(17개), 영천 이씨(12개), 봉화 금씨(11개)이며, 안동에 거주하던 안동 권씨에서도 9개 가문이 참여했다. 부조 금액 역시 이 네 가문에서 낸 것이 가장 많았다. 이들 가문의 부조 금액을 보면 진성 이씨가 465냥, 봉화 금씨가 335냥, 영천 이씨가 295냥, 안동 권씨가 260냥이다. 전체 부조 금액의 3분의 1이 네 가문에서 거둬진 것이다. 전반적으로 도산서원 운영을 주도하던 퇴계의 후손, 지역적으로는 도산서원이 자리한 예안의 비중이 매우 컸다.

부조금을 보내고 이를 확인하는 과정에서도 고문서가 발간되었다. '단자 0001'은 갑인년 4월 21일에 50냥을 도산서원 간역소에 보내니 잘 받아달라는 내용이다.[29] 누가 보냈는지는 알 수 없으나 갑인년은 1914년인 듯하다. '영수증류0001'은 간역소에 "신화 8원新貨八圓"을 부조한 내역이다. 갑인년甲寅年 문서인데 1914년일 가능성이 높고, '신화'는 일본 화폐일 것이다. 일본 화폐 1원은 동전으로는 5냥이었다. 『계축급문록영간시부조기』에는 모두 조선시대 화폐 단위로 적혀 있는데, 일본 화폐를 받았더라도 조선시대 화폐 단위로 환산했다고 봐

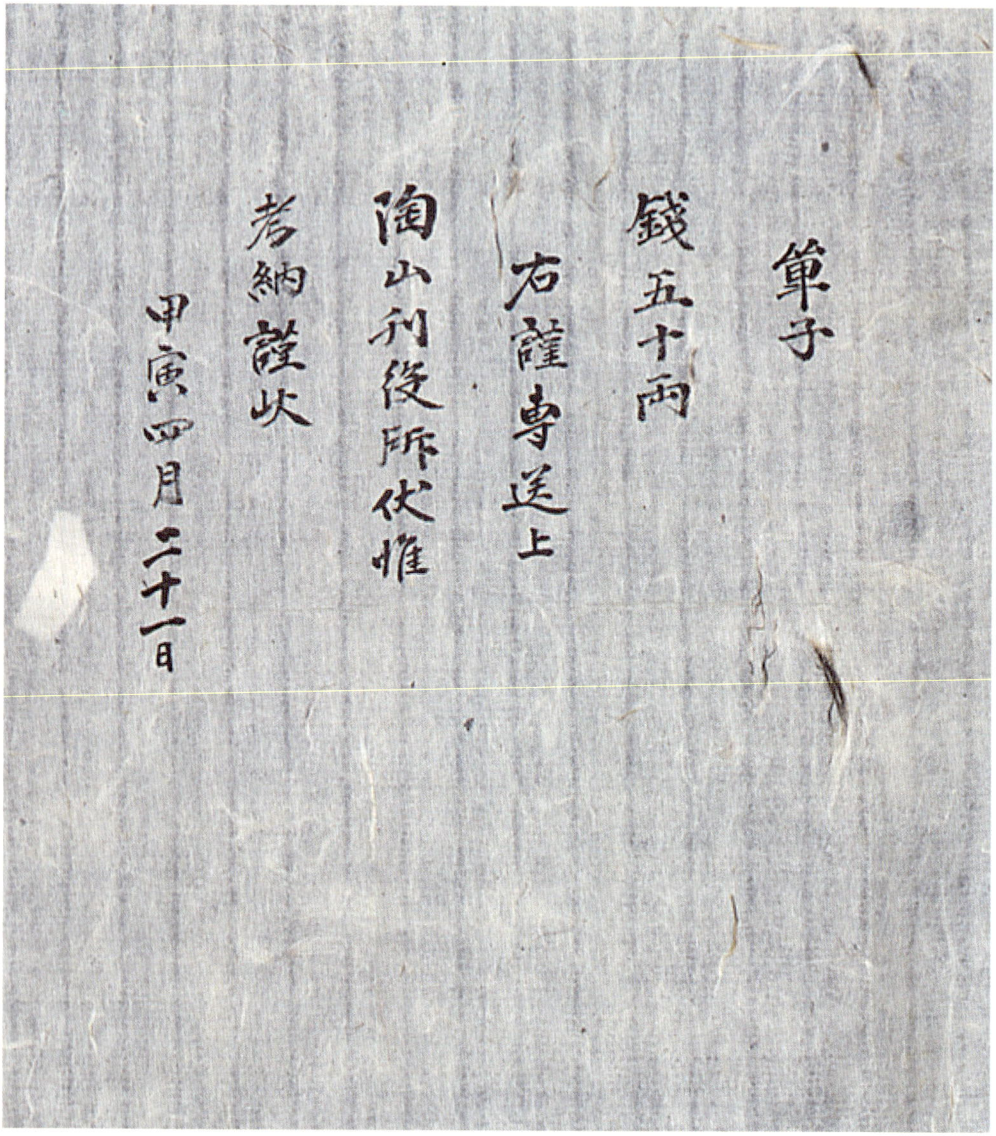

單子

錢五十兩

右謹專送上

陶山刊役所伏惟

考納謹狀

甲寅四月二十一日

단자0001, 도산서원운영위원회 기탁, 한국국학진흥원.

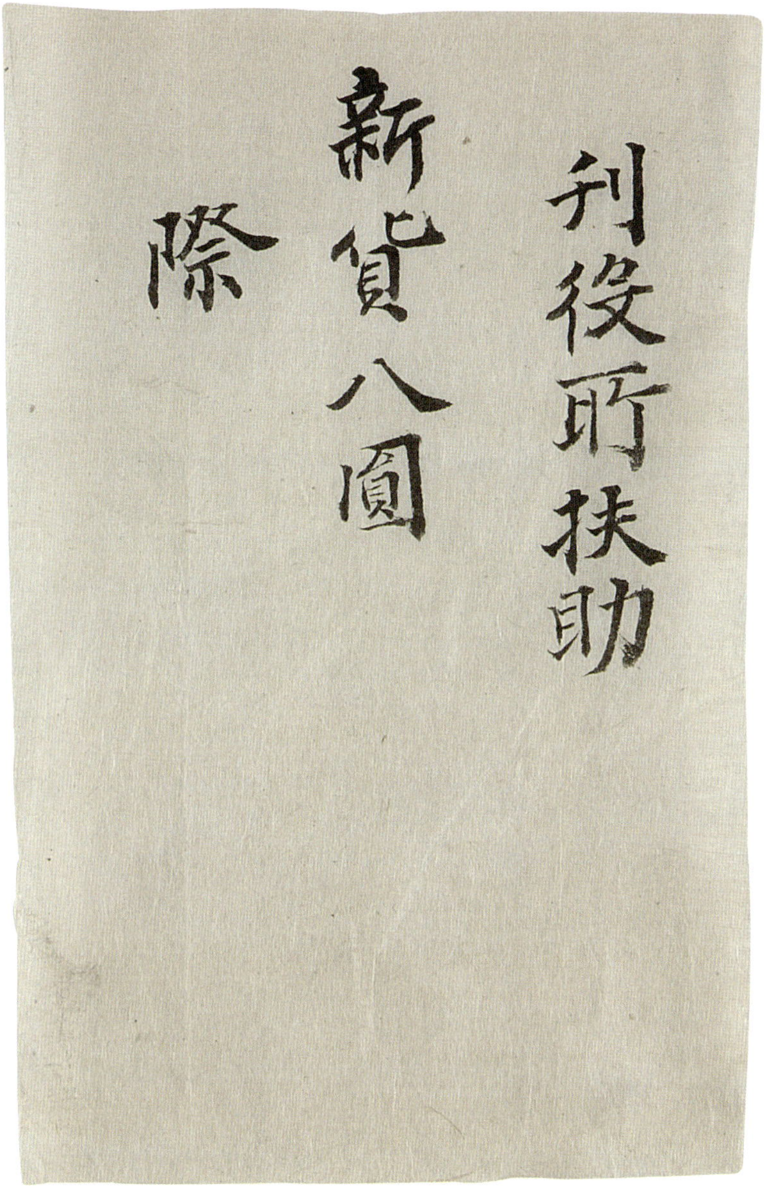
刋役所扶助
新貨八圓
際

영수증류0001, 19.0×12.0cm, 도산서원운영위원회 기탁, 한국국학진흥원.

야 한다. 문서에 나오는 제際는 '끝'이라는 뜻이며, 문서의 내용이 끝나는 부분에 써서 그 내용의 종결을 알리는 표현이다. 이것은 돈을 수령했다는 영수증류일 가능성이 있으며, 전통적인 문서 양식인지 아니면 새로운 양식인지는 알 수 없다.

조선시대 출판문화의 특질

1913~1914년 『도산급문록』을 간행하는 과정에서 남아 있는 자료로 보건대, 도산서원의 서적 간행과정에서 다양한 문헌과 문서가 만들어졌다. 간행 일지인 일기가 작성되었고, 간행 조직을 기록한 파록이 있었으며, 간역소를 방문한 인사의 명단과 그들에 대한 지출 경비를 적은 도기가 있고, 지출 경비를 정리한 하기가 있고, 서적 간행을 위해 부조한 사람의 명단과 그 액수를 적은 부조기가 있었다. 서원의 공식적인 통지를 위한 통문이 발행되었고, 서적 간행에 관련된 협의를 위해 편지가 오갔으며, 대리인을 보내 공식적인 협의를 하는 패지가 있었고 그에 대한 답패도 있었다. 부조할 때 단자가 만들어졌고 이를 증빙하는 문서도 뒤따라 생겨났다. 시도기를 보면 방문자에게 제공된 밥상 수가 꼼꼼하게 기록되었고, 하기와 부조기를 보면 회계에 충실함을 기하고자 했다. 퇴계의 여러 문인 후손에 관련된 사업이고 많은 부조를 받아 이뤄진 사업이어서 경비를 투명하고 공정하게 관리해야만 했기 때문일 것이다. 그런데 하기에서 지

출 내역이 체계적으로 정리되지는 않았고 수입과 지출을 전체적으로 정리한 회계 기록은 보이지 않는다는 점에서 회계의 수준이 높지는 않았다. 일기는 서적의 간행 경위를 잘 보여주는데, 1817년『선생문집개간일기』의 작성자는 '후서'에서 주관자의 고충이 대단했음을 토로하며 "아는 것을 적어서 뒷날의 고증으로 준비해둔다"고 했다. 이러한 기록들을 모두 보존했다는 점도 평가할 만하다. 이처럼 도산서원의 문집 간행에서도 기록을 중시하는 조선시대 문화의 한 면을 엿볼 수 있다.

조선시대 도산서원의 서적 간행이나 문중의 문집 간행은 판매를 목적으로 하지 않았다. 그 서적의 수요자가 직접 생산을 맡았던 것이다. 이러한 비시장 생산은 보급에 한계가 뒤따를 수 있다. 그런데 서적 제작이 많은 사람의 폭넓은 참여와 관심 속에서 이루어진 점에 주목할 필요가 있다. 예컨대 문집은 문중 사람의 폭넓은 참여 속에 제작되고 문중 간에 간행 문집을 호혜적으로 주고받았다. 그런 점에서 조선시대 서원이나 문중의 서적 생산이 지식의 확산이라는 차원에서 행한 역할을 과소평가해서는 안 된다. 문집 등의 내용이 오늘날의 과학기술, 경제경영과 같은 유용한 지식이 아니라고 지적할 수는 있다. 그런데 조선 사회에서 가장 중시된 안정된 도덕사회를 구현하기 위한 과제로 보면, 문집에 실린 내용은 유용한 지식이었다.

조선 후기에는 서원이나 문중이 판매를 목적으로 하지 않는 서적을 간행할 때라도 압도적으로 시장에 의존했다. 밥상을 차려주는 것도 그 화폐가치를 헤아려 시도기에 적고 일정 부분을 정산해 하기에 옮겼던 데에서 드러나듯이, 현물이 들어간 것도 화폐로 환산하여 회계 기록에 남기기도 했다. 이러한 제작 경비를 조달하는 데는 부조에 크게 의존했다. 요컨대 조선시대 서원이나 문중의 서적 생산에서 경비 조달은 호혜적인 부조에 크게 의존했고 제작과정은 압도적으로 시장에 의존했으며, 서적은 제작에 참여하거나 부조를 했거나 혹은 서로 문집을 주고받은 사람에게 배급되는 독특한 양식이었다.

조선시대에 도덕사회의 구현을 위한 학문과 지식이 중시되고 그와 관련하여 서원이나 문중이 문집 등을 간행하는 것은 유교문화의 산물이었다. 달리 말해 도덕과 기록을 중시하는 문화가 문집이라는 독특한 형식의 출판을 성행하게 만들었다고 할 수 있다. 그런 점에서 "유교 목판은 국가가 아닌 민간 사족이 주도한 민간 유교문화의 산물"이었던 것이다.[30]

제5장

엄격한 서책 관리와 도서관 역할

『전장기』를 통해 본 서책의 전승과 관리

옥영정

한국학중앙연구원 교수

서원은 교육적 기능을 하는 곳일 뿐 아니라 서책과 유물을 소장하고 있는 지식창고다. 서원의 장서 제도 및 인쇄문화는 책의 보급과 열람이 어려웠던 시대에 지식 확산에 크게 기여했다. 이는 왕실, 문중의 장서와 함께 서적문화의 중요한 축을 담당한다. 또한 서책은 서원의 정신적 유산을 담고 있는 기록물로 서원의 연원, 시대적 상황, 제도, 인맥 등을 파악하고 이해하는 데 기본적인 사료가 된다.

기록물을 다루는 이들에게 그 기록물에서 정보를 수집하는 작업은 매우 중요한 일이며, 이를 위해 기록물을 다루는 전문 기술과 관련 자료에 대한 광범위한 지식, 부단한 연구와 노력이 요구된다. 특히 고서와 같은 오래된 기록물을 다룰 때는 기록의 모호함을 해결하는 일이 매우 중요한데, 여러 모호한 점이 있는 것은 관련 자료가 부족할뿐더러 기록물이 훼손되곤 한 것이 주요 원인이기도 하지만, 기록자 또는 기록 집단의 기록 관습에 대한 이해가 부족하다는 점도 중요한 이유가 된다.

이 글에서 다루는 도산서원의 기록물 역시 이러한 문제를 그대로 지니고 있다. 한 예로 기록 시기를 간지로 표시해 작성 시점을 파악하기 어렵다거나, 일정하게 사용되는 단어의 의미를 기록 당사자나 관계자가 아니면 명확히 이해하기 어렵다는 점 등이 그렇다. 이러한 것들은 기록 관습과 관련된 것으로 이에 대한 이해는 기록물을 온전하게 해석하기 위한 전제조건이 된다.

이 글은 도산서원 서책의 현황과 관리 실태를 통시적으로 고찰해보려고 한다. 이를 위해 도산서원 기록물 가운데 서책에 관한 정보가 집약되어 있는 서책목록류를 집중적으로 분석할 필요가 있는데, 『서책질』『을미서책치부』, 그리고 전장기 가운데 광명실의 서책 관리를 내용으로 하는 『광명실전장기』 등이 그것이다. 그 밖에 서책 외의 재물 관리 현황을 기록한 전장기와 각종 치부기,

도산서원에서 문서류 등을 검토해 서책 관련 기록물을 정리·분석하고자 한다. 이를 통해 도산서원의 서책 보관 장소, 관리 규정과 규정의 이행 실태를 확인해보고, 세부적으로 서책 목록의 내용과 용어를 검토함으로써 도산서원 서책 관리 기록의 전통을 확인해보고자 한다.

그러기 위해서는 역동서원과의 관계 속에서 살펴볼 필요가 있다. 이는 역동서원과 도산서원이 공존하던 시기에 서책이 서로 오갔을 뿐 아니라 역동서원이 훼철된 뒤에는 그 서책들이 도산서원으로 이관되었기 때문이다. 따라서 역동서원과 도산서원의 서책 현황, 나아가 서책의 성격과 수집 경로를 추적해야 한다. 또 임금이 내린 내사본內賜本 등 중요 서책에 대해서는 현재 남아 있는 서책도 함께 살펴보려 한다.

서책목록화와 점검의 체계적 관리
습기·해충으로부터의 보호

도산서원의 서책 관리 실태를 고찰하려면 관리 규정, 보관 장소, 관리 방법, 관련 기록물 등을 살펴봐야 한다. 이를 위해 도산서원에서 작성한 기록물 전반을 검토해 그 가운데 주가 되는 서책목록을 집중 분석하며, 이외의 기록물에서 서책 관련 내용만을 취해 의미를 밝혀보고자 한다.[1] 우선 서책목록에 대한 용어를 구분할 필요가 있다. 서책만을 수록한 기록물을 통칭해 '서책목록'이라 부르고, 소장처를 구분해야 할 때는 '역동서책목록' '광명실서책목록'이라 했다. 특히 광명실서책목록은 전장기의 하나로 작성된 점을 감안해 필요에 따라 '광명실전장기' '광명실서책전장기'로 구분했다. 또한 특정 목록을 가리킬 때는 표제 등에 따라 고유 명칭을 썼다. 참고로 도산서원의 전장기는 기록 대상이 서책과 기타 재물로 구분되므로 이를 '서책전장기'와 '재물전장기'로 나눴다.

이외에도 다양한 기록물을 검토할 것이다. 그렇다 해도 주요 검토 대상은 서책목록이며 여기에는 서책에 관한 다양한 정보가 집약되어 있다. 같은 목록이라도 각 장의 연구 범위에 따라 몇 가지 다른 관점에서 검토할 것이다.

서책 관리 규정

도산서원 서책의 보관 장소로 확인되는 곳은 상재협실上齋夾室과 책방冊房, 그리고 광명실光明室이다. 우선 상재협실 소장 서책목록은 『을미년 5월 15일 서책치부乙未五月十五日 書冊置簿』(이하 『을미서책치부』) 1건인데, 이는 상재협실의 책을 광명실로 이관할 때 작성한 것이므로 광명실서책목록으로 봐도 무방하다. 이에 반해 책방은 실체가 명확하지 않다. 기록상으로 볼 때 책의 보관 장소였다는 사실을 확인할 수 있으며, 해당 서책목록은 전장기류의 기록에서 확인되는 '서책치부'일 것으로 추정된다. 광명실은 18세기 후반부터 20세기 초반까지의 서책목록이 여러 건 남아 있어 서책의 변동과 관리 상황을 파악할 수 있다.

먼저 광명실 건립 전후의 서책 관리 규정과 현황을 볼 텐데, 상재협실에 대한 기록을 『을미서책치부乙未書冊置簿』를 통해 살펴보자.

『을미서책치부』는 을미년 5월 15일에 작성된 것으로, 도산서원 동東광명실 건립 시기와 배경, 당시의 서책 상황을 확인하는 데 매우 중요한 자료다. 내용은 총 2030권의 서책목록으로, 유묵遺墨과 인묵印墨은 들어 있지 않다.[2] 이 치부기는 동광명실을 지은 후 1775년 5월 15일, 도산서원 내 서고의 책을 이곳으로 옮길 때 작성한 것으로 보인다. 본문 총 20면 가운데 1~19면은 1775년에 작성되었고, 17~19면 하단의 목록은 추록된 것으로 보이며, 마지막 20면은 1775년 이후 무술년(1778) 6월, 포쇄할 당시 동광명실 건물과 서책의 보관 상태 등 문제점들을 기록한 것이다.[3]

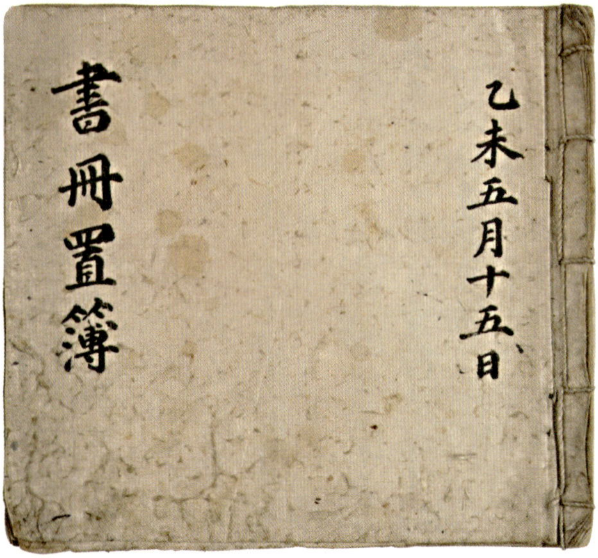

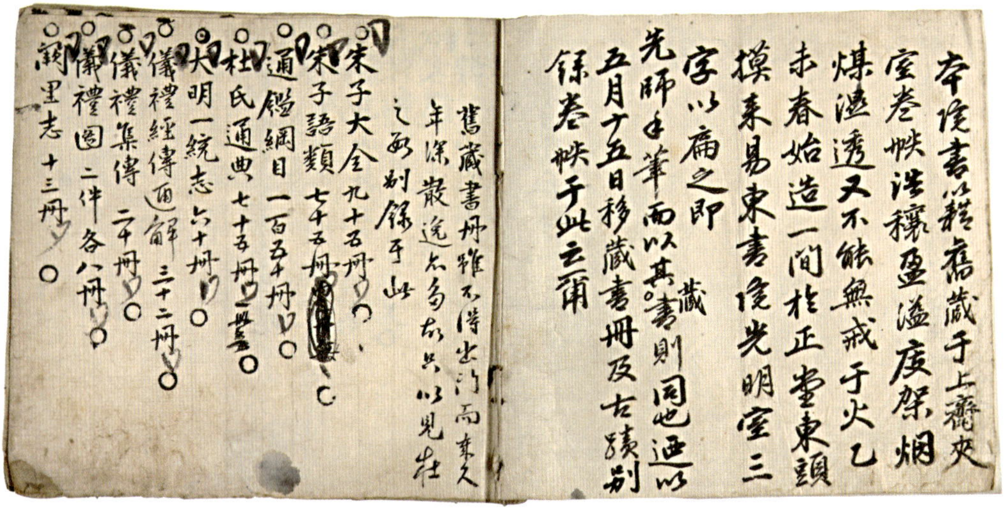

『을미서책치부』의 표지와 1~2면, 도산서원운영위원회 기탁, 한국국학진흥원.

동광명실 건물과 현판.

본원 서적을 예전에는 상재上齋의 협실夾室에 보관했는데, 권질이 많아짐에 따라 서가가 넘치고, 그을음과 습기가 배었으며, 또 화제에 대비할 수 없었다. 을미년 봄에 비로소 정당正堂의 동쪽 머리에 한 칸을 짓고, 역동서원易東書院의 '광명실光明室' 3자를 모사하여 편액을 만들었으니, 선사先師께서 쓰신 글씨이고, 장서藏書로 쓰이는 것은 같다. 이에 5월 15일에 서책과 고적古蹟, 별록別錄 권질을 여기에 옮겨 보관한다. 구舊장서의 책이 비록 문밖을 나갈 수 없었음에도 해가 오래되니 산일散逸된 것이 또한 많다. 그러므로 다만 남아 있는 수만 여기에 별록한다.[4]

위의 기록은 『을미서책치부』 1~2면에 나오는 것으로 동광명실 건립 배경을 밝히고 있다. 여기에는 도산서원 서책 관리에 대한 몇 가지 중요한 사실이 담겨 있다. 첫째, 동광명실이 지어진 시기다. 이 문건이 동광명실을 지은 후 1775년 5월 15일 상재협실의 서책을 동광명실로 이관하는 시점에 작성된 것이기 때문에 동광명실은 늦어도 5월 15일 이전에 완공되었다. 둘째, 동광명실 이전에도 별도의 장서 공간이 있었으며, 상재의 협실이 그 역할을 했다. 셋째, 동광명실 건립 이전에 역동서원에 '광명실'이 있었다. 역동서원이 서원철폐령으로 훼철될 때까지 광명실이라는 장서처가 두 기관에 공존하고 있었던 것이다.

다음으로 『을미서책치부』의 무술년(1778) 서책 포쇄시의 기록을 살펴보자. 여기서는 동광명실 건물 자체의 문제점과 포쇄 및 점검 시기, 서책의 보관 상태, 인위적인 훼손 등의 문제를 언급하고 있다.

> 무술년(1778) 6월, 서책 포쇄曝曬시 일일이 점검하니, 종전의 외의갑外衣匣 가운데 썩어 떨어진 것이 2갑匣이고, 그 밖에도 상손傷損된 것이 몇 권 있었다. 또 새로 만든 서각書閣으로 말하자면, 불기운이 상통하는 곳은 아니나 또한 볕을 향하지 않고, 바람을 끌어들이지 못하는 곳이다. 봉쇄封鎖 하나를 만들어 때로는 여러 달 동안 열지 않으니 수천 권이 쌓여 있는 가운데 비록 빗물은 새지 않으나 자연스럽게 습기가 스며들어 상하니, 그렇게 되는 것은 필연적이다. 모름지기 삭朔·망望 때마다 열어서 보고 감검勘檢한 연후에 해충의 피해를 없앨 수 있다. 포쇄는 1년에 5, 6차례 해도 무방하다.
>
> 그러나 궤에 들어 있는 수간첩手簡帖은 매우 중요한 것인데도 어느 때인지 모르겠으나 잘라서 훔쳐간 것이 몇 장 있다. 매화시첩梅花詩帖은 당초 인쇄

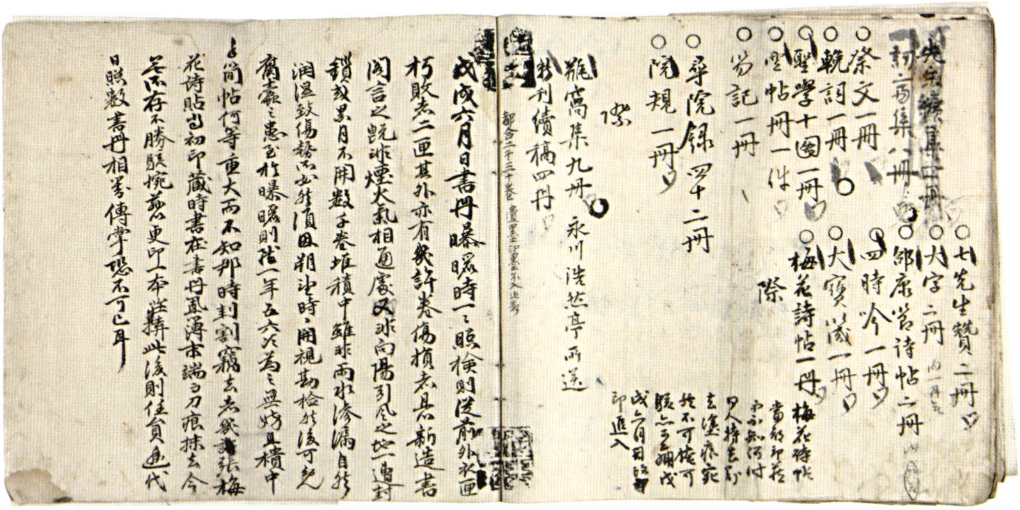

『을미서책치부』 1778년 추록, 19~20면, 도산서원운영위원회 기탁, 한국국학진흥원.

> 하여 소장할 때에 서책치부書冊置簿 말단에 기록되어 있었으나 칼로 긁고 문질러 없애고 지금은 남은 것이 없으니 놀라움과 원통함을 이길 수 없다. 이에 다시 1본을 인쇄하고 장엄莊揜한다. 차후에는 임원이 교체하는 날에 서책 수를 확인하고 서로 대조해 전장傳掌해야 한다.[5]

위의 글은 광명실 건물과 그곳의 관리상의 문제를 언급하고 있다. 즉 광명실 건물이 화재에는 대비할 수 있으나 볕이 들지 않는 방향으로 지어졌고 통풍이 잘 안 되기 때문에 습기가 차며, 이로 인해 서갑書匣이 썩고 상하는 문제를 지적했다. 따라서 매월 2회, 즉 1일과 15일에 문을 열어 점검해야 습기와 해충에 의한 피해를 줄일 수 있다고 했다. 반면 포쇄는 1년에 5, 6회로도 문제없다고 했다. 습기나 해충에 의한 자연적인 훼손 외에도 서책 점검상의 부주의로 인한 인위적인 훼손에 대한 우려도 있다. 즉 수간첩手簡帖 중에 잘려나간 부분이 있고, 특히 매화첩은 인본을 만들고 목록에 기록해두었는데 목록을 칼로 긁어 없애고 인본도 사라졌다는 것이다. 따라서 이번 점검 때 새로 인본 1본을 만들어 광명실에 보관한다고 기록했다.[6] 끝으로 임원을 교체할 때는 서책과 목록을 일일이 대조하라는 당부를 남겼다.

한편 『을미서책치부』의 서책목록 첫머리에는 "도산서원 구장서각의 책이 도산서원 밖으로 나갈 수 없었지만 해가 오래되니 잃어버린 것이 많으므로 이 목록에는 도산서원에 남아 있는 것만 기록한다"[7]고 되어 있다. 실제 도산서원 서책은 여러 이유로 외부에 유출된 예가 확인되지만, 위의 기록은 최소한 규정상으로는 도산서원 밖으로 나가는 것을 금하고 있다는 사실을 확인시켜준다.

시기적으로 볼 때 『을미서책치부』는 광명실전장기 가운데 가장 빠른 『정미팔월초육일 광명실전장기丁未八月初六日 光明室傳掌記』(1787~1790)보다 앞선 시기에 작성되었을 뿐만 아니라, 남아 있는 도산서원 서책목록 가운데 『서책질書冊秩』 다음으로 이른 시기의 자료라는 점에서 중요하다. 또 '상재협실'이라는 장서처가 있었다는 사실과 동광명실의 건립 배경을 밝혀주며, 나아가 동광명실의 문제점을 통해 서광명실이 건립되어야 할 필요성을 간접적으로 보여준다는 점에서도 중요한 의미가 있다.

상재협실 외에도 도산서원 전장기류에는 장서처로 보이는 공간이 하나 더 확인되는데 '책방冊房'이 그것이다. 전장기에는 '책방소장冊房所藏' 항목이 자주 등장하는 반면 '상재협실'에 대한 기록은 확인되지 않는다. 전장기의 책방소장 내용은 '책방소장의구冊房所藏依舊' '책방소장무가감冊房所藏無加減' 등과 같이 소장 내용을 일일이 기술하지 않았다. 다만 『숭정 8년(1635) 2월 8일 전장안』 '책방소재冊房所在'에는 맨 앞에 '서책일의치부책여구書冊一依置簿冊如舊'라고 기록되어 있는데, 이는 책방에 서책이 보관되어 있으며 그 실태는 치부책에 기록된 것과 같다는 뜻이다. 따라서 책방이 서책을 보관한 장소였던 것은 틀림없어 보인다. 또 전장기에는 '서책치부'가 자주 기록되어 있는데 이것은 '서책일의치부책여구'의 '치부책'일 것으로 보인다. 이렇게 볼 때 『을미서책치부』보다 앞선 서책치부가 있었음을 추정할 수 있다. 참고로 책방 항목에는 서책뿐만 아니라 먹, 종이, 붓, 궤, 각종 문서류 등 책과 관련된 기물도 함께 보관되어 있었는데, 광명실전장기에서도 기물이 함께 기록된 예가 있다. 이렇듯 책방의 실체는 명확하지 않으나 장서처였음은 분명한 듯하고, 다만 '책방'이라는 표현으로 볼 때 상재협실의 별칭일 가능성도 있어 보인다. 이에 대해서는 좀 더 고찰해야 할 것이다.

동광명실이 지어진 뒤 건물 구조상의 문제점도 있고 서책 규모도 확대됨에 따라 서광명실이 세워져 도산서원 광명실은 동서광명실 체제로 지금까지 이어오고 있다. 광명실 소장 서책목록 중 『을미서책치부』가 현재 전하는 가장 이른 시기의 것이다. 이후 1787년부터 1908년까지 120여 년간 '광명실전장기' 또는 '서책치부'라는 표제로 목록이 작성되었다. 이는 서원의 서책 관리 목록으로는 기간이나 양적 측면에서 매우 의미 있는 기록이다.

광명실전장기의 내용을 살펴보면, 서책을 점검할 때마다 소장목록 전체를 일일이 목록화하지는 않은 듯하다. 현재 남아 있는 자료로 볼 때 총목록이 작성된 것은 총 18건으로, 짧게는 1.5개월이고 길게는 17년 간격으로 작성되어 평균 7년마다 총목록이 작성되었다. 혹 총목록이 작성되지 않았을 때도 서책을 일일이 점검했다는 점은 목록 위아래에 보이는 'ㅇ' '●' '中' 등의 점검 표시로 확인할 수 있다. 또한 총목록을 작성하지 않을 때는 새로 추가되거나 점검할 때 확인하지 못한 서책만 기록한 경우도 있다. 뿐만 아니라 기록할 점이 없으면 점검자의 서명만 남겨두기도 했다.

이러한 광명실 서책의 점검은 도산서원원규와 함께 살펴보면 규칙적으로 지켜진 것임을 확인할 수 있다. 도산서원원규의 총칙 '광명실개폐규정'에는 "반드시 삼임三任(원장, 재유사, 별유사)이 모두 모이거나 당회시에만 개폐가 가능하고 한두 사람으로는 광명실 출입을 할 수 없으며, 불가피한 사정이 있을 때는 원임原任에게 품의하여 처리토록 한다"라고 되어 있다. 즉 광명실 출입에는 자격과 인원이 정해져 있고 어쩔 수 없는 사정일 때만 예외 규정, 즉 원임에게 품의하도록 하고 있다. 광명실전장기에 기재된 점검자 명단을 검토해보면 우선 점검은 전임자와 후임자가 한 조를 이루고 있는데, 전임자의 직책은 구재임舊齋任 외에 구재유사舊齋有司, 구유사舊有司, 전임前任 등으로 표시되어 있고, 후임자는 신재임新齋任외에 신재유사新齋有司, 신유사新有司, 시재임時齋任 등으로도 표시되어 있다. 한편 신·구재임의 구분 없이 재유사齋有司 또는 상유사上有司로 표시될 때도 있었고, 아예 직책이 나타나 있지 않은 것들도 있다. 또 전임자만 참여한 예도 보인다. 점검 인원은 전임과 후임이 각각 2인으로 구성된 것이 보통이나 꼭 그런 것만은 아니다. 전임자는 1~8명, 후임자는 1~4명이 참여하고 있다. 이외에 특이한 사례로 '경인庚寅년(1890) 6월 26일 포쇄전장曝曬傳掌'을 보면 전임 3명과 후임 2명 외에 회원 5명이 참여했고, '경자庚子년(1900) 유월 초7일' 때는 전후임 구분 없이 상유사 1명, 재유사 2명 외에 회원 77명이 참여하기도 했다.

점검 시기를 살펴보면 총목록은 전체 18건 중 2건만 같은 해(1787년 8월과 9월)에 작성했고, 나머지는 모두 한 해에 1회만 작성했다. 또 점검한 달은 3~9월 사이이다. 반면 총목록이 작성되지 않은 적도 연중 고르게 분포한다. 점검 시기에 특별히 포쇄시曝曬時, 당회시堂會時, 2월 춘향시春享時, 8월 추향시秋享時, 1월 정알시正謁時처럼 특정 사안을 명시한 예도 있다. 이외에 부정기적으로 서책을 입고시킨 일도 자주 있는데, 이는 춘향이나 추향일을 기다려 입고시킨 것으로 보이며 광명실 출입 제한 규정과 관련이 있는 듯하다. 광명실 점검과 출입에 대해서도 도산서원원규 총칙의 인수인계조에 간략히 규정되어 있다. 이에 따르면 "서책은 별도로 장부를 비치해두어야 하고, 유사가 교체될 때는 먼저 목록을 가지고 확인한 뒤 포쇄하거나 당회가 있을 때 하나하나 대조 확인해야 한다"고 규정하고 있다. 이 인수인계조의 '별도 장부'에 해당되는 것으로 보이는 기록물이 '광명실전장기'다. 광명실전장기의 점검 인원 구성이 전임자와 후임자가 한 조를 이루는 것은 이 규정에 따른 것으로 보인다. 또 광명실전장기의 점검 표시를 보면 총목록이 작성되지 않은 때에도 이전 목록으로 일일이 대조했음을 알 수 있고, 서책의 유실이나 이동, 출처 등 특이 사항을 서명 아래에 적어넣고, 현황을 파악하지 못한 서책을 '미준질未準秩' 항목 아래 별도로 정리하는 등 매우 철저히 관리했음을 알 수 있다.

서책목록 외에도 도산서원 재물전장기에는 서책의 관리 사항을 살펴볼 수 있는 자료가 있다. 예를 들면 1602년 2월, 1616년 10월 27일, 1618년 1월 19일, 1619년 1월 29일, 1619년 10월 12일, 1622년 1월 23일 등 이른 시기의 전장기에서부터 '서책치부'가 확인된다. 이는 서원 건립 초기부터 실제 별도의 목록을 만들어 서책을 관리했음을 알려준다. 다만 기록이 구체적이지 않아 이에 해당되는 서책목록의 실체를 파악하기는 어렵다.

이처럼 도산서원은 책방 또는 상재협실, 광명실과 같은 별도의 공간을 마련해 서책을 관리했다. 그리고 관리 재임이 교체될 때 전임자와 후임자가 함께 참여해 점검하고 서명한 뒤 인계·인수했다. 점검을 할 때는 문제점이 있는지를 확인해 목록에 꼼꼼하게 적어넣음으로써 훗날 참고할 수 있도록 했다. 목록은 7년여 간격으로 종합 목록을 만들고 이를 기초로 부정기적으로 새로 구비하거나 또는 '입고入庫'하는 도서를 추록했고, 확인하지 못한 서책을 별도로 목록화

역동서원의 장서인과 도산서원의 장서인.

하기도 했다.

『을미서책치부』에서는 1년에 5~6회의 포쇄와 매달 2회의 점검을 실시할 것을 강조하고 있으나, 실제 남아 있는 서책목록과는 많은 차이가 있다. 그 이유는 도산서원 서책 규모로 볼 때 포쇄는 일 자체가 많았을 뿐만 아니라 날씨 등의 여건으로 인해 1년에 5~6회 시행하는 것은 어려웠을 것이기 때문이다. 또한 매달 1~2회의 단순한 점검일지라도 서책을 일일이 대조하는 것 또한 쉽지 않았을 것이다. 따라서 포쇄할 때는 전체 서책을 점검하면서도 이를 매번 새로운 목록으로 작성하지는 않았을 것이다. 또한 매달 2회의 점검은 광명실의 습기와 해충에 의한 피해를 줄이기 위한 차원의 관리가 많았을 것으로 생각된다.

서책 관리 기록

도산서원의 서책 관리 기록은 서책목록에 집중되어 있긴 하나 그 외에 다양한 종류의 기록에서도 파악할 수 있다. 여기서는 전장기와 기타 기록물을 구분

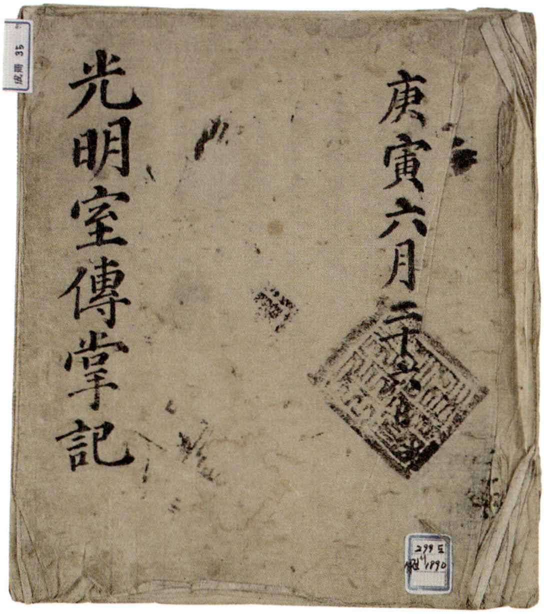

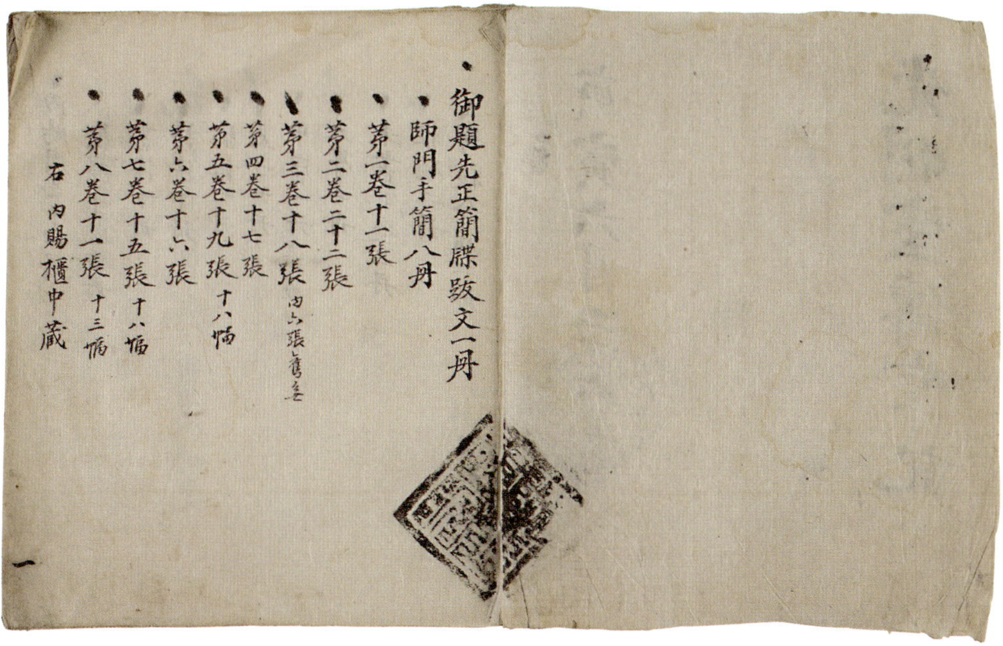

『광명실전장기』의 표지와 본문, 도산서원운영위원회 기탁, 한국국학진흥원.

하고, 특히 전장기는 서책을 수록한 서책전장기와 서책 이외의 재물을 기록한 재물전장기를 구분해 살펴보고자 한다.

• 서책전장기

서책전장기는 서책 관리를 위해 특별히 작성된 기록물로, 도산서원의 서고인 광명실의 서책 현황을 기록한 '광명실전장기'가 대표적이다. 물론 그 내용은 서책만을 포함하는 것은 아니다. 서원에서 작성된 각종 기록물, 즉 완의完議, 일기日記, 시도기時到記, 규약문, 향약, 행장, 제문, 비문 등과 같은 낱장 또는 성책 기록물은 물론이고 연적, 연적갑, 옥도장 등 기록물 작성을 위한 기물 등도 기록되어 있다. 이는 서책전장기가 서책뿐만 아니라 서고인 광명실에 소장된 모든 소장품을 점검하기 위한 기록물이라는 사실을 알려준다.

광명실전장기는 1787년부터 1907년까지, 총 17책이 남아 있다. [표 1]은 광명실전장기 전체 현황을 표로 정리한 것이다.

[표 1] 광명실전장기 현황[8]

<table>
<tr><th></th><th>표제</th><th>서기</th><th>전장기 건명</th><th>건수</th><th>비고</th></tr>
<tr><td rowspan="3">A</td><td rowspan="3">丁未八月初六日
光明室傳掌記</td><td>1787.8.</td><td>A–1丁未八月初六日傳掌</td><td>257</td><td></td></tr>
<tr><td>1787.9.</td><td>A–2丁未九月十八日傳掌</td><td>259</td><td>신입2</td></tr>
<tr><td>1788~1790</td><td colspan="3">A–3戊申二月十一日傳掌, A–4(戊申)三月初一日(傳掌), A–5(戊申)六月二十日(傳掌), A–6(戊申)八月初一日 堂會時傳掌, A–7己酉五月初七日 堂會時傳掌, A–8(己酉)五月二十九日傳掌, A–9(己酉)九月十五日傳掌, A–10庚戌正月十九日傳掌</td></tr>
<tr><td rowspan="3">B</td><td rowspan="3">庚戌四月初六日
傳掌</td><td>1790</td><td>B–1庚戌四月初六日傳掌</td><td>260</td><td></td></tr>
<tr><td>1790~1792</td><td colspan="3">B–2庚戌五月二十五日, B–3庚戌十二月初一日, B–4辛亥五月二十五日, B–5壬子二月初十日, B–6壬子五月初一日, B–7壬子九月十二日</td></tr>
<tr><td>1794</td><td>B–8甲寅六月十五日傳掌</td><td>9</td><td>御題跋一冊+ 內賜七書+奎華文選二冊(禮官所傳)</td></tr>
</table>

C	藏書置簿	1797	C-1丁巳三月十五日傳掌	275	
		1797~1798	C-2丁巳六月初二日, C-3丁巳十一月十五日, C-4戊午三月初一日		
		1799	C-5己未八月十五日	2	戊午新頒 內賜2
		1801	C-6辛酉四月十五日	3	己未頒下 內賜3
D	藏書置簿	1801	D-1辛酉四月初十日	291	
		1801	D-2辛酉六月二十四日		藏中書冊依前傳掌
E	藏書置簿	1807	E-1丁卯七月十四日 曝曬準	316	추록17
F	藏書置簿	1813	F-1癸酉七月十五日 堂會時準	319	
		1814	F-2甲戌二月二十二日	7	心經講錄刊補 一冊 외
		1815~1818	F-3乙亥正月十五日(藏中書冊依前傳掌), F-4戊寅六月三十日 傳掌時準		
		1818	F-5戊寅十二月十五日	4	藏中書冊依前傳掌
		1819	F-6己卯三月十日 書冊移入時	3	
		1821	F-7辛巳九月初二日	3	藏中書冊依前傳掌
		1822	F-8壬午八月二十二日		藏中書冊依前傳掌
G	藏書置簿傳掌	1823	G-1癸未三月初一日傳掌	358	
		1823	G-2(癸未)三月初二日	3	丁亥來2, 丙戌來1
		1824~1826	G-3甲申二月初一日傳掌, G-4乙酉▣▣十一日, G-5丙戌四月十五日		
		1828	G-6戊子五月十五日	1	辨誣疏本 壹封
H	光明室書冊置簿	1828	H-1戊子五月十五日傳掌	380	G-6과 동일, 동일인 점검(단, 李長淳, 李晩羲 서압 없음). 辨誣疏本 壹封 포함됨
		1828~1823	H-2戊子九月初一日傳掌, H-3庚寅五月十二日傳掌, H-4壬辰二月十六日傳掌,		
		1833	H-5癸巳八月十九日傳掌	10	新入秩
		1834	H-6甲午二月十一日傳掌	3	河回所送 1, 臨河所送 1
		1835	H-7乙未六月初一日傳掌, H-8乙未七月初一日傳掌		
		1835	H-9乙未十一月初二日傳掌	12	신입5 외
I	光明室書冊置簿	1840	I-1庚子七月十五日傳掌	404	추록8(신입2 외)
J	庚戌七月日 光明室傳掌記	1850	J-1 庚戌七月二十九日傳掌	449	未準帙 22(共三十四冊二片)
		1855	J-2乙卯正月初五日	5	乙卯藏
		1856~1858	J-3丙辰正月初五日, J-4戊午正月初五日, J-5(戊午)二月十一日		
		1867	J-6丁卯四月十八日	40	36(신입질)+4(丁卯重刊2 외-추록)
		1859~1870	J-7己未, J-8庚申四月十五日, J-9辛酉, J-10壬戌, J-11癸亥, J-12甲子, J-13乙亥, J-14丙寅, J-15丁卯, J-16戊辰, J-17己巳, J-18庚午		

K	丁卯七月日 光明室傳掌記	1867	K-1丁卯七月日	448	未準帙22(共三十四冊二片)
		1867	K-2 丁卯七月二十四日	60	추록13(戊辰1868 新入5, 癸酉1873 新入3, 八月十五日入1, 疊2 외)
L	辛未四月晦日 光明室傳掌記	1871	L-1辛未(1871)四月晦日	509	未準帙22(共三十四冊二片)/同日 추록 50
		1872~1873	L-2壬申, L-3癸酉		
			L-4易東書冊目錄	61	
M	乙亥四月日 丙子閏五月日 光明室傳掌記	1875	M-1(乙亥四月日 傳掌)	507	
		1876	M-2丙子閏五月初一日 傳掌時準		
N	辛巳七月二十五日 光明室傳掌記	1881	N-1辛巳七月二十五日	498	東/西卓 구분
O	庚寅六月二十六日 光明室傳掌記	1890	O-1庚寅六月二十六日 曝曬傳掌	514	
		1894	O-2甲午八月 秋享時追錄	14	新入 다수
		1896	O-3丙申四月十九日 宗宅火變後藏置	28	제1~3匣, 갑별로 열거
		1899	O-4己亥八月 享禮時貿入	7	貿入
		1900	O-5庚子二月 享禮時追入	2	追入
P	庚子六月初七日 光明室傳掌記	1900	P-1庚子(1900)六月初七日	566	추록17(戊戌(1898)秋享時新入11/丁酉秋享時新入6)
		1903	P-2癸卯二月 春享時新入	19	(중출1건 포함)
		1903	P-3(癸卯)八月秋享時入	1	입고1
		미상	P-4미상	16	戊辰(1868)正月初五日 正謁時新入4 외
			P-5戊午 試士壇植松時日記		
Q	壬寅八月初一日 光明室傳掌記	1902	Q-1壬寅八月初一日傳藏	410	신입9
		1904~1908	Q-2甲辰四月初三日傳掌, Q-3乙巳六月初五日傳掌, Q-4丙午五月初一日傳掌		
		1898	Q-5戊戌 秋享時新入	12	P-1戊戌秋享時新入11+靑壁集2책 추가
		1897	Q-6丁酉 秋享時藏	6	P-1丁酉秋享時新入6과 동일
		1902	Q-7壬寅 秋享後新入冊子目錄傳掌	14	

표에서 보듯 광명실전장기는 A~Q까지 총 17책으로 구성되어 있다. 하나의 책에는 여러 회의 점검 기록이 있는데, 예를 들어 A책은 1787년 8월 점검 때 총 257건의 서책을 기록하고, 다음 달 점검 때는 새로 들인 책 2건을 포함해 총 259건을 기록했다. 이후 이듬해 1788년부터 1790년까지 8회는 추가된 서책 없이 점검자가 서명만 했다.

또 점검 때마다 서책 전체를 목록화하기도 하고 때로는 특이 사항이 있는 서책만 목록화하기도 했는데, 예를 들어 'O-경인육월이십육일 광명실전장기'의 O-1은 경인년에 전체 목록을 작성해 총 514건의 서책을 수록했으나, 다음의 O-2는 갑오년 추향시에 새로 입고한 14건만 추록했다. 다음으로 O-3은 병신년 종택에 화제가 나서 옮겨 보관한 책과 문서 28건을 기록했으며, O-4는 기해년 8월 추향례 때 찾아서 입고한 책 70건, O-5는 경자년 춘향례 때 추가한 2건의 서책을 기록했다.

내용 구성은 크게 서책목록과 점검자 서명 부분으로 구분된다. 그리고 서책에 특이 사항이 있을 때는 주석을 달았으며, 또 각 건 목록에는 'O' '●' '中'과 같이 점검 당시 목록과 서책을 일일이 대조한 표시가 남아 있다.

광명실전장기에서 특히 주의 깊게 살펴봐야 할 부분은 목록상의 서책에 부기된 특이 사항, 즉 주석이다. 이 주석은 소장 서책의 규모와 성격, 구성, 유입 연원, 보관 상태, 유실 원인 등 서책에 관한 다양한 정보를 담고 있어 도산서원 서책의 형성과 변화를 연구하는 데 매우 중요하다. 따라서 주석의 내용을 유형별로 사례와 함께 살펴보고자 한다.

① 내사內賜, 어사御賜, 신반新頒, 반하頒下, 내사궤중장內賜櫃中藏 등은 해당 서책이 내사본임을 표시한 것이다.

예) 御賜周易十四冊 御賜, 內賜庸解一冊, 內賜五経百選五冊 右內賜櫃中藏, 春秋十冊 戊午新頒

①국왕의 내사본과 다음에서 살펴볼 ②각처 기증본은 도산서원 서책 형성의 중요한 경로다. 광명실전장기에 내사본이 표시된 것은 B항목 '경술사월초육일전장庚戌四月初六日傳掌'의 마지막 '갑인년(1794) 6월 15일 전장'에 추록된 내사칠서內賜七書가 처음으로, 『주역周易』 14책, 『서전書傳』 10책, 『시전詩傳』 10책, 『논어論語』 7책, 『맹자孟子』 7책, 『중용中庸』 1책, 『대학大學』 1책이다. 내사칠서는 어제발御題跋(御題師門手簡跋文) 1책과 함께 하사되었는데, 어제발은 정조가 『사문수간』을 친히 열람하고 도산서원에 사서삼경을 반사하면서 하사한 문장이다. 이 내사본은 1793년 정조가 도산서원에 하사한 것이며, '신인내사선정신좌찬성문순공이황도산서원新印內賜先正臣左贊成文純公李滉陶山書院'이라는 내사기가 있다. 이후 전장기에서는 어제발과 함께 이들 내사본이 목록의 맨 앞에 기재되며 내사궤內賜櫃에 보관되었다.

② 소송所送, 내來, 송래送來 등은 내사 외에 외부에서 유입된 것으로, 발송 기관 또는 시기가 명시되기도 한다.

[표 2] 광명실전장기에 확인되는 도산서원 서책 기증처

	건명	주석	전장기
1	慕堂集二冊	丁未八月 靑湖書院來	A
2	拙齋集七冊	壬子六月 屛山書院所送	B
3	賓興錄一冊	壬子六月 營門所送 無	B
4	奎華文選二冊	禮官所傳	B
5	盆齋集四冊	丁巳三月日 慶州龜崗書院送來	C

6	續大學或問一冊	丁巳六月初四日 玉山書院送來	C
7	心經二卷	三溪書院印送	H
8	龜山集一卷	合七卷 壬辰九月二十二日 自居昌屛嵓書院送	H
9	晦谷集 二冊	癸巳七月 二十一日 周溪所送	H
10	寓軒集 四冊	癸巳八月 河回所送	H
11	二愚堂集 二冊	同年(癸巳)十月十五日 臨河所送	H
12	老先生遺墨一帖	易東來	O
13	松隱集一冊	密陽德南書院所送	Q

도산서원 소장 서책은 내사 외에도 각처에서 기증하는 것이 주요한 유입 경로 중 하나다. 특히 서원이나 지방 관아 또는 개인이 기증할 때가 많았는데, 이러한 예는 광명실전장기보다 광명실 건립 이전의 서책목록인 『서책질』에서 집중적으로 확인된다. 그러나 [표 2]에서는 개인 기증은 확인되지 않고, 서원 기증이 11건, 중앙 기관으로 예관(예문관) 기증 1건, 영문營門으로 표기된 지방 감영 기증 1건이 확인된다. 『서책질』의 경우 지방 관아 기증본은 대부분 퇴계 문인들이 감사, 목사, 부사, 현감 등으로 재직할 때 부임지에서 간행한 서책을 기증한 예가 많으며, 서원으로 살펴보면 이산서원伊山書院, 청도의 자양서원紫陽書院 등 11개 서원에서 기증한 것을 알 수 있다. 이에 대해서는 뒤에서 상세히 살펴볼 것이다.

도산서원 서책 형성의 또 하나의 중요한 경로는 외부 소장처 서책이 이관된 것이다. 역동서원이 훼철됨에 따라 역동서원 광명실 소장 서책을 옮겨오고 퇴계 종택 화재로 종택 서책이 이관된 것이 그 예다. [표 1] O 항목 '경인육월이십육일 광명실전장기'의 1896년 4월 19일 전장 기록은 종택에 화재가 일어나 이관한 서책 현황을 밝혀둔 것이다. 이 전장기는 "병신丙申년 4월 19일 종택의 화재 이후 장서를 이동했다宗宅火變後藏置"며 "유묵遺墨 3갑, 교서敎書 홍백패紅白牌,

치제문致祭文, 교지教旨 합2봉목록合二封目錄"이라며 총 28건의 서책과 문서가 3개 갑으로 구분하여 수록되어 있다. 역동서원 서책의 이관 현황에 대해서도 뒤에서 상세히 살펴보고자 한다.

③ 준準, 미준未準, 무無, 구무舊無, 금무今無, 견실見失 등은 점검 당시 해당 서책의 유무를 표시한 것이다.

예) 書經釋義草本一冊 未準 丁卯年亦未準 可怪, 孝經一冊 壬辰未準 癸巳未準 乙未亦未準, 溫溪集三冊 本無, 三經釋疑二冊 內一冊舊無, 通鑑二件三十冊 內一冊 舊無(인장), 櫟翁稗說一冊 庚寅四月初六日傳掌時無, 愚堂集二冊 自甲辰未準, 書院宣諡時事實一冊 庚子未準 乙巳丙午庚戌并未準, 又(理學通錄)草本六冊 庚戌未準 自壬寅簿後 依例點閱 而考庚子簿 則書以未準 更無某年書準字 則似是後來傳掌時 不能的得考察耳

서책 점검의 가장 중요한 목적은 서책이 잘 보관되어 있는지, 또 외부로 나갔다면 어느 곳에 있는지를 파악하는 것이다. 따라서 이에 관한 기록은 반드시 남겨둬야 했다. 위의 주석들은 이러한 내용을 기록한 것으로, 확인하지 못했다거나 없어지거나 잃어버렸다는 등의 내용이다. 도산서원 서책목록에서는 이러한 사실을 계속해서 기록으로 남겨두고 있다. 그 한 예로 『유향설원劉向說苑』을 살펴보자.

광명실전장기에서 『유향설원』은 가장 이른 시기에 작성된 A전장기에서부터 확인된다. 여기에는 4책 가운데 1책이 '구무舊無'로 표시되고 확인을 위한 인장이 찍혀 있다.('劉向說苑四 內一冊 舊無') 이후 B전장기에는 1책을 제외한 3책만 목록화했고('劉向說苑三冊'), C~I전장기에는 4책 가운데 1책이 '구무舊無' 또는

'구록구무舊錄舊無'로 표시되어 있다.('劉向說苑四冊 內一冊舊無', '劉向說苑四冊 內一冊舊錄舊無') 그리고 다음 전장기인 J, K전장기에는 4책 중 1책을 경자년부터 확인하지 못했다고 표시했고('劉向說苑四冊內一冊 自庚子未準'), L~P전장기에서는 구무舊無로(劉向說苑四冊 內一冊舊無), Q전장기에서는 다시 경자년부터 확인하지 못했다고 표시했다.(劉向說苑四冊 一冊庚子未準) 『유향설원』은 현재 목판본으로 3책이 남아 있다.

도산서원의 서책은 원칙적으로 밖으로 가져 나가는 것이 금지되었다. 따라서 광명실전장기에서 외부로 유출된 서책은 거의 확인되지 않는데, 『온계집溫溪集』에서처럼 외부로 가져갈 때는 관리 기록을 더욱 철저히 남기고 있다.[9] 『온계집』은 모든 광명실전장기에서 항목이 확인되는데, 그 주석을 살펴보면 이전 전장기를 참고해 사유를 기록하고 있다. 다음은 『온계집』에 대한 주석을 정리한 것이다.

[표 3] 광명실전장기의 『온계집』에 대한 주석

전장기	주석
A	①주석 없음 ②當印出代藏次
B	印出代藏次
C	舊傳掌當印出代藏去
D	舊傳掌當印出代藏去
E	舊傳掌當印出代藏去
F	舊錄云 舊傳掌當印出代藏去
G	舊錄云'舊傳掌當印出代藏去
H	本無
I	주석 없음
J	①自壬寅未準 ②戊子簿書舊無 更考則丁未簿 當印出代藏次云(1855년 미준질)
K	①舊無 ②戊子簿書舊無 更考丁未簿 則當印出代藏次云(미준질)

L	①주석 없음, ②戊子簿書舊無 更考丁未簿 則當印出代藏說云(미준질)
M	本無
N	本無
O	本無
P	本無
Q	庚子傳掌雖載 而披之無有 更按戊申傳掌記 註以當印出代藏次 而以後不到 于甲申傳掌記皆未準

A전장기에는『온계집』항목이 2건 확인되는데, 앞의 1건은 주석이 없는 반면 뒤의 1건은 인출하기 위해 가지고 갔다는 기록이 있다. B~I는 1건만 목록화되어 있는데, B는 A와 같은 내용으로 주석되었다. C~G는 B의 기록을 인용해 주석을 병기했다. H는 본래부터 없었다고 주석했고, I는 주석을 달지 않았다. J~L은『온계집』2건을 목록화했는데, 앞의 1건에 대해 J는 임인년부터 확인하지 못했다고 기록했고, K는 오래전부터 없었다고 했으며, L은 아무 기록도 남기지 않았다. 뒤의 1건에 대해서는 J~L 모두 "무자년 서책목록에는 '구무舊無'라고 되어 있지만, 다시 살펴보니 정미년 서책목록에 인출하기 위해 가져갔다고 한다"라고 기록했다. 이후 M~P는 모두 본래 없었다고 기록했으며, 마지막으로 Q에서는 "경자년 전장기에 비록 기재되어 있으나 명확하지 않아서 무신년 전장기를 살펴보니 주에 인출하기 위해 가져간 뒤 가져오지 않았고, 갑신년 전장기에서도 모두 확인하지 못했다"라고 했다. 앞서 살펴본 '무無'나 '미준未準'의 사례와는 달리 외부 유출 사실을 계속해서 기록한 것은 이 책이 언젠가는 서원으로 회수될 가능성을 염두에 둔 것으로 여겨진다.

④ 중출重出, 오서誤書, 첩疊 등은 목록 작성상의 오류를 표시한 것이다.

예) 靖節集一冊 <u>此本無 而有淵明稿一冊 其或誤書之耶</u>, 通典七十五冊

重出, 續大學或問一冊 誤書重出, 史略 (合大文二冊) 八冊 (又大文二冊 大文二冊) 竝入爲八冊 而此則誤錄, 貞簡公遺事一冊 內一冊庚戌傳掌時無 本是一冊 前文書舊誤書以二冊 故今正之, ~~聯芳世稿三冊~~ 重出, 西厓集九冊 ~~又十冊新件~~ 重出, 言行錄三冊 疊

목록 작성상의 오류는 서책을 점검할 때 혼동을 줄 수 있으므로 그 항목에 오류임을 표시해둘 필요가 있었다. 광명실전장기에서도 오류 내용을 밝혀두었다가 이후 목록에서는 바로잡고 있음을 확인할 수 있는데, 기록 내용은 중출重出, 오서誤書, 첩疊 등이 주로 확인된다. 또 때에 따라 글자 위에 묵선을 그어 삭제 표시를 하거나 인장을 찍기도 했다. 『서애집西厓集』을 예로 살펴보면, 이 책은 1787년 정미년 전장기 A부터 확인된다. A전장기에는 A-1 '정미팔월초육일 광명실전장기'에 '서애집 10책 내1책 구무西厓集十冊 內一冊舊無'(인장)로 목록화되어 있다. 이후 A-2 '정미9월18일 전장'에 '서애집 9책'이 목록화되어 있다. 또 A-2에는 '서애집 10책 신래新來'라고 표시하여 이때 10책을 새로 구비했음을 표시했다. 1790년 B전장기에는 '서애집 9책 ~~又十冊新件~~ 중출重出' '서애집 10책 신인송新印送'으로 목록화되어 있다. 즉 서애집 9책 외에 또 10책이 있다고 명시했으나, 이 10책에 해당되는 서책은 새로 인출해 보내온 것('新印送')으로 뒤에 '서애집 10책 신인송'으로 목록화되어 있으므로 '~~又十冊新件~~'을 묵선으로 삭제한 뒤에 '중출重出'이라고 기록한 것이다. C와 D는 서애집 9책과 서애집 10책이 각각 목록화되어 있고 주석을 따로 작성하지는 않았다. 그러나 E에서는 다시 서애집 9책에 대해 '~~又新件十冊~~ 중출'을 밝혀놓았다. 이후의 목록 E~Q는 모두 중출이나 묵선과 같은 표시가 없다.

⑤ 중간重刊, 신간新刊, 신인新印, 구인舊印 등은 서책의 간본 사항을 표시한 것이다.

예) 太極問辨四件 內一件道內新刊, 先生文稿三十二冊 舊印

서책의 간본을 표시한 것은 목록상에 같은 제목의 책이 2건 이상일 때 이를 구분하거나 또는 점검 당시 신간본新刊本을 표시한 것으로 보인다. 앞서 살펴본 『서애집』은 1787년 8월 목록(A-1 정미팔월초육일 광명실전장기)에 이미 9책본이 있으며, 같은 해 9월에 10책본이 추가되었으므로 해당 목록인 A-2 정미구월팔일전장에는 '신래新來'라고 되어 있다. 이 '신래'는 이후 1790년 전장기 B에는 '신인송'으로 기록되어 있으므로, 이것이 9책본과 구분하여 새로 인출한 본임을 표시한 것이라는 사실을 알 수 있다.

이러한 유형 외에도 서책의 보관 방식을 보여주는 주석으로는 朱子書質疑二冊 移在匱中, 陶山院規一冊 右笥中所藏, 春秋十冊 右櫃藏, 雜著手錄一冊 在笥中, 祭丑筵說謄草一丈 右院備櫃中藏 등이 있다. 이는 서책을 궤에 보관하고 있음을 표시한 것으로, 궤의 종류에는 내사본을 보관하는 내사궤 외에도 원비궤院備櫃, 화본소장궤和本所藏櫃가 확인된다. 광명실전장기에는 F『장서치부藏書置簿』의 F-1 '계유칠월십오일 당회시준' 목록부터 내사궤(4개)와 원비궤(2개), 화본소장궤(1개)를 기록하여 관리하고 있다. 또 궤와 함께 벼루硯 2좌座, 옥 젓가락玉箸 1쌍, 벼룻집硯匣 2개도 기록하고 있다.[10] 서책의 구성을 설명하는 주석 또한 매우 많은데, 『선생문집先生文集』 초번草本 3건은 하나로 목록화했으므로 '一件三十四冊 一件三十九冊 一件十九冊'이라는 설명이 있고, 『의례집전儀禮集傳』 20책은 이 가운데 14책이 경전통해經傳通解이므로 '內十四冊 經傳通解'라는 주석이 달려 있다. 또 『도산십이곡陶山十二曲』 1책은 부록 사항을 표시하기 위해 '어부사부漁父詞附'를 기록했다. 끝으로 소재를 파악하지 못하다가 점검 시점에 찾아서 광명실에 넣은 서책은 '멱覓' '멱입覓入' '수입搜入' '고출考出' 등으로 표시했다.

이렇듯 도산서원 서책전장기 가운데 광명실전장기는 규모와 기록의 연속성 면에서 도산서원 서책 연구에 다양한 정보를 제공해줄 뿐 아니라 기록물을 분석함으로써 서책 관리 원칙, 목록의 작성 방식, 서책 관리 용어의 사용 등 도산서원 고유의 전통을 확인할 수 있다. 이는 전통적인 서지 기술 방식 연구를 위해서도 중요하게 다루어져야 할 것이다.

• 재물전장기

서원의 재물 관리를 내용으로 하는 재물전장기는 도산서원의 기록물 가운데 단일 종으로는 가장 방대하다. 재물전장기는 서원의 각종 재물 현황을 목록화한 것인데, 여기에는 서책에 관련된 것도 포함된다. 그러나 서책은 별도의 목록으로 관리되었기에 '별도의 장부가 있으므로 일일이 적지 않는다' '이전과 같다'는 식으로 매우 간략히 언급하고 있다.[11] 그럼에도 이들 재물전장기에는 서책 관련 기록이 곳곳에 보이는데, 비록 서책전장기에 비해 규모가 크지 않고 전후 배경에 대한 설명이 부족하지만 서책전장기와 비교 검토함으로써 유용하게 활용할 수 있다. 우선 서책이 수록된 재물전장기의 현황과 그 기록을 살펴보면 다음과 같다.

[표 4] 서책이 수록된 도산서원 재물전장기의 현황과 서책 관련 기록

	전장기		서책 관련 기록	건수
1	a〈自丙申(1596)至甲戌(1634) 傳掌〉	a-1〈만력44년(1616) 3월 6일 전장〉	圃隱集 4卷【新備秩】	1
2	a〈自丙申(1596)至甲戌(1634) 傳掌〉	a-2〈숭정6년(1633) 1월 17일 전장〉	木綿 3疋 禮說 7卷買, 木綿 5疋 詩書諺解 12卷買, 木綿 3疋 儷文程選 6卷買【新備秩】	3
3	a〈自丙申(1596)至甲戌(1634) 傳掌〉	a-3〈숭정 7년(1634) 3월 23일 전장〉	禮書 7卷價 木3疋, 詩書諺解 12卷價 木5疋, 儷文程選 6卷價 木3疋, 杜詩諺解 17卷價 木6疋【新備秩(壬申以後)】	4
4	b〈숭정8년(1635) 을해2월8일 전장〉	b-1〈정해(1647) 1월 13일 전장〉	禹氏族譜一件【新備秩】	1
5	c〈계묘(1903)정월 전장안〉	c-1(표지)	龜巖集 5冊 8月來	1
6	d〈병오(1906)정월, 정미·무신 전장안〉	d-1〈정미(1907).2.18.향례시〉	滄溪集 3冊來, 滄厓集 2冊來, 晋陽世稿 2冊來【入光明室】	3
7	d〈병오(1906)정월, 정미·무신 전장안〉	d-2〈정미(1907).11.1.-30.〉	李子書節要 6冊來, 愼庵集 5冊來, 朴松堂集 2冊來	3
8	d〈병오(1906)정월, 정미·무신 전장안〉	d-3〈무신(1908).9.1.-30.〉	鶴棲集 10冊來, 東淵集 2冊來, 三受堂實記 2冊來, 知足堂原集 1卷, 四禮 2卷來, 西山集 10冊來	6
9	d〈병오(1906)정월, 정미·무신 전장안〉	d-4〈무신(1908).1.1.-30.〉	淡庵集 1冊來, 惺軒集 1冊來, 昊亭集 1冊來	3
10	e〈기유(1909)정월, 경술·신해 전장안〉	e-1〈기유(1909).2.1.~28.〉	藏中受置 西山集 15冊, 鶴棲集 10冊【享禮時入光明室】	2
11	e〈기유(1909)정월, 경술·신해 전장안〉	e-2〈기유(1909).5.〉	塤篪續 3冊, 語錄 2冊, 亦樂齋集 2冊, 松皐集 2冊, 雲广集 2冊, 古溪亭實記 1冊, 琴湖世稿 2冊, 譜草辨證 1冊 【5月曝曬時入于光明室】	8
12	e〈기유(1909)정월, 경술·신해 전장안〉	e-3〈기유(1909).8.11.향례시〉	墨齋集 1冊來	1
13	e〈기유(1909)정월, 경술·신해 전장안〉	e-4〈경술(1910).2.13.향례시〉	于光明室 和本藏匱冊 并貿藏, 晩窩集 2冊, 梅軒集 2冊, 錦江集 3冊【于光明室 和本藏匱冊 并貿藏】	3
14	e〈기유(1909)정월, 경술·신해 전장안〉	e-5〈경술(1910).2.1.~30.〉	敬庵集 5冊, 艮宇集 2冊, 霽月堂實記 1冊, 悔尤集 1冊【受置藏中】	4
15	e〈기유(1909)정월, 경술·신해 전장안〉	e-6〈경술(1910).8.17.〉	石屛集 1冊, 明湖集 1冊, 九元亭集 1冊, 樂山堂集 3冊, 世孝堂實記 1冊, 龍庵實錄 1冊 【新入冊】 惺齋集2冊 梅村集 3冊 藏于上房 【8月16日 享禮時 藏于光明室】	8
16	e〈기유(1909)정월, 경술·신해 전장안〉	e-7〈신해(1911)2.18.향례시〉	惺齋集 2冊, 梅村集 3冊, 雪月堂逸稿 1冊, 石門詩稿 1冊, 愚軒集 5冊, 恥庵集 4冊【入于光明室】	6

17	e〈기유(1909)정월, 경술·신해 전장안〉	e-8〈신해(1911)윤6.1.~30.〉	樂義齋集 1冊, 習窩集 1冊【秋享時 入藏光明室】	2
18	f〈신해(1911)8월, 임자 전장안〉	f-1〈신해(1911).10.1.~30.〉	篔谷集 1冊, 兢齋集 3冊, 仁經類解 2冊【入藏中】	3
19	g〈계축(1913)1월 전장안〉	g-1〈계축(1913)3.1.-15.〉	希齋集 4冊【入藏中】	1
20	g〈계축(1913)1월 전장안〉	g-2〈계축(1913)10.1.〉	高峰集 10冊, 懶窩集 4冊, 藥南集 3冊, 養蒙齋集 2冊, 三吾堂集 2冊, 竹川集 3冊, 宜菴集 3冊, 儉岩詩集 1冊, 鶴山實記 1冊, 臨窩 1冊, 深窩集 1冊	11
21	h〈갑인(1914)1월, 을묘 전장안〉	h-1〈갑인(1914).2.16. 향례시〉	龍山集 5冊, 壺峰集 1冊, 石屛集 3冊	3
22	h〈갑인(1914)1월, 을묘 전장안〉	h-2〈갑인(1914).4.1.-15.〉	溫溪集 3冊, 溪西集 1冊, 素隱集 3冊	3
23	h〈갑인(1914)1월, 을묘 전장안〉	h-3〈을묘(1915).3.14-15.〉	續近思錄 4冊 自鹿洞刊所來	1
24	i〈병진(1916)2월 18일, 정사 전장안〉	i-1〈병진(1916).5.1.-29.〉	遯庵集 3, 鶴坡實記 1, 竹塢集 2, 柳亭集1【藏于光明室】	4
25	i〈병진(1916)2월 18일, 정사 전장안〉		八莒世稿 1, 晦軒集, 練江齋集【藏于光明室】	3
26	i〈병진(1916)2월 18일, 정사 전장안〉	i-3〈정사(1917).2.22-29.〉	訥淵集 1卷, 惟一齋實記 1卷, 陽溪集 4卷	3
27	j〈무오(1918)2.19. 향례시 기미·경신 전장안〉	j-1〈무오(1918).2.19. 향례시〉	惟1齋實記 1卷, 默隱遺稿 1卷, 訥淵逸稿 1卷, 逋庵集 3卷, 陽溪集 4卷, 梅潭稿 2卷, 萬圃逸稿 1卷【藏于光明室】	7
28	j〈무오(1918)2.19. 향례시 기미·경신 전장안〉	j-2〈무오(1918).9.23.~10.1.〉	西厓集 全帙, 後溪集 3冊, 及門錄 2冊, 年譜舊帙 1冊, 湖山遺稿 1冊, 朴竹川朱書問答 1冊, 光明莊書案 1冊, 土地抬帳 2部, 丈紙 6張 内 3張 小用厚紙 十張, 圖書櫃在硯匣中, 恕軒集 2冊, 眞玄 2丈, 恕軒集 2冊【在莊中】	8
29	j〈무오(1918)2.19. 향례시 기미·경신 전장안	〉j-3〈기미(1919)1.14.〉	西厓集 全帙, 及門錄 2冊, 年譜舊帙 1冊, 湖山遺稿 1冊, 光明藏書案 1冊, 圖章櫃在硯匣中 入藏于光明室, 土地抬帳 2部, 丈紙 3張, 厚紙 11張半, 眞玄 1丈半, 先祖集(先生文集)56冊, 入于光明室. 【今在藏中】	6
30	k〈신유(1921)2.16. 향례시, 임술 전장안〉	k-1〈신유(1921).8.1.-15.〉	砥南集 1冊, 檀溪集 2冊【入光明室】	2
31	k〈신유(1921)2.16. 향례시, 임술 전장안〉	k-2〈임술(1922).1.5. 정알시〉	李子粹言 2冊【入光明室】	1
32	k〈신유(1921)2.16. 향례시, 임술 전장안〉	k-3〈신유(1921).4.1.~15.〉	元集30冊, 朱書節要10冊 [龍溪冊子], 及門錄2冊[光明室冊子〉, 年譜1冊, 言行錄3冊[溪南冊子] 賓興錄1冊[龍溪冊子] 續集4冊[溪南冊子]	7

33	k〈임술(1922)4월 15일, 계해·갑자·을축 전장안〉	l-1〈임술(1922) 8.16. 향례시〉	敬言齋集 2冊【入光明室】	1
34	k〈임술(1922)4월 15일, 계해·갑자·을축 전장안〉	l-2〈임술(1922)11.1.~12.15.〉	全歸堂集 2冊, 兼山集 3冊【藏于光明室】谷城郡誌 1冊【在藏内】	3
35	k〈임술(1922)4월 15일, 계해·갑자·을축 전장안〉	l-3〈계해(1923)5.2.~17.〉	星湖全集 36冊, 錦溪集 3冊【5月16日堂會時 入于光明室】	2
36	k〈임술(1922)4월 15일, 계해·갑자·을축 전장안〉	l-4〈병인(1926)1.14~29.〉	松皐集 2卷, 自樂堂集 3卷, 倻溪集 2卷, 虎溪集 3卷, 桃源集 全, 鳳岡集 1卷, 五家山誌 1卷【入光明室】	7
37	m〈병인(1926).9월, 정묘 전장안〉	m-1〈정묘(1927).11.18.〉	厖村實記 2冊, 定庵逸稿 1冊, 可畦集 5冊, 東渠集 2冊, 湙谷集 2冊, 三棄堂集 1冊, 水山集 2冊, 錦南集 2冊, 菊槐集 2冊, 恥恥齋集 1冊, 南豊集 1冊【丁卯至月18日 藏于光明室】	11
38	n〈무진(1928) 1월 전장안〉	n-1〈기사(1929).1.5.〉	鳳鳴集 1冊, 類水集 17冊, 海華集 1冊, 魯岑集 1冊, 松澗集 2冊, 滄洲集 2冊【合24冊. 己巳正月 入光明室】	6
39	o〈기사(1929)11월 1일 전장안〉	o-1〈경오(1930).1.5. 정알시〉	艮齋集 6冊, 猿溪集 2冊, 雲庭集 4冊, 梧亭世稿 2冊, 書巢集 3冊, 起菴集 2冊, 遊軒集 7冊, 月川集 4冊, 復實時日記 1卷【合31卷 庚午正月 5日 入光明室】	9
40	p〈갑술(1934)·을해·병자 전장안〉	p-1〈갑술(1934) 8월 16일 전장〉	篁巖集 3冊, 晦齋別集 2冊, 迂拙齋集 1冊, 霧隱集3冊, 闡美錄 1冊, 性理大全 28冊【入於光明室】	6
41	p〈갑술(1934)·을해·병자 전장안〉	p-2〈을해(1935) 2월 전장〉	巖塘集 2冊, 畏庵集 2冊, 晩寓齋 集2冊, 敬菴實記 1冊, 集成祠誌 1冊, 江湖實記 2冊	6
42	q〈정축(1937) 3월24일~무인(1938)8월 전장안〉	q-1〈정축(1937).7.23. 향례시〉	悔堂集 2冊, 守軒集 3冊, 襄敏集 1冊, 愚齋集 2冊, 思浚齋實 1冊, 恒齋稿 1冊, 日休勉進聯稿 1冊, 雙梅堂稿 1冊, 訓蒙易義 6冊, 朝鮮史 17冊【入光明室】	10
43	q〈정축(1937) 3월24일~무인(1938)8월 전장안〉	q-2〈정축(1938).1.5.정알시〉	松齋集 2卷, 審安堂稿 全, 謙吾堂稿 全, 靜齋集 4冊, 歸菴集 6冊, 玉成稿 1冊【入光明室】	6
44	r〈무인(1938) 8월 19일 전장안〉	r-1〈기묘(1939).1.5.〉	雪川集 2冊, 玉成軒稿 1冊, 岌山集 2冊, 楠溪集 2冊, 五峯實記 1冊	5
45	r〈무인(1938) 8월 19일 전장안〉	r-2〈기묘(1939).4.1.~17.〉	野老堂集 1冊, 樹谷集 3冊	2
46	s〈기묘(1939)8월, 경진·신사·임오·계미·갑신·을유 전장안〉	s-1〈신사(1941).2.15.〉	三綱錄 1冊, 志庵集 1冊, 朝鮮史 17冊, 四無子集 1冊, 平潭集 3冊, 秋淵癸甲錄 2冊, 鎭庵集 7冊, 聽水軒遺稿 1冊【入西光明室南架】	8

서책 총 204건

재물전장기의 서책 관련 기록은 a~s까지 총 19개 전장기의 46회 점검에 대해 총 204건이 확인된다. 시기적으로 도산서원 초기인 1616~1647년 4건과 도산서원 후기인 1903~1941년 42건의 목록이 수록되어 있다. 이는 광명실전장기가 1787년부터 1907년까지의 기록인 점을 감안하면 대략 광명실전장기의 전후 시기에 작성된 것이다. 따라서 광명실전장기로 확인되지 않는 서책들을 확인할 수 있다는 점에서 중요한 자료다. 특히 매입을 통한 서책의 구비와 그 가격의 기록은 광명실전장기에서는 확인할 수 없는 새로운 정보를 준다는 점에서 의미가 있다.

먼저 서책 관련 기록을 살펴보자. a-1(1616)~b-1(1647) 4건의 전장은 시기상으로 광명실이 세워지기 이전 자료다. 모두 '신비질新備秩' 항목에 기록되어 있는데, 신비질은 새로 갖춘 것을 의미한다. 서책을 갖추게 된 경위는 다양할 수 있겠지만 특히 a-2와 a-3에서는 목필木疋로 가격을 매겨 '매입'했음을 명시하고 있는데, 이는 광명실로 입고된 서책에 해당되는 c 이후의 전장기에서는 확인되지 않는다. 구입 내용을 살펴보면 1633년에는 목면木綿 3필로 『예설禮說』 7권을, 목면 5필로 『시서언해詩書諺解』 12권을, 목면 3필로 『여문정선儷文程選』 6권을 구입한 사실을 신비질에 기록했다. 또한 1634년에는 『예서禮書』 7권을 목木 3필로, 『시서언해』 12권을 목 5필로, 『여문정선』 6권을 목 3필로, 『두시언해杜詩諺解』 17권을 목 6필로 구입했으며, 역시 신비질로 기록했다. 1633년 『시서언해』 12권은 목면 3필이었으나 이듬해에는 목면 5필로 값이 올라간 반면, 『여문정선』 6권은 목면 3필로 변동이 없다. 이러한 가격 정보를 통해 당대의 서책 가치, 서책 간의 상대적 가치를 가늠해볼 수 있다.

이에 반해 c 이후의 전장기는 '입우광명실入于光明室' '입장중入藏中' '재장중在藏中'과 같이 광명실로 입고한 사실을 명시한 경우가 많은 반면 서책의 내력을 밝힌 것은 h-3의 '자녹동간소래自鹿洞刊所來'라는 기록밖에 없다. d-1의 '창계집滄溪集 3책 내來'는 모처某處에서 보내온 것으로 추정되지만 명확하지 않은데, 이런 식의 기록이 6회에 걸쳐 17건 확인된다. 이외에 g-2나 h-1처럼 입고 사실을 명시하지 않은 것도 대부분 광명실 입고 또는 광명실에 소장되어 있다는 사실을 밝혀놓고 있다. 입고 시점에 대해 향례시(e-1), 5월 포쇄시(e-2), 당회시堂會時(l-3)와 같이 구체적인 사건을 밝혀두기도 했는데, 2월의 향례는 춘향례를, 8월의 향례는 추향례를 뜻한다. 또 k-2처럼 정알시에 광명실에 입고한 사실도 있는데, 정알正謁은 1월에 퇴계 선생 사당을 알현하는 예를 말한다. 이처럼 연중 주요 행사일과 포쇄일을 기해 광명실에 서책을 입고하곤 한 것은 광명실의 출입을 엄격히 제한한 광명실개폐규정에서 그 이유를 찾을 수 있을 것이다. 즉 앞서 살펴본 대로 도산서원원규의 총칙 '광명실개폐규정'에는 반드시 삼임三任이 모이거나 당회시에만 개폐를 할 수 있게 했으며, 한두 사람의 출입은 불가하도록 규정하고 있기 때문이다. 따라서 행사를 치르면서 광명실 문을 열 때 새로 갖춘 책이나 광명실 밖으로 유출된 서책을 다시 입고시킨 것으로 추정된다.

간찰, 기타 기록물

다음으로 전장기 이외의 기록물, 즉 간찰簡札, 단자單子, 자문尺文, 하기下記, 부조기扶助記, 통문通文 등에서 서책 관련 기록을 살펴보고자 한다. 이들 기록물에서 확인되는 것은 전장기의 그것에 비해 양적으로 매우 적을 뿐만 아니라 내용이나 기록 방식도 매우 이질적이다. 그 이유는 기록물의 작성 목적이 전장기와는 완전히 다르기 때문이다. 즉 전장기는 서책을 포함한 도산서원의 재산 관리 기록이므로 상호관계가 설정되어 있지 않고 기록의 방식 또한 독자적인 전통에 따른 것이었다. 반면 간찰, 통문, 자문, 단자 등의 기록물은 발급자와 수취자가 있는 문서류이기에 주고받는 당사자 간에 이해관계가 있으며, 그 기록 방식 또한 당대 사회의 전통을 따랐다. 다만 하기는 그 성격과 기록 방식이 전장기와 같다고 봐도 관계없을 것이다.

또한 고문서는 쓴 사람이나 받는 사람 또는 사건과 관련된 이가 아니면 구체적인 내용을 알기 어려울 때가 많은데, 여기서 살펴보려는 도산서원의 간찰이나 통문 등의 문서 가운데 서책 관련 기록이 있는 문서들 또한 그러하다. 즉 문서의 작성 배경은 물론 서책 관련 기록에서도 관점에 따라 핵심적인 내용을 파악하기 어렵다. 이는 내용이 많이 생략되어 있을 뿐 아니라 문서에 밝혀놓은 서적의 실체가 불분명하거나, 어떤 때에는 문서 자체가 훼손되어 있기도 하기 때문이다. 그럼에도 이러한 기록은 내용 자체의 희소성이 높아 해당 서책에 대한 이야기를 풍부하게 한다는 점에서 의미를 둘 수 있다. 또한 전장기와는 다른 서책 정보를 담고 있다는 점에서 도산서원 서책 연구에서 반드시 검토되어야 한다. 따라서 전장기 이외의 기록물 고찰에서는 서책과 관련된 내용이 어떠한 것들이며, 도산서원 서책과 관련하여 어떤 의미를 지니는지를 살펴보는 데 중점을 두었다.

검토 대상 기록물은 내용이 가장 풍부한 간찰을 먼저 살펴보고자 한다. 특히 간찰에서 가장 중요하게 언급되는 『도산급문제현록』 간행 관련 기록에 대해서는 추가적인 검토가 필요하므로 단자, 자문, 하기, 부조기 등의 문서를 이어서 검토하고자 한다. 끝으로 간찰 외에 서책 관련 내용이 많이 포함된 통문을 검토하려 한다.

도산서원 간찰에는 도산서원의 간행사업을 주요 사안으로 하는, 도산서원과 타기관 또는 문중과의 이해관계가 당시의 감정과 언어로 생생하게 기록되어 있다. 먼저 이에 해당되는 간찰을 정리해보면 다음과 같다.

[표 5] 도산서원의 서책 관련 간찰

	발신자	작성 시기	내용
1	丹城 立石 權政八 등	1900.8.17.	선조의 문집 간행 송부
2	李柄瑀 등	1908.9.20.	선조 문집(활자본) 1질 송부
3	琴海圭	1911.9.24.	이황 문집 대여 요청
4	甘在淳 등	1912.4.21.	선조 문집 간행 송부 및 내용 질정 당부
5	陶山書院	1913.4.24.	도산급문제현록 발간을 위해 각처에 문적 송부 요청【通文抄】
6	全南 長興 文貞源	1913.5.27.	도산급문제현록 간행에 맞춰 문중의 修單을 보냄
7	周村 李宜燦 등	1913.6.10.	도산급문제현록 발간을 앞두고 참록할 만한 선적을 보냄
8	慕禮書堂 孫龍秀 등	1913.6.	초가을에 있을 도산급문록 간행 회의 통보에 대한 회신
9	廣州竹院 權友淵	1913.7.9.	도산급문제현록에 선조의 간본을 실어준 데 대한 감사
10	權命淵 등	1913.7.16.	도산급문제현록 발간 축하, 서론에 대한 견해
11	廣州竹院 宋奎會 등	1913.7.23.	급문제자록에 첨입하도록 선대의 문적 약간본을 보냄
12	全南道 長興郡 有治面 勒龍里 文貞源	1913.8.26.	도산급문제자록의 간행의 진척 문의
13	盧東基 등	1913.9.9.	도산급문제현록의 발간을 돕기 위해 사람을 보냄
14	曺秉韶 등	1913.9.10.	도산급문제자록을 발간하는 일로 선조 문간공이 加贈한 賜諡를 수록해 주길 청하며 문집 2권과 간행 부조금 10원을 보냄
15	義城 晩川 雲皐齋 朴佾淳 등	1913.9.12.	도산급문제현록에 선조 雲皐公 행장 수록 요청, 간행부조금 20緡을 보냄
16	永川 江湖亭 鄭鎭泰 등	1913.10.2.	도산급문제현록에 수록할 魯村公 행장을 수정하여 보냄
17	蘇湖 徐武淳 등	1913.10.22.	퇴도선생제자록에 선조 涵齊公의 글 수록 요청
18	文貞源 등	1913.10.24.	도산간소의 도산연원의 판각 시작 축하
19	永川 紫湖亭 鄭鎭泰 등	1913.11.9.	도산급문제현록에 수록할 魯村公 행장을 수정하여 보냄
20	黃永來	1913.11.22.	선조의 유사와 선조가 도산서원과 주고받은 문건을 초록하여 보내 도산급문제현록에 수록해 주기를 청함
21	淳慶 등	1914.1.3.	도산급문제현록 간행 소식을 뒤늦게 들어 선조의 기록을 보내지 못했고, 후에 감영에서 간행한다는 말을 들었으므로 그때 수록해 주길 청하면서 手書와 敬箴을 보냄
22	金浩根	1914.3.10.	도산급문록에 선조의 注 가운데 누락된 부분을 첨가해 보냄
23	裵善榮	1914.4.20.	도산급문제현록 간행 진행 상황 문의

24	松湖 宋啓欽	1914.4.30.	급문제현록의 발간 노고 위로
25	柳必永 등	1914.6.15.	도산급문제현록 인쇄, 장황이 끝나고 배포됨을 축하, 돈 5緡을 보냄
26	宋奎會	1914.7.27.	도산급문제현록 송부에 대한 감사
27	吳世潑 등	1915.3.20.	도산급문제현록 송부에 대한 감사, 돈 5냥을 보냄
28	金斗埴 등	1915.10.12.	도산급문제현록 1질 송부에 대한 감사
29	麻城 比汀 申擎植 등	1915.10.25.	第門賢錄을 송부에 대한 감사, 돈 2원을 보냄
30	朴箕璟 등	1916.4.7.	도산급문록에 누락된 선조의 행적 보충 요청
31	龍山友于亭刊所 安教英 등	1917.5.12.	선조 梅潭公의 詩稿 송부
32	錦里 張復吉 등	1921.2.13.	도산급문록에서 선조에 대한 글자 수정 요청
33	全南 谷城郡 西洞 曺秉欽 등	1922.12.29.	全南 谷城郡 西洞에서 地誌를 발간, 1질 송부
34	密陽郡 府北面 前沙浦 慕濂堂刊所 孫宗鉉 등	1923.3.29.	星湖全集 1질 송부
35	大田郡 儒林建約所 鄭秉源 등	1924.11.5.	溪堂文集刊役所에 李德厚의 祭屛 跋文을 수록 권면 요청
36	京城府 寬勳洞 鄭世鎭家霧隱集刊行 所 鄭世鎭	1934.2.	선조 무은공 문집 霧隱公文集 인출 송부

[표 5]는 도산서원 간찰 가운데 서책 관련 기록이 포함된 36건의 간찰을 시기순으로 정리했는데, 1900~1934년에 작성된 것이다. 이 가운데는 도산서원에서 발송한 통문 1건(5번)이 포함되어 있는데, 이 통문은 열거된 간찰과 밀접한 관련이 있어 여기서 함께 다루었다. 간찰의 발급자로는 1명 또는 여러 명이 적혀 있는데, 내용을 보면 문중 단위 사업과 관련해 이를 대표하거나 대리하는 인물로 볼 수 있다.

간찰의 내용을 살펴보면 우선 가장 확연하게 드러나는 사안이 『도산급문제현록』 간행사업이다. 『도산급문제현록』은 이황의 덕행, 학문, 도학을 전수하고 학통을 이어받기 위해 1913~1914년 도산서원에서 간행된 이황과 그의 문인에 대한 기록으로, 이 사업과 관련하여 주고받은 간찰이 29건 확인된다. 이를

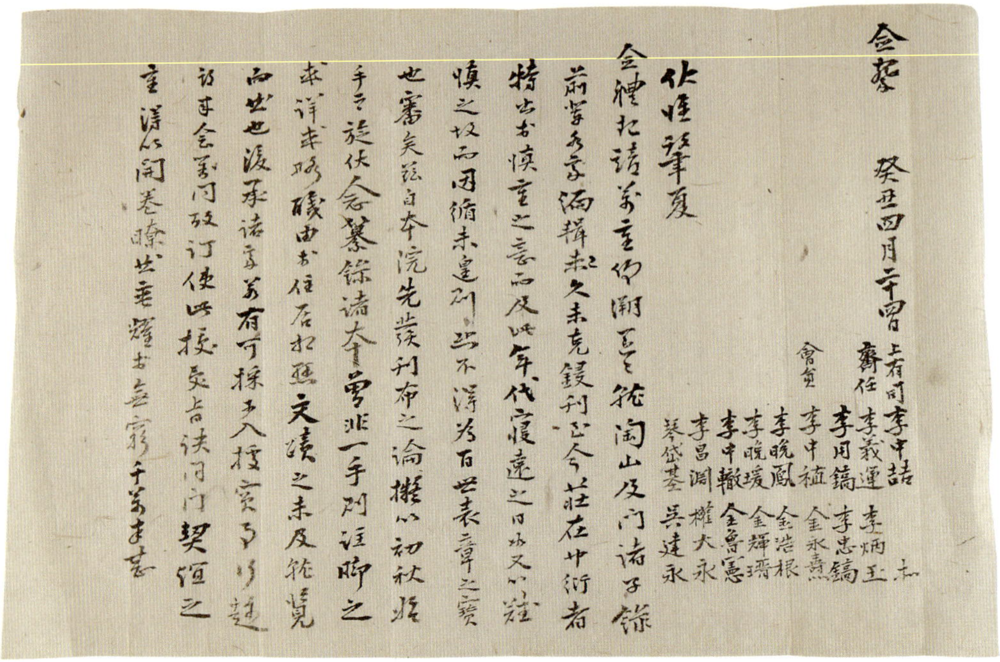

『도산급문제현록』 간행을 알리기 위한 도산서원 통문초通文抄, 도산서원운영위원회 기탁, 한국국학진흥원.

통해 대략적인 전개과정을 재구성해보면, 1913년 4월 24일 도산서원에서 각처에 간행사업 계획을 통보하고 아울러 수록할 글을 보내주기를 요청하는 문서를 발송하자, 각처에서 수단收單과 자기 선조의 문장이나 자기 문중에서 간행한 문집 등을 도산서원으로 보내왔다. 간행이 한창 진행 중일 때도 자기 선조의 글을 보내거나 먼저 보낸 글을 교정해 보내기도 했으며, 간혹 찬조금을 보내기도 했다. 또 간행의 노고를 위로하기도 하고, 사업의 착수를 축하하기도 했으며, 진척 상황은 어떠한지를 문의하기도 했다. 간행이 이뤄진 뒤에는 간본을 보내준 데 대한 감사와 함께 위로금을 보내기도 했으며, 뒷날 이 책을 다시 간행할 때에는 이번에 싣지 못한 선조의 글을 수록해주기를 부탁하거나, 한편에서는 이번 간행본의 오류를 바로잡아줄 것을 당부하기도 했다. 이처럼 『도산급문제현록』 간행 관련 간찰에는 비록 단편적이지만 간행을 둘러싼 관련 문중의 관심과 기대, 참여 의지가 현장감 있게 담겨 있다.

『도산급문제현록』 간행 관련 간찰 외에는 서책이나 관련 글의 송부가 주를 이루며, 도산서원 소장 서책의 대여를 요청하는 간찰도 보인다. 간찰을 통해 도산서원으로 발송된 것으로 확인되는 서책은 『성호전질星湖全秩』과 『무운공문집霧雲公文集』 2건인데, 해당 서책이 도산서원으로 서책이 유입된 경로를 보여주는 기록이므로 도산서원 서책 연구의 중요한 자료다. 뿐만 아니라 간찰이라는 문서가 그 실마리를 제공하고 있다는 사실은, 서책 연구에 있어 간찰의 자료적 가치를 재고할 필요가 있음을 실증적으로 보여준다.

『도산급문제현록』의 간행과 관련한 내용은 간찰 외에 단자, 자문, 하기, 부조기 등의 기록물에서도 확인되는데, 1914년 4월 21일 발급자는 확인되지 않으나 도산서원 간역소에 50냥을 보낸 단자가 있다. 이것을 보낸 시기는 『도산급문제현록』 간행이 진행되던 때이므로 이와 관련된 것으로 추정된다. 또 1913년 8월 22일 정진태鄭鎭泰 등의 단자는 『도산급문제현록』에 자신의 선조 노촌공魯村公 행록行錄이 실리는지 묻기 위해 도산서원에 보낸 것이며, 발급자 미상의 1914년 자문은 도산서원 간역소에 신화新貨 8원을 보낸 영수증이다. 문서 외에 계축년(1913) 5월의 『도산급문록간역시하기』는 도산서원에서 『도산급문제현록』을 간행할 때 든 지출 내역을 기록한 것이며, 1913년 7월의 『급문록영간시부조기』는 『도산급문제현록』을 간행할 때 수록된 인물의 후손들이 낸 부조금 내역을 기록한 것이다.

간찰 외에 간행 또는 서책 관련 내용이 많이 포함된 문서는 통문이다. 통문은 주로 서원이나 향교, 문중 단위에서 왕래하는 문서로, 도산서원 통문 가운데 서책과 관련된 것은 다음과 같다.

[표 6] 서책 관련 기록 통문

	건명	발신자	내용
1	通文 右文爲通喻事 伏以心經一書~	靑松鄕校 都有司 徐活 등 15명	도산서원의『心經』 간행 축하
2	柳村通陶山文 戊申年~	柳村	枝村과 柳村의 寒岡 鄭逑 후손 간에 벌어진 문집 위작 시비 중재 요청
3	東洛通陶山文 戊申年~	東洛書院	한강 정구의 古蹟 중 遺書稿草에 대해 眞僞 문제로 회의 개최 알림
4	泗陽通陶山文 戊申年~	泗陽	한강 정구 문집 수정 회의 통고
5	通文 右文爲通諭事~	龜溪書堂 都有司 李宜英 등 70명	禹先生族譜 판본의 진위 문제 중재 요청
6	通文 右文爲通告事 伏以我愚伏鄭先生編年正譜~	愚山修稧所 會中公事員 幼學 黃贊周 등 35명	서애 류성룡의 묘지 문구에 한강 정구의 別號와 諡號만 쓰고 '先生' 두 글자가 없는 것에 대한 안타까움
7	通文 右文爲通諭事 伏以吾儕衿紳~	屛山書院 都有司 副護軍 柳進鴻 등 58명	1830년 발간한 우복 선생 연보 내용 수정 요청(禮安鄕校. 陶山書院. 汾江書院. 東溪書院. 易東書院 등에 발송)
8	通文 右通諭事 伏以大山李先生所編~	高山書堂 都有司 柳建鎬 등 52명	大山 李象靖이 편찬한 『退溪書節要』 간행사업 동참 요청
9	通文 右文爲通諭事 伏以退陶先生書節要繡梓之役~	鏡光書堂會中 進士 金景洛 등 9명	『退溪書節要』의 간행 관련 회의에 참가 요청
10	通文 右文爲通諭事 伏以恭惟我溪堂柳先生~	尙州鄕校會中 公事員 幼學 李時馨 등 44명	溪堂 柳疇睦 『全禮類輯』 판각을 위한 道會 참석 요청
11	通文 右文爲回諭事 伏以闡揮大義~	三溪會中 幼學 金祖永 등 19명	삼계회중의 간행사업 협조 요청
12	通文 右通諭事 孟子曰~	忠州 苛江壇所 公事員 李夢九 등 72명	衛李震相 문집 배척에 협조 요청. 즉 문집 판본을 훼손하고 및 인본을 불태울 것을 요청
13	通文 右文爲通告事 竊惟我眉叟許先生~	二宜亭刊所 進士 金載永 등 64명	眉叟 허목의 『記言』에 앞서 문제의 書簡 일부 삭제 논의
14	通文 右文爲敬告事 伏以眉叟許先生記言~	泗川 泗川大觀臺會所 幼學 崔璣煥 등 15명	眉叟 허목의 문집 『記言』 중간 협조 요청
15	伏惟肇夏僉體動止萬重~	上有司 李中喆 등 18명	도산급문제자록 발간 재촉
16	通文 右文爲通諭事 吾儒之學~	忠南禮山郡 香泉山房	溪堂集의 李相善家 祭屛跋 시비 문제 중재 요청
17	通告 士耦以心無所主~	京城 吳在淳 등 20명	溪堂集의 발문 刪正
18	通文 右文爲奉諭事 惟我老先生文稿原續諸篇~	屛山書院 都有司 金道宗 등 78명	문집 중간에 도산서원이 동참해줄 것을 요청

19	公函 敬啓者. 古語曰 白圭之玷~	孝寧大君 靖孝公 宗孫 李康準 代孫 秀英 등 5명	星湖文集 소각 요청(밀양 李炳圭가 간행한 『李星湖文集』에 효령대군 정효공파 계보가 잘못 기술되었으므로 수거, 소각 요청)
20	陶山書院僉尊前上狀 仰瀆僉尊鑑~	金庭敎 등 13명	도산서원에서 간행, 보관해오던 문집목판의 보관문제 상의(雲巖 金緣과 近始 金垓, 溪巖 金坽 先生 유고 별도 장소 보관 문제)

서책과 관련해 공함公函, 통고通告를 포함한 통문류의 문서는 20건이 확인되는데, 대체로 19세기 말~20세기 초에 작성된 것이다. 내용은 간행 관련 회의나 사업의 협조 요청, 시비 문제의 중재 또는 상의, 문장 교정 등이다. 알다시피 조선 후기 유림에서 도산서원이 차지하는 위상은 매우 높았는데, 서책 관련 통문을 통해서도 그러한 정황을 확인할 수 있다. 즉 도산서원은 서책 내용의 학술적 논의나 사실관계 문제를 판단해주기도 하고, 간행사업에 직간접으로 참여함으로써 사업의 정당성과 명분을 부여하는 등의 역할도 했는데, 이는 도산서원 자체의 위상은 물론 구성원의 학문적 또는 사회적 명성 없이는 불가능하기 때문이다. 또 서책과 관련하여 주목할 점은 이 문서들에 언급된 간행 배경이나 목적, 간행과정이나 간행 전후에 일어나는 사건 등이 앞서 살펴본 간찰 등의 문서와 마찬가지로 해당 서책에 관한 풍부한 이야기를 제공한다는 점이다. 다시 말해 통문 역시 서책 연구에서 관점에 따라 다양하고 중요한 정보를 포함하고 있다는 점이 주목되어야 한다.

마지막으로 살펴볼 기록물은 명부류다. 명부류 가운데 특히 『도산서원록陶山書院錄』(또는 『도산심원록陶山尋院錄』)은 도산서원을 방문한 이들의 명단을 기록한 것으로 총 43건이 남아 있다. 기록 방식은 대체로 '관적貫籍-이름-날짜-방문목적'으로 되어 있는데, 관적과 이름은 방문자가 직접 기록하고 날짜와 방문목적은 문서 관리자가 덧붙여 쓴 것으로 보인다.

명부류에서 서책에 관한 내용은 방문 목적에 해당되는 기록에서 확인할 수 있다. 방문 목적은 퇴계 사당 배알을 뜻하는 '지알祗謁'이 대부분인데, 이와 더불어 서책 간행과 관련된 일로 방문한 내용도 드물게 확인된다. 다음은 간행과 관련 있는 기록들을 정리한 것이다.

- 宣城 金永獻 眞城 李晩受 (丁丑五月十三日 以刊事來會)(제4면), 光山 金秉儒 (同月十四日來 觀刊役)(제4면), 鳳城 琴南圭(復汝 甲寅 同月日書冊傳掌時)(제56면)『심원록(1817년 5월~1820년 6월)』
- 聞韶 金柱雲(昌國 丁亥 同月二十三日 虎溪刊所來宿 祗謁)(103면)『심원록(무술 6월~임인 4월)』
- 花山 權濟東(同月日 以印冊事留宿)(35면)『심원록(병오 3월~기유 12월)』
- 夏山 成泰魯(孟希 丙戌 二月十三日來宿 爲印先生手蹟 仍留數日)(제3면)『심원록(미상)』
- 全普鉉(龜川 八月二十四日 率奴馬留宿 文集印出次(제37면), 洪政鉉 鄭守和(三陟 松亭)文集印出次)(제43면)『심원록(갑진 3월~무오 3월)』
- 戊申十一月日 丁未夏重刊文集是年冬校正(제76면)『심원록(정미~신해)』
- 花山 權得重(子厚 丁卯 同月二十五日 來宿祗謁時 自立巖書院有文集印出事■)(제7면), 永陽李運泰(慶徵 辛巳 同月十一日 以迂溪書院文集印出事來宿 翌朝祗謁)(제40면), 永陽 李慶泰(二月二十日 參享禮兼爲印役而歸)(제40면)『심원록(정사 4월~기미 9월)』

위의 기록들은 앞서의 간찰이나 통문류에 비해 매우 단편적이지만 이를 통해서 간행 사실과 시기, 교정 사실, 간행에 직간접적으로 참여한 것으로 보이는 인물들을 알 수 있다.

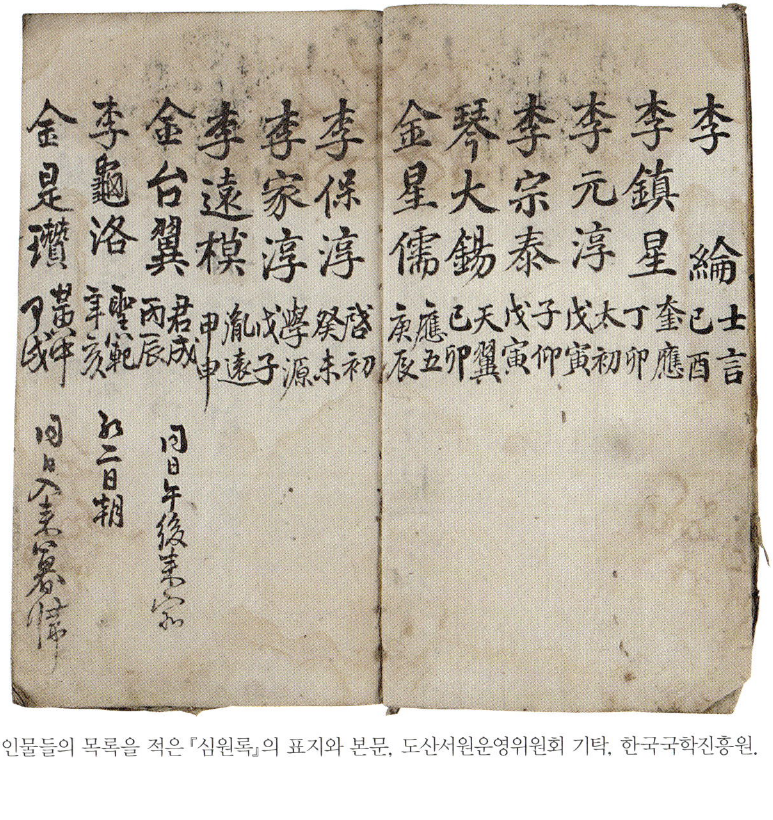

정사년 6월부터 내방한 인물들의 목록을 적은『심원록』의 표지와 본문, 도산서원운영위원회 기탁, 한국국학진흥원.

이상으로 도산서원 전장기 외의 기록물에서 서책과 관련된 내용을 정리해 그 의미를 살펴보았다. 그러나 이러한 기록은 그 자체로서 의미가 있을 뿐만 아니라 관련 자료가 쌓일 때 더욱 요긴하게 활용될 수 있다. 즉 단편적인 사실들이 모여 풍부한 이야기를 완성할 수 있고, 지엽적이고 보잘것없는 것이라도 관점에 따라 긴요한 정보가 될 수 있다는 뜻이다. 따라서 기록의 현재적 가치뿐만 아니라 '미래 가치'까지 고려한다면 관련 자료를 정리하고, 관련 기록의 소재를 파악해두는 일은 기록물의 활용도와 가치를 높이는 데 유용한 작업이 될 것이다.

도산서원 장서의 형성과 변화

앞에서 도산서원에는 광명실 이전에 책방 또는 상재협실이라는 별도의 장서처가 있었고 현재 남아 있는 도산서원 장서에 1871년 역동서원이 훼철되면서 역동서원 광명실에서 이관된 장서가 포함되어 있다는 사실도 함께 살펴보았다. 따라서 도산서원 장서의 형성과 변화를 짚어보려면 먼저 역동서원의 장서 실태를 파악해야 할 것이다. 그리고 도산서원 광명실의 서책은, 그에 앞서 책방과 상재협실에 소장되었던 서책을 살펴봄으로써 현재 장서에 대한 공시적인 고찰이 가능할 것이다.

따라서 각각 관련 목록을 검토해 역동서원 장서의 현황과 변화를 다룬 뒤 도산서원 장서 변화를 짚어보고자 한다.

역동서원 장서

앞서 설명한 대로 광명실은 역동서원과 도산서원의 서책을 보관하는 건물 이름으로, 동명이실同名異室인 셈이다. 즉 광명실은 원래 역동서원에 설치된 장서처로 1871년 역동서원이 훼철될 때까지 책을 보관했고, 1775년 도산서원에 새로 보관처를 지으면서 역동서원의 광명실 현판을 본떠 부착했다. 따라서 광명실은 1775년 이전까지는 역동서원에만 있다가 1775년부터 1871년까지는 역동서원과 도산서원에 각각 있었으며, 1871년 이후부터는 도산서원에만 있었다. 또 이후 서광명실이 지어지면서 동·서광명실 체제로 현재까지 남아 있다.

역동, 도산 두 서원의 서책 현황 변화는 이러한 장서처의 변화와 궤적을 같이한다. 즉 역동서원 서책은 역동서원 서책목록으로 관리되다가 훼철과 동시에 도산서원 광명실로 이관됨으로써 도산서원 서책의 일부로 편입되어 광명실전장기로 관리되었다. 따라서 이관 후의 역동서원 서책은 앞서 살펴본 광명실전장기의 일부로 기록되어 있을 것으로 추정된다. 다만 L『신미사월회일 광명실전장기辛未四月晦日 光明室傳掌記』〈역동서책목록易東書冊目錄〉 외의 전장기에는 역동서원에서 이관된 서책임을 표시하지 않았으므로 역동서원에서 이관된 서책을 구별해내기 어렵다. 다행인 점은 역동서원 서책에 대한 별도 목록이 일부 남아 있어 이를 통해 역동서원 서책의 구성과 변화의 일면을 살펴볼 수 있다는 것이다. 현전하는 역동서원 서책목록 현황은 다음과 같다.

[표 7] 역동서원 서책목록 현황

	건명	작성 연도	건수	증감
1	『易東書院記』〈書冊〉	16세기	60	

2	『易東光明室書冊』	庚申	17세기 이후	90	증30
3		丙寅		72	감28
4		丁丑		79	증7
5		己巳〈書冊目錄〉		49	감30
6	『辛未四月晦日 光明室傳掌記』〈易東書冊目錄〉		1873	58	증9

역동서원 서책 현황을 확인할 수 있는 서책목록은 총 6건이다. 서명 또는 건명 자체에 '역동易東'이 표시되어 도산서원 또는 도산서원 광명실 서책목록과 구분되는 역동서원 또는 역동서원광명실의 서책목록임을 알 수 있다. 목록 가운데 가장 이른 시기의 것은『역동서원기易東書院記』「서책書冊」이다. 여기에는 총 60건의 서책이 실렸으며 작성 시기는 역동서원 건립 초기, 즉 16세기 말로 추정된다.『역동광명실서책』은 경신년 90건, 병인년 72건, 정축년 79건, 을사년 49건 목록이 포함되어 있는데, 작성 시기는 17세기 이후로 추정된다. 끝으로 1873년[13]에 작성된『신미辛未 4월 회일晦日 광명실전장기』「역동서책목록」에는 58건이 수록되어 있다. 또 역동서원 장서목록은 앞서 살펴본 도산서원 광명실 전장기의 구성이나 작성 방식과 크게 다르지 않다. 이는 역동서원 광명실서책 목록이 도산서원 광명실전장기의 작성에 일정한 영향을 미쳤음을 의미한다.

역동서원 서책의 형성과정과 변화에 대해 살펴보자. 이를 위해 우선 가장 초기 목록인『역동서원기』「서책」 항목을 분석해보려 한다.

[표 8] 『역동서원기』 「서책」

	서명	건수	책수	비고		서명	건수	책수	비고
1	大學	二件	二冊		31	大學衍義	一件	十四冊	
2	或問	二件	二冊		32	朱子語錄類要	一件	九冊	侍講院送上
3	中庸	二件	二冊		33	晦齋集	一件	四冊	
4	或問	二件	二冊		34	年譜	一件	一冊	
5	論語	二件	十四冊		35	皇明名臣言行錄	一件	四冊	
6	孟子	二件	十四冊		36	文獻通考	一件	一白四十冊	
7	詩傳	一件	九冊		37	朱子大全	一件	七十六冊	
8	書傳	一件	九冊		38	晦菴語錄	一件	六冊	以上貿得
9	春秋胡傳	一件	八冊		39	院規	一件	一冊	先生所定
10	左傳	一件	十一冊		40	尋院錄	一件	一冊	
11	周易	一件	十二冊		41	遊院錄	一件	一冊	
12	禮記	一件	十五冊		42	古文眞寶前集		四冊	
13	通鑑[14]	一件	十五冊		43	後集		四冊	
14	宋鑑	一件	十五冊		44	睡軒集	一件	二冊	大丘府使權文海來
15	韻府羣玉	一件	十冊		45	李白詩		十五冊	
16	韻會	一件	十冊		46	退溪先生文集		三十一冊	
17	性理大全	一件	二十四冊	以上退溪李先生提芸閣時貿易來	47	退溪先生年譜		一冊	
18	延平答問	一件	二冊		48	宋鑑		十五卷	内 一卷無第五冊
19	小學集成	一件	六冊		49	陶山十二曲		一冊	
20	朱子年譜	一件	二冊		50	古鏡重磨方		一冊	
21	近思錄	一件	四冊		51	選文掇英		二冊	
22	聖學十圖	一件	一冊	以上退溪先生來	52	三經釋義		一冊	
23	扁額		九板	先生所書	53	四書釋義		一冊	
24	家禮儀節	一件	四冊	淸牧柳仲郢來	54	艮齋集		四冊	
25	啓蒙翼傳	一件	三冊	星牧金克一來	55	三仁錄		一冊	
26	晉書[15]	一件	四十三冊	生員安霽來	56	冲齋集		五冊	
27	梅花時		一冊	李咸亨來	57	溫溪集		三冊	
28	大明一統志	一件	五十一冊		58	溪巖集		三冊	
29	周禮注疏	一件	二十二冊		59	文節公遺稿		二冊	
30	名臣言行錄	一件	十二冊		60	退溪先生續集		四冊	

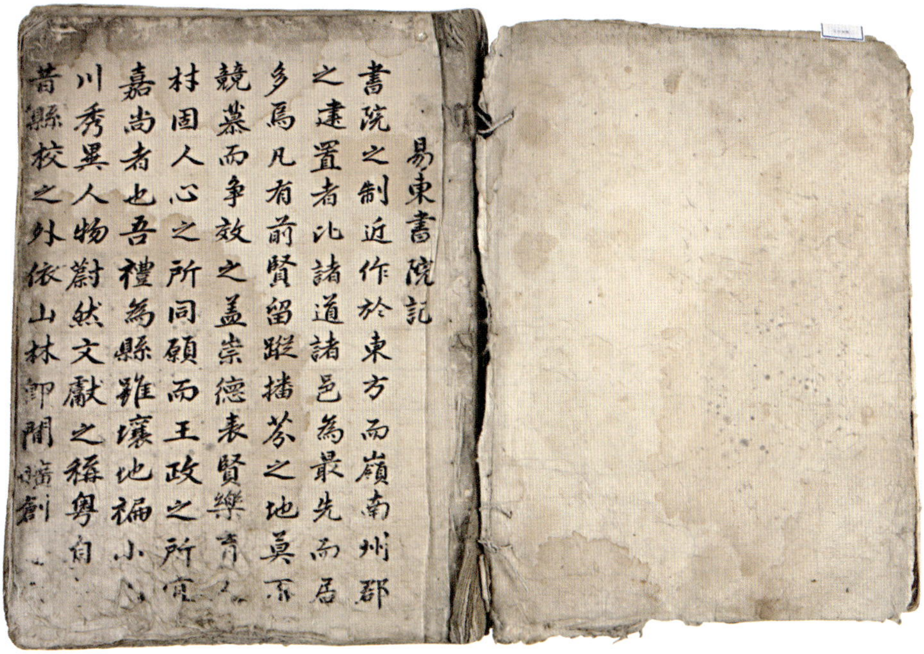

『역동서원기』의 본문, 도산서원운영위원회 기탁, 한국국학진흥원.

『역동서원기』의 「서책」 항목은 총 60종[16] 목록으로 구성되어 있다. 이 목록에는 서책의 소장 경위가 표시되어 있는데, 크게 구입본과 기증본으로 나뉜다. 구입본은 [표 8]의 1~17번까지 17종 166책과 33~38번까지 6종 231책으로, 총 23종 397책이다. 1~17번은 퇴계 선생이 운각芸閣, 즉 교서관校書館의 제조提調로 재임할 때 구입해 역동서원으로 가지고 온 것이며[17] 현재 『(중용)혹문』 『맹자』 『좌전』 『송감』 등 4종을 제외한 서책이 모두 도산서원에 남아 있다. 33~38번은 단순히 '무득貿得'으로 표시되어 있는데, 이는 역동서원에서 직접 구입한 것으로 보이며 이 가운데 『회재연보』 『문헌통고』 『주자대전』이 전하고 있다.

기증본은 18~22번, 24~27번과 44번으로 총 10종 68책이다. 『연평답문延平答問』 『소학집성小學集成』 『근사록近思錄』 『주자연보朱子年譜』 『성학십도聖學十圖』 등

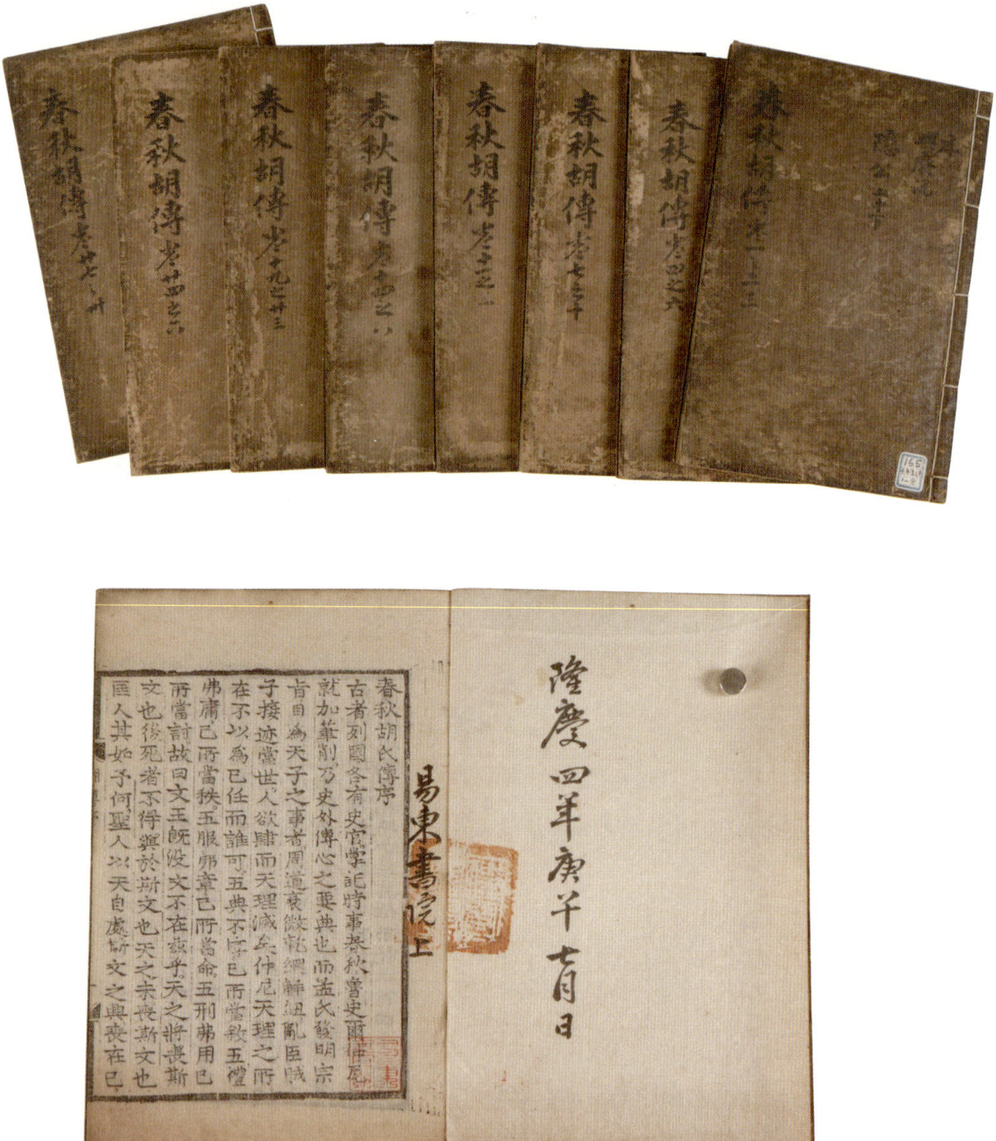

1570년 역동서원에 보내온『춘추호전春秋胡傳』, 도산서원운영위원회 기탁, 한국국학진흥원.

5종은 퇴계 선생이 역동서원으로 가져온 책이다. 『문공가례의절文公家禮儀節』은 청주목사 유중영柳仲郢, 『역학계몽익전易學啓蒙翼傳』은 성주목사 김극일金克一, 『진서晉書』는 생원 안제安霽, 『매화시梅花時』는 이함형李咸亨, 『수헌집睡軒集』은 대구부사 권문해權文海가 기증한 것이다.

기증본 가운데 현재까지 남아 있는 책은『연평답문』『근사록』『문공가례의절』『진서』 등이다.『연평답문』은 '연평이씨사제답문延平李氏師弟子答問'이 원래 서명이며, 1554년 청주에서 간행된 책으로 앞표지 이면에 '융경 4년隆慶四年(1570) 경오7월일庚午七月日 퇴계래退溪來'라는 기록이 남아 있다.『근사록』은 1519년 구례求禮의 봉성정사鳳城精舍에서 간행한 책으로 14권 4책, 완질이 남아 있다.『문공가례의절』은 1555년 청주에서 간행된 것으로 총 4책 중 제3책이 결락된 채 도산서원에 남아 있다.『진서』는 130권 43책 완질본이 남아 있다.

현전하는 역동서원 서책 가운데 '융경隆慶 4년(1570) 경오7월일庚午七月日'자로 예안현감이 역동서원에 보낸 서책이 다수인데, 앞서 살펴본 퇴계 선생이 역동서원으로 가져온 것에 모두 포함된다. 이에 해당되는 서책은 다음과 같다.

[표 9] '융경 4년(1570) 경오7월일 역동서원상易東書院上'이 표시된 현전 서책

	서명	판종 및 권책	간행연도
1	論語集註大全	목판본, 20권 7책	1570
2	大學章句大全	목판본, 불분권 1책	1570 이전
3	大學或文	목판본, 불분권 1책	1570 이전
4	詩傳大全	목판본, 20권 9책	1570
5	禮記集說大全	목판본, 30권 15책	1570
6	中庸章句大全	목판본, 불분권 1책	1570
7	春秋胡氏傳	목판본, 30권 8책	1570
8	增修附註資治統鑑節要續編	목판본, 30권 15책	1570
9	性理大全書	목판본, 62권 21책	1570

이외의 서책은 부기 사항이 없어 그 전래 경위를 파악하기 어렵다. 또 『송감宋鑑』 15권에 대해서는 '내일권무제오책內 一卷無第五冊'이라고 부기하고 있는데, 이는 어떤 사정으로 인해 서책의 현황을 파악하지 못한 것이며, 이러한 예는 이후의 다른 목록에서도 자주 확인된다. 그리고 『주자어록류요朱子語錄類要』는 시강원으로 올려보냈는데, 이러한 사례도 이후 목록에서 간혹 확인된다. 이상으로 『역동서원기』 「서책」을 통해 장서의 전래 경위를 살펴보았다. 이외의 역동서원 서책목록을 살펴보면 보다 다양한 경위를 확인할 수 있다.

다음으로 역동서원 서책목록 6건을 통해 장서 규모의 변화를 살펴보자. 변화의 요인은 앞서 살펴본 대로 구입, 기증, 분실이 가장 많다. 이외에 서책의 이동, 서원 자체 구비(제작) 등도 변화를 가져왔다.

[표 10] 역동서원 장서 규모 변화

	서목명		총 건수	이전 서목에서 빠진 건수	이전 서목에 추가된 건수
1	『易東書院記』「書冊」		60		
2	『易東光明室書冊』	庚申	90	8	32
3		丙寅	72	22	4
4		丁丑	79	8	15
5		己巳〈書冊目錄〉	49	39	9
6	『陶山書院光明室傳掌記』「易東書冊目錄」		58	6	15

역동서원 최초의 목록인 『역동서원기』 「서책」에는 구입 23건, 기증 10건, 이동 1건 등 34건이 확인된다. 경신년 목록에는 90건으로 늘어났는데, 『역동서원기』 「서책」과 비교해보면 먼저 『송감』 『간재집艮齋集』 『삼인록三仁錄』 『충재집冲齋集』 『온계집溫溪集』 『계암집溪巖集』 『문절공유고文節公遺稿』 『퇴계선생속집退溪先生

續集』 등 8건이 목록에서 삭제되었으나 별도의 표시가 없어 원인을 알 수 없다. 반면 완기院記, 제영題詠 등 38건[18]이 추가되었는데, 완기 1책과 제영 2책은 '선생소제先生所製'로 추가되고, 『덕양유고德陽遺稿』 1책은 '좌상左相 기자헌奇自獻 소송所送'으로, 『소학小學』 4책은 '□□사이창 □소송ㅁㅁ司李昌ㅁ所送'으로 추가되고, 『포은문집圃隱文集』 4책은 '을해년乙亥年 무득貿得'으로 추가되었다. 또 『여문정선儷文程選』은 '을사乙巳 정월正月 득得 첨의상형僉議相衡 묘시이廟時以 대학연의大學衍義 7권'으로 추가되었다. 『계몽전의啓蒙傳疑』는 '도산본陶山本'으로 부기되어 있는데, 이는 도산서원에서 옮겨왔음을 뜻하는 듯하다. 『의궤儀軌』 1책은 '춘추향春秋享'으로 부기되어 있는데, 춘·추향례 때 서책을 새로 수록할 때가 많은 것으로 미루어 이 또한 같은 것으로 보인다. 이외의 것들은 원인을 알기 어렵다. 다만 『우씨족보禹氏族譜』에 대해서는 '언제 없어졌는지 알 수 없음不知何時見失'이라고 되어 있는데, 이는 목록 작성 이후에 기록한 듯하다.

이처럼 16세기 말에 작성된 『역동서원기』 「서책」은 이후 『역동광명실서책』의 경신년에는 8건이 줄어든 반면 38건이 늘어나 90건을 소장하게 되었다. 이후 병인년에는 이전 경신년 목록에서 『운부군옥韻府羣玉』 등 22건[19]이 삭제되고, 『춘추호전春秋胡傳』 『대학연의』, 책치부冊置簿, 『주자연보』 등 4건이 추가되어 72건이 수록되었다. 또 정축년에는 병인년 목록에서 『춘추호전』 『통감』 『계몽전의』 『여문정선』, 원규院規, 전장기傳掌記, 헌관집사안獻官執事案, 『주자연보』 등 8건이 삭제된 반면, 우계서원迂溪書院에서 『간재집』, 오산서원烏山書院에서 『삼인록三仁錄』, 삼계서원三溪書院에서 『충재집』을 보내왔고, 서원 자체적으로 원규를 작성하는 등 15건이 추가되어[20] 79건이 실렸다. 그리고 기사년 서책목록에서는 정축년 목록에서 39건이 삭제된 반면, 『계암집』 『문절공유고』 『계몽전의』 『통감절요』 『미수연보眉叟年譜』 『운암집雲巖集』 『호수집湖叟集』 『학봉속집鶴峯續集』 『근시재近始齋』 등 9건이 늘어나 총 49건이 수록되었다. 끝으로 『도산서원광명실전장기』「역동서책목록」에는 기사년 목록에서 『덕양유고』 『여씨향약呂氏鄕約』 『중용언해』 『대학언해』 『논어언해』 『통감절요』 등 6건이 삭제되고, 『대명일통지大明一統志』, 원규, 집사안, 전장기, 역동서원록, (역동서원)속록, (역동서원)홀기笏記, 청금록靑襟錄, 광명실전장, 중수문적重修文蹟, 『심경강회창수心經講會唱酬』, 원보록院補錄, 원사성책院祠成冊, 연액시시도延額時時到, (연액시)노비안奴婢案 등 15건이 추가되어 58건이 실려 있다. 마지막 목록인 『도산서원광명실전장기』「역동서책목록」은 도산서원 광명실장서목록에 포함되어 있는데, 도산서원 광명실로 이관할 때의 역동서원 서책 현황을 반영하는 기록으로 의미가 있다.

역동서원 서책목록은, 건수는 많지 않지만 간행 시기가 이르고 선본이 많아 도산서원 장서 중 중요 자료의 큰 부분을 차지하고 있다. 특히 퇴계가 생전에 직접 구비한 서책과 그에게 내사한 서책이 남아 있어 그 의미가 더욱 크다.

도산서원 장서

도산서원 서책목록으로는 『서책질』 『을미서책치부』, 그리고 광명실전장기가 있다. 여기서는 동광명실 건립 전후로 나누어 장서가 어떻게 변화했고, 그런 변화가 일어난 원인을 살펴보려 한다.

• 동광명실 건립 이전 서책목록 – 『서책질』과 『을미서책치부』

『서책질』은 현재 남아 있는 도산서원 서책목록 가운데 가장 이른 것으로 도산서원 서책의 초기 상황을, 그리고 『을미서책치부』는 광명실로 이관될 때의 서책 상황을 보여주는 자료다. 먼저 『서책질』의 서책 전래 경위를 살펴보자. 『서책질』에는 총 182건의 목록이 실려 있으며, 소장 경위는 크게 내사, 기증, 구입 등으로 구분된다.

[표 11] 『서책질』의 내사본(16건)

	서명 권책	비고		서명 권책	비고
1	朱子大全 九十五冊	以上 內賜	9	中庸 二件二冊	以上 內賜
2	朱子語類 七十五冊		10	書傳 二件十八冊	此冊 內賜
3	性理大全 二十六冊		11	精忠錄 三冊	內賜
4	論語 二件十四冊		12	小學諺解 四冊	內賜
5	春秋 二件十六冊		13	孟子諺解 七冊	已上 四件 內賜
6	詩傳 二件十八冊		14	論語諺解 四冊	
7	禮記 二件三十二冊		15	中庸諺解 一冊	
8	大學 一件二冊		16	大學諺解 一冊	

『서책질』의 내사본은 총 16건이다. 이 가운데 『논어』 2건 14책, 『춘추』 2건 16책, 『시전』 2건 18책, 『예기』 2건 32책 등이 현재 남아 있다. 『소학언해』 및 사서언해(논어·맹자·대학·중용언해)는 임진왜란 직전에 금속활자인 을해자체경서자乙亥字體經書字로 간행되었는데, 국내에는 현존본이 거의 없다. 임진왜란 이후 간행된 사서언해는 대부분 이 책을 바탕으로 번각되었고, 17세기 말 새로운 판형으로 나올 때까지 기본 텍스트가 된 중요한 책이다. 1588년에 반사된 『소학언해』를 제외한 사서언해 모두 1590년에 동시에 반사되었다.

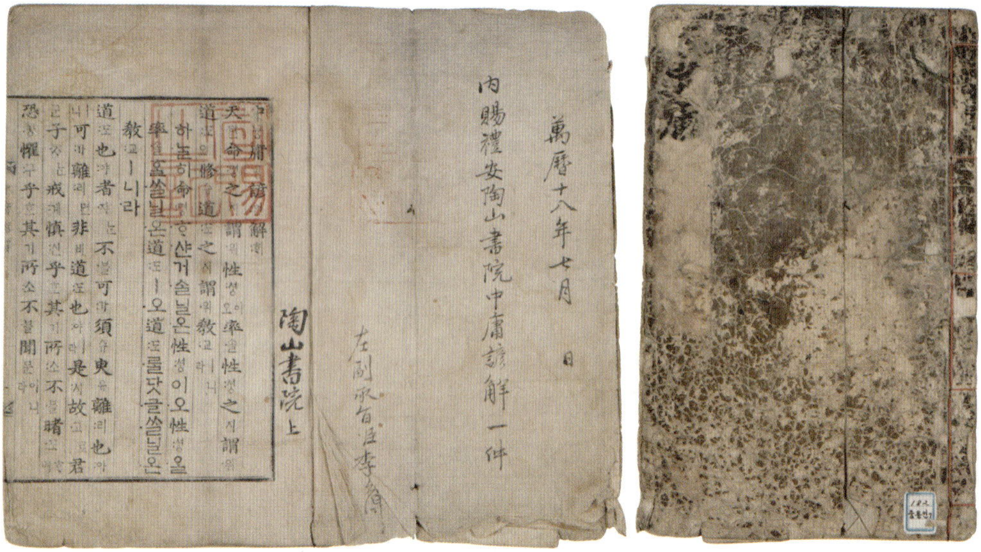

1590년에 반사된 『중용언해』, 도산서원운영위원회 기탁, 한국국학진흥원.

[표 12] 『서책질』의 기증본(78건)

	서명 권책	비고		서명 권책	비고
1	詩大文 一件二冊	以上 湖西監司具鳳齡所送	40	瀛洛風雅 一冊	前縣監金富倫所送
2	書大文 一件二冊	以上 湖西監司具鳳齡所送	41	顔眞卿書體 八張	前縣監金富倫所送
3	易大文 一件一冊	以上 湖西監司具鳳齡所送	42	吳山志 一冊	仁同縣監柳雲龍所送 重建書院時推去
4	擊壤集 一件四冊	以上 湖西監司具鳳齡所送	43	伊洛淵源錄 五冊	監司金睟所送 侍講院去還來
5	延平答問 一件二冊	以上 湖西監司具鳳齡所送	44	心經附註 二冊	監司李時發所送
6	詩人玉屑 一件五冊	以上 湖西監司具鳳齡所送	45	論語 七冊	甲辰五月監司李時發曾貸沈冊刻之而印送矣
7	陶淵明集 一件一冊	以上 湖西監司具鳳齡所送	46	嘯皐集 二冊	伊山書院所送
8	孝經 一件一冊	以上 湖西監司具鳳齡所送	47	正氣錄 一冊	戊午六月安東府伯高用厚所送
9	鄕約 一件一冊	以上 湖西監司具鳳齡所送	48	霽峯集 五冊	

10	陣書 一件一冊	以上 湖西監司具鳳齡所送	49	太極問辯 一冊	癸亥夏監司 金止男所送
11	近思錄 一件四冊	已上湖南監司沈義謙所送	50	恥齋集 二冊	己卯夏安東通判洪有炯送
12	朱子實記 一件一冊	已上湖南監司沈義謙所送	51	濯纓集 一冊	淸道紫陽書院所送
13	大學 一冊	已上湖南監司沈義謙所送	52	蓮軒集 一冊	寧海府使李勸所送
14	大學或問 一冊	已上湖南監司沈義謙所送	53	八谷集 三冊	榮川郡守沈長世所送
15	讀書錄 一件九冊	已上湖南監司沈義謙所送	54	頤菴集 五卷	郎善君所送
16	抄讀書錄 一冊	已上湖南監司沈義謙所送	55	寒岡續集 二冊	星州檜淵書院所送
17	論語或問 一件4冊	已上湖南監司沈義謙所送	56	桐溪集 五冊	安陰龍門書院所送
18	孟子或問 一件一冊	已上湖南監司沈義謙所送	57	葛川集 二冊	安陰龍門書院所送
19	皇明理學名臣言行錄 一件一冊	已上湖南監司沈義謙所送	58	瞻慕堂集 二冊	安陰龍門書院所送
20	性理遺編 一件一冊	已上湖南監司沈義謙所送	59	愚伏集 十冊	鄭別坐憲世送來
21	景賢錄 一件一冊	已上湖南監司沈義謙所送	60	龜巖集 一冊	泗川龜巖書院送來
22	延平答問 一件二冊	已上湖南監司沈義謙所送	61	壽瑞詩 一冊	泗川龜巖書院送來
23	聖學十圖 一冊	已上湖南監司沈義謙所送	62	德溪集 四冊	山陰西溪書院送來
24	學蔀通辨 一件四冊	已上湖南監司沈義謙所送	63	靜菴集 六卷	前縣監趙遠明所送
25	春秋 一件八冊	ㄴ以上嶺南監司尹根壽所送	64	愚得錄 四卷	務安儒林所送
26	中庸 一件一冊	以上嶺南監司尹根壽所送	65	冲齋先生逸藁 二卷	三溪書院所送
27	大學 一件一冊	以上嶺南監司尹根壽所送	66	西厓年譜 二冊	屛山書院所送
28	論語 一件七冊	縣監柳夢鼎所送	67	西厓別集 二冊	屛山書院所送
29	武陵雜藁 四冊	永川倅周愽所送	68	荷谷集 四卷	許叅議壥所送
30	儀禮圖 一件八冊	甲申年嶺南監司柳成龍所送	69	漢陰相國訓子孫書	本家所送
31	溪山雜詠	羅牧金誠一所送	70	文節公逸藁 一卷	本家所送
32	七先生贊	正郎沈岱所送	71	梧里集 六卷	甲辰冬李承旨仁復所送
33	儀禮大文 二件四冊	柳成龍所送	72	久堂集 十一卷	庚戌八月方伯朴文秀所送
34	自省錄 一冊	金誠一所送 板刻	73	同春年譜 二卷	本縣城主宋堯輔所送
35	通鑑 十五冊	癸卯三月以監司開送	74	鶴谷集 四卷	星州牧使所送
36	七先生贊 一冊	黃海監司崔公興源所送	75	艮齋集 四冊	迂溪書院所送
37	儀禮圖 一件八冊	己丑秋 慶尙監司金睟所送 無初卷而第三卷疊來	76	游齋集 八冊	奉化縣監李翊胄所送
38	唐鑑 一件五冊	己丑秋 慶尙監司金睟所送 無初卷而第三卷疊來	77	錦溪集 五冊	錦陽書院所送
39	睡軒集 二冊	大邱府使權文海所送	78	蒼霞集 五冊	京中本家所送

기증본은 총 78종이다. 기증자는 감사, 목사, 부사, 현감 등 지방관으로 부임한 퇴계 문인이 주를 이루는데, 호서감사 구봉령, 호남감사 심의겸, 영남감사 윤근수, 현감 유몽정, 영천졸 주단, 영남감사 류성룡, 나목 김성일, 정랑 심대, 김성일, 황해감사 최흥원, 경상감사 김수, 대구부사 권문해, 전 현감 김부륜, 인동현감 유운용, 감사 이시발, 안동부백 고용후, 감사 김지남, 안동통판 홍유형, 영해부사 이권, 영천군수 심장세, 별좌 정헌세, 전현감 조원명, 참의 허전, 승지 이인복, 방백 박문수, 본현성주 송요보, 성주목사, 봉화현감 이익주, 낭선군 등이다. 기증자가 서원으로 되어 있는 것도 자주 보인다. 이산서원, 청도 자양서원, 성주 회연서원, 안음 용문서원, 사천 귀암서원, 산음 서계서원, 삼계서원, 병산서원, 우계서원, 금양서원, 무안유림 등이다. 이상에서 보낸 서책들은 해당 관아나 서원에서 개간하여 보낸 것이 많다. 이외에 본가本家, 경중본가京中本家로 표시된 퇴계의 소장본이 기증되기도 했다.

다음은 도산서원에서 구입한 서책이다.

[표 13] 『서책질』의 구입본(30건)

	서명 권책	비고		서명 권책	비고
1	通典 一件七十五冊	院貿得	16	名臣言行錄 二十一冊	同年[戊子]貿得
2	闕里志 十三冊	院貿得	17	宋鑑 十五冊	同年[癸卯]貿得
3	左傳 十七冊	院貿得	18	詩傳 九冊	留置
4	儀禮經傳通解續 三十二冊	院貿 己酉冬進上	19	唐本禮記 十冊	已上留置
5	伊洛淵源 五冊	貿得 侍講院去	20	性理節要 四冊	
6	二程全書 十五冊	貿得 侍講院去	21	近思錄 三冊	
7	白氏文集 三十一冊	戊子夏貿得	22	大廣益會 三冊	
8	眞西山集 二十四冊	以上同年[戊子]貿得	23	劉向說苑 四冊	
9	文選 三十冊		24	唐鑑 五冊	

10	樊川集 五冊		25	皇明名臣言行錄 三冊	已上留置
11	小學日記 四冊		26	晦菴書節要 八冊	貿得
12	古文眞寶 前後集 八冊	以上同年[戊子]貿得	27	韓昌黎集 十八冊	貿得
13	選詩 十一冊		28	圃隱集 四冊	貿得
14	秋江集 五冊		29	師門手簡 八卷	癸丑七月買得于月川趙德鳳
15	韻府群玉 十冊	戊子貿得	30	儀禮經傳通解續 三十二冊	院貿 己酉冬進上

구입한 서책은 총 30종이 확인되는데, 『사문수간師門手簡』 8권에 대해 '계축癸丑 7월 買得于月川趙德鳳'처럼 구입 시기와 구입처가 표시되기도 했으나 '원무득院貿得' 또는 '무득貿得'과 같이 대체로 설명이 간략하다.

이외에 도산서원에서 직접 구비한 건으로 간행소에 종이를 보내 인본을 받은 경우가 있다. 『강목綱目』 150책과 『익재집益齋集』 3책이 그러한데, 『익재집』은 간행처가 경주慶州로 기록되어 있다.[21] 또한 『효행록孝行錄』 1책과 『역옹패설櫟翁稗說』은 단순히 '인래印來'로만 표시되어 있는데, 이것 역시 『강목』이나 『익재집』과 비슷한 상황으로 보인다.

이상의 반사, 기증, 구입을 통해 수집된 서책들은 또한 여러 이유와 경로로 서원 외부로 유출되기도 했는데, 이는 도산서원 서책의 활용과 관련이 있으므로 살펴봐야 한다. 시강원으로 보낸 서책은 4종으로 수집 경위를 밝히지 않은 『서전書傳』 1건 10책, 『사서장도四書章圖』 20책이 시강원으로 보내졌다. 구입본인 『이락연원伊洛淵源』 5책, 『이정전서二程全書』 15책 역시 시강원으로 보내졌으며, 감사 김수金睟가 기증한 『이락연원록伊洛淵源錄』 5책은 시강원으로 보냈으나 되돌려 받았다.[22] 구입본인 『의례경전통해속儀禮經傳通解續』 32책은 '진상進上'으로 표시되어 있다. 인동현감 유운룡柳雲龍이 기증한 『오산지吳山志』 1책은 서원을 중건

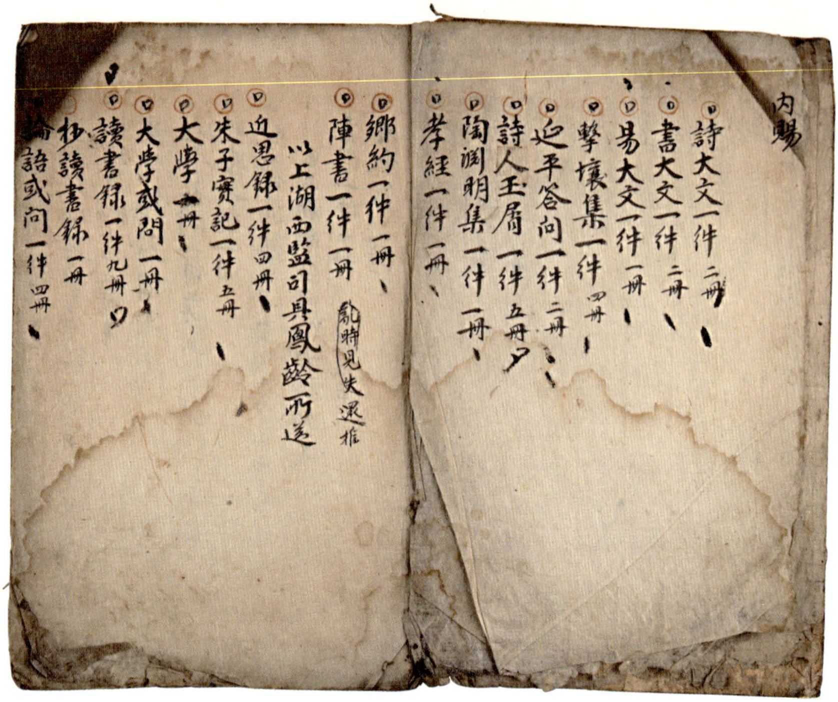

內賜
詩大文一件二冊
書大文一件二冊
易大文一件一冊
擊壤集一件四冊
延平答問一件二冊
詩人玉屑一件五冊
陶淵明集一件一冊
孝經一件一冊
鄉約一件一冊
陳書一件一冊
以上湖西監司具鳳齡所送
亂時見失還推
近思錄一件四冊
朱子實記一件五冊
大學一冊
大學或問一冊
讀書錄一件九冊
抄讀書錄一冊
論語或問一件四冊

『서책질』에 수록된 서책, 도산서원운영위원회 기탁, 한국국학진흥원.

할 때 가지고 간 것[23]으로 기록되어 있다.

『서책질』에 수록된 서책에서는 16~17세기의 간본을 다량 확인할 수 있으며, 성리학 관련 서적, 사서삼경류, 중국 역대 시인과 문장가의 시문집, 중국 역사류, 서원 법규안, 일반 문집류 등 다양하다. 현전본 확인을 통해 초기(주로 16세기) 도산서원 장서(역동서원 장서 중심)가 확정된다면 서원 장서로서 최고 수준의 단일 컬렉션이 될 수 있을 것으로 기대된다.

『을미서책치부』는 도산서원에 동광명실을 짓고 상재협실에 소장된 서책을 이관할 즈음 작성한 목록으로, 전반부는 을미년(1775) 5월 15일에 작성되었고, 후반부는 무술년(1778)에 추록되었다. 표제는 '을미乙未 5월 15일 서책치부'다. 『을미서책치부』에는 총 250개 서목에 2030권의 서책이 수록되어 있다. 이 가운데

1775년에 작성된 목록에는 215개 서목에 책수는 총 1976책이고, 1778년 추록된 서목에는 35건 138책이 수록되어 있다. 『서책질』과 『을미서책치부』의 내용을 대조해보면 그 사이의 장서 변화를 확인할 수 있는데, 『서책질』에는 182개 항목에 1656책이 실려 있으므로, 『서책질』 작성 후 1775년까지 33종 320책이 추가되었으며, 1778년 35건 138책이 덧보태졌다. [표 14]는 『서책질』에는 있으나 『을미서책치부』에는 없는 32건을 정리한 것이다.

[표 14] 『서책질』 중 『을미서책치부』에 빠진 서책(32건)

	서명		서명
1	溪山雜詠	17	顔眞卿書體 八張
2	啓蒙翼傳 四冊	18	吳山志 一冊
3	論語 七冊	19	唐本禮記 十冊
4	詩大文 一件二冊	20	論語 七冊
5	陶淵明集 一件一冊	21	崇仁殿碑銘簇子 一件
6	抄讀書錄 一冊	22	心經發揮 二冊
7	皇明理學名臣言行錄 一件一冊	23	三韻通考 一冊
8	書傳 一件十冊	24	旅軒集 十二冊
9	陶山記 一件	25	啓蒙翼傳 四冊
10	屏書帖 一件	26	淸香堂記 一冊
11	四書章圖 二十冊	27	愚得錄 四卷
12	二程全書 十五冊	28	西厓別集 二冊
13	溪山雜詠	29	漢陰相國訓子孫書
14	名臣言行錄 二十一冊	30	賁趾集 一卷
15	宋鑑 十五冊	31	同春年譜 二卷
16	濂洛風雅 一冊	32	翼傳 四卷

『서책질』에 수록된 서책이 『을미서책치부』에서 확인되지 않는 이유는 『서책질』의 부기 사항을 통해 추측해볼 수 있다. 예를 들어 인동현감 유운룡이 보내온 『오산지』 1책은 서원 중건 때 가져갔다는 기록이 있고, 『사서장도』 20책과

『서전』 10책, 『이정전서』 15책은 시강원에 보냈다는 기록이 있다.

다음으로 『서책질』에는 실리지 않았으나 『을미서책치부』에서 확인되는 서책은 111건 607책이다. 이 가운데 1775년 목록에 나타나는 서책은 80건 476책이고, 이후 목록에 추록된 서목에 나타나는 서책은 31건에 131책이다.

[표 15] 『을미서책치부』의 1775년 목록에 추가된 서책(80건)

	서명		서명
1	朱子書節要十冊	41	書正文二冊
2	宋朝名臣言行錄二十一冊	42	瞻慕堂集二冊
3	朱文酌海八冊	43	六先生遺稿三冊
4	五禮儀八冊	44	寓庵集二冊
5	東國通鑑三十二冊	45	貞簡公遺事二冊
6	皇明人物考共八十冊	46	是窩集三冊
7	先生言行錄三冊	47	通鑑綱目鐫誤三冊
8	理學通錄六冊	48	龜巖集一冊
9	事文類聚七十三冊	49	愚齋實紀一冊
10	輿地勝覽二十五冊	50	呂氏鄕約一冊
11	孤松集二冊	51	芝山集二冊
12	德溪集四冊	52	松齋集一冊
13	經書類聚二冊	53	別洞集一冊
14	藥圃集四冊	54	月川集七冊
15	溫溪稿三冊	55	誣書辨破二件 又一件
16	修巖集三冊	56	陰厓集二冊
17	錦江集二冊	57	晦庵書節要序一冊
18	靜菴文集四冊又一冊	58	壽瑞集一冊
19	懲毖錄五冊	59	靖節集一冊
20	柏巖集四冊	60	雜著手錄一冊
21	溪巖集三冊	61	孝經大義一冊
22	桐溪集五冊	62	龍蛇日記一冊
23	息庵集三冊	63	正俗修解一冊又一冊
24	謙庵集二冊	64	傳習錄一冊
25	勿巖集三冊	65	宋隱集一冊
26	晩翠集一冊	66	沈生遺稿一冊

27	葛川集二冊	67	聾巖集二冊
28	杜詩諺解十七冊	68	月川年譜一冊
29	困齋愚得錄四冊	69	陶山十二曲一冊
30	頤庵集五冊	70	書經釋疑草本一冊
31	冲齋集五冊	71	歌詞一冊
32	宋同春年譜二冊	72	先生遺墨大冊一
33	十清集二冊	73	先生續集四冊
34	敬堂集一冊	74	認齋集八冊
35	儀禮二冊	75	祭文一冊
36	敬亭集六冊	76	輓詞一冊
37	梧峯集四冊	77	聖學十圖一冊
38	鶴谷集四冊	78	空帖冊一件
39	愚伏集十冊	79	笏記一冊
40	旅軒集十二冊	80	尋院錄四十二冊

[표 16]『을미서책치부』의 목록에 추가된 서책(31건)

	서명		서명
1	大山集二十七冊	16	瓶窩集九冊
2	朱書講錄刊補三冊	17	認齋集九冊
3	瓢隱稿二冊	18	敬菴遺事三冊
4	東史提綱七冊	19	晦谷集二冊
5	近始齋集二冊	20	四禮問答二冊
6	雲巖稿一冊	21	省吾堂集二冊
7	溪巖集三冊	22	鶴沙集六冊
8	溫溪集三冊	23	先生續集四冊
9	冲齋集五冊	24	晦谷進學圖四冊
10	無住集二冊	25	大海集一冊
11	木齋集六冊	26	海月集七冊
12	嘯皐集五冊	27	龍門道中作一冊
13	新刊續稿四冊	28	晦齋先生元朝五箴一冊
14	鶴峯續集三冊	29	晦齋先生林居十絲一冊
15	黔澗集四冊	30	四時吟一冊
		31	大寶箴一冊

『을미서책치부』의 추록된 목록에서 『동사제강東史提綱』 7책은 병오년 봄에 율리栗里에서 가져왔고, 『주서강록간보朱書講錄刊補』 3책은 병오년 여름 호계虎溪에서 가져왔으며, 『표은고瓢隱稿』 2책은 병오년 여름 천전川前(내앞)에서 가져왔다는 기록이 있다. 이는 1775년 목록에 서책이 추가된 이유를 설명한 것이다. 그러나 이외의 서책에 대해서는 기록이 보이지 않는다.

• 동광명실 건립 이후 서책목록 – 『광명실전장기』

1775년 즈음해 도산서원에 동광명실이 지어지고, 상재협실에 소장되었던 도산서원의 서책이 광명실로 이관되었으며, 이후 서책의 규모가 커지면서 서광명실을 건립했다. 이후 최근까지 광명실은 도산서원의 서고로서 역할했으며 이 과정에서 많은 장서목록이 생겨났는데, 앞서 장서목록 현황에서 표로 정리한 광명실전장기가 그것이다. 이 절에서도 분석 대상은 광명실전장기다. 그러나 여기서는 광명실 서책의 규모 변화와 그 원인을 살펴보는 데 중점을 두며, 마찬가지로 앞서 제시한 광명실전장기 현황 표를 참고해 서술하고자 한다.

광명실전장기는 식년에 따라 장서 전체를 기록하기도 했지만 변동 사항이 없으면 목록을 만들지 않거나 또는 신입新入(질秩) 또는 추록追錄과 같이 앞서 작성된 목록에서 추가된 서책을 기록하거나, 미준未準(질秩)과 같이 소재가 불명확한 서책을 기록하기도 했다. 우선 전체 서책을 목록화한 것으로 보이는 식년의 서책 건수를 비교해 그 증감 현황을 살펴보면 [표 17]과 같다.

[표 17] 광명실 서책 현황

서목	시기	건수	비고	서목	시기	건수	비고
을미서책치부	1775~1778	250	초기목록	I-1	1840	404	증16
A-1	1787. 8	257	증7	J-1	1850	449	증45
A-2	1787. 9	259	증2	K-1	1867	448	감1
B-1	1790. 4	260	증1	L-1	1871	509	증61
C-1	1797	275	증15	M-1	1875	507	감2
D-1	1801	291	증16	N-1	1881	498	감9
E-1	1807	316	증25	O-1	1890	514	증16
F-1	1813	319	증39	P-1	1900	566	증52
G-1	1823	358	증39	Q-1	1902	410	감156
H-1	1828	380	증22				

※ 서목 A-1부터 Q-1까지는 광명실전장기로, 표○에서 부여한 임의 번호를 따른 것이다.

광명실의 소장 서책은 초기의 장서목록인 『을미서책치부』를 통해서 확인했듯 250건 서책을 소장하기 시작한 뒤 꾸준히 늘어났다. [표 17]은 소장 서책 전체를 수록한 목록만 대상으로 한 것인데, 이외에 새로 추가된 서책만 추록한 목록도 많이 있으므로 이를 함께 고려해 장서 변동을 살펴보면 다음과 같다.

1787년 8월에 257건(A-1), 같은 해 9월에는 259건(A-2)을 소장하게 되었다. 이후 1790년 1월까지 8회는 점검자 서명만 있고 서책은 기록되어 있지 않다.(A-3~A-10) 이는 추가된 서책이 없었기 때문으로 보이는데, 이러한 일은 자주 있으므로 별도로 언급하지 않는다. 이후 1790년 4월에 260건을 수록했고(B-1), 1794년 6월에는 '갑인甲寅 6월 15일 전장 전장서책의전傳藏書冊依前'이라는 기록만 남긴 것으로 보아 이 동안에는 서책의 변동이 없었던 듯하다. 다만 정조가 직접 쓴 어제발御題跋과 내사본인 칠서七書(주역, 서전, 시전, 논어, 맹자, 중용, 대학), 예문관에서 보낸 규화문선奎華文選 등 9건이 추록되었다.(B-8) 1797년에는 275건을 수록했으며(C-1), 1799년에 무오년에 간행하여 내사한 『오경백편

五經百篇』과 『춘추』가 추록되었고(C-4), 1801년 4월 15일에도 내사본 아송雅誦, 병곡집屛谷集, 청대집淸臺集이 추록되었는데(C-5), 이와는 별도로 같은 달 10일에 전체 서책 291건을 수록한 목록이 있다.(D-1) 1807년 목록에는 316건이 실려 있고(E-1), 1813년에는 319건이 실려 있으며(F-1), 1814년 7건(F-2), 1818년 4건(F-5), 1819년(F-6)과 1821년(F-7)에 각각 3건을 추록했다. 1823년 3월 1일에는 358건을 수록하고(G-1), 다음 날 3건을 추록했다.(G-2) 1828년 5월 15일에는 1건을 추록했는데(G-6), 같은 날 전체 서책 380건을 수록한 목록이 별도로 있다.(H-1) 1833년에 신입新入 10건(H-5), 1834년 3건이 추록되었으며(H-6), 1835년에는 3건을 목록화한 이후 9건을 추록했다.(H-9) 1840년에는 추록 8건을 포함해 404건을 수록했으며(I-1), 1850년에는 미준질 22건을 포함해 449건을 수록했고(J-1), 1855년에 5건을 추록했다.(J-2) 1867년에는 신입질 36건과 이해에 중간한 서책 2건 등을 포함해 40건을 추록했다.(J-6) 1867년 7월에는 448건을 수록했는데, 여기에는 점검 때 확인하지 못한 22건이 미준질로 포함되어 있다.(K-1) 그러나 같은 달 24일에 24건이 추록되었으며, 무진년과 계유년[24]의 신입 8건 등 총 13건이 이어서 추록되었다.(K-2) L 『신미 4월 회일晦日 광명실전장기』에는 1871년 4월 30일에는 미준질 22건과 같은 날 추록 50건을 포함해 총 509건이 수록되었는데(L-1), 이 전장기에는 광명실전장기로는 유일하게 역동서원 서책목록인 L-4 『역동서책목록』이 포함되어 있고, 여기에는 61건의 서책이 수록되어 있다. 1875년에는 507건이 수록되었으며(M-1), 1881년에는 498건이 수록되었다.(N-1) 1890년 6월 포쇄시에는 514건을 수록했고(O-1), 1894년 목록에는 '갑오甲午 8월 추향시秋享時 추록追錄'이라는 제하에 13건을 추록했다.(O-2) 뿐만 아니라 1896년 4월 19일자에는 '병신丙申 4월 19일 宗宅火變後藏置 遺墨三匣 敎書 紅白牌 致祭文 敎旨 合二封目錄'이라는 제하에 28건을(O-3), 1899년

8월 추향(O-4)과 1900년 2월 춘향시(O-5)에는 각각 7건과 2건을 수록했다. 1900년에는 566건을 수록했는데, 여기에는 무술년 추향시 신입 11건과 정묘년 추향시의 신입 6건이 포함되었다.(P-1) 이후 1903년 춘향시에 19건(P-2)이, 추향시에 1건(P-3)이 추록되었으며, 무진년 1월 정알시正謁詩에 16건이 수록되었다.(P-4)

서원 장서문화의 실체

도산서원은 서원의 관리와 운영을 위해 많은 기록물을 자체적으로 생산해왔으며, 여기에는 아주 다양한 내용의 정보가 함축되어 있다. 이 글에서는 그중 서책에 관한 것만 집중적으로 검토해보았다.

도산서원은 건립 초기부터 별도의 서책보관실을 갖추었던 것으로 보이는데, 상재협실과 광명실이 그것이다. 상재협실은 처음부터 서책 보관을 위해 지은 건물이라기보다는 작은방의 의미로 이해되며, 서책이 늘어나면서 쓰임새가 책방으로 바뀐 것으로 추정된다. 따라서 도산서원전장기에서는 이 방의 용도를 감안해 '책방'으로 기록한 듯하다. 광명실은 1775년경에 동광명실이 지어지고 이후 서책이 늘어남에 따라 서광명실이 증축되어 동광명실과 서광명실 체제로 최근까지 이어졌다. 서책 관리에 관해서는 별도의 규정을 마련해두고 있진 않지만, 도산서원원규 총칙에 광명실 개폐에 관한 간략한 규정을 마련해두었으므로 서고인 광명실 출입과 서책 점검에 엄격한 제한을 두었음을 확인할 수 있었다. 또한 『을미서책치부』와 광명실전장기 같은 서책목록을 통해 원규의 규정이 계속 준수되었으며, 특히 서책목록 작성 방식이나 서책 관리 기록에 쓰인 용어 등을 통해 도산서원의 서책 관리가 매우 엄격하고 세밀했음을 알 수 있었다. 특히 도산서원의 전장기 가운데 서책전장기인 광명실전장기의 서책에 대한 주석에 쓰인 용어 또는 설명 방식은, 도산서원의 여러 서책목록에 일정한 용도와 의미로 쓰이고 있었다. 이를 유형별로 검토함으로써 도산서원 서책 관리 기록의 전통을 확인할 수 있었다. 즉 도산서원이 서책 관리에서 중요시한 사항이 무엇인지, 같은 서책에 대한 주석이 어떻게 변화하는지, 기록상의 오류를 어떻게 해결하는지 등을 구체적으로 살펴볼 수 있었다.

서책전장기 외에 재물전장기에는 서책 관련 기록이 많지 않고 내용도 다양하지 않지만, 서책의 가격 등 서책전장기에서는 확인할 수 없는 내용이 적혀 있을 뿐 아니라, 작성 시기 면에서 서책전장기가 남아 있지 않은 기간의 공백을 보충해준다는 점에서 의미가 크다. 전장기류 외에 간찰, 통문 등의 기록은 작성 목적이 전장기와 완전히 다르므로 서책 관련 내용 또한 차이가 있다. 그러나 이러한 기록들은 내용이 희소하고 특정 서책에 대한 이야기를 풍부하게 하며, 관점에 따라서는 보다 중요한 연구 자료가 될 수 있기에 정리해보았다.

도산서원 서책 연구에서 가장 중요한 자료는 현전하는 서책 그 자체일 것이다. 한편 서책의 전래 경위를 보여주는 서책목록 또한 매우 중요하다. 여기에는 서책의 전래 경위를 비롯해 서책에 관한 매우 다양한 정보가 집약되어 있기 때문이다.

그리고 도산서원의 서책 연구에서 간과해서는 안 될 부분은 역동서원 서책과의 관련성이다. 도산서원 광명실이 역동서원 광명실 편액을 모각했다는 사실만으로도 깊은 관련성을 유추해볼 수 있을 것이다. 역동서원은 1871년 훼철되기 전까지 서책 보관을 위해 광명실을 운영했으며, 훼철 후 도산서원 광명실로 서책이 이관되었는데, 역동서원 서책에 대해서는 별도의 목록이 남아 있어 그 규모와 수집 경위 및 서책 현황 변화의 대략을 확인할 수 있었다. 도산서원은 서책의 광명실 건립을 기점으로 이전의 상재협실 소장 서책과 이후 광명실소장 서책을 구분하여 살펴보았다.

끝으로 도산서원 초기 장서목록의 수록 서책은 대부분 임진왜란 이전에 간행된 자료들이며, 이는 초기 서원이 어떻게 장서를 구성했는가 하는 일반적인 형태를 알려주기에 한국의 서원 장서 연구에 매우 중요한 의미를 지닌다. 더군다나 실물이 고스란히 남아 있기 때문에 더욱 가치가 높다. 따라서 도산서원 초기 장서목록에 나타나는 16세기 서원 장서는 단일 컬렉션으로서 손색이 없으며, 그 의미를 새롭게 조명할 필요가 있다.

도산서원은 영남뿐만 아니라 명실상부한 우리나라의 대표적인 서원이며, 그 명성은 대학자 퇴계의 학문과 실천이 근간을 이루고 있다. 그렇더라도 퇴계의 정신을 후세에 전하려는 도산서원 사람들의 실천 의지가 없었다면 오늘날과 같은 명성을 유지할 수 없었을 것이다. 도산서원의 기록물이 바로 그 의지가 고스란히 담겨 있는 긍지와 자부심의 산물이다.

도산서원의 서책에는 서원의 정신이 담겨 있다. 따라서 그 서책에 대한 연구는 서원의 정신을 연구하는 일이다. 그리고 도산서원의 서책 관리 기록에는 도산서원의 구성원들이 서원의 정신을 이어받아 후세에 전하고자 하는 의지가 담겨 있다. 그 결과 도산서원은 왕실, 문중의 장서와 함께 조선시대 서적문화의 중요한 축을 형성하는 서원 장서문화의 진수를 오늘에 남겼다. 이 글이 영남의 대표적 서원이자 중심적 위상을 지닌 도산서원의 방대한 서책과 다양한 기록물을 고찰해 한국 서원 장서문화의 실체를 살펴보는 계기로 작용했으면 한다.

여는 글

1 이상의 서술에서는 鄧洪波,『中國書院史』, 臺灣大學出版中心, 臺北, 2005를 주로 참고했다.

2 문묘文廟란 유교의 창시자인 공자의 위패를 모셔놓고 춘추春秋로 제사지내는 일종의 사당을 말하는데 안자·증자·자사·맹자의 위패가 옆으로 놓이고(配享), 다시 주자 등 중국의 유현들의 위패를 별도의 건물인 동무·서무에 좌우로 배열했다(이를 종사從祀라 함). 우리나라 유학자로는 이때까지 설총·최치원·안향 등 3명만 종사되었다. 문묘에 종사된다는 것은 공자의 정통성을 이은 유학자임을 공식적으로 인정받는 것이므로 대단한 영예였다. 조선시대에 들어와 모두 15명이 추가되어 이른바 동방유현東方儒賢 18위位가 되었다.

3 이하의 서술은 정만조의『조선시대 서원연구』, 집문당, 1996 참조.

4 퇴계에게 이런 산림적 역할을 기대한 것은 율곡 이이에게서도 보인다. 선조 초 치사致仕를 청하며 물러나려는 퇴계를 찾은 율곡은 "珥曰 先生在朝 假使無所猷爲 卽上心倚重 人情悅賴 此亦利及於人也"(『石潭日記』, 선조 즉위년 7월 以李滉爲禮曹判書條)라고 하며 인심의 진정을 들어 만류했던 것이다.

5 『명종실록』 권32, 21년 5월 22일 임인, 『퇴계집』 연보 권2, 병인(선생 66세) 7월.

6 『퇴계집』 연보 권2에 의거함.

7 김종석, 「도산급문제현록과 퇴계학통제자의 범위」, 『한국의 철학』 26, 경북대.

8 「퇴계연보」, 이하의 서술은 주로 여기에 의거했다.

9 예컨대 문집이 1600년 초간初刊(경자본)된 이래 꾸준히 개판改版과 첨삭이 이루어지

고, 1764년에 속집, 1891년 「퇴계선생문집고증退溪先生文集攷證」이 추가된 것(『한국문집총간』 29, 퇴계집 범례)을 들 수 있다.

10 李安道, 『蒙齋遺稿』 권1, 上趙月川 신미년(선조 4). 因僉議 姑先請誌于朴思庵 將觀外議之如何 請碣于蘇齋 (…) 行狀非高峯不可 而誌碣之作 如是爲計.
그러나 이때의 논의는 실현되지 못한 듯 『한국문집총간』 29~31에 실린 규장각본 『퇴계집』(1891년에 초간된 문집 고증까지 수록되어 있어 그 이후에 간행된 것임)에는 퇴계가 생전에 스스로 명銘을 지은 것에 기대승이 후서後敍한 묘갈명만 유일하게 들어가 있다.

11 『선조실록』 6년 11월 26일 임인.

12 앞의 김종석 논문에 따르면 퇴계에게 급문한 문인은 예안 57명, 안동 46명이다.

13 퇴계문집은 이후 전고수록全稿收錄(월천 중심의 예안 측의 주장)과 산절정선刪節精選(서애 중심의 안동 측 주장)이란 편집 방침을 둘러싼 진통을 겪으면서 착수한 지 30년 지난 선조 33년(1600) 예안의 도산서원에서 간행(庚子本)된다. 퇴계문집의 편간관계는 서정문, 「『퇴계집』의 編刊과 月川·西厓門派의 성립」, 『조선중기의 文集編刊과 門派 형성』, 국민대 박사학위 논문, 2006을 참고.

14 『선조실록』 6년 8월 28일 을해.

15 『광해군일기』 2년 9월 5일 정미.

16 『선조실록』 14년 10월 16일 병인.

17 『광해군일기』 2년 9월 5일 정미, 敎中外大小臣僚耆老軍民閑良人等.

18 『광해군일기』 2년 3월 7일 계미.

19 鄧洪波, 앞의 책, 206~207쪽.

20 吳萬居의 조사에 의하면 고정학파考亭學派를 중심으로 한 주희의 문인들이 세운 서원은 상湘(4개소), 절浙(4개소), 감贛(19개소), 민閩(26개소), 촉蜀(1개소) 등의 지역에 모두 54개소가 된다고 한다(吳萬居, 『宋代書院與宋代學術的關係』, 臺北 文史哲出版社, 1991).

21 『栢巖集』 권5, 呈許城主(忠吉)文(代鄕人作, 壬申)

22 예컨대 趙穆의 『월천집月川集』 연보, 김륭金隆의 『물암집勿巖集』 권5 연보, 권호문權好文의 『송암집松巖集』 별집 연보, 이덕홍李德弘의 『간재집艮齋集』 권8, 연보 등이다.

23 『학봉집』 속집 권4, 與趙月川 갑술년(선조 7), 『후조당집後凋堂集』 권3, 與鄭子中(惟一)具景瑞(鳳齡)鄭子精(琢)禹景善(性傳)金士純(誠一).

24 이 책에 실린 정순우 교수의 글에서 퇴계의 6세손 이수연李守淵이 『도산지陶山誌』를 지었음을 알게 되었다. 그리고 이수연의 문집인 『청벽집靑壁集』에 실린 읍지의 기사와 발跋·지문識文(李晩寅, 李中麟 書)에서 이를 확인할 수 있었다(그러나 문집에 수록된 그의 묘도문자에는 이 『도산지』에 관한 언급이 없다). 필자는 아직 이 『도산지』가 현존하는지 확인하지 못했다.

25 중종 37년 3월 5일(을유)에 보면 조정에서 예안의 피폐(禮安褊少 八道之最 日益凋弊 蘇復無策 將爲棄邑)를 구제하기 위한 특별 대책이 논의되고 있다(『중종실록』 권97).

26 정진영, 「예안 역동서원의 연구」, 『안동문화연구』 3, 1989 참조.

27 이때 조정에서 언관으로 활동하던 구봉령具鳳齡이 안동 사림을 대신하여 부사인 권문해에게 서원 건립과 관련한 정문呈文(呈權府使城主行旌)을 올렸으며, 이에 호응하여 권문해는 6년 3월, 안동 사림이 예정한 여강廬江의 백련사 유지를 찾아보고 서원 터를 확정했고, 공사에 들어간 뒤에도 여러 차례 왕래하며 독려했다.

28 김부필金富弼은 1516년생으로 퇴계보다 15세 아래이며 퇴계 문인을 대표하는 조목(1524년생)보다 8년을 앞서 예안에서 그보다 연장자는 없었다.

29 주 23과 같음.

30 김학수, 「여강서원과 영남학통」, 『조선시대의 사회와 사상』, 1998.

31 여강서원의 사액과 관련한 기사는 순조 17년(1817)에 간행된 『여강지廬江志』에 나온다. 권1 원지原志에 수록된 '上府伯權草澗(文海)書'에 보면 안동 사림이 부사인 권문해에게 서원에 대한 지원과 함께 사액을 위해 감사를 통해 전문轉聞해달라고 부탁하고 있다. 그러나 그 결과에 관한 언급은 없다.

32 김성일은 도산서원 영건 당시에는 서울에서 벼슬을 하고 있었다. 조목에게 일현양원一縣兩院의 문제점을 지적한 편지는 이때 보낸 것이다. 그러나 선조 8년 2월 벼슬에서 물러나 향리로 돌아왔고 곧 도산서원 영건 공사가 끝나자 이곳을 찾아 며칠 머물다가 돌아와 제기를 보냈던 것이다.(『鶴峯集』 부록 연보) 그의 이런 주선은 예안과 안동 문인 사이의 화합에 적지 않게 기여했다.

33 『송암집』 별집, 연보, 병자년(선조 9) 정월 往廬江書院 議定陶山廬江立享儀節

34 의절儀節 속에는 예컨대 봉안문을 누가 작성하느냐 하는 문제도 포함된다. 참고로 말하면 도산서원 봉안문은 예안의 문인을 대표하는 월천 조목이, 여강서원 봉안문은 안동 문인을 대표하는 서애 류성룡이 각각 지었다.

35 『健齋集』 부록 연보, 병자년(선조 9) 정월 拜慶尙都事

36 조준호, 「송시열의 도봉서원 入享논쟁과 그 정치적 성격」, 『조선시대사학보』 23, 2002.

37 陳榮捷, 『朱子門人』, 學生書局, 臺灣, 1982, 20~21쪽, 『朱子學新探』, 學生書局, 臺灣, 1986, 517쪽. 門人所築書院 大都必有朱子祠 朱子所編近思錄小學等 亦必奉誦 以朱子在白鹿洞書院之揭示爲學規.

38 『월천집』 「연보」 경진년(선조 13) 9월.

39 정만조, 「퇴계문인의 分岐와 江左사림의 동향」, 『조선의 정치와 사회』, 집문당, 2002

40 정만조, 「인조 4년 陶山院長 李有道 致斃事 논란」, 『한국학논총』 26, 국민대, 2003.

41 『溪巖日錄』 인조 4년 6월 26일.

42 위의 책, 인조 6년 정월 5일. 이날 위의 유완遺玩들이 분실된 것을 알았다고 한다.

43 인조 12년 9월 17일자에는 예안현감이 도산서원에서 보내온 문서가 몽당붓으로 쓰였다 하여 붓값에 보태라고 조租 1두를 보냈다가 며칠 뒤 1홉, 다시 며칠 뒤 4홉을 더하는 식으로 조롱했고, 인조 15년 2월 25일자에는 알묘謁廟하러 온 예안수령이 자식 5~6명을 데려와 온종일 주식酒食을 먹으며 떠들고 현감 자리를 마련치 않았다고 장무掌務를 곤장 때리려 한 사건이 있었음을 기록했다.

44 『百拙庵集』 권3, 「答金生啓光書」

45 『星湖全集』 권53, 「謁陶山書院記」

46 호서의 대표적인 학자로 소론의 산림이기도 했던 명재明齋 윤증尹拯은 평생에 한 번만이라도 도산을 보고 싶어하다가 끝내 가지 못하자 꿈속에서나마 상상해보겠다는 간절한 소망을 드러내기도 했다.(『明齋遺稿』 권22, 「答李泰壽士亨書」, 경진 6월 4일)

47 효종대의 이혼승무반대유소珥渾陞廡反對儒疏와 현종 연간의 복제소服制疏 때는 각기 1000여 명 정도였으나, 경종 때의 희빈 장씨 신원을 요구한 경상도 진사 이덕표李德標를 소두疏頭로 한 상소에는 3611명이 참여했다.(『승정원일기』 제566책, 경종 4년 4월 24일)

48 정만조, 「성호의 정치사상」, 『성호 이익연구』, 실시학사 실학연구총서 1, 2012

49 『淸臺日記』 계축(영조 9) 12월 11, 16, 17, 20, 28일.

50 김언종, 「퇴계선생언행록해제」, 『퇴계학역주총서』 17, 1994

51 『승정원일기』 771책. 영조 10년 1월 5일(임오) 修撰 鄭亨復上疏

52 김근호, 「寒洲학파의 心卽理說 비판에 대한 재비판적 논고」, 『유교사상연구』 43, 2011

53 이수건, 「정조조의 영남 만인소」, 『영남학파의 형성과 전개』, 일조각, 1996

제1장

1 『퇴계선생언행록』 권1, 학문 「독서」

2 『退溪先生年譜』 권1, 年譜, "武宗正德元年中宗大王元年丙寅. 先生六歲, '始知讀書. 隣有老夫. 頗解千字文. 先生就學. 朝必洗櫛至籬外. 默誦前授數遍而後入. 俯伏聽受如嚴師焉.'"

3 『艮齋先生文集』 권5, 「溪山記善錄」 "先生嘗言吾十二歲. 受魯論於叔父松齋先生. 十三乃畢. 先生嚴立課程. 不使悠悠. 某聞命惕若. 未嘗少懈. 旣得新知. 又必溫故. 一卷旣畢. 而通誦一卷. 二卷旣畢. 而亦通誦二卷. 若此之久. 漸與初學不同. 讀至三四卷. 間有自通解處. 及子張篇. 問凡事物之是底是理乎. 先生曰然. 聞來心卽釋然. 如有得焉."

4 『霽山先生文集』 권7, 書, 擬與李而靜守淵 書, "先生天資近道. 自十二歲時. 已知事之是者爲理. 則秋錄所謂十七歲. 始知有此學而有企向之心者."

5 『鶴峯先生文集續集』 권5, 雜著, 「退溪先生言行錄」, "嘗曰. 余自少. 雖志於學. 而無師友啓發之人. 伥伥數十年. 未知入頭下工處. 枉費心思. 探索不置. 或終夜靜坐. 未嘗就枕. 仍得心恙. 廢學者累年. 若果得師友. 指示迷道. 則豈至枉用心力. 老而無得乎."

6 『艮齋先生文集』 권5, 「溪山記善錄」 "先生自言十九歲時. 初得性理大全首尾二卷讀之. 不覺心悅而誠服. 深思體認. 漸得其門路. 自此始知義理之學實非尋常底事也."

7 『退溪先生年譜』 권1, 年譜, "九年甲戌. 先生十四歲 "好讀書. 雖稠人廣坐. 必向壁潛玩. 愛淵明詩. 慕其爲人."

8 『退溪先生文集』 권4, 詩, "寺之洞門. 有奇巖數層. 高可數丈. 水從上瀉下. 最爲一境佳處. 往在丙子春. 余與從弟壽苓. 棲寺讀書. 屢遊於此. 貢生權敏義, 姜翰從之."

9 『退溪先生文集』, 언행록 2, 유편類編

10 『退溪先生年譜』 권1, 年譜, 十五年庚辰. "讀周易. 講究其義. 殆忘寢食. 自是. 常有羸悴之疾. ○後先生與趙士敬書云. 僕早年妄嘗有意. 而昧其方. 徒以刻苦過甚. 得羸悴之疾."

11 『退溪先生年譜補遺』 권1

12 『鶴峯先生文集續集』 권5, 雜著 「退溪先生言行錄」, "先生嘗得朱子全書于都下. 自是閉戶靜觀. 歷夏不輟. 或以暑熱致傷爲戒. 先生曰. 講此書. 便覺胸膈生涼. 自不知其暑. 何病之有. 旣讀. 遂刪節其要語爲一袠. 今之印行朱書節要. 是也."

13 『退溪先生年譜補遺』, 권1, 「戊戌」

14 『退溪先生文集』, 권1, 「白鹿洞書院示諸生」

15 퇴계선생연보보유「상계본」, 「계축 4월」, "拜大司成 以作人爲己任 發策問以爲學之道 時士習已敗 反以爲迂 無一人對策者."

16 『退溪先生文集』 攷證 卷四, 第十三卷, 「與洪應吉」 "兩書案恥齋日記. 因退溪聞陽明傳習錄. 求見其學. 大槩務爲好異. 故羅欽順著困知記. 以攻其失云云. 据此. 則兩書卽傳習錄, 困知記. 徐曰仁名愛. 曰仁. 字也. 陽明弟子. 記其師說. 爲傳習錄."

17 『退溪先生文集』 권43, 跋, 「延平答問後語」 "滉讀晦菴先生四書集註, 或問. 見其所述師說之一二. 未嘗不歎其辭義精深. 旨味淵永. 而恨不得見其全書. 壬子. 來京. 幸與朴君希正相識. 始得所謂答問錄者二卷."

18 『退溪先生文集』 권41, 雜著, 「抄醫閭先生集. 附白沙, 陽明抄後. 復書其末」, "滉按靜坐之學. 發於二程先生. 而其說疑於禪. 然在延平, 朱子. 則爲心學之本原而非禪也. 如白沙, 醫閭. 則爲厭事求定而入於禪. 然醫閭比之白沙. 又較近實而正. 至於陽明. 似禪非禪. 亦不專主於靜. 而其害正甚矣."

19 『退溪先生年譜』 권1, 年譜, "淸州新刻答問. 牧使李公楨以書來請. 故跋其後"

20 『퇴계선생전서』 「내집」, 권47, 「答具景瑞」(乙卯)

21 『퇴계선생속집』, 권8, 천명도설

22 『退溪先生文集』「내집」, 권23, 「與趙士敬」

23 『退溪先生文集』 권23, 書, 與趙士敬琴聞遠(丙辰), "每觀師友間所以相責相期之重如許. 乃知朋友之義如此. 其至老病昏憒. 恆不能竭力於此. 然愛之慕之. 何得因人之笑怒而蹔輟也. 僉欲副寫. 非獨爲滉成此積願. 其必有感發於斯焉. 紙束. 所以備幅紙之不足者耳. 他留面究."(『주자서절요』의 자세한 간행 기록은 정석태, 『退溪先生年月日條錄』 제2권, 367쪽 참조.)

24 「伊山書院院規」, "諸生讀書. 以四書五經爲本原. 小學, 家禮爲門戶. 遵國家作養之方. 守聖賢親切之訓. 知萬善本具於我. 信古道可踐於今. 皆務爲躬行心得明體適用之學. 其諸史子集. 文章科擧之業. 亦不可不爲之旁務博通. 然當知內外本末輕重緩急之序. 常自激昂. 莫令墜墮. 自餘邪誕妖異淫僻之書. 竝不得入院近眼. 以亂道惑志."

25 「伊山書院院規」, "諸生常宜靜處各齋. 專精讀書. 非因講究疑難. 不宜浪過他齋. 虛談度日. 以致彼我荒思廢業."

26 「伊山書院院規」, "書不得出門. 色不得入門. 酒不得釀. 刑不得用. 書出易失. 色入易汚. 釀非學舍宜."

27 『艮齋先生文集』 권5 溪山記善錄, "先生令德弘造璿璣玉衡. 以察天象."

28 『陶山及門諸賢錄』 권1, 張壽禧

29 『퇴계선생일기』, 갑진 12월

30 『몽재선생문집』, 을사, "文純公手書 千字文以敎之."

31 『全書』 권8, 「寄寯」, "此處立齋事 以此尤未安 欲固止之 時未知諸人之意何耳."

32 上同, 「答寯」, "書齋已懇諸人而罷之 烏川琴應壎輩 固欲小構終不能止 已排數間於南溪之南, 但矛衰惓如此 不能督成後生之業 如是終有何益耶."

33 「내집」 권2, "尋改卜書堂地 得於陶山之南有感而作二首."

34 『言行通錄』 권3, 蒙齋錄, 庚申 11月 "陶山書堂成 自是遇興輒往或至數月而返."

35 『臨淵齋先生文集』 권5, "春往拜退溪李先生之門 受心經詩傳 得聞爲學之要."

36 『退溪先生全書』 권57, 「與安道孫」

37 『艮齋先生文集』 권3, 問目, 「上退溪先生」, "問. 德弘以合下不美之質. 雖日聞命. 或忘而不習. 或杆格而未曉. 伏惟裁敎如何. 先生日. 爲學只在勤苦篤實. 無間斷則志日强而業日廣矣. 切勿倚靠他人. 亦勿等待後日可也. 若日今姑悠悠. 必待他日往陶山而後爲學. 則其立心已差他日雖往陶山. 亦不能爲學矣."

38 『退溪先生文集』 권20, 「書,黃仲擧」

39 『退溪先生言行錄』 권1, 학문, 「독서」

40 『退溪先生文集』 권36, 「書,答琴聞遠乙丑」, "金士純去月念後來寓. 冒極熱踰山來往. 質書傳疑義. 因究期三百算法. 又及律呂等算. 今垂畢矣. 此人敏而嗜學. 與之共業. 甚覺

有益."

41 『芝軒集』「芝軒先生年譜 年譜」"先生謂公曰. 啓蒙書畢讀否. 讀書不可汎汎看過. 不見趙士敬乎. 讀書必如此. 方有所得也."

42 『退溪先生年譜補遺』, 임술, "近思錄多引易說 義理精深 初學猝然領解 故不先教學者 或因材施之."

43 『艮齋先生文集』 권6, 「溪山記善錄」"又誨余曰. 今人之父兄. 每以讀心經, 近思錄爲非. 而有切責之者. 學者亦怵於時務. 爲此學者少. 吾讀心經. 不得無未安之意."

44 『退溪先生全書』「내집」 권26, 「답황중거」

45 『退溪先生續集』 권5, 「書,答裵汝友」, "遠辱手字. 知迪掖淸暇. 爲慰且喜. 滉老病靡伏. 事多惶汗. 不知稅駕之所也. 再蒙印寄年譜. 又重校改正之力. 皆賴公克就. 何幸如之. 但秦元定之秦字. 終不可曉. 然別人決無秦元定者. 且先生本葬於此地. 非自他處遷葬也. 疑蔡西山以某年某日. 遷葬於此. 以見先生與西山. 缺同志同道. 沒後亦同歸一原之意耳. 然則秦當改蔡. 爲得之. 如何如何."

46 『蒙齋先生年譜』, 辛酉

47 『고봉집』 권1, 「시詩」

48 「도산서원고문서」, "皮封慶北禮安郡陶山書院士林僉座下 同月二十八日應講書籍. 擊蒙要訣. 小學. 四書. 五經. 心經. 近思錄. 施賞. 應講. 經義問目. 詩論. 右四科壯元及入格者分等施賞經義問目以下是先送事. 大學序先儒有作六節看者. 有作四節着者. 而其分段似欠詳密恐. 失朱子之本意其段落之如何. 貫通之如何. 可得而聞歟."

49 「도산서원고문서」, "噫. 以先生愛好之書. 行是役於先生妥靈之所者. 非偶然. 而至若鄰鄕後輩. 亦共樂聞. 而爭欲周旋於刊事之末者也. 若以財力所使. 有難措劃. 則有一於此. 自各邑儒宮. 多少添助. 在所不已. 此則竊想不謀而同者矣."

50 「도산서원고문서」, "以來月二十七日. 定道會于軍威南溪壇下. 伏愿僉君子. 濟濟來會. 俾敦斯文重事之地. 千萬幸甚. 右文通. 陶山書院. 己亥七月二十日尙州鄕校會中."

51 「도산서원고문서」, "竊以爲今此刊錄. 卽是貴諭中. 一以寓不忘之忱. 一以爲對揚之意也. 安有分義猥越之嫌耶. 伏望僉尊應始改圖趁旬後. 齊駕會所. 得至竣事之地. 倖甚."

52 『退溪先生年譜補遺』 권1, 「遊安東黌舍」

53 『퇴계선생속집』 권7, 與寯兒

54 『退溪先生全書遺集外篇』 권5, 「答寯兒書」(辛亥 5년 初七日)

55 『退溪先生全書遺集外篇』 권5, 「復寯」(6월 27일 早)

56 『退溪先生全書遺集外篇』 권5, 「寄子寯」(壬子)

57 「도산서원고문서」, 1596년 1월, "[居接時用下] 新備秩木綿十五疋田四斗落只買得木綿三疋禮說七卷買 木綿五疋詩書諺解十二卷買 木綿三疋儷文程選六卷買."

58 「도산서원고문서」「역동서원원규」, "遵川谷道東書院規 禁居接及鄕校居接供事."

59 「도산서원고문서」, 1832년(순조 32) 1월 15일, "淸凉講學所送五兩 新庫直代人時新備 及淸涼道會時 浮費下出債文十兩."

60 강회 기록 외에 도산서원이 주도하던 소회疏會 기록도 단편적으로 남아 있어 좀 더 세밀한 연구가 필요하다. 한 예로 1650년(효종 1) 1월 15일 전장기에는 도산서원이 주최하는 소회가 나타나고 있으나 소회의 구체적인 목적과 시행과정은 보이지 않는다.("安東禮安星州甑泉疏會時用下")

61 한국국학진흥원의 유교넷에서는 이 문서의 작성 연대를 1727년으로 추정하고 있으나 관련 인물들의 생몰일을 고려할 때 정조 11년인 1787년으로 보는 것이 타당하다. 당시 상유사인 이세원李世源은 1721년에 태어나서 1788년에 졸했다.

62 「도산서원고문서」「心經講會回文措語」 "本院自設立初. 先賢屢要請門賢. 講心經啓蒙等書 又發諸吟詠有板上四韻. 至今百載之下 猶可想像. 在書院記後申之曰. 後學之所當勉也. 此則就更覺先賢爲後生之句. 而推以言之. 深有望於無窮後生者也. 惜乎近來吾鄕遺風寢遠. 文雅曠廢. 間或有三冬居齋之規. 而會員各讀其書以應科擧. 臼無復講討. 求益之事. 誠是一大欠事. 今日後學後生. 何敢追踵當日之盛事. 而至於遺詩曠後之意. 院記垂勉之戒. 諷詠圭復感慨繼之. 未嘗不惕然. 而省凜然而懼也. 今之世. 雖曰不古. 而一有遵擧古事.追 先賢之遺法 明當今之可行. 庶幾其爲愛禮存羊之義. 玆以今初十日掃淨堂齋. 奉邀一鄕好古之僉君子. 與聞其講討餘論. 惟僉尊之辱賜光臨. 幸甚. 丁未十二月初一日. 上有司李世源. 齋任琴象濩. 李師愚."

63 이세원(1721~1788), 자는 여소汝紹, 호는 낙포洛浦, 퇴계의 7세손. 의인파.

64 이수연李守淵(1693~1748), 자는 희안希顔, 호는 청벽靑壁, 퇴계의 6세손. 實實의 아들이며 어머니는 의성 김씨. 1723년 생원시에 합격, 1727년 음보蔭補로 후릉참봉厚陵參奉에 임명되고 그 뒤 동몽교관童蒙敎官을 역임. 예학과 이기설에 밝았으며『국조명신록』에 기록되었다.『퇴계선생속집』을 편찬했고『도산급문제현록陶山及門諸賢錄』『도산지陶山誌』 등을 저술했다.

65 여기서 언급되는『도산지』는 현재 남아 있지 않아 그 실체를 알 수 없다. 다만 청벽(이수연), 후산(이이순) 등과 관련하여『도산지』가 언급되고 있는 것으로 미루어 당시 한창 논의되던 도산구곡과 관련된 시문집으로 추정된다.

66 이수정李守貞(1709~1795), 본관은 진성眞城, 자는 계고季固, 호는 경담鏡潭으로 집集의 아들이다. 천거로 목릉참봉, 영춘현감을 역임했다. 저서로『경담집鏡潭集』이 있다.

67 「陶山書院古文書」 "日昨吾輩之會. 實百年內盛事. 雖未免買櫝還珠之譏. 寔出於愛禮存羊之義. 倘繼自今別儲十數石. 年年或春或秋. 聚鄕中茂秀以爲數日之會. 久而不替. 則人才之蔚興. 庶可期矣. 幸各自留意. 另圖之. 是區區之望也. 當日不勝感懷. 敬次壁上 先

祖韵而稠中句未圓且迫 歸意甚駛 未得出呈座中. 以希斥教. 今玆追錄以送. 望各賜扳和書之. 小册藏諸院中. 以爲古蹟. 亦一事也. 如何如何."

68 「陶山書院古文書」"易東文會 伏次壁上先祖韻"

69 이구손李龜孫(1758~1833) 진성 이씨, 자는 치성穉成, 호는 단애丹厓. 아버지는 세흡世翕, 어머니는 금성 박씨錦城朴氏. 증贈 이조참의吏曹參議.

70 『일성록』 정조 5년 신축, 윤5월 6일(무신).

71 『關西賓興錄』 권1, 「傳教」"俾我西土之人 知尊朱子 所以尊王也."

72 김문식, 『조선후기 경학사상 연구』, 일조각, 1996, 50쪽.

73 『홍재전서』, 권184, 羣書標記 6, 命撰 2, 「嶠南賓興錄」 2권 간본.

74 『일성록』, 정조 18년 갑인, 2월 16일(갑술).

75 『일성록』, 정조 18년 갑인, 3월 22일(기유).

76 『홍재전서』, 권163, 『日得錄』 3, 『文學』 3, "教賤臣曰. 退栗兩先正四端七情說. 各有異同. 何說爲是. 對曰. 臣則嘗以文成之言. 謂不易之論矣. 今其集中所載. 明白痛快. 曉然易知. 而但不能擧一世靡然從之. 以金昌翕之文章高眼. 猶有所取於退陶之說. 臣竊疑之. 教曰. 文成說. 夫孰曰非是. 而文純所論. 亦有所主. 未易言也."

77 『退溪先生年譜附錄』 권4, 「年譜附錄, 題先正退溪簡帖後(正廟御製)」"朱子見蔡君謨一帖. 亟稱其字字有法度. 如對正人端士. 予於是帖亦云. 雖然. 帖凡八卷. 而先正操存之密. 講學之切與夫處己接物之方. 辭受取予之節. 大略具於尋常尺牘之間. 其平日之所養. 未始須臾離於敬義誠明之域. 卽可知已."

78 『退溪先生年譜附錄』 권4, 「年譜附錄, 題先正退溪簡帖後(正廟御製)」"近年以來. 異端曲學. 雜然競起. 視名教無異笆籬. 視綱維甚於贅疣. 以放誕詭怪爲神奇. 甚至所謂西洋之說. 而其誣斯民惑斯世也滋多. 特嶠南一隅. 沐儒先之化. 存鄒魯之風. 相與危坐而稱之. 正領而誦之者. 無不經之篇. 非聖之訓. 予爲是興感."

79 『홍재전서』 권129, 故寔 1, 「大學」"此不過場屋四書疑義一道. 有何意趣. 予之二十年. 一副苦心. 在於絜矩二字. 欲使今世之人. 闢畦畛調酸鹹. 平物我公好惡. 咸歸於大中至正之域. 而人不率教. 治不徯志者. 病源於何處. 予之心. 卽爾等之心. 爾等之心. 卽一國之心. 一國之心. 卽萬古之心. 以實心講實學. 以實學行實事. 卽今日之急先務. 卽予求助於爾等者也."

80 『홍재전서』 권134, 고식故寔 6, 「國朝故事」

81 『도산서원고문서 1』, 「강회록 서」, 단국대 퇴계학연구소, 1994.

82 이구서李龜書(1727~1799)의 자는 상심象心, 호는 자하紫下. 부 이세사李世師는 영조조에 과거에 합격하여 옥당을 거쳐 참의에 이르렀던 인물이다. 이구서도 여러 차례 벼슬이 내려졌으나 출사하지 않고 학문에만 전념하면서 참봉으로 마쳤다.

83 김태익金台翼(1736~?)의 자는 군성君成, 숙績의 아들. 1786년 사마시 합격.

84 박헌원朴獻源은 지방 수령 등의 관직생활(1785년 11월~1804년 9월)을 기록한 일기를 남겨두고 있다.

85 이구운李龜雲(1744~1823)의 자는 응서應瑞, 퇴계의 8대손, 세익世翊의 아들, 1786년 문과 급제, 병조정랑, 홍문관 수찬, 함평현감, 부응교 등을 역임했다.

86 김시찬金是瓚(1754~1831)의 본관은 광산光山. 호는 일일재一一齋·정거산인淨居山人. 아버지는 김성익金聖翼, 어머니는 진성 이씨. 동몽교관 역임.

87 권오영, 「19세기 영남유림의 강회와 학술활동」, 『조선시대 사회의 모습』, 집문당, 2003, 229쪽.

88 정인재, 「이한응의 속근사록에 나타난 이학관」, 『퇴계학보』, 1982.

89 한국국학진흥원본은 임노직에 의하여 자료 소개 및 해제·번역 작업이 이루어졌다.(임노직, 자료/『오산당강록』, 『국학연구』 제5집)

90 규장각본에는 청량강의 뒤에 1853년부터 1857년까지 경의당敬義堂에서의 강회 기록인 '계재강의溪齋講義'가 수록되어 있다. 규장각본에 수록된 계재강의는 이한응을 장석丈席으로 하여 1853년부터 1857년까지 계재溪齋의 경의당敬義堂에서 열린 강회 기록이다. 계재는 이한응이 1851년 안동의 녹동에 지은 서재로, 당호를 '경의당'이라 했다. 그는 1853년 10월 3일간 「중용中庸」 서문부터 13장까지, 1854년 10월에는 「중용」 14장부터 18장까지, 1855년 10월에도 「중용」을 이어 강론했다. 1857년 2월에는 4일간에 걸쳐 30여 명과 함께 『근사록近思錄』, 자편한 『속근사록續近思錄』을 강독했다.

91 『퇴계집』 권2, 「講道」, "聖賢이 有緖言호대 微妙언정 非玄冥이라 源流有所自하고 毫末有所爭이라 講之欲何爲요 志道求其寧이니라."

92 「吾山堂重建記」, 『吾家山志』; 「題白雲菴堂室圖」, 『訥隱集』 권6, 雜著.

93 『퇴계집』 권43, 跋, 「周景遊淸涼山錄跋」

94 『퇴계집』 권2, 修書, "我讀啓蒙書하야 一管窺玄關호라 傳疑自備忘이요 不托麻衣姦이라 靜中聊一修하니 得處非世間이라."

95 채주욱의 자는 종문宗文, 호는 소은素隱, 정미생(1787).

96 「通文」 "通文右文爲奉告事. 伏以天道好還. 日月昭晣. 樊菴蔡先生伸理之命. 特下於覆盆之中. 有識傳聞. 交相慶賀. 盖不獨樊爲翁地也. 吾嶺結轖之情."

97 남유운南有檼(1794~1872), 자는 훈백薰伯, 호는 창대蒼臺, 생부는 남몽양南夢陽이며 장사랑將仕郞 남태양南泰陽의 아들. 저서로 『사례휘집四禮彙輯』과 유고遺稿가 있다. 만년에는 호를 구암久庵이라 했다.

98 안행준安行準(1800~1866). 본관은 순흥, 자는 이형以亨, 호는 만유재晩遊齋, 회응會應의 아들. 1849년 사마시 합격.

99 고성겸高聖謙(1810~1886, 본관은 개성開城. 자는 치희穉希, 호는 녹리甪里. 아버지는 몽찬夢贊. 1844년 사마시에 합격했으나 벼슬을 하지 않고 가학에 전념. 문집인 『녹리집甪里集』 14권 7책이 전한다. 경사經史에 두루 해박하고, 특히 악부체 시가에 능했다.

100 김헌운金憲運, 호는 치성穉成 경자庚子(1780)생. 의성義城 김씨 제산霽山 종택의 인물이다.

101 이은순李殷淳, 본관은 진성眞城, 자는 사질士質, 경술庚戌(1790)생.

102 그는 순조 16년(1816)에 진사시에 합격해 관로에 몸을 담았다. 세자익위사 세마, 호조좌랑 등의 청요직을 거친 후 외직으로 나아가 동복현감, 서산과 영천의 군수, 밀양과 동래의 부사 등을 차례로 역임했다.

103 자는 원백源百, 세익世翊의 아들, 성균 전적, 예조좌랑, 사간원 정언, 홍문관 교리 역임. 1842년 영해부사에 부임하여 선정을 베풂. 병조참판 등을 거쳐 1850년 좌승지 겸 특진관으로 경연 참가.

104 「大學章句序」 "蓋自天降生民 則既莫不與之以仁義禮智之性矣 然其氣質之稟或不能齊 是以不能皆有以知其性之所有而全之也 一有聰明睿智能盡其性者出於其間 則天必命之以爲億兆之君師 使之治而敎之 以復其性."

105 「吾山堂講錄」 "丈席日 先儒或言心 或言性 或心性情統稱 而余則認以本心."

106 「吾山堂講錄」 "不可涉氣而論 當於理分上看."

107 「吾山堂講錄」 "絜矩之道 卽平天下之道也."

108 『도산서원고문서 1』, 「강회일기」, 단국대출판부, 1994.

109 국학진흥원 유교문화박물관에는 길이 99.25미터의 이 영남만인소가 아직도 남아 있다.

110 이황의 11세손. 아버지는 통덕랑 이휘교李彙喬. 조부는 갑인 강회를 주도했던 이효순李孝淳. 과거를 단념하고 학문에 전념했다. 선공감감역繕工監監役에 임명되었으나 부임하지 않았다. 1881년에는 영남만인소의 소본疏本을 기초했다.

111 『용산문집』 권11, 「遺事」 "壬辰 講會傳 于酒泉之浯川榭."

112 『鳳岡先生文集』 권3, 「墓碣銘」 "壬辰陪龍山公 赴浯川講會 江左右多士 卽席問難 而公在其傍 隨所問辨 答條理明暢 人皆屬目 時寒洲李公震相 著書有心卽理之說 公劈破源頭 爲一書以言其非是 又嘗論寒岡續稿九條辨答 而於大學正心章 根據陶山本旨 專主省察."

113 『용산문집』 권2, 「浯川講會韻」

114 졸고, 「후산 허유의 '신명사도혹문' 연구」, 『후산 허유의 학문과 사상』, 술이, 2007, 233~256쪽.

115 「聖學十圖附錄統論」, 3:631~632. "朱子嘗曰 太極自會動靜 我李子亦曰 太極之動靜 太極之自動靜 天命之流行 天命之自流行 先賢定論自來如此 此實道理之原頭處 何敢賺氣於其間 以亂太極之眞乎 理分之分屬理氣 尤所未聞 夫理者分之渾然者 分者理之粲然者也自其有條理而謂之理 自其有等分而謂之分 初非理外有分判爲兩物也 統體太極理之一也 而元亨利貞之分 已具於其中 吾心本軆理之一也 而仁義禮智之分 悉備於這裏 以至天命流行 而生長收藏 各有分限然 而一元之生 理貫徹乎四時 人心感動 而喜怒哀樂 各有分劑然 而一仁之全德 主宰乎萬變 要之理一之中 分未嘗不殊 分殊之處 理未嘗不一者也."

116 정원재, 『지각설에 입각한 이이 철학의 해석』, 서울대 박사학위논문, 2001.

117 『寒洲全書』 667쪽, "心爲太極之語 揭之於啓蒙之首 而以一動一靜未發已發之理當之 又曰心固是主宰底 而所謂主宰者 卽此理也 又曰 元亨利貞 天地生物之心 而人得之爲心 未發而四德具 已發而四端著 又論良心以認之爲氣有存亡而欲其致養於氣爲非."

118 졸고, 상게 논문.

119 「聖學十圖附錄統論」, 3:632. "人心感動 而喜怒哀樂 各有分劑然 而一仁之全德 主宰乎萬變 要之理一之中 分未嘗不殊 分殊之處理 未嘗不一者也."

120 홍원식, 「한주 이진상의 성리설과 그 계승」, 『퇴계학과 한국문화』 제38호, 경북대, 2008

121 『용산문집』 권4, 「答李繼道」 "此非陽明說與 應之曰 陽明所謂心卽理者 由禪會而出者."

122 『용산문집』 권5, 「答族弟希曾 萬輿」

제2장

1 권오봉, 『退溪書集成』(1), 「陶山諸子便覽」 참조.

2 현재 『퇴계집』에 수록되어 있는 「퇴계연보」는 서애 류성룡이 『퇴계집』 초간본이 간행된 경자년에 저술한 것으로, 금응훈의 권유에 따라 퇴계의 손자 이안도의 초기草記를 바탕으로 지은 것이다. (『퇴계연보』, 권3, 「年譜跋」)

3 『月川集(草本)』, 112쪽, 「聞曹南冥訃」. 南服曾聞智異崇, 相望百里坐龍鍾, 忽驚天柱新摧折, 此恨平生詎有窮.

4 答曰, 李汝受居相位, 亦作此等事耶. 汝受, 山海字也. 時爲領相.(「月川年譜」, 十七年己丑條)

5 鄭萬朝, 「月川 趙穆의 生涯와 學問」, 『韓國의 哲學』 24집, 경북대 퇴계연구소, 1996 참조.

6 『광해군일기』 6년(1614) 11월 25일(계유). 故參判臣趙穆與滉同鄕, 自少摳衣, 白首不懈, 竟得其道, 領袖江左. 斯人旣歿, 滉學不傳, 其爲士者, 無所矜式, 所學不過詞章、記誦之間, 而非復前日之江左矣. 頃者朝廷, 因本道儒生之請, 以穆從祀於滉, 則宜有賜祭之文, 以示尊賢重道之意. 請令該曹, 詳察擧行.

7 기존 연구에 따르면 월천 종향을 주도했던 대표적인 인물로는 김택룡을 비롯하여 금응훈, 금개, 이강 형제 등이 있었고, 비판적이었던 인물로는 권환, 권춘란, 김령, 류진 등

이 대표적이었다. 이상현, 「月川 趙穆의 陶山書院 從享論議-17세기 嶺南士族 動向의 一端」, 『북악사론』 8집, 북악사학회, 2001 참조.

8 필사본 『월천선생문집』은 초본이라기보다는 인쇄 직전의 정고본에 가깝고 『월천선생연보』와 『월천선생초기』가 그야말로 초본이라고 할 수 있는데, 필사본 『월천선생문집』도 간행본과 비교하면 많은 차이가 있으므로 합쳐서 초본이라고 이름했다. 한국국학진흥원에서는 필사본 『월천선생문집』 『월천선생연보』 『월천선생언행초기』를 합쳐서 『월천선생문집』(2004)으로 영인, 간행한 바 있다.

9 光明室開閉, 必三任具位. (「陶山書院儀節草」)

10 『사문수간』, 편지 55, 56, 59번.(번호는 113통의 편지에 순서대로 부여한 일련번호를 의미함)

11 『사문수간』, 편지 4, 5, 6번.

12 『사문수간』, 편지 46번.

13 『사문수간』, 편지 30번.

14 『사문수간』, 편지 48번.

15 『사문수간』, 편지 39, 46번.

16 『사문수간』, 편지 16번.

17 『사문수간』, 편지 22번.

18 『사문수간』, 편지 61, 62, 63, 64, 72, 73, 76번.

19 『사문수간』, 편지 63번.

20 같은 편지. 중국 원나라 학자 노재魯齋 허형許衡(1209~1281)은 『소학』을 중시하여, "신명神明과 같이 믿고 부모와 같이 공경한다"고 했다. 퇴계는 일찍이 「심경후론」에서 "허노재가 일찍이 『소학』을 신명과 같이 공경하고 부모와 같이 받든다 했거늘 나는 『심경부주』에 대해서 그러하다"고 한 바 있다.

21 『월천집』, 권1, 시詩, 「乙丑冬謁先生于退溪, 金彦純(明一)士純(誠一)禹景善(性傳)輩在焉, 辨質心經大學章句, 或有未契」

22 이 시는 위의 시에 부차운으로 수록되어 있다. 그러나 『퇴계집』에는 실리지 않았고 다만 월천에게 보내는 편지에서 위의 시에 대해 언급하고 있으므로 이 편지와 함께 보낸 것으로 보인다. 『사문수간』, 편지 72번.

23 퇴계와 월천의 학문적 협력관계에 대해, 월천 신도비명을 쓴 동계 정온은 "師生之間, 互相補益如此"(『月川集』, 附錄, 「月川神道碑銘」)라고 했고, 월천 행장을 쓴 생질 晩修齋 琴憬은 "於是, 反覆稟質於李先生, 李先生裒輯宋元皇明諸儒之力於道德者, 著爲理學統錄, 而先生跋其後"(上同, 「行狀」)라고 했다.

24 『사문수간』, 편지 8번.

25 허목, 『미수기언』, 별집, 권8, 序, 「月川文集序(癸卯)」

26 그 이유에 대해 월천이 류성룡에 대해 '주화오국主和誤國'이란 과격한 표현으로 비난했던 부분이 「월천언행록」 속에 언급되어 있었기 때문으로 보는 견해도 있으나, 이 견해는 정온이 쓴 「신도비명」에도 같은 표현이 있으므로 충분한 해명이 되지는 못한다. 『월천집』이 간행될 무렵 정온의 「월천신도비명」과 생질 금업이 쓴 「월천행장」 그리고 김택룡의 「월천언행록」이 있었지만, 그 가운데 정온의 글만 수록되었고 대신 서애 문인인 학사 김응조가 발문을 썼다. 이런 상황은 인조반정 이후 월천 직계 세력의 몰락과 더불어 월천계와 서애계 간에 일종의 균형이 이루어진 것으로 보인다.

27 上同, 725~726쪽. 少小已有成人氣度, 而退溪李先生倡道吾東, 深得伊洛關閩之緖餘, 遂執經摳衣, 師事歸依, 勤苦刻勵, 日乾夕惕, 不言而躬行, 不露而潛修, 繩墨身心, 劉絫義理, 大爲李先生所稱許, 常謂門人曰, 篤實莫如趙士敬.

28 上同, 727쪽. 有一學子, 少失禮於鄕人. 先生峻責之, 披小學顔氏家訓, 示之曰, 讀數十卷書, 便自高大, 凌忽長者, 輕慢同列人, 疾之如仇讐, 惡之如鴟鴞. 如此, 則以學求益, 今反自損, 不如無學也. 學者引咎自責, 辭謝改行, 而後乃許. 律己待人, 其嚴毅, 有如此.

29 上同, 733쪽. 教學者曰, (…) 讀書不要博覽强記, 只將一節字字理會, 句句尋繹, 待其融會貫通. 然後更就一節看, 自然於書, 無所不通, 是乃讀書之要也. (…) 其教子弟, 先授小大學, 次及論孟, 後及三經, 曰此入學次第, 不可獵等也.

30 上同, 718쪽. 竊以爲當先講究固本二字, 然後爲得也. 天下之事, 未有渴其源而求其流之長, 戕其本而冀其葉之茂也. (…) 朝廷正而萬事無不正, 民生遂而遠近無不悅, 則北虜跳梁之變不足憂, 而太平之望可冀矣.

31 上同, 734쪽. 不循時俗苟簡, 讀字必用正音, 寫字必模楷法, 一字一劃, 皆有法度, 排俗學, 因仍苟且之訛舛. 撰刻李先生文集, 寫之或失於古法, 先生一一點抹, 改作楷法, 而後印布焉. 文墨是末, 而先生之必好正法如此.

32 『퇴계선생언행록』, 권2, 유편類編, 「가훈家訓」. 손자 안도가 김이정金而精에게 보낸 편지에 초서로 쓴 것을 발견하고, "너는 매사에 조심해야 할 텐데 지금 김이정에게 보낸 편지를 보니 대자大字에 난초亂草로 썼구나. 이것이 어찌된 일이냐? 조심해서 거친 작태를 부리는 일을 즐기지 말아야 할 것이다"라고 했다.

33 『퇴계선생언행록』, 권4, 유편, 「논례論禮」. 퇴계는 부인의 초상을 치르는 아들 준에게 보낸 편지에서 "『가례』를 상고하고 시속時俗에서 일반적으로 하는 사례도 참고하여 남에게 훙잡히는 일이 없도록 할 것"을 당부했다. 또 『가례』가 시속을 수용했다는 지적에 대해, "시왕의 제도를 어찌 가벼이 고칠 수 있겠는가? 그리고 예란 세상에서 두루 행해지는 것이니, 세상이 모두 행하지 않는데 빈 문자로만 만들어놓은들 무슨 소용이 있겠는가?"라고 했다.

34 『월천집』, 부록, 「행장行狀」 및 「신도비명神道碑銘」 참조.

35 上同, 727쪽. 常敎學者曰, 小學一書, 乃諸經之機括. 世之學者, 不好是書者, 以其題目之小也. (…) 下學人事, 上達天理, 譬如行遠自邇, 登高自卑, 不如是, 是乃無頭學問耳.

36 『月川集』, 附錄, 「行狀」. 好讀心經, 爲一生勤苦受用之地, 其於經傳有來諸儒之說, 信之如神明, 敬之如嚴師, 晝誦夜讀, 心解力行.

37 上同. 而於篁墩附註, 尤致意, 常怪其於四書之說, 不專用朱子本註, 而附以他說, 又疑末章之論偏於尊德性, 而以道問學爲不足事.

38 사마광의 『자치통감』을 모방하여 명대의 역사를 서술한 편년체 사서로서 본명은 『황명자치통기皇明資治通紀』다. 저자 진건陳建(1497~1567)은 동관 출신으로 자는 정조廷肇, 호는 청란淸瀾이다. 『황명통기』 이외에 주요 저술로 『학부통변學蔀通辨』이 있는데, 이 책에서는 불교, 육상산, 왕양명의 학문을 이단으로 비판하고 있다.

39 上同, 729~730쪽. 好讀心經, 爲一生勤苦受用之地. 其於經傳有宋諸儒之說, 信之如神明, 敬之如嚴師. 晝訟夜讀, 心解力行. 而於篁墩附註, 尤致意焉. 其條理節目, 盤錯肯綮(脊), 由粗入精, 自表知裏, 詳論而極言之. 嘗怪篁墩於四書之說, 不專用朱子本註, 而附以他說. 又疑末章之論, 偏於尊德性, 而以道問學爲不足事. 先生且讀且疑, 而未知其由, 及讀皇明通紀, 見篁墩賣題勢利之誚, 著道一編之說. 然後始知其爲人爲學於名利上, 未能擺脫得去, 而陷溺於江西禪寂之弊. 於是詢諮反復於李先生, 答曰, 篁墩吾昔日尊仰, 如山斗如神明, 自見考示悼心失圖, 且疑且怪, 無以自釋, 因作心經後論. 使學者曉然, 若指南燭幽之車鑑焉.

40 김종석, 『심경강해』, 이문출판사, 1999, 해제 4~5쪽 참조.

41 김종석, 위의 책, 8쪽.

42 上同, 730~731쪽. 李先生裒輯宋元皇明諸儒之力於道學者, 著爲理學通錄, 而先生跋其後, 極論羅整庵欽順學術之弊, 其所著困知記, 於程朱的確之論, 陽尊陰壞, 外附內叛. (…) 其他如白沙之禪會, 陽明之頗僻…….

43 『월천집』, 권1, 詩, 「除授恭陵參奉, 先生寄示一絕」.

44 『퇴계집』, 권4, 詩, 「豐基館, 答趙上舍士敬」. 時士敬寄詩來, 頗譏余行, 適聞其有恭陵參奉之命, 故詩中戲云.

45 『월천선생문집』(한국국학진흥원 영인), 725쪽. 噫, 先生之於人爵, 幾除拜而幾辭退歟. 慈不講明於古君子難進易退之義, 能若是乎.

46 『월천집』, 附錄, 「行狀」. 行止出處, 每擧胡文定寒溫飢飽自知斟酌之語, 以自戒. 故其出而行世也, 非由人勸, 卷而懷之也, 非由人止. 勵難進之義, 則累徵而皆辭, 堅易退之節, 則介然不俟.

47 『월천집』, 권5, 「退溪先生言行總錄」. 人之出處語默, 如寒溫飢飽, 自知斟酌, 不可缺之於

人, 亦非人所能決也.

48 『월천집』, 「月川先生年譜」, 二十年壬辰 條.

49 이종호, 『월천 조목의 삶과 생각 그리고 문학』, 한국국학진흥원, 2002, 57~58쪽.

50 『월천집』, 권3, 書, 「答李宣慰(德馨)」. 李汝受居相位, 亦作此等事耶. 我國之於彼國, 非若中國常常可通之國, 只可來則接之以禮, 去則送之以禮而已. 不幸有意外之變, 則在吾所以應之如何爾.

51 『월천집』, 권2, 疏, 「甲午陳情疏」. 且聞講和之說, 尤不勝痛憤. 豈有率百萬之師, 屠戮我生靈, 蕩覆我宗社, 隳壞我陵寢, 彌漫境上不去, 而謂之講和哉.

52 上同, 737~738쪽. 平生酷排和議, 其在平時, 已言其不可於李宣慰之問, 及至壬辰之變, 宗社幾屋, 幸賴聖天子東顧之憂, 出師救之, 而朝廷且有羈縻之策, 姑示調劑之計. 先生以爲倭奴之與我國, 實不共戴天之讎, 上疏極言, 其不可和, 且見李體察元翼, 力言之. 又以西厓柳相國方在領台, 有同門親切之義, 抵書曰, 傳聞道路之言, 以主和誤國, 歸之於相公, 果若人言. 相公平生慷慨讀書, 畢竟所得, 只此四字耶.

53 『월천집』, 권2, 疏, 「甲午陳情疏」. 伏願, 殿下修德以格天, 施仁以撫民, 使宗社再安, 國步重新, 以爲攘夷之本.

54 『월천집』, 부록, 「行狀」. 堂傍夾室, 名曰是齋, 以取日正之義焉.

55 『월천집』, 부록, 「嘉善大夫工曹參判月川趙先生神道碑銘(并序)」. 退溪李先生, 以道學唱東南, 一時魁人碩士之來摳衣者甚衆, 而先生其領袖矣.

56 『월천집』, 권5, 「退溪先生言行總錄」. 於是, 世之稱薦者, 或以書法之精, 或以文章之妙, 或以恬退, 或以清白, 其知之者, 不過以爲明經飭行之人而已.

57 『월천집』, 부록, 「行狀」. 嘗愛薛文清讀書錄要語, 其言明切的當, 簡易易知, 而於學者修身治心之要 (…) 常置几案上, 朝夕以自警省.

58 上同. 有人著人心道心圖說, 以爲四端七情, 皆是氣之發而不由於理, 妄爲圖說 先生憤然曰 (…) 此腹心之賊也.

59 上同. 晦翁此書, 聚百家文字之精華, 作萬世道學模範, 其言明切的實, 枝枝相對, 葉葉相當, 此是吾儒終身事業, 實學聖求道之階梯也.

60 『월천집』, 권5, 「退溪先生言行總錄」. 學者雖多, 而知者鮮矣, 知者雖存, 而得者尤寡, 是以能形容其德美者難矣.

61 上同. 先生之生, 上距朱子之世, 幾乎四百年, 地之相距, 亦幾乎萬餘里, 而先生尚且讀其書求其義, 以達其道, 後之人, 若以先生學晦翁之心, 而求先生之學, 則其至於道也, 不遠矣.

62 上同. 求其學問之正大, 義理之精深, 功夫之至到, 操履之堅確, 潛心發憤體道成德者, 以穆所見, 一人而已.

63 上同. 摳衣請學之士, 日以益衆, 更進迭問, 無不隨人淺深, 從容啓迪, 諄悉告諭, 提撕誘掖, 亹亹忘倦, 一以開明心術變化氣質爲先.

64 上同. 其言則聖賢之訓而其理則得之於心, 其用則散於萬事而其體則具於一身.

65 『月川集』, 附錄, 「行狀」. 尤用力於操心二字, 至錄中引許魯齋詩, 有云萬般補養皆虛僞, 只有操心是要規之語, 未嘗不三復歎.

66 上同. 曰, 人之爲學, 其有外於操之一字乎, 此心一操, 羣邪退聽, 萬起萬滅之私, 何嘗不起於放而不求乎.

67 『월천집』, 권5, 「退溪先生言行總錄」. 威儀容止之間, 事物應接之際, 無不各得其理. 由是, 鄕黨服其化, 遠人慕其德, 賢者樂其道, 不賢者畏其義.

68 『월천집』, 부록, 「行狀」. 常敎學者曰, 小學一書, 此實做人底樣子, 而作聖之根基.

69 『월천집(초본)』, 656쪽. 「月川年譜」 三十二年癸丑條.

70 『월천집』, 부록, 「行狀」. 其於行己, 大致一於謙退而無所苟, 常曰, 名者陷身之坑, 且曰, 保身莫如謙.

71 上同. 觀先生一生勤苦學問工夫, 則可以知好學不倦之誠矣. 觀先生律己處心持之敬謹, 則可以知操守行己之正矣.

제3장

1 도산서원 소장 고문서 자료들 가운데 특히 통문은 지역 사림과 각 서원에서 발생한 다양한 형태의 문제들을 잘 보여준다. 이를 통해 지역사회에서 공론을 모아야 할 사안이 생기면 도산서원이 판단자 입장에 위치한 사실을 확인할 수 있다.

2 배현숙, 「퇴계 장서의 집산고-개인문고의 서원문고화의 일례로서-」, 『서지학연구』 10집, 1994

3 윤희면, 「조선시대 서원의 도서관 기능 연구」, 『역사학보』 186, 2005

4 김종석, 「도산서원 고전적의 형성과 관리」, 『고전적』 4, 한국고전적보존협의회, 2008
김종석, 「해제: 도산서원 고전적의 형성과 관리」, 『도산서원 고전적』, 한국국학진흥원, 2006

5 설석규, 「조선시대 『서원일기』 해제」, 『국역 조선시대 서원일기-한국국학진흥원 소장자료를 중심으로』, 한국국학진흥원, 2007

6 김치우, 「임란 이전 지방간본의 개판처에 관한 연구」, 『서지학연구』 16, 1998, 57쪽.

7 윤희면, 위의 논문, 14쪽.

8 도산서원에서 서적의 수납과 관리를 위해 정기적으로 작성해온 각종 서책치부기를 보면 이들 서적이 어떤 경로를 통해 수납되었는지를 알 수 있다.

9 윤병태·정형우 공편, 『한국책판목록총람』, 한국정신문화연구원, 1979.

10 『경상북도 예안군 읍지』에 수록된 도산서원에 수장되어 있는 책판은 다음과 같다. 『啓

蒙傳疑』『朱子書節要』『理學通錄』『月川集』『三經釋義』『四書釋義』『古鏡重磨方』『어부사』『松齋集』『농암집』『자성록自省錄』『퇴계집』『퇴계언행록』『퇴계연보』『耻齋集』『퇴계유묵』(대보잠, 도산기, 사물四物箴, 屛銘, 四時吟, 丹砂八詠, 梅花詩), 『퇴계속집』『퇴계집』『계암집』『운암집』『근시재집』『원조오잠』『惺惺齋八詠』『林居十八詠』이다. 이 가운데 퇴계집이 2종 있는데, 하나는 인출에 필요한 용지가 백지 61속 4장이고, 하나는 백지 4속 10장이다. 『경상북도 예안군읍지』 寫本, 광무3, 張23-24, 책판

11 배현숙, 위의 글, 165쪽.

12 『鏤板考』 1796년(정조 20)에 서유구가 왕명을 받아 교서관, 사역원, 감영 등의 관부와 서원, 향교, 서당 등의 교육기관, 그 밖에 사찰과 개인이 가지고 있는 전국 각지의 책판들을 조사하여 분류, 해제한 목록집이다.

13 장인진, 「유가의 출판문화」, 『경상도 700년사』, 경상북도청, 1999, 675쪽.

14 장인진, 「경상감영의 인쇄문화가 지역출판에 끼친 영향」, 『한문학연구』 17, 2003

15 이수건, 『조선시대 지방행정사』, 민음사, 1989

16 장인진, 「경상감영의 인쇄문화가 지역출판에 끼친 영향」, 『한문학연구』 17, 2003, 243~250쪽.

17 경상도의 경우 조선 전기의 전체 지방 목판본은 『고사촬요』에 의거해 살펴보면 33개처에 222종으로 조사되고 있다. 그런데 조선 후기 경상도 간본은 급격히 늘어나 경상 감영본을 제외하고도 도내 각 군현에서 출판한 목판본이 총 61개 군현에서 1400여 종으로 나타난다. 장인지, 위의 논문, 247쪽. 유영留營 체제로 바뀐 17세기 이후에도 감영이 아닌 지방 군현에서도 서적이 활발하게 간행되었던 것이다.

18 장인지, 위의 논문, 242쪽.

19 도산서원 소장의 전장기를 보면 책은 거의 이학서가 있었던 것으로 나타난다. 순조 13년(1813) 7월 15일의 기록에 대한 해제는 이를 잘 말해준다고 할 수 있다.
1813년의 것은 지난번 조사에 이어 6년 만에 실시한 광명실 소장 서책목록이다. 당회 개최시에 이런 작업을 추진했다고 한다. 이 역시 다른 전장기의 서책목록과 크게 다를 바는 없다. 퇴계 관련 서책, 성리서, 역사서, 중국 역대 시문집, 잡로, 잡기 등이다. 반면에 조선 후기 등에 보이는 야담류나 잡기 패설 종류는 목록에 보이지 않는다. 이는 영남 퇴계학파의 한 속성이라고 생각된다.

20 '右文을 통고함. 문충공 필재 김 선생의 문집의 장판이 본원에 있으나 해가 오래되어 (…) 이에 유림들이 통문을 내어 공의公議를 도모했다. 회중에서 약간의 물자를 배분한다. 분배 전 20량. 己巳 2월 26일 밀양예림서원 간역소 회중' 「通文」 『고문서집성』 51, 한국정신문화연구원, 2000, 299쪽.

21 『옥산서원지』, 805~811쪽.

22 『퇴계선생문집개간시일기』, 1817년 3월 13일.

23 손숙경, 「조선 후기 경주 용산서원의 경제 기반과 지역민 지배-이조의 최씨 가문과 용산서원 소장의 고문서를 중심으로」, 『고문서연구』 5, 1994, 73쪽.

24 『심경』은 송의 眞德秀가 여러 경전과 송대 도학자들의 저술에서 심성 수양에 관한 격언을 모으고 학자들의 해석을 주로 붙여 편찬한 책이다. 여기에 명의 程敏政이 새로운 주를 붙여 1492년 『心經附註』를 만들었다. 중종 말년경부터 사림이 『심경』에 경敬을 요체로 하는 수양 방법이 잘 제시되었다고 하여 『심경』을 매우 중시하여 『심경부주』가 학자들에게 널리 읽히기 시작했다.

25 通文右文爲通喩事 伏以心經一書 卽聖學之綱領 而上自堯舜孔孟 降及程朱 諸先輩位育參贊之功 一開卷而秩然可見 (…) 猗我退溪老先生 最愛此書 至有其初感發興起於此事者 此書之力也 故平生尊信此書 亦不在四子近思錄之下末 乃引魯齋神明父母之喩 蓋西山以後 惟我先生爲深知此書之味矣 然而此書板本 罕有於世 近有全州一本 而訛誤甚多欠了精潔 有志者之所尋常慨然者雅矣 近聞貴鄕僉君子 首發鄭重之論 鳩板就緖 將欲登刊於貴院 實盛擧也 噫 以先生愛好之書 行是役於先生妥靈之所者 非偶然 而至若鄰鄕後輩 亦共樂聞 而爭欲周旋於刊事之末者也 若以財力所使 有難措劃 則有一於此 自各邑儒宮 多少添助 在所不已 此則竊想不謀而同者矣 玆於釋菜之日 鄙鄕士論齊發 及期登刊之意 敢此奉告 伏願僉尊 勿以人廢言 速圖始事 使此拱璧之書 家藏戶蓄 而用副遠近區區之望 千萬幸甚 右通 禮安陶山書院 己卯二月初五日青松鄕校 都有司徐活 齋任沈休彦 權東奎 會員沈元文 金龍澈 權駿美 權衡 進士閔宗爀 生員申思永 趙基定 趙基晋 李祥協 南濂祚 申弘佐 徐禮模等 (「통문」, 1819년)

26 釋菜禮는 옛 성현들에게 지내는 제사다. 가장 대표적인 석채례는 석전례釋奠禮로 공자에 대한 제사다. 매년 음력 2, 8월에 성균관과 향교에서 지낸다.

27 「갑인급문록간역시도기」, 도산서원 소장.

28 (皮封)徐涵齋宅入納 陶山書院簡通蘇湖 謹拜伏惟 肇夏僉體動止萬重 區區仰溯 就陶山及門諸子錄 前輩各家編輯已久 未克鋟刊 至今藏在耶 衍者 特當於愼重之意 而及此年代寢遠之日 如又難愼 而因循未遑 則恐不得爲百歲文獻之徵 玆自本院 先發刊布之論 擬以初秋始役 而竊伏念 纂錄諸本 曾非一手 則註脚之或詳或畧 職由於住居相懸 久蹟之未及就覽而然也 後聚諸家 如有可採可入之據實事行 趁期來會 對同攷訂 使此授受旨訣同門契誼之重 得以開晃 暸然垂耀於無窮 千萬幸甚 伏惟僉察 癸丑四月二十四日 上有司李中喆 齋任 李羲運 李用鎬 會員 李中植 李昌淵 李晩鳳 李中轍 李建永 李晩瑗 金魯憲李中鐸 金輝瑨 李學鎬 金浩根 李忠鎬 朴章煥 李裕容 李炳轍 等 (「통문」, 1913년)

29 『도산급문록 간역시 일기』를 통해 교정 작업을 간략하게 살펴보면 다음과 같다. 1914년 6월 7일 세 차례 교정회의를 할 것을 결정했다. 6월 9일에는 주를 논변하기 위해 광명

실 소장 『약포집』을 꺼내보고 6월 10일 교정이 단지 글자 교정이 아니라 내용을 교정하는 것으로 논의를 통해 구체적인 사실을 검증하고 학문관을 논의했다. 그리고 의심되는 부분은 원문과 대조하는 절차도 거쳤다. 6월 12일 오천 설월당의 패지에 '우리만 댁하에 선조의 호를 빼먹었다'라는 것에 대해 정정한다는 답패를 했다. 그리고 의심스러운 사항은 별도로 기록하기도 했다. 이러한 작업을 위해 '한 달이 지나도록 모였으니 화수회와 다름이 없다'라고 말한 것에서도 교정 작업을 하는 동안 서로 간의 유대와 학문적 검증이 철저히 이루어지고 있음을 확인할 수 있다.

30 일반적으로 서원판은 서원에서 간행하고, 사가판은 누정, 정사, 재사 등에서 간행된다고 하나, 서원에서도 후손들에 의해 조상의 문집이 간행되기도 했다. 154건의 문집 간행 가운데 간기刊記, 문집의 서와 발, 그리고 서유거의 『누판고』 등을 통해서 간행 장소를 알 수 있는 것은 41건으로, 32건은 서원에서 간행되었고, 정사 1, 누정 1, 재사 1, 사찰 6건이었다.

31 그러나 안동의 서원에서 간행된 문집 가운데 간행자를 확인할 수 있는 것은 12종으로, 이 가운데 11종은 후손들이 간행했고, 후학이 펴낸 것은 『여택재유고』뿐이다.

32 陶山書院 僉尊前上狀仰瀆僉尊鑑 伏以鄙門諸賢文集 自本院刊出並藏于先□□□□□鄉先鄭重之意 在生等窃自幸依歸之得所矣 不幸世變層疊自鄙族猝有投牌□□□□ 嘻噫 無良一至此哉 當初刊弁之□ 不但鄉先之殫竭主張 生等門先亦有所合下商確 則到今後人之私相予授 於事體決不知其爲可 且以後慮言之 三集中二稿 自是鄙族之不滿不愜者 此板一出 撰狀手段 衣舊自在 又安知無 任自幻改之弊耶 此非臆料 自有公聽 夫如是則鄉先與門先本意 果安在哉 以此以彼 亦不可許給也明矣 屢叩僉尊之意 旣無施行之論 則此亦生等之至願大幸 而顧世間事間有不可以一例論者 如有意慮外事變 則未知僉尊處此將何以也 生等之屢請權安他處者 亦自知其極妄然 而欲爲此者 實有所隱憂而不獲已者 豈鄉□之事也 伏願僉尊 諒勢度宜 使雲巖近始兩先稿 得保終始依歸之地 無任千萬□□□□□□ 若溪巖稿雲去事 可否間本孫自在 遭變之傍裔 固當獨採薇蕨而已 更安暇容喙爲耶 並爲諒悉 幸甚 僉尊鑑 謹空 庚寅二月十六日 院末 金庭教 金遠教 金仁教 金漢教 金永教 金洙教 金銓教 金一教 金忠教 金準教 金潑 金灝 金濟宅 等(「통문」, 경인년)

33 김명자, 「조선 후기 안동의 문집간행 현황과 그 의미」, 『조선사연구』 16, 2007, 87쪽.

34 『경상도칠백년사 3』에 따르면, 경상도 54개 지역에서 449종의 문집이 간행되었고, 그 가운데 안동이 49종으로 경상도 전체의 10퍼센트 이상을 차지해 가장 많다. 따라서 안동이 조선 후기 문집 간행이 가장 활발했던 지역이다. 경상도칠백년사편찬위원회 편, 『경상도칠백년사 3』, 1999, 694쪽.

35 김명자, 위의 논문, 88쪽.

36 황위주, 「예천지역의 퇴계학맥」, 『퇴계학맥의 지역적 전개』, 보고사, 2004, 147쪽.

37 신승운, 「유교사회의 출판문화—특히 조선시대의 문집 편찬과 간행을 중심으로」, 『대동문화연구』 39, 2001, 375~376쪽.

38 通文右文爲奉論事 惟我老先生文稿原續諸篇 實維海東之朱子大全 而海涵ㅁㅁ 業廣功崇 與大壤而不可弊也 鋟刊世久 板本頑缺 字畵漫漶 印看爲難 止浼光明室尊閣之編 尙多未及繡梓者 遠近ㅁㅁ所共憂嘆 其重刊之未遑 傳布之未廣矣 廼者 僉尊亟發大論 抵通泮邸 要與之合謀并力 及時經紀 以完刊役 甚成擧也 泮會之搢紳章甫 如蟄聞雷 如鼓應響 果已聚首商確 回論定會 以重事體 以倡輿論 凡在廳聞 孰不欣聳? 第伏念剞劂之役 物力爲上 校正書難難 略千卷數帙 就緖而無久 實所未易 況此屢十篇巨帙乎? 必須量其卷數 分排校讐 無論京外 極擇善寫 校之又校 精之又精 (…) 丁酉正月 日屛山書院

39 병산서원에서 퇴계집을 간행한다는 데에는 각별한 의미가 있었을 것이다. 퇴계집 간행과 관련하여 1600년에 조목이 주관하여 도산서원에서 간행한 적이 있다. 이 시기 퇴계집 간행은 왕을 통한 지치를 구현하려는 퇴계의 관료적 출처관을 계승한 류성룡과 향촌 사림의 교화를 통한 지치의 구현이라는 산림적 출처관을 지닌 조목이 스승인 퇴계의 문집 간행을 두고 대립했다. 그러다가 류성룡이 북인의 탄핵을 받아 실각하고, 정국도 북인에 의해 주도되었던 선조 33년(1600)에 도산서원에서 퇴계집이 간행되었다. 도산서원에서 간행한 초간본은 류성룡을 배제하고 조목이 주관하여 관권의 도움 없이 향촌의 지원으로 간행했다. 문도 내에 가장 높은 위상을 지니는 고제를 구심점으로 하여, 향촌의 적극적 지원을 바탕으로 간행사업이 완수되었던 것이다.

40 「통문150」, 『조선시대의 여론: 통문과 상소』, 한국국학진흥원, 2006

41 通文右通論事 伏以大山李先生所編『退陶先生書節要』 卽一部『紫陽書節要』也 但其繡棗之役 歷世未遑 使當日編摩之意 嘉惠後學之功 不免有掩置巾箱之歎 則士林之所共慨恨者 當何如哉! 往在戊子己丑之間 數次會議 至有爬定之擧 而不幸世故侵尋 事力凋殘 因循擔閣 又復十年之久矣 玆因本堂之會 復申前議 遠邇詢同 以今冬爲載板之計 而事體重大 不得不先事仰告 其在一體尊衛之義 以爲并力敦事之地 千萬幸甚 右文通 陶山書院 戊戌十月 日

42 고산서당은 경북 안동시 남후면 광음리에 있는 서당이다. 정조 13년(1789)에 서원으로 창건되어 이상정을 배향했다. 고종 5년(1868)에 대원군의 서원철폐령으로 훼철되었다. 1977년 이후 부분 복원되어 오늘에 이르고 있다. 대산大山은 조선시대의 유학자이자 문신인 이상정(1711~1781)의 호다. 본관은 한산, 자는 경문景文, 시호는 문경文敬이다.

43 경광서당은 경북 안동시 서후면 금계리에 있는 서당이다. 서원으로 숙종 12년(1686)에 창건되어 배상지, 이종준, 장흥효를 배향했다. 고종 5년(1868) 서원철폐령으로 훼철되었다. 1873년에 壇所가 설립되었고, 1972년 복원되었다.

44 通文右文爲通論事 伏以退陶先生書節要繡梓之役 誠斯文之盛擧也 向於高山之會 以始

事之意 輪告道內 以爲同心共濟之地 而今付板已久 工役幾半 不容無一番合席爛商 玆因本堂之會 以來月二十二日 定會于鳳停寺 伏願僉尊 趁期齊會 克敦大事之地 千萬善甚 右文通 陶山書院 己亥二月二十九日 鏡光書堂會中 進士金景洛 前參奉權世淵 進士金承洛 幼學李鍾夏 金聲穆 柳廷鎬 金秀洛 權世永 李重明 權在明 金應煥 金鎭(憓) 張景國 金浩洛 河景淵 金獻模 李宜燦 柳晦植 李象義 李㴖馥 等 此亦中今番之會ㅁ 他自俞赴會 留連之費各自辨備無臨窘之地故仰.

45 通文右文爲回諭事 伏以闡揮大義 既是先朝之所付畀吾嶺 則此義成就之後 編錄刊布之倡 自吾嶺未始不可 鄙中所以有前日發文之擧矣 貴院回諭亦曰 自是國乘也野史也 裒稡印頒 一以寓於戱不忘之忱 一以爲對揚休命之意 寔吾嶺以南 父詔子傳之 念念闡揮中 一副當義理 發論雖有早晏 秉執初無異同 亟期齊會 合商敦事云 故迺者花府之會 亦爲圓滿 而議論卒歸爛熳 今月指期 只是讎校成書 而以爲次第就事之計矣 今承來諭 竊不勝訝惑 始終義理 實無彼我 則掠美云云 未知掠奪誰人之美乎 不待成命之示 尤所未曉 終古儒論 豈必待成命而後爲之耶 且僉尊 若以此爲猥越之嫌 則何不力止於發文之初 而忽有此未敢之責乎 鄙等區區淺見 竊以爲今此刊錄 卽是貴諭中 一以寓不忘之忱 一以爲對揚之意也 安有分義猥越之嫌耶 伏望僉尊應始改圖趁旬後 齊駕會所 得至竣事之地 倖甚 右通通 陶山書院 辛丑五月初二日三溪會中 幼學金祖永 金震永 權宅淵 權晋淵 權命淵 金宅永 進士金悳永 幼學金始永 柳宗欽 金昌彧 金祐永 邊應均 金昌禹 金鍾林 權錫淵 成鍾卨 權相益 權相堯 金容澈 等

46 미수眉叟는 조선시대의 유학자이자 문신인 허목許穆(1595~1682)의 호다. 본관은 양천, 자는 문보文甫·화보和甫다.

47 「통문」, 1905년, 도산서원 소장.

48 대관대大觀臺는 구암정사龜巖精舍와 함께 이정李楨(구암龜巖, 1512~1571)이 후진을 양성하며 연구하던 곳이다. 이정이 고향에 돌아와 후진 양성에 힘쓰던 시기인 1569년에 만들었다. 원래의 이름은 정관대精觀臺인데, 이황이 이곳을 둘러보고 조용히 바라볼 곳(靜觀)이 아니라 크게 내다볼 곳(大觀)이라 하면서 대관대로 이름을 바꾸었다.

49 通文右文爲敬告事 伏以眉叟許先生記言 其所以發揮經旨 羽翼斯道者 可以證之於百世之下矣 且集中 答學者書 按其文義 則南冥先生 以高尙之志 有仁弘之累 然其所取尙 專在秋霜烈日 壁立萬仞八字 其志不爲不高 故與之友則吾不爲也 龜巖先生以知禮好古之學 有其孫進士公之見絕於南冥鶴峯者 是仁弘輩造飾辭說而然也 故曰 此必有爲仁弘左袒者 爲此言云爾 則書中旨趣 專斥仁弘而言之 今有何虧欠於南冥鶴峯兩先生之門乎 且羅州板本 則我肅廟朝命刊之擧 則其尊嚴之道 何等重且大焉 而今自宜寧二宜亭 頃設重刊之役 幾人聚首 不顧舊本之攸重 先賢之正論 學者一書 私自擅拔而汔至頒册 是反爲冥門厲階 且眉翁之罪人也 烏在其今日羹寓之慕也 顧此生等之其所齎鬱 不知所以措躬 先自

大觀臺 聯領仰論 望須本院諸君子 同爲響應 即旋走通于二宜亭刊所 學者書以爲鋟行之地 千萬幸甚 右文敬通 陶山書院 丙午後四月二十四日泗川大觀臺會所 幼學崔璣煥 河珽運 崔圭敏 柳海昌 前敎官柳震台 前議官崔鬻敏 幼學成澳 崔柄敏 姜永佐 鄭泰榮 崔鏞敏 李泰煥 李洪翼 曺基權 李墉洙 等

50 계당溪堂은 조선시대의 유학자인 류주목柳疇睦(1813~1872)의 호다. 본관은 풍산, 자는 숙빈叔斌이다. 선성은 예안의 옛 이름이다.

51 通文右文爲通諭事 伏以恭惟我溪堂柳先生 挺生南服 講明吾道 承大賢之家學 牖來世之群蒙 平日所著 有全禮類輯二十八卷 此誠禮家之淵藪 百世不朽之大文字也 剞劂傳後 直是合修底事 而樑木遽摧 世故推脫 本家之事力不逮 儒林之公議泯默 于茲三十年 尙未免巾箱塵蠹之物 斯豈非斯文之大欠典耶 寥廓東南 其所以默憂涙歎者久矣 何幸客冬 宣城之會 論議竣發 今春嵓壇之席 通諭鄭重 其在尊賢重禮之道 不可遷延時日 玆速本校今日之會 爛議商確 自本鄕先爲之畧干分排 而時屈擧嬴 恐無以刻期竣役 玆敢發文輪告 以來月二十七日 定道會于軍威南溪壇下 伏愿僉君子 濟濟來會 俾敦斯文重事之地 千萬幸甚 右文通 陶山書院 己亥七月二十日 尙州鄕校會中.

52 通文右文爲通諭事 伏以戊申倡義錄剞劂之役 卽吾南未遑之事也 凡我戴圓履方者 孰不奔走竭蹶 思所以及時登刊之道哉 今於齊會之日 爬定任司 剋期經始 而第竣事之策 惟在物財一款 玆以分排各邑 別錄以告 刊所則定于安東鳳停寺 伏願僉尊 另奮滅力從速收合以四月初十日 輸送于刊役都所以爲克院大事之地 千萬幸甚 右文通 禮安校院 排錢柒拾兩 庚申三月二十日 安東道會所 公事員 幼學柳致任 李彙暻 曹司 幼學全宗夏 姜逌永 李宜龍 鄭致庠 製通 幼學李芝在 李泰魯 金鎭浹 寫通 幼學柳英睦 權大元 李彙準 權秉一 鄭星逵 李基洛 朴漢昭 會員 幼學權哲孚 李龍相 李翊相 任鎭奎 進士尹致一 幼學李載魯 宋心煥 宋在學 權赫浮 權灝元 金星洛 金鎭昌 李庭百 權錫重 權必奎 鄭之坤 鄭翼逵 金道綱 李基洛 權鍵 權瑀 權大鈺 李廷植 李淵邦 金昇淵 金性灝 黃中稷 權東尹 裵弘翼 羅善基 金時民 等 都都監 前判書李孝淳 都監 前郡守柳道宗 前承旨金龍洛 前參奉鄭允愚 校整都監 幼學李一相 前正言金樂淵 前牧使李彙載 前參奉柳致皓 生員金垈鎭 幼學黃源善 有司 前校理柳光睦 金禹誅 幼學李庭雲 金斗相 李晩孫 琴誠述 任秉準 都辨 幼學李翊相 李彙□ 出板金載琡 監刻南道洙 權命周 板校李長浩 李晩衡 李晩協 李中洛 朴漢斗 直日李中應 李中範 收錢都廳李晩喬 李孝永 琴經述 李祖淵.

53 이수환,『조선 후기 서원연구』, 일조각, 2001, 104쪽.

54 도산서원의 원장과 유사를 맡은 사람들의 성씨별 조사는 도산서원의 전장기를 분석한 것이다. 전장기는 전후임 원장을 교체할 때 인수인계하는 것으로 전임 원장 임기 동안의 서원의 수입과 지출을 적은 일종의 경리장부로 전여기傳與記라고도 한다. 도산서원을 비롯한 각 서원은 원장 또는 유사의 교체시 신구 원임의 인수인계 절차로서 반드시

전장기를 작성하도록 규정하고 있었다. 따라서 이 자료에는 도산서원에서 원임을 맡은 사람들의 이름이 확인되는데 이들을 모두 분석하여 파악하였다.

55 『도산제자록간역시파록』, 계축 4월

56 우정임, 『조선전기 성리서의 간행고 유통에 관한 연구』, 부산대학교 박사학위논문, 2009, 146쪽.

57 퇴계는 저술이 완성되면 황준량에게 간행을 많이 의뢰했다. 황준량 또한 퇴계에게 중국의 성리학 서적에 대한 재해석을 권유하거나, 퇴계의 저서를 간행하도록 적극 권유했다. 이는 다음을 통해 알 수 있다. '『이학서(송계원명이학통록)』는 난잡하게 초했음으로 고칠 것이 많은데 남의 손을 빌릴 수가 없고 모두 내가 직접 옮겨 쓰자니 빨리 진척되기가 어렵습니다. 또 근간에 『(주자)어류』를 다시 검토해보니 빠진 것이 아주 많아 새로 노력해서 고친 기록을 추가하지 않을 수 없겠습니다. 보고 베끼는 일은 약간 빨리 써도 괜찮겠습니다. 이 책을 인출하자는 부탁을 여러 번 들었는데도 요구대로 하지 못하여 못난 부끄러움을 느낍니다. 『속근사록』에 대해서는 어찌 감히 손쉽게 응할 수 있겠습니까?' (이황, 『퇴계집』 권20, 서, 답황중거)

58 「도산서원 의절(초)」, 총칙, 병진이월 일

59 「도산서원 의절(초)」 傳掌 條 병진이월 일

60 도산서원에는 서책치부기와 별도로 도서출납부가 있다. 여기에는 유생들에 의한 도서의 출납과 반납 기록이 자주 발견된다. 먼저 서명과 권수를 적고 아래에 대출 월일 및 대출자의 성명을 적고 '出'이라고 표기했다. 그리고 반납되면 다시 반납 월일을 적고 '入' 혹은 '還入'이라고 적었다.(도서출납부, 제목 미상, 표지 훼손) 특히 도산서원 서적은 세자시강원이나 동궁에서 대여해간 경우도 적지 않았던 것으로 보인다. 치부기에 보이는 '시강원으로 가져감' '동궁으로 가져감' '성균관으로 보냄' 등의 기록이 이를 잘 말해준다(『도산서원서책록』, 표지 없음).

61 『퇴계선생문집개간시일기』, 『국역조선시대서원일기–한국국학진흥원 소장자료를 중심으로』, 한국국학진흥원, 2007, 581쪽.

62 1817년의 『퇴계선생문집개간시일기』에 따르면 간역을 마친 다음 원장이 지은 고유문에는 '선생의 도가 책에 남아 있어서 사방에 유포되었습니다'라는 구절이 있다. 그 「후서」에 의하면 "아! 선생의 도가 이 책에 있도다, 후학들이 사서 다음으로 믿고 존중하여 우리 사대부 집안이라면 거의 다 집집마다 소장하고 있다"고 했다.

63 『東國院宇錄』 寫本, 光武 6년.

64 洪翰周, 『智水拈筆』(신승운, 「유교사회의 출판문화–특히 조선시대의 문집 편찬과 간행을 중심으로」, 『대동문화연구』 39, 2001, 75쪽, 재인용)

65 『급문록영간시 부조기』 (1913년) 7월 일

66 『영조실록』 9년 11월 병신조.

67 이수건, 『영남학파의 형성과 전개』, 일조각, 1995, 532~536쪽.

68 도산도와 관련한 내용은 다음의 글이 참조된다. 유재빈, 「도산도연구」, 『미술사학연구』 24-1호, 2006.

69 이황은 명종 11년(1556)에 『주자서절요』를 만들었는데 이에 대해서는 다음과 같이 말하고 있다. '이 책(주자대전)은 동방에 전혀 없는 듯이 겨우 있었던 까닭에 선비 가운데 볼 수 있는 자가 매우 드물었다. 嘉靖 계묘년(1543, 중종 38) 중에 우리 중종대왕께서 교서관에 인출하여 반행頒行할 것을 명령하셨다. 나는 이에 처음으로 이 책이 있는 줄을 알아 구하여 얻었으나 아직도 그것이 어떤 종류의 책인지 알지 못했다. 병으로 벼슬을 버리고 고향에 돌아와서 날을 잡아 문을 잠그고 조용히 앉아 그것을 읽었다. 이때부터 그 말에 맛이 있고 그 뜻에 끝이 없는 것을 알았는데, 서찰에 더욱 감동되는 바가 있었다.' (이황, 『주자서절요』, 『퇴계문집』 권42) 여기서 볼 수 있듯이 중종 38년까지는 『주자대전』이 있는 줄도 모르다가 이때 처음으로 구하게 되었고 그중에서도 서찰에 더욱 감동되는 것이 많았다고 했다. 그래서 그는 서찰 중에서 학문에 관계되며 수용受用에 진실한 것을 뽑아 『주자서절요』를 만들었다.

70 乙酉年 7월에 의서 운곡리의 민인 등이 관의에 백징에 대해 올린 청원서는 이를 잘 보여준다. 宜西雲谷里民人等狀 伏以 本里劉德善騎步價布段同德善去年流離丐乞矣 因爲致死是遣 渠矣價布無應納之路 則渠矣一族劉永三等近居於本邑下里面台洞里是乎則 雖是白骨之徵 渠矣姓族 自當擔當 使此本里無依聚散之氓 無奠居之地爲白只爲 行下向敎是事 官司主處分 乙酉七月 日 等狀 官(押) (提音)旣有近族 則与其里徵 無寧徵族依訴施行向事 十八日

71 기해년(1899, 광무 3) 2월 9일에 순흥향교 명의로 도유사 이인화 등 62명이 선성宣城의 효자 김건규의 행적을 널리 알리는 데 동참해줄 것을 도산서원에 요청하는 통문은 이러한 사실을 잘 보여준다. 이와 관련한 내용은 다음과 같다. 通文右文爲通諭事 伏以衛親立慬 人子之難節 古今之所罕也 孰有此事 孰爲其人 吾黨宣城氏之子金建奎 自幼以孝稱 去柔兆之變 山南艾墨之秋 方其負尊公逃禍也 江次翁之備經險阻 猶爲坦易 親跡旣深 單獨出山之日 以死失心曰 我若納身于彼 則禍可自弛於親 遂受來籍 若手之供 危礮之脅 一不易辭 所守之不撓也 明言復讎吾父 何辜大義之不屈也 子號弟咷於肉墨血鮮之場 而忍痛耐苦 正言徐諭 爲上慈下之道也 潛送弟走親所 移跡益固 慰心懇懇 不敢貽憂之道也 及其受銕之際 而仰三呼父 質天地告鬼神 而亂親永訣之聲也 一死固亦難矣 而慮事周詳 處就從容 不以危迫而隕其常 則豈乃偶爾於倉卒之爲乎 蓋其至性根天 坯墣有素也 其在十四歲時 執母之喪 而無愧於善居之連 讀古史愚異蹟 有不若之恥 必籍而記之 負米懷橘罔全美於前人 而亦皆實有於此子 則此子之立此一大節 其有定力 誠不可誣 而

天之順於始而始於終 何哉 竊意此子之孝 始不足以大異於平日之順行也 故降大難而納凶火 以盡其所在之義也夫 嗚呼 孝以事君 先聖有訓 子死於父之忠 豈獨孝而已乎 上而成父之忠 下而渴之己之孝 一捨命之間 忠孝兩盡者 此子見之矣 雖然寒谷之不春 昔人所悲 以若至義 以若特節 湮沒無稱 同歸於溝瀆之夫 則雖無加損於化者 而秉彝所同 吾黨之責 詎有其已 玆於享禮會席 僉議峻發 略提梗概 姑托於寂寥之管 而以起聲氣之感 伏願僉尊 齊心於激勵風化 扶植世道之地 千萬幸甚 右文通 陶山書院 己亥二月九日順興鄕校

제4장

1 이헌창, 2012, 「박제가의 경제정책론: 조선시대 최고의 경제발전안」, 『한국경제포럼』 5권 1호, 한국경제학회, 5절.

2 한국국학진흥원 홈페이지 유교넷–기록문화관–고문서 메뉴(www.ugyo.net/cf/frm/ykFrm.jsp?CODE1=01&CODE2=04&CLSS=B501)에서 통문들을 볼 수 있으며, 여기서 부여된 번호를 표시한다.

3 『도산서원 고전적』, 한국국학진흥원, 2006.

4 前間恭作, 安春根 編譯, 『韓國板本學』 汎友社, 1985, 41~43쪽.

5 金鍾錫, 「한국 목판의 특징과 한중일 비교」, 『동아시아의 목판 인쇄』, 한국국학진흥원, 2008, 685쪽.

6 前間恭作, 위의 책, 38~40쪽.

7 신승운, 「유교사회의 출판문화—특히 조선시대의 문집 편찬과 간행을 중심으로」, 『대동문화연구』 39, 2001, 375~376쪽.

8 "太上立德 其次立功 其次立言 是之謂三不朽"(徐榮輔, 『竹石館遺集』 册三, 「贈吏曹判書朴公謚狀」).

9 설석규, 「조선시대 유교목판 제작 배경과 그 의미」, 『국학연구』 6, 2005, 101쪽.

10 2011년 12월 한국국학진흥원 학술발표회에서 김병일 원장은 필자에게 이중직이 일제강점기에 순국한 민족 시인 육사 이원록(1904~1944)의 조부임을 알려줬다.

11 "謹拜伏惟. 肇夏僉體動止萬重. 區區仰溯. 就陶山及門諸子錄. 前輩各家編輯已久. 未克鋟刊. 至今藏在耶. 衍者. 特當於愼重之意. 而及此年代寢遠之日. 如又難愼. 而因循未遑. 則恐不得爲百歲文獻之徵. 玆自本院. 先發刊布之論. 擬以初秋始役. 而竊伏念. 纂錄諸本. 曾非一手. 則註脚之或詳或畧. 職由於住居相懸. 久蹟之未及就覽而然也. 後聚諸家. 如有可採可入之據實事行. 趁期來會. 對同攷訂. 使此授受旨訣. 同門契誼之重. 得以開晃. 暸然垂耀於無窮. 千萬幸甚. 伏惟僉察."

12 설석규, 「조선시대 유교목판 제작 배경과 그 의미」, 『국학연구』 6, 2005, 122쪽.

13 파록에 교정유사로 나오는 이중균李中均은 이번 서원 연구 포럼에 연구자로 참여한 정순우 선생의 외증조부이며, 이가원 선생을 가르쳤다 한다. 이번 포럼은 참여 연구자들과 인연이 있는 과제이기도 했다.

14 朴基炷·李宇衍, 「農村의 財貨價格과 物價의 推移: 1834–1937」, 安秉直·李榮薰 編著, 『맛질의 농민들—韓國近世村落生活史』 일조각, 2001

15 "此事有異於先生 凡他文字之刊行 則當初會議之日 宜若通及於門生家各處 俾無向隅之歎."

16 김종석, 「한국 목판의 특징과 한중일 비교」, 『동아시아의 목판 인쇄』, 한국국학진흥원, 2008, 666쪽.

17 蕭東發, 「중국 현존 목판의 개황」, 『동아시아의 목판 인쇄』, 한국국학진흥원, 2008, 450쪽에 의하면 중국에서도 서적보다 보존되는 책판을 귀중하게 여겼다.

18 신승운·서정문, 「한국국학진흥원 소장 문집류 책판의 성격과 가치」, 『대동문화연구』 70, 2010, 311~312쪽.

19 최연주·김형수, 「각수의 세계와 동향」, 『동아시아의 목판 인쇄』, 한국국학진흥원, 2008, 666쪽.

20 설석규, 「조선시대 유교목판 제작 배경과 그 의미」, 『국학연구』 6, 2005, 〈附表].

21 南權熙, 「목판 제작과 간행의 실제」, 『동아시아의 목판 인쇄』 145쪽.

22 박기주, 「재화가격의 추이, 1710–1909」, 『수량경제사로 다시 본 조선 후기』.

23 이영훈·박이택, 「18–19세기 미곡시장의 통합과 분열」, 이영훈 편, 『수량경제사로 다시 본 조선 후기』, 서울대학교출판부, 2004, 284~289쪽; 박기주 「재화가격의 추이, 1710–1909」, 『수량경제사로 다시 본 조선 후기』, 221쪽.

24 남권희, 「목판 제작과 간행의 실제」, 『동아시아의 목판 인쇄』 115~119쪽.

25 이혜은, 『조선조 문헌의 발행부수와 보급에 관한 연구』, 숙명여대 석사학위논문, 1996, 65쪽.

26 옥영정, 「『東國文獻備考』에 대한 書誌的 고찰」, 『진단학보』 104, 2007, 242쪽.

27 이혜은, 앞의 논문, 65쪽.

28 "陶山書院. 爲無書目牒報事. 朱子書節要. 自本院重刊. 而所役刊工郎默溪刻手等. 而所告內. 南道朱子語類刊役事. 因府訓令. 據自本郡有矣等率待之 牌飭. 何以爲之是如是乎故. 前有牒報于本郡 城主前. 至有照會于兼城主閣下. 兩回照內. 自貴郡. 依院報. 報 府蒙處是去乃. 如係難便. 同刻手十三名. 卽令起送之地亦教是乎乃. 語類與節要所重一體. 而旣先始役於本院. 竣工後起送. 恐未知何如是乙喻. 玆敢據實. 牒報于兼城主閣下爲去乎. 參商教是後. 以此由轉報觀察府之意. 緣由牒報爲臥乎事是良尒. 合行牒呈. 伏

請照驗施行須至牒呈者. 右牒呈. 兼城主. 甲辰十一月二十九日. 陶山書院齋任. 李晩始. 李龍鎬. 等. 署理. 安東官. (題音)兩役相妨樣. 業已報府. 姑未知下回. 待指令. 更飭向事 十二月初一日."

29 최승희, 『한국고문서연구』(증보판), 지식산업사, 2003, 317쪽에 의하면 단자는 "所志類에 속하는 문서인데, 대개 사대부가 친히 官司(수령·방백)에 올리는 소장·청원서다"라고 했는데, '단자0001'은 소지류가 아니다.

30 김종석, 「한국 목판의 특징과 한중일 비교」, 『동아시아의 목판 인쇄』, 한국국학진흥원, 2008, 654쪽.

제5장

1 用下記, 扶助記, 名簿類, 簡札, 完議, 節目, 通文, 單子, 尺文, 牒呈 등에 서책의 교정, 간행, 관리 등에 관한 사항이 포함되어 있다. 반면 笏記, 所志, 日記, 行狀, 秋收記, 營建記, 擇日記, 帖, 完文, 事目, 立案, 告目, 書目, 關文, 奴婢置簿, 奴婢文記, 土地文記 등에는 관련 기록이 없어 본고에서 다루지 않았다.

2 목록 끝의 '都合二千三十卷, 遺墨印墨 不入此數'라는 기록에 따른 것이다.

3 추록한 서책 가운데 1802년에 간행된 대산大山 이상정李象靖(1711~1781)의 『대산집大山集』이 있는 것으로 보아 이후에도 서책이 추가될 경우 추기한 것으로 보인다.

4 "本院書籍. 舊藏于上齋夾室. 卷帙浩穰. 盈溢度架. 烟煤濕透. 又不能無戒于火. 乙未春. 始造一間於正堂東頭. 摸來易東書院光明室三字以扁之. 卽先師手筆. 而以其藏書. 則同也. 迺以五月十五日. 移藏書册及古蹟別錄卷帙于此云爾. 舊藏書册. 雖不得出門. 而歲久年深. 散逸亦多. 故只以見杜之數. 別錄于此."

5 "戊戌六月日. 書册曝曬時 一一照檢. 則從前外衣匣朽敗者二匣. 其外亦有幾許卷傷損者. 且以新造書閣言之. 旣非煙火氣相通處. 又非向陽引風之地. 一遭封鎖. 或累月不開. 數千卷堆積中. 雖非雨水滲漏. 自然潤濕致傷. 勢所必然. 須因朔望 時時開視勘檢然後. 可免腐蠹之患. 至於曝曬. 則雖一年五六次爲之無妨. 且櫃中手簡帖. 何等重大. 而不知那時封割竊去者幾張. 梅花詩帖. 當初印藏時. 書在書册置簿末端. 而刀痕抹去. 今無所存. 不勝駭惋. 玆以更印一本莊撩. 此後則任員遞代日照數書册. 相對傳掌. 恐不可已耳."

6 매화시첩에 대한 기록은 '梅花詩帖 一册' 아래에 '梅花詩帖 當初印藏 而不知何時 何人持去 削去塗痕宛然 不可掩 可駭 亦可痛 戊戌六月 因改印追入'이라고 부기되어 있다.

7 舊藏書册雖不得出門 而歲久年深 散逸亦多 故只以見杜之數 別錄于此. 『乙未書册置簿』 제2면 참조.

8 광명실전장기 작성 시기는 『국역 조선시대 서원일기』, 사마방목 등의 데이터를 검색하

여 추정했다. 『국역 조선시대 서원일기』「도산급문록 간역시 일기」, 「도산서원 취재시 일기」, 「도산서원헌관집사록」 등에 기록되어 있는 인물들을 1차적으로 검색하고, 유교넷, 사마방목, 한국역대인물종합정보시스템 등을 참고로 했다. 전장기 내에서 인물이 중복해서 나오면 간지를 추정할 때 인접한 연도를 기준으로 했다.

9 『乙未書冊置簿』에는 無住集 二冊 木齋集 六冊 [新送未藏前 宜仁參判宅 借去], 歌詞一冊 [借人還去云], '亦樂齋借去 晦日考納'과 같이 대출과 반납에 대한 상황도 기록되어 있다.

10 院備櫃는 J〈庚戌(1850七月日 光明室傳掌記]부터는 3개로 기록되어 있다. 이후 광명실 전장기에는 6개 항목 기물이 동일하게 기록되어 있다.

11 '冊房所在書冊一衣置簿冊如舊' '光明室書冊簿別有' '書冊前掌依舊'

12 제향 때의 담당 집사 명단 및 역할이 기록된 2건의 집사안에는 서책 관련 내용이 없다.

13 이 시기는 1871년 역동서원이 훼철되어 서책이 도산서원광명실로 이관된 이후다. 당시에 작성자가 필요에 따라 구분해 목록화한 것으로 보인다.

14 『增修附註資治統鑑節要續編』예안현에서 역동서원에 기증한 것으로, '隆慶四年庚午(1570七月日 易東書院上'이라는 기록과 예안현감 직인이 찍혀 있다.

15 초주갑인자본으로 중종·명종 연간에 간행되었으며, '易東書院上'이라는 기록과 예안현감 직인이 찍혀 있다.

16 여기에는 '扁額 9板'과 '院規', '尋院錄', '遊院錄' 등이 포함되어 있어 실제 서책은 56건이다.

17 "以上退溪李先生提芸閣時貿易來."

18 院記, 題詠, 聖學十圖, 獻官執事錄, (朱子)年譜, 儀軌, 啓蒙傳疑, 通鑑續編, 德陽遺稿, 書院謄錄, 圃隱文集, 書院創立恒式謄錄, 傳掌冊, 自省錄, 儷文程選, 胡傳春秋, 小學, 小學, 久庵遺稿, 禹氏族譜, 呂氏鄕約, 六先生遺稿, 史略, 院規, 執事案, 傳掌記, 中庸諺解, 大學諺解, 孟子諺解, 論語諺解, 三韻通考, 正俗諺解, 退溪先生遺墨, 三綱行實, 二倫行實, 傳掌記, 尋院錄, 獻官執事案

19 韻府羣玉, 小學集成, 聖學十圖, 扁額, 啓蒙翼傳, 朱子語錄類要, 年譜, 院規, 尋院錄, 遊院錄, 古文眞寶前集, 院記, 題詠, 聖學十圖, 獻官執事錄, (朱子)年譜, 儀軌, 傳掌冊, 胡傳春秋, 禹氏族譜, 執事案, 傳掌記

20 이외에 宋鑑, 韻府羣玉, 小學集成, 聖學十圖, 啓蒙翼傳, 朱子語錄類要, 年譜, 遊院錄, 古文眞寶前集, 執事案, 傳掌記이 추가됨.

21 『서책질』 送紙印來慶州本

22 『서책질』 伊洛淵源錄 五冊 [監司金睟所送 侍講院去還來]

23 『서책질』 吳山志 一冊 [仁同縣監柳雲龍所送 重建書院時推去]

24 기록의 순서로 볼 때 무진년은 1868, 계유년은 1873년으로 추정된다.

도산서원과 지식의 탄생

초판인쇄 | 2012년 12월 3일
초판발행 | 2012년 12월 10일

지은이 | 정만조 정순우 김종석 손숙경 이헌창 이수환 옥영정
기 획 | 한국국학진흥원 국학연구실
펴낸이 | 강성민
편 집 | 이은혜 박민수 김신식
독자 모니터링 | 황치영
마케팅 | 최현수
온라인 마케팅 | 김희숙 김상만 이원주

펴낸곳 | (주)글항아리 출판등록 | 2009년 1월 19일 제406-2009-000002호

주 소 | 413-756 경기도 파주시 문발동 파주출판도시 513-8
전자우편 | bookpot@hanmail.net
전화번호 | 031-955-8891(마케팅) | 031-955-2670(편집부)
팩 스 | 031-955-2557

ISBN 978-89-6735-030-7 93900

· 글항아리는 (주)문학동네의 계열사입니다.

· 이 도서의 국립중앙도서관 출판시도서목록(CIP)은 e-CIP홈페이지(http://www.nl.go.kr/ecip)와 국가자료공동목록시스템(http://www.nl.go.kr/kolisnet)에서 이용하실 수 있습니다.
(CIP제어번호: CIP2012005385)